扬州大学·大运河文库

中国大运河文化

姜师立 ◎ 编著

中国建材工业出版社

图书在版编目（CIP）数据

中国大运河文化 / 姜师立编著． -- 北京 ：中国建材工业出版社，2019.5（2020.4 重印）
ISBN 978-7-5160-2539-0

Ⅰ．①中… Ⅱ．①姜… Ⅲ．①大运河－文化研究 Ⅳ．① K928.42

中国版本图书馆 CIP 数据核字（2019）第 074407 号

中国大运河文化
Zhongguo Dayunhe Wenhua
姜师立　编著

出版发行：中国建材工业出版社
地　　址：北京市海淀区三里河路 1 号
邮政编码：100044
经　　销：全国各地新华书店
印　　刷：北京天恒嘉业印刷有限公司
开　　本：787mm×1092mm　1/16
印　　张：22
字　　数：400 千字
版　　次：2019 年 5 月第 1 版
印　　次：2020 年 4 月第 2 次
定　　价：198.00 元

本社网址：www.jccbs.com，微信公众号：zgjcgycbs
请选用正版图书，采购、销售盗版图书属违法行为
版权专有，盗版必究。本社法律顾问：北京天驰君泰律师事务所，张杰律师
举报信箱：zhangjie@tiantailaw.com　举报电话：(010) 68343948
本书如有印装质量问题，由我社市场营销部负责调换，联系电话：(010) 88386906

序

  中国大运河是世界上建造时间最早、使用历史最久、空间跨度最大的人工运河，2014年6月被列入《世界遗产名录》。中国大运河流淌了2500多年，纵贯3200多千米，为中国经济发展、国家统一、社会进步和文化繁荣作出了重要贡献。保护传承中国大运河文化，是实施中华优秀传统文化传承发展工程的重要内容之一。

  中国大运河是流动的文化，沿岸拥有数不清的码头、官仓、船闸、桥梁、堤坝、衙署、寺庙、会馆、历史街区和园林，如此丰富的物质和非物质文化遗产，构成了中国大运河深厚的历史文化价值。十九大报告提出："深入挖掘中华优秀传统文化蕴含的思想观念、人文精神、道德规范，结合时代要求继承创新，让中华文化展现出永久魅力和时代风采。"大运河文化作为中华优秀传统文化的代表，内涵十分丰富，需要一批热心人去挖掘它，传承它。

  只有了解大运河，才能真正热爱她，在了解和热爱的基础上，才能更好地去保护和利用她。《中国大运河文化》的作者姜师立，在中国大运河申遗期间，曾担任大运河联合申报世界文化遗产办公室专职副主任，亲历了中国大运河申遗的过程，组织和参与了中国大运河遗产监测、方案制订、保护工程实施等申遗的关键工作。申遗成功后，他又投身于中国大运河文化的研究和大运河文化带建设的研究，发表过多篇论文，是名副其实的大运河热爱者，又是运河文化的研究者。如今他将许多珍贵的资料及多年的研究成果汇集成书，奉献给广大读者，希望让更多的人了解大运河，热爱大运河，有利于激发全社会参与保护运河遗产的热情，更好地推进文化遗产事业的蓬勃发展。

《中国大运河文化》一书是中国大运河列入《世界遗产名录》后，首部从文化层面研究中国大运河的专著，也是首部从中国大运河的视角解读运河文化的书籍。该书分别对中国大运河沿线的文化符号进行了全面的梳理与研究，以中国大运河文化为切入点，将中国大运河文化分为漕运文化、水工文化、建筑文化、园林文化、宗教文化、城市文化、商业文化、文学艺术、非物质文化、旅游文化10个系列进行介绍，全面系统地介绍了中国大运河文化的概念特点、中国大运河的文化内涵、传统功能和历史价值，对于中国大运河后申遗时代的发展、中国大运河遗产的保护与利用、传承中华文脉、实施文化遗产传承发展工程，进一步完善文化遗产保护制度，以及大运河文化带建设等具有重要意义。

《中国大运河文化》一书还从运河学的概念、内涵、研究方法及发展路径等方面进行了研究，呼吁更多的有识之士投入到运河学研究中来，加强对中国大运河文化的深入挖掘研究，推出一批运河学研究成果，让中国大运河的价值呈现在世人面前。从运河文化的研究层面上，该书具有一定的学术价值和历史价值。从文化传承与文化认同的传播层面上，该书具有较高的文化价值和出版价值。该书对中国大运河文化分条线式的介绍，图文兼备式的形式，无论对文化研究者，还是旅游产品设计者都可以起到很好的辅助作用，是一本很好的工具书。

该书通过讲述中国大运河故事，传播中国历史、中国文化和中国声音，让更多的人认识中国大运河，领会中国大运河的价值所在，让大家更好地了解、更加珍惜这份珍贵的世界文化遗产，进而使广大民众更加了解和尊重自己的历史，提高民族的自信心和自豪感，培养高度的文化自觉和文化自信，为中华优秀文化走出去奠定坚实基础。从这一层面来讲，《中国大运河文化》的出版会带来显著的社会效益。

单霁翔

（原文化和旅游部党组成员、原故宫博物院院长、中国文物学会会长）

第一章　中国大运河文化概述 / 1

一、中国大运河文化的载体 / 3

二、中国大运河的社会文化背景和文化价值 / 9

三、中国大运河文化的特点 / 13

四、中国大运河文化的传承弘扬 / 20

第二章　中国大运河漕运文化 / 27

一、漕运的概念及文化内涵 / 29

二、漕运管理机构遗存 / 34

三、漕运遗存之运河码头 / 37

四、运河粮仓 / 39

五、漕运驿站 / 43

六、运河漕帮、盐帮 / 44

第三章　中国大运河水工文化 / 49

一、中国大运河水利工程特点与文化价值 / 52

二、中国大运河水工设施介绍 / 58

三、中国大运河治水名人 / 73

四、中国大运河沿线著名的水利工程遗址 / 85

第四章　中国大运河建筑文化 / 89

　　一、中国大运河建筑特点及文化价值 / 91

　　二、中国大运河上的桥 / 92

　　三、中国大运河名宅 / 100

　　四、中国大运河城门 / 103

　　五、中国大运河历史文化街区 / 105

第五章　中国大运河园林文化 / 111

　　一、中国大运河园林特点及文化价值 / 113

　　二、颐和园 / 116

　　三、苏州园林 / 118

　　四、杭州西湖 / 124

　　五、扬州园林 / 129

　　六、美不胜收的运河园林 / 142

第六章　中国大运河宗教文化 / 147

　　一、中国大运河与佛教文化 / 149

　　二、中国大运河与伊斯兰教文化 / 165

　　三、中国大运河与基督教文化 / 172

　　四、中国大运河与道教文化 / 178

第七章　中国大运河城市文化 / 187

　　一、中国大运河都城文化 / 190

　　二、中国大运河商业城市文化 / 198

三、中国大运河与古镇 / 206

第八章　中国大运河商业文化 / 213

一、中国大运河商业文化的特点 / 215

二、中国大运河会馆文化 / 217

三、中国大运河钞关与当铺遗存 / 230

第九章　中国大运河精神文化（文学艺术）/ 235

一、中国大运河与书法艺术 / 237

二、中国大运河与绘画艺术 / 238

三、中国大运河与诗歌小说 / 249

四、运河流域民歌及曲艺的互传 / 255

五、中国大运河与戏剧 / 257

六、中国大运河与科技著作 / 261

七、中国大运河与藏书文化 / 263

第十章　中国大运河与非物质文化遗产 / 269

一、中国大运河非物质文化遗产概述 / 271

二、中国大运河非物质文化遗产项目介绍 / 274

三、中国大运河非物质文化遗产的保护与传承 / 291

第十一章　中国大运河旅游文化 / 299

一、中国大运河旅游文化资源 / 301

二、中国大运河旅游发展历程 / 303

三、中国大运河旅游规划及实践 / 311

第十二章 运河学的概念、内涵、研究方法及发展路径 / 325

一、运河学提出的背景意义 / 327

二、运河学的研究对象及特点 / 332

三、运河学的内涵与分类 / 334

四、运河学的研究方法及手段 / 336

五、运河学的发展现状与推进路径 / 337

后　记 / 343

第一章 中国大运河文化概述

2019年是中国大运河成功列入世界遗产名录五周年，大运河沿线各省市已从当初的申遗热转化为大运河文化带建设热，各地按照习近平总书记把大运河文化保护好、传承好、利用好的号召，轰轰烈烈地开展了大运河文化带建设，纷纷编制规划、出台方案，有的还组织地方立法。那么，什么是大运河文化呢？这个概念很多人并不清楚。要搞清什么是大运河文化，首先要搞清大运河文化的载体——大运河的概念。本章将重点解读什么是中国大运河，什么是中国大运河文化以及中国大运河文化的特点和分类。

一、中国大运河文化的载体

中国大运河文化的载体就是中国大运河，世界上的运河逾500条，叫大运河的也很多，但本书讨论的大运河是中国大运河这一专有概念。中国大运河的概念是因为申报世界遗产而出现的一个专有名词。它是三条运河的总称，一条是始凿于公元前486年，于隋代贯通的以洛阳为中心，北到涿郡，南到杭州的隋唐大运河；第二条是在元代裁弯取直的京杭大运河；第三条是从杭州到宁波的浙东运河。因此，中国大运河是世界上开凿最早、沿用时间最久、长度最长的人工运河。

从开凿历史来看，中国大运河最早有文字记载的历史来自《春秋左传》中的一句话："哀公九年（公元前486年），吴城邗，沟通江淮。"这句话说的是在2500年前，吴王夫差为北上伐齐，组织民工开凿了一条从长江边的邗（今天扬州）到淮河边的末口（今天的淮安）的南北水道邗沟，也就是说中国大运河最早的河段邗沟开凿于2500年前。

从长度来看，中国大运河的总长度为3200千米，这里计算的是隋唐大运河、京杭大运河和浙东运河主线部分的总长，减去了其中重复的部分。这个长度是苏伊士运河（全长172千米）的18倍，是巴拿马运河（81千米）的40倍。有人做过统计，中国大运河比世界上所有其他人工运河加起来的总长度还要长。因此，中国大运河是世界上长度最长、开凿历史最久的人工运河。中国大运河区域图如图1-1所示。

（一）中国大运河的概念与范围

1. 中国大运河的概念的来源

中国大运河的概念的形成有一个过程。历史上，大运河一般是指贯通于隋代的隋唐大运河；元代以后，随着隋唐大运河的废止，大运河是指经过元代裁弯取直的元明清大运河；20世纪50年代，京杭大运河又成为大运河的专称。直到2006年，我国公布第六批全国重点文物保护单位和世界文化遗产预备名单时，仍旧称为京杭大运河。

图 1-1 中国大运河区域图

随着申报世界遗产工作的进程,专家发现用京杭大运河不能涵盖整个大运河,于是提出了中国大运河的概念,而 2008 年在扬州成立大运河保护与申遗城市联盟时,参与的城市只有隋唐大运河和京杭大运河沿线 33 座城市,也就是说,大运河包括的范围只是隋唐大运河和京杭大运河。直到 2009 年,从文化遗产发展的战略出发,提出了将浙东运河列入中国大运河,这样可以通过中国大运河将沙漠丝绸之路和海上丝绸之路连接在一起,形成我国对内对外经济文化交流的闭环。因此浙东运河沿线的宁波、绍兴也加入大运河保护与申遗城市联盟。这时完整的中国大运河的概念才出现。必须提醒的是,中国大运河在英语中的名称是"The Grand Canal",不能加上"of China"。

2. 中国大运河的范围

中国大运河位于中国中东部，是世界上开凿时间最早、沿用时间最久、规模最大的一条人工运河。它沿途经过北京、天津、河北、山东、安徽、河南、江苏、浙江8个省级行政区。南北向运河北至北京、南至浙江杭州，纬度为30°12′～40°00′；东西向运河西至河南洛阳、东至浙江宁波，经度112°25′～121°45′。中国大运河沟通了海河、黄河、淮河、长江、钱塘江5大水系，它流经35个城市，全长3200千米，流经面积311269.97平方千米，占我国陆地国土面积3.2%。按2008年中国大运河申遗时的统计，中国大运河流域人口占全国总人口的15.22%。沿线35个城市2010年创造的GDP，占我国GDP总量的25.08%。

3. 中国大运河的组成河段

中国大运河由10个河段组成。各段河道分段凿成，时有兴废。依据不同历史时期大运河的分段和命名习惯，大运河总体上分为：通济渠段、卫河（永济渠）段、淮扬运河段、江南运河段、浙东运河段、通惠河段、北运河段、南运河段、会通河段、中河段。[1] 中国大运河是一个复杂变化的时空体系，由以上10个始建于不同年代、处于不同地区、各自相对独立发展演变的河段组成。这些河段大多经历了复杂的发展过程，其构成、主要特点在不同历史阶段存在着较大的差异。但7世纪和13世纪的两次大沟通，将这些河段改造、连接起来，组成了贯通中国南北的中国大运河，并持续运行了上千年，对中国和世界的政治经济文化都产生了巨大而深远的影响。

其中，南运河段与卫河段是在东汉末年曹操所开白沟、平虏渠和利漕渠等区间运河基础上形成的，约始建于3世纪初；淮扬运河段的前身是公元前5世纪开凿的邗沟；江南运河段于公元前3世纪已经出现雏形；浙东运河段的兴建始于春秋越国的山阴水道，约建成于公元前5世纪；通济渠部分河段可上溯至战国时期魏国的鸿沟水系，约始建于公元前4世纪。

7世纪初，隋代中央政府在以上多条区域运河的基础上，通过统一的规划、施工，新修了部分河道，将之前已有的多个地方性内陆水运体系连通起来，完成了中国大运河历史上的第一次南北大沟通。

通惠河段与会通河段都是元代初期（13世纪）第二次南北大沟通时开凿建设的运河河段，北运河段为相对稍早的金代开凿的运河河段，中河段是清代为了进一步畅通漕运而开凿的河段。这些河段都是中国大运河第二次大沟通过程中重要的通航河段。

---

[1] 国家文物局《中国大运河申遗文本》，2013年1月。

隋唐大运河的永济渠、通济渠、邗沟和江南运河均是在原有自然水道和运道基础上疏通联系、提升航道等级，与其说是运河开凿工程，不如说是航道整治工程。元代的大运河除临清至安山一段的会通河为新开凿外，其余各段均有旧迹可循。因而，中国大运河的建造并非一次形成，而是在各个区域运道不断发展丰富的基础上，经数朝数代，不断加以贯通、疏浚，终成一体。

迄今为止，淮扬运河、江南运河、浙东运河、中河以及会通河等河段依然作为在用的区域性航运河道，为中国的社会发展做出了巨大的贡献。2500年来，中国大运河的运输功能一直未停止，进入海陆空运输的今天，大运河依然扮演着水运时代沟通中国南北的交通枢纽角色，成为活态遗产的代表。作为大运河的重要组成部分，大运河江苏段近10年货运量年均递增8%，苏北运河货运量达3.6亿吨，苏南运河货运量达3.03亿吨，超过江苏境内长江航道的运量。

（二）中国大运河的发展过程和大运河文化的形成过程

中国大运河的开凿始于公元前5世纪的春秋时期，隋代完成第一次全线贯通，形成隋唐宋时期以洛阳为中心沟通中国南方和北方的大运河。元代由于中国政治中心的迁移，将大运河改线为通过河北、山东、江苏直接沟通北京与南方地区，形成元明清时期第二次大沟通。大运河历经2000多年的持续发展与演变，直到今天仍发挥着重要的交通与水利功能。中国大运河的主体工程主要集中在三个时期：一是春秋战国时期（公元前5世纪至公元前3世纪），各诸侯国出于战争和运输的需要竞相开凿运河，但都各自为政，规模不大，时兴时废，没有形成统一体系。这一时期最著名的事件是邗沟的开挖，它沟通了淮河与长江，成为中国大运河河道成形最早的一段，并作为重要的区域性交通要道得到不断的维护与经营。二是隋朝时期（公元7世纪初），为了连通南方经济中心和满足对北方的军事需要，在帝国政府统一的规划、建设和管理下，先后开凿了通济渠、永济渠，并重修江南运河和疏通浙东航道，从而将前一时期的各条地方性运河连接起来，形成了以洛阳为中心，北抵涿郡、南达宁波的大运河体系，完成了中国大运河的第一次全线贯通，并在唐代和宋代得到维系和发展。三是元朝时期（公元13世纪后期），由于中国的政治中心从关中地区迁移到北京，忽必烈组织开凿了会通河、通惠河等河道，从而将大运河改造为直接沟通北京与江南地区的内陆运输水道，形成中国大运河的第二次南北大沟通。明清两朝维系了大运河的这一基本格局，并进行了多次大规模维护与修缮，使大运河一直发挥着漕粮北运、维系国家稳定繁荣等重要功能。随着中国大运河的发展，中国大运河文化不断发育、生长、成熟，形成一个特点明显的地域文化。

到了清末，由于内忧外患，清政权岌岌可危，无力顾及运河之事，因此逐渐放弃了修复运河的计划，宣布各省漕粮全部改折银两交纳，运河及漕运管理机构也陆续裁撤。至此，沟通南北的大运河逐渐中断，变为多条局部通航的地区性运河，除江南、淮扬、浙东、鲁南及南北运河等河段外，其他河段渐渐淤废。民国时期虽然曾有过重开运河的计划，但仅限于纸上谈兵而已，一直未能实施。

中华人民共和国成立后，一直对中国大运河进行着修复和整治工作。2006年和2012年，京杭大运河和隋唐大运河、浙东运河分别被国务院公布为第六批和第七批全国重点文物保护单位。2009年，在全国政协委员的呼吁下，经中央领导批示，大运河被列入中国2014年申报世界文化遗产项目。文化部、国家文物局牵头，组织国家发改委、财政部、国土资源部、环境保护部、住房和城乡建设部、交通运输部、水利部、国务院法制办、国家测绘地理信息局、教科文全委会、国务院南水北调办等有关部委和大运河沿线的北京、天津、河北、江苏、浙江、安徽、山东、河南8个省、直辖市人民政府共同成立了大运河保护和申遗省部际会商小组。在中国大运河的河段中，淮扬运河扬州段、江南运河苏州段、江南运河嘉兴—杭州段、浙东运河杭州萧山—绍兴段、浙东运河上虞—余姚段、中河宿迁段河道仍然承担着重要的航运功能。其他河段主要发挥着行洪、输水及灌溉的功能，而通惠河段、会通河段、卫河（永济渠）段、通济渠段等有部分河道为遗址状态，也得到了较好的保护。至今，中国大运河山东济宁以南段通航里程仍为800多千米，季节性通航1000多千米，发挥着重要的交通、运输、行洪、灌溉、输水等功能。为适应货运任务的迅速增长，分流煤炭南运，济宁至杭州段的运河扩建、续建工程业已开始，据国家发改委编制的《中国大运河文化保护传承利用规划纲要》统计："目前，京杭大运河在北京、天津、河北、江苏、浙江等5省市境内保留有连续河道，隋唐大运河永济渠河南山东段、通济渠商丘至淮安段仍为连续河道，浙东运河河道比较完整，其中京杭大运河黄河以南段通航河段约1050千米，船舶平均载重约800吨，完成年货运量约5亿吨。"[1]当前，尽管进入了高铁时代和航空时代，但水路运输以其成本低的优势，仍然是货运特别是大宗物资运输的主要方式，中国大运河是南北物资运输和长三角经济的重要水上通道，有10万多艘船舶长年在运河上航行，大运河江苏段年运输量相当于沪宁铁路单线货运量的3倍。中国大运河发展过程表见表1-1。

---

[1] 国家发改委《中国大运河文化保护传承利用规划纲要》。

表1-1 中国大运河发展过程表

阶段	时间	事件	价值
初创时期	公元前5世纪至公元6世纪	1. 公元前486年,吴国在今扬州附近开挖邗沟,沟通长江与淮河,成为中国历史文献中记载的第一条有确切开凿年代的运河[1]; 2. 战国中期,魏国为争雄称霸,于公元前361年前后开始挖掘改造鸿沟,北接黄河,南边沟通了淮河北岸的几条主要支流,构成了黄、淮之间的水路交通网络; 3. 公元前221年秦始皇统一六国后,为了建立和巩固新的空前统一的大帝国,更充分利用了鸿沟水系,从各地漕运大批粮食,源源不断地运往关中和咸阳; 4. 西汉时期,政府为了向京城长安运送漕粮,将运河向西延伸到达关中地区; 5. 东汉定都洛水北岸的洛阳,开凿阳渠以沟通洛水与黄河,洛阳成为全国最大的漕粮集中地。当时,由洛阳入汴渠,至徐州入泗水,由泗水入淮水,再转经邗沟可达江南; 6. 东汉末期,为征战北方,曹操利用黄河故道,开挖了白沟等运河,使运河向黄河以北延伸,抵达今河北省东部地区; 7. 东晋南北朝时期,南方统治阶层着力开凿修治浙东运河,自杭州至萧山县的西兴镇,再由西兴镇东通至宁波,沟通了姚江、甬江、钱塘江、曹娥江等自然河流	经过1000多年的陆续营建,到隋统一中国之前,以中原地区为中心,贯通东西南北的中国大运河体系已初步形成,为隋唐时期对运河大规模开挖、整治、贯通及航运大繁荣奠定了基础
第一次大沟通阶段	公元7世纪至公元12世纪	1. 605年,隋炀帝在前代汴渠的基础上下令开凿通济渠,沟通黄河与淮河。同时,下令重新疏浚邗沟以及疏凿长江以南的江南运河,并对前代开凿的浙东运河航道加以整治,使大运河越过钱塘江沟通宁绍平原; 2. 隋炀帝又于608年在曹操时期开凿的黄河以北原有运道的基础上,开凿永济渠,直抵涿郡(今北京),从而完成了以洛阳为中心,东北到达涿郡,东南延伸至江南的一条Y形运河,在中国历史上第一次建成了从南方重要农业产区直达政治中心和华北军事重镇的内陆水运交通动脉; 3. 唐宋时期,政府对运河的主要任务在于维护航道、建立粮食仓储、转运等运河配套设施,并逐步完善了漕运行政体系	经过第一次大沟通,大运河成为沟通中国经济中心与政治中心的大动脉,不仅为维持中国"大一统"的政治局面做出了重要贡献,也促进了运河沿线地区的经济和社会的发展繁荣、文化的交流沟通
第二次大沟通阶段	公元13世纪至20世纪上半叶	1. 1289年,元朝政府组织开凿了会通河,北通卫河,南接泗水、黄河,从根本上改变了淮河以北大运河的格局与走向。大运河不再流经洛阳、开封,河南和安徽北部的河段被废弃,大运河形成了南北直行的走向,缩短航程千余里; 2. 1293年,沟通大都城内与城东通州的通惠河建成,来自南方的漕粮可直接抵达城内的积水潭,实现了中国大运河的第二次大沟通; 3. 明代建设了南旺枢纽,在淮扬运河段建设了里运河,实现了河湖分离; 4. 为了减少清口以北借黄河行船所带来的危险,清政府于1686—1688年在宿迁与淮安间与黄河故道平行的东侧组织开凿了中河; 5. 1855年6月,黄河在兰考铜瓦厢决口,于阳谷张秋镇穿过运河夺大清河入海,影响航道,通航困难。清政府宣布各省漕粮全部改折银两交纳,运河及漕运管理机构也陆续裁撤。至此,沟通南北的大运河逐渐中断,变为多条局部通航的地区性运河	大运河彻底脱离了借自然河道行运的状况,实现了完全的人工控制。此外,随着社会经济的进一步发展,大运河成为联系全国经济的交通大动脉,在运河沿岸形成了一批转口贸易城市,促进了运河沿岸城市商业的繁荣

---

1 《春秋左传》:哀公九年,吴城邗,沟通江淮。

续表

阶段	时间	事件	价值
今天的中国大运河	中华人民共和国成立后	1. 20世纪50年代，对苏北运河全线进行了整治，实现了机械化行船； 2. "九五"时期以来，浙北运河网经过航道等级提升改造，货运量从1995年的0.8亿吨增长到2011年的2.6亿吨； 3. 21世纪以来，国家大力发展"绿色航运"，在航道整治中引入生态理念，以减少对原有生态环境的破坏，货物运输量稳步提高，也使沿线水环境和生态环境得到不断改善。苏北段2011年全线达到国家二标航道标准，全年货运量达3.6亿吨； 4. 2006年，中国大运河被列入世界遗产预备名单； 5. 2014年，在第38届世界遗产大会上，中国大运河被列入世界遗产名录，成为中国第46项世界遗产	经过数十年的现代化治理，中国大运河山东济宁以南的河段成为连接山东、江苏、浙江三省，沟通淮河、长江、太湖和钱塘江水系的水运主通道，也是世界上最繁忙的运输航道之一

二、中国大运河的社会文化背景和文化价值

弄清了什么是中国大运河，那么什么是中国大运河文化呢？"文化"乃是"人文化成"一语的缩写。此语出自《易经贲卦彖辞》："刚柔交错，天文也；文明以止，人文也。观乎天文，以察时变，观乎人文，以化成天下。"[1]文化，就词的释意来说，文就是"记录、表达和评述"，化就是"分析、理解和包容"。文化是非常广泛和最具人文意味的概念，简单来说，文化就是一个地区人类的生活要素形态的统称，即衣、冠、文、物、食、住、行等。给文化下一个准确或精确的定义是一件非常困难的事情。对文化这个概念的解读，学术界也一直众说纷纭。《辞海》中的解释是：文化是相对于政治、经济而言的人类全部精神活动及其活动产品。因此，一般的观点认为，文化是一种社会现象，它是由人类长期创造形成的产物，同时又是一种历史现象，是人类社会与历史的积淀物。也就是说，文化是凝结在物质之中又游离于物质之外的，能够被传承的国家或民族的历史、地理、风土人情、传统习俗、生活方式、文学艺术、行为规范、思维方式、价值观念等，它是人类相互之间进行交流的、普遍认可的一种能够传承的意识形态，是对客观世界感性上的认识与经验的升华。依这样的理解，中国大运河文化就是中国大运河地区人类的生活要素形态的统称，是中国大运河地区的历史、地理、风土人情、传统习俗、生活方式、文学艺术、行为规范、思维方式、价值观念等，即大运河地区的衣、冠、文、物、食、住、行等。

（一）中国大运河的社会文化背景

中国是一个统一的多民族国家，其形成的历程是较为复杂的，历经了多次统一与

---

[1] 《易经·贲卦》。

分裂阶段，其中大运河的建设与维护是推动和支持中国社会与民族南北融合的战略通道和重要支柱，对形成统一国家起到促进和支持作用。

中国这个统一的多民族国家的形成发展过程主要分为四个阶段。一是形成和初步发展阶段。公元前221年，中国历史上第一个统一的中央集权的封建国家——秦朝建立。秦朝在政治、经济、文化上采取了一系列巩固统一的措施。随后建立的汉朝在此基础上进一步发展了"大一统"的制度与措施。二是繁荣阶段。隋唐时期（公元6—10世纪）是中国这个统一多民族国家的空前发展时期。隋朝结束了中国从汉代以后长达4个多世纪的分裂割据，完成全国统一，完善了中央集权制度，并陆续建成通济渠、永济渠等一系列运河，在中国历史上第一次完成了贯通南北的内陆运河体系，为加强中国南北方之间的联系、巩固中国大一统的政治经济格局提供了基础。随后建立的唐朝继承发展了这些措施。三是新发展阶段。13世纪，元朝实现了中国的再一次统一，采用多种措施加强和巩固了中国南北统一的格局，并在原有的大运河基础上，克服了黄河改道等自然条件的巨大改变，对大运河原有体系进行裁弯取直，组织修建了会通河、通惠河等段运河，克服了部分地区地势较高、水源缺乏的困难，规划建设水源工程、水柜、调水工程等措施，实现了中国历史上第二次南北内陆水运交通的大沟通，再次达成了以国家都城为中心进行漕运调度的目标。四是巩固阶段。明清时代（14—19世纪），中央政府在多个方面加强了"大一统"的制度与措施。由于在明清两代的大部分时间里，中国大一统王朝的政治中心仍位于北京地区，为了保障漕运的持续畅通，政府在元朝建立的大运河基础上不断进行整治修葺，陆续新建、改建多处河道和水工设施，不断完善漕运的河道与运输管理制度和机构，基于大运河河道形成了完备而成熟的漕运体系。这套体系作为国家重要的政治措施和经济文化制度，与不断得到政府不惜巨大人力、物力进行疏浚、维修的中国大运河一起，一直沿用至19世纪。大运河入海口宁波三江口如图1-2所示。

中国的地理形态决定了天然河道由西向东的流向，也决定了其社会与民族融合的主导方向，如早期的黄河流域文明与东方文明最早出现的一体化过程。而中国大运河的出现无疑促使了这一运动方向的改变，隋唐时期，黄河中下游和长江中下游虽然同为基本经济区，但国家重心的发展趋势依然是从西向东，而元代大运河贯通以后，江南基本经济区的地位不断提升，南北权衡成为国家政治的重要内容之一。中国大运河作为重要的交通联系干道，必然参与文化交流与融合。中国大运河衍生文化交流的内容全面而广泛，从建筑、园林、宗教、商业、文学、艺术、戏曲、民俗等诸多方面都清晰可见。

图1-2　大运河入海口宁波三江口

（二）中国大运河的文化价值

古代中国的国家政治中心和军事中心大多坐落在北方，而中国的经济中心自南北朝后（公元5世纪至6世纪末）逐渐由北方地区转向南方地区，因此在从5世纪到20世纪初的1500多年中，中国都处于经济中心与政治军事中心分离的局面。为了紧密联系南方地区的经济中心与北方地区的政治军事中心，保证南方的赋税和物资能够源源不断地运往北方，满足政治军事中心的需求，对于中国历代政府来说，开辟并维持一条纵贯南北的运输干线，就成为极具战略重要性的政治举措和统治需要。

为了实现这一目的，古代中国政府大多选择内陆水运的方式，以大运河作为较为安全、快捷的运输通道，不惜投入巨大的人力、物力，克服艰巨的困难，不断修建、维护运河河道、水工设施、运输储存设施，制定与之配套的相应管理体系，逐渐建立起一套完善的政治与经济管理制度，专门负责调运国家战略物资，保证了通过中国大运河进行持续、畅通的运输。

这种由国家政府组织和管理，利用中国大运河水运或海运，调运粮食等专门物资到首都或其他由国家政府指定的重要军事政治目的地的专门运输体系被称作"漕运"，它是古代中国这一庞大的农业帝国最根本的需求之一,也是最重要的赋税运输方式和治理国家最重要的统治手段。

对于自隋至清的多个朝代,漕运都是重大的国家事务,是古代中国这一巨大的农业帝国保持顺利运行的基本保障之一。在漫长的历史时期里,漕运这一独特的制度和体系,跨越多个朝代,稳定地延续了1000多年,对古代中国的发展产生了巨大的影响,形成了近2000年的文化传统。

沿中国大运河持续运行的漕运系统,促进和加强了中国东部地理经济区域的发展和繁荣,稳定了中国的政治经济格局,保证了国家统一和安全,对古代中国大一统观念的产生和传播起到重要的作用,更加强了地区间、民族间的文化交流。

大运河扬州段繁忙景象如图1-3所示。

中国大运河沿岸也衍生出独特的城市与村镇。那些历代曾扮演过运河重要节点的城镇均受到运河的影响,经济不断繁荣,城市逐渐发展,为今天留下了独特的历史文化街区遗产。

邵伯明清大运河故道如图1-4所示。

总之,中国大运河是解决中国南北社会和自然资源不平衡的重要措施。它的建成和持续运行实现了南北资源和物产的大跨度调配,沟通了国家的政治中心与经济中心,促进了不同地域间的经济、文化交流,加强了中国南北方政治、军事、文化等方面的紧密联系,在国家统一、政权稳定、经济繁荣、文化交流和科技发展等方面发挥了不可替代的作用,对中国和世界的历史都产生了巨大和深远的影响。

历经2000多年的持续发展与演变,中国大运河直到今天仍发挥着重要的交通、运输、行洪、灌溉、输水等作用,是大运河沿线地区不可缺少的重要交通运输方式。

由国家文物局编制的《中国大运河申遗文本》将中国大运河的价值概括为以下一

图1-3 大运河扬州段繁忙景象

图1-4 邵伯明清大运河故道

段文字：中国大运河是世界上唯一一个为确保粮食运输（"漕运"）安全，以达到稳定政权、维持帝国统一的目的，由国家投资开凿和管理的巨大工程体系。它是解决中国南北社会和自然资源不平衡的重要措施，以世所罕见的时间与空间尺度，展现了农业文明时期人工运河发展的悠久历史阶段，代表了工业革命前水利水运工程的杰出成就。它实现了在广大国土范围内南北资源和物产的大跨度调配，沟通了国家的政治中心与经济中心，促进了不同地域间的经济、文化交流，在国家统一、政权稳定、经济繁荣、文化交流和科技发展等方面发挥了不可替代的作用。中国大运河由于其广阔的时空跨度、巨大的成就、深远的影响而成为文明的摇篮，对中国乃至世界历史都产生了巨大和深远的影响。[1] 这就是中国大运河的文化价值。

三、中国大运河文化的特点

作为人类遗产，中国大运河不仅是规模庞大的航运工程体系，又是规模巨大的文化遗产廊道。从隋炀帝开通大运河，到元明清大运河贯通，再到近代，中国大运河沿线一直是中国人口密集、经济发达、商贸兴盛、人才济济的地区，也是中国文化艺术最活跃的地区，文学、艺术、戏剧、书法绘画、音乐高度繁荣，名家辈出，对中华文化产生了极其重要的影响。各种文学艺术、戏曲、绘画、杂技等文化精品沿运河而生。这些厚重的精神产品，如文学、艺术、民俗、史学等不同领域的精神镜像，都可以为运河文化的发展与传承提供重要的资源、灵感与思路。中国大运河沿线城市或乡村所拥有的丰富的非物质文化遗产，如天津的杨柳青、嘉兴的灶头文化、陶瓷、泥人、节庆庙会、美食美酒、彩绘精绣等令人赏心悦目的、充满生活气息，更使中国大运河历史文化的发展与传承有着广阔的前景。

（一）中国大运河文化的概念

那么，什么是中国大运河文化呢？目前，无论是政府层面还是学术界对大运河文化都没有一个准确定义。国家发改委编制的《大运河文化保护传承利用规划纲要》，并没有对大运河文化进行定义，只是提出："大运河承载的文化价值和精神内涵是依托于运河这一实体产生的，并随着大运河的历史变迁而形成和发展、创新和升华。具体可分为三个层次。即大运河遗存承载的文化、大运河流淌伴生的文化、大运河历史

---

[1] 国家文物局《中国大运河申遗文本》，2013年1月。

凝练的文化。"[1] 对大运河遗存承载的文化表述为：是指与大运河相关的各种遗存所代表、蕴含的文化，以大运河沿线遗存的"物"为基础，其载体是大运河沿线的运河文物遗存、水工遗存、运河附属遗存以及其他关联遗存。对大运河流淌伴生的文化是这样表述的：大运河流淌伴生的文化是指与大运河相关的各类非物质遗产和传统习俗等为代表的文化，以大运河相关的"人"为基础，其载体是与大运河沿线的手工技艺、工程技术、戏曲文艺、生活习俗、传统节日、餐饮习惯、礼仪规制等。对大运河历史凝练的文化是这样表述的：大运河数千年历史中在推动南北融合、东西交汇、中外交流过程中逐步凝练、升华形成的文化精髓和价值观念，体现中华民族精神特质，其载体是大运河沿线乃至全体中国人所具有的伦理道德、理想信念、情感性格等。但对什么是大运河文化并没有回答。江苏省编制的《大运河江苏段文化保护传承利用规划》也没有对大运河文化提出定义。聊城大学运河研究院李泉教授提出，运河文化包含两个层次。第一个层面是运河的本体文化，又包括物质文化、非物质文化、制度文化三种。物质文化即运河文化遗产，非物质文化包括观念、思想、信仰、礼俗等，制度文化则是介于物质和非物质之间的文化现象，如漕运制度。第二个层面是因运河影响在运河区域产生的文化现象，包括哲学、史学、文学等上层文化和民间文学、风俗等市井文化。[2] 但还是没有对中国大运河文化进行定义。

那么，我们该怎么为中国大运河文化定义？首先要对文化定义，一般的文化定义是指相对于政治、经济而言的人类全部精神活动及其活动产品。具体人类文化内容指族群的历史、地理、风土人情、传统习俗、工具、附属物、生活方式、宗教信仰、文学艺术、规范、律法、制度、思维方式、价值观念、审美情趣、精神图腾等。人类文化又分为物质文化、精神文化、哲学思想（制度文化和心理文化）。王永波先生在《运河文化的运动规律及其启示》中提出："运河文化是人类在特定的社会历史条件下，通过跨自然水系的通航、漕运，促进运河流域不同文化区在思想意识、价值形态、社会理念、生产方式、文化艺术、风俗民情等领域的广角度、深层次交流融合，推动沿运河流域的社会政治、经济、科技、文化的全面发展而形成的一种跨水系、跨领域的网带状区域文化集合体。"[3]

按照以上关于文化的定义，笔者以为，大运河文化是运河经济的繁荣所带来的运河城市的兴起、文学艺术的融合、不同文化背景的参与所形成的多元一体的物质和非物质文化遗产及思想领域的合成。中国大运河见证了中国这个泱泱大国2000多年的历

---

[1] 国家发改委《大运河文化保护传承利用规划纲要》。
[2] 徐欧露《中国大运河文化是什么》，《瞭望》新闻周刊。
[3] 王永波《运河文化的运动规律及其启示》。

史和文化积淀。其流经6个省、2个直辖市、35座城市，在地理上吸纳了京津、燕赵、齐鲁、中原、淮扬、吴越六大文化带的文化资源。而在中国大运河成为世界遗产后，大运河的概念聚焦在中国大运河上后，我们所说的大运河文化的覆盖范畴主要是京杭大运河以及其前身隋唐大运河和其延伸段浙东运河，也就是中国大运河的区域。

中国大运河示意图如图1-5所示。

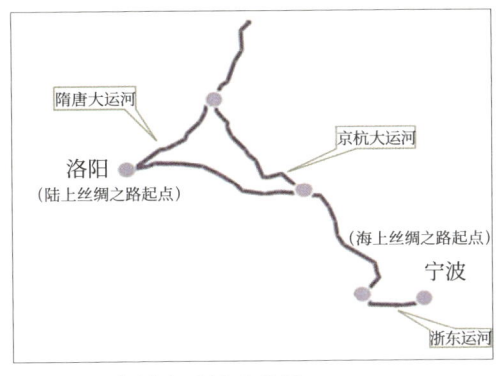

图1-5 中国大运河示意图

（二）中国大运河文化的时代和地域特点

中国大运河作为我国古代贯通南北的唯一交通大动脉，不仅促进了我国古代经济发展，而且在其发挥重要作用的过程中，吸纳沿线具有地方特色和民族特色的文明成果，积淀形成了内涵深厚、千姿百态的运河文化。中华民族文化是多元一体的文化，而大运河的开通，促进了南北文化和中外文化的大交流，形成了独具特色的运河文化。运河文化以其博大的包容性和开放性，吸收了燕赵文化、齐鲁文化、中原文化、西楚文化、吴越文化的精华，成为中华文化的重要组成部分。[1] 大运河文化无论是在物质文化上还是精神文化上，都深刻地影响着我们的国家和民族。

大运河在千百年的疏浚、修筑过程中，其流经的各个城市都被赋予了不同的文化特征，在为沿线城市提供着地理、交通、经济与文化联系的同时，也促使运河两岸的城市自身不断发展，形成了一个以运河为渊薮的城市共同体。经济上联系着南北、东西，在文化上横贯着燕赵、齐鲁、江淮、吴越、河洛等区域文化。大运河文化典型的时间与地域性特点见表1-2。

表1-2 大运河文化典型的时间与地域性特点

时间节点	总体特点	地域性特点	文化特点
早期运河文化（春秋战国—秦汉）	这个时期，运河流域的各个地区之间的文化在相互交流、融汇中不断向前发展，不断减少区域差异而呈现出共同的文化特质	运河的兴修促进了水陆交通网的形成，作为商品集聚地的商业城市兴起	春秋邦国林立，至战国末年百家合流。到东汉时期，北方运河流域的关中地区、三晋所居的中原地区和齐鲁地区的政治、学术文化已渐趋统一

---

1 《关于依托台儿庄古城建设"运河文化创意产业示范园"的议案》，山东省十一届人大四次会议议案，枣庄市代表团，苗传华等。

续表

时间节点	总体特点	地域性特点	文化特点
隋唐时期运河文化	中国历史上第一次规模巨大的南北文化大交流就发生在这一时期，在运河文化带中，长安是文化中心	这一时期，政治中心在关中，经济重心逐渐南移，出现了政治中心与经济重心分离的情况	南北文化大交流推动了中外经济文化的交流。到唐代，运河是经济生命线，也是文化生命线，文人墨客来往于运河之上，使唐代成为中国古代最为灿烂夺目的时代。数以万计的外国人出入长安，中国与世界各国展开了全方位的经济文化交流
宋元时期运河文化	大运河把北宋开封、南宋杭州、元朝大都几大文化中心连为一体，大一统文化格局出现	北宋时"泰山学派"反思儒学、力倡道统，"程门学派"立足洛阳，高举"天理"旗帜	北宋中期，出现了欧阳修、王安石、"三苏"等一批诗文改革的文学大家，文学走向一条平易畅达、反映现实的道路
明代运河文化	大运河促进了运河区域经济的发展，人们需要高质量的生活品质，文学艺术和科技发展站在了一个更高的起点上	文学艺术的传播周期越来越短，文坛上的新生事物，很快从运河的一头传到另一头，地域性特点不明晰	小说艺术空前发展，《三国演义》《水浒传》《西游记》都出现在这一时期。书画艺术仍继承宋元传统
清代运河文化	运河文化广泛采纳黄河流域文化和长江流域文化之所长，甚至海外文艺所长，形成了具有创新精神的区域文化	在北京、天津一带的北方运河地区，出现宣传才子佳人和侠义小说的同时，江浙一带的文人由于陷于亡国之痛不能自拔，写了一大批志怪小说。而《红楼梦》通过几大家庭的兴衰反映了运河地区社会现状。哲学、经学、史学研究在江浙地区繁盛	清朝建立后，大规模民族斗争逐渐平息，经济获得恢复与发展，文学艺术出现了繁荣与发展。运河流域的文学艺术，不但广泛采纳各流派之所长，还广泛吸取了各民族乃至海外各国文学艺术的精华，影响波及海外
民国运河文化	民国，河运废驰，但因为运河地区是民族、民生革命势力势在必得的地区，仍然是中国文学创作的丰沛源泉	运河沿线丰富的社会生活，吸引了大批世界观、人生观不同的文人从事创作。出生于南方的鲁迅、茅盾、叶圣陶、朱自清、夏衍等陆续到了北方，在小说、诗歌、散文、戏剧等方面做出了开拓性的贡献	民国时期运河流域在中国文学创作上占有十分重要的地位，各种文学思潮、流派、群体在运河区域形成，以运河流域民生为题材的文学巨著大量涌现。其他艺术形式也名家辈出

安作璋先生所著《中国运河文化史》如图1-6所示。

（三）中国大运河文化的价值与功能特点

安作璋先生在《中国运河文化史》一书中写道："中华民族的文化是多元一体的文化，其所以存在着文化上的多元化，是由于各个区域地理环境的不同造成的自然条件的差别，经济发展水平不同引起的社会条件的差异，生活习俗不同所带来的文化背景的各异，军事上的封建割据所形成的政治上的隔绝，这一切都足以造成区域文化的不同特色。随着运河的南北大贯通和迅速开发，运河区域的社会经济达到了前所未有的兴盛与繁荣，这不仅为运河区域文化带来的发展提供了雄厚的物质基础，而且促进了南北文化、东西文化的交流和中外文化的大交流，使各种地域文化和外来文化相互接触、融会、整合，形成独具特色的运河文化。"笔者认为，中国大运河文化最根本的特征是交流。大运河首先是为漕运的目的而修建的，大运河的原始功能是运输，而货物运输与人的流动，带来了文化的交流，这才有了大运河文化。图1-7所示的扬州东关古渡前的马可·波罗塑像，为了纪念这位东西方文化交流的使者。这种以交流为特征的大运河文化又有以下三个方面特点：

图1-6　安作璋先生所著《中国运河文化史》

图1-7　马可·波罗铜像

一是包容与统一。

善于沟通、包容开放的宽广胸怀是大运河文化的基本特征。从某种意义上讲，文化就是沟通。如果人与人之间没有沟通的愿望，便不会有文化的诞生。这一点，对大运河文化的发展更加重要。运河的本质也是沟通。中国大运河是一条文化的河流，它不仅直接串联起南北，沟通了黄河与长江，而且间接地连接起更为广阔的空间，对中国文化大格局的形成具有十分重要的作用，同时也是联系古代中国与世界的桥梁，是古代东方主要的国际交通路线之一。

刘士林先生认为："中国区域文化虽然众多，但以北方的齐鲁文化与江南文化最为可观。齐鲁文化本质上是一种伦理文化，而江南文化本质上是一种诗性文化，它们代表着中国人最基本的生存需要与文化理想，因而两者之间的双向交流十分重要，大运河使两种在原则上针锋相对的伦理与审美文化，在现实中获得了接触、理解与融合的可能，在两者之间起到重要的沟通与交流作用，对古代中国文化大格局的形成具有十分重要的作用。"[1]

在大运河文化带建设中，有关部门将中国大运河沿线分为六大文化板块：即京津、燕赵、中原、齐鲁、淮扬、吴越。这本质上还是两大文化的细分。

二是扩散与开放。

中国大运河为不同区域的文化交流提供了通道，体现了某一文化区域内重要的人类价值的交流。大运河与长城，人们往往把两者比作中国版图上一个大大的"人"字，皆是人类智慧的伟大体现，其实从深层次看，两者有很大的不同，长城的修建是防御型的，客观上阻碍了多民族之间的往来和交流，而运河的开凿是贯通水系，加强了各族人民之间的团结与统一，换而言之，长城是"对外闭锁"，而运河则是"对内搞活"。大运河的开通与整修，不仅直接刺激与活跃了中国区域间的物流与人际交往，同时也影响古代中国与世界的外交往来及其路径。

中国大运河的开通，使东部地区与中原，南方与北方的联系更为直接而紧密，带来了大运河区域经济文化的繁荣与发展，加上沙漠丝绸之路和海上丝绸之路的沟通，使运河流域成为中外经济文化交流的前沿地区，促进了中华文化的多元发展。

明朝时苏禄国东王来北京访问，沿运河返程时在德州去世，被葬在德州，其后人为他守墓，形成了一座村落。

三是创新与发展。

不断扩大、延伸、创新和发展是大运河文化又一特征。千余年来，大运河文化内涵及表现形式，不断扩大、延伸、创新和发展。随着沿大运河文化交往日益频繁，大运河文化传播方式，呈现大型化、现代化、社会化和国际化。大运河是古代东方世界主要国际交通路线的组成部分。隋、唐、宋时期大运河的南端通过海上丝绸之路从明州港（宁波）、泉州通向海外诸国，西端则从洛阳西出通过横贯亚欧内陆的"沙漠丝绸之路"通往中亚、欧洲，元代以后则由于蒙古帝国的建立使欧亚大陆交通畅通。大运河使中国与世界更为紧密地联系起来，中国与亚洲、西方的僧人、官员、商人、传教士、旅行家、使团等频繁由运河南来北往于中国内地，并经由海上、陆上交通，形成了古代中国与亚洲、欧洲等广泛的政治、经济、文化联系，促进了古代世界的沟通与交流。

大运河文化是商业文化的代表，这种依托在沟通交流基础上的商业文化有着与生俱来的创新性，大运河流域是中国古代四大发明的发源地，通过大运河中国古代四大发明得以传播到国外；同时，国外先进的科学技术也率先传入运河区域，并通过运河传到中国的内地。因此，运河文化代表了中国文化中的创新性和发展方向。

---

[1] 刘士林《大运河城市文化模式初探》。

(四) 中国大运河文化的分类

中国大运河的交流功能带来了繁荣的大运河文化。中国大运河文化包罗万象，那么，对中国大运河文化怎么分类呢？学者潘承祥将大运河文化分为3个层次："高级文化，包括建筑、文学等；大众文化，指沿途习俗、仪式、衣食住行、生活方式等；深层文化，指价值观取向，即黄河文化延伸出来的那种民族精神，早已渗透在大运河文化深处。"[1] 这种分类显然不太合理，建筑、文学怎么就是高级文化，高级文化怎么对应深层次文化？还有人将大运河文化内部结构分为4个层次：物态文化层、制度文化层、行为文化层、心态文化层，但这显然不完全是对大运河文化的分类。聊城大学运河学研究院的吴欣教授则认为："运河文化的内涵包括了技术文化、制度文化、社会文化三大类"[2]。吴欣教授的分类有一定的合理性，但并不能涵盖中国大运河众多的文化类别，特别是其第三类社会文化的概念不太清晰。笔者以为，中国大运河文化的分类，以物质文化、非物质文化遗产、思想领域三个部分分类更为科学合理，具体又分为多种文化类别，本书列举了10个类别。物质文化部分中有大运河水工文化、大运河建筑文化、大运河园林文化、大运河城市文化等类别，非物质文化部分中有大运河文学艺术、大运河非物质文化等类别，思想领域部分中包括大运河宗教文化、大运河商业文化等类别，当然有的文化类别既有物质文化的成分，也有非物质文化的成分或思想领域的成分，如大运河漕运文化既有思想的层面，也有物质的层面；大运河旅游文化既有精神层面，也有物质的层面。但不影响大的三个部分的分类。

表1-3将中国大运河文化分为10类做简要介绍。

表1-3 中国大运河文化分类

文化类别	功能与特点	主要文化遗存
大运河漕运文化	由国家政府组织和管理，利用水路调运专门物资（主要是粮食）到首都（或其他由国家政府指定的重要军事政治目的地）的专门运输体系，是人类在农业文明时代重要的制度文明成果之一	淮安总督漕运衙署、扬州两淮盐运使司衙署、运河粮仓、运河码头
大运河水工文化	大运河是世界运河工程史上的里程碑，反映了运河悠久历史阶段和巨大的影响力，代表了工业革命前土木工程的杰出成就，是农业文明时期水工程的百科全书	运河水源和供水工程、闸坝、船闸、与河湖交叉工程、纤道及护岸工程
大运河建筑文化	聚集了人工水道和水工程的规划、设计、建造技术在农业文明时期的全部发展成就，成为农业社会土木工程的最高成就	运河桥梁、运河名宅、运河城门、运河历史街区
大运河园林文化	师法自然、融于自然、讲究亭台轩榭的布局和假山池沼的配合、讲究花草树木的映衬和近景远景的层次，集中表现了我国园林建筑艺术的精华，成为世界文化艺术宝库中的珍宝	颐和园、苏州园林、杭州西湖、扬州园林、美不胜收的运河园林

---

[1] 百度"大运河文化"词条。
[2] 吴欣. 大运河文化的内涵与价值 [N] 光明日报 2018-2-5（14）。

续表

文化类别	功能与特点	主要文化遗存
大运河宗教文化	大运河是联系古代中国与世界的桥梁和中外文化交流的纽带，大运河沿线形成了丰富多彩的宗教文化，使中国与世界更为紧密地联系起来	佛教遗存、伊斯兰教遗存、天主教遗存、道教遗存
大运河城市文化	大运河对中国各朝代的都城及沿线其他城市的发展都产生了巨大影响，造就了沿线地区一个个繁荣的城镇，形成了独特的大运河城市文化	都城遗存、商业城市遗存、运河古镇遗存
大运河商业文化	运河促进着商业的发展，改变了古代中国人"轻商"的观念，带来了实用主义的商业文化，形成了以交流、开放、融合、进步为特点的运河商业文化	运河会馆、运河钞关、运河钱庄
大运河精神文化	文化兴盛，文人、艺人沿运河南来北往，文艺随之传播，大运河沿线积淀了丰厚的文化资源。一颗颗文化明珠，通过大运河这条金丝线串起来，大运河成为中华文脉	运河书法、绘画、诗歌小说、戏剧曲艺、科技书籍及藏书楼遗存
大运河非物质文化	蕴含着运河沿线人民的精神价值、思维方式、价值取向和艺术品质，体现着中华民族的生命力和创造力，是中华民族智慧、劳动与创造的结晶	运河口头传说和表述、表演艺术、社会实践、仪式、节庆活动、有关自然界和宇宙的知识和实践及运河传统手工艺
大运河旅游文化	大运河旅游资源丰富，大运河旅游历史久远，作为世界遗产不仅可以吸引国内游客亲水休闲，而且具有相当高的国际吸引力，大运河旅游可以强化大运河精神内涵和时代价值的挖掘和弘扬，推进大运河文化的国际传播交流，将为新时代讲好中国故事，更好展现真实、立体、全面的中国提供重要平台	宗教建筑、文化遗址、古城类、名人故居、名人陵墓、湖泊、水库、古塔、园林、河口潮汐

因此，中国大运河文化是指在中国大运河所覆盖的区域，具有以上三个方面特征的一种文化。从地域上看，中国大运河文化包括隋唐大运河、京杭大运河和浙东运河沿线地区；从特征上看，是包容与统一、扩散与开放、创新与发展；从内容上看，是物质文化、非物质文化遗产和思想领域的合成；从类别上看，它包含多种文化类别。

四、中国大运河文化的传承弘扬

中国大运河是一条积淀丰厚的文化遗产长廊，沿线文化遗存众多，文化资源十分丰富。众多的文化资源为中国大运河文化的发展与传承提供了重要的资源、灵感与思路。切实保护和传承好中国大运河文化，不仅具有重要的历史文化价值，而且具有巨大的经济社会价值。对中国大运河文化的传承弘扬，要做好以下4个方面的工作：

1. 加强中国大运河文化遗产保护，深入挖掘、提炼中国大运河文化价值，构建"运河学"基础

作为世界遗产，传承弘扬中国大运河文化首先要恪守对国际社会的承诺，按照《世界遗产公约的标准》，将中国大运河文化遗产保护好。将列入世界遗产的27段河道和58个遗产点保护好，将中国大运河非物质遗产保护好，将运河文脉传承好。同时要加

强对大运河文化的研究挖掘,要对中国大运河及沿线城市文化的价值与精神内涵做深度梳理与挖掘,形成一批研究成果。中国文物学会大运河专业委员会会长张廷皓说:"目前对大运河文化价值的挖掘远远不够,大运河文化的本质意义是什么,为什么说它是文化带,远没有说清楚。"研究不足、阐释不足、认识不足,导致大运河沿线的旅游开发、文化产业定位同质化严重,远未展现出大运河应有的价值。已故的罗哲文先生提出将中国大运河的研究工作提升到"运河学"的高度来认识,建立一门全新的"运河学"学科。在我国,敦煌学、长城学以及对丝绸之路的系统研究都呈现出新气象。但从文化遗产角度对运河进行挖掘和提炼的工作还比较薄弱。而运河本身是鲜活的,它涉及文物、遗产、历史、景观、艺术、文学、建筑、规划、考古、经济等众多领域,"运河学"的进一步发展也是对大运河文化遗产做出的进一步挖掘和提炼,同时,这也将成为一门理论性、实践性、管理性和经营性多方面兼顾的学科。专家建议,应开展运河学研究,建立"中国大运河文化旅游资源库""中国大运河水利工程枢纽资源库"等大运河文化资源库,整合各地运河文化资源。可以在沿线主要城市,从不同方向设立大运河研究院。聊城大学已先人一步,成立了运河学研究院,扬州大学也成立了中国大运河研究院,相信运河学研究院和中国大运河研究院等一批研究机构一定会在研究运河文化方面做出杰出成就,一定会为"运河学"的奠基做出积极的贡献。电子工业出版社的《京杭大运河遗产保护出版工程》、《中国大运河百问》等一批运河研究成果的出版,体现了介绍运河知识、传播运河文化、促进运河发展、践行运河保护的理念。运河沿线各地和社会各界都需要对大运河遗产价值与精神内涵做深度梳理与挖掘,通过加强对现存运河遗产资源的摸底调查、发掘研究,让中国大运河遗产的文化价值呈现在世人面前,唤醒沿线民众对大运河遗产的保护意识,增强全民族的文化自信,进一步继承弘扬运河文化,为实现中华民族伟大复兴的"中国梦"增添文化动力。

中国大运河文化相关研究成果如图 1-8 所示。

2. 创作优秀文化作品,讲好运河故事,推进运河文化传播

党的十九大报告指出:"要深入挖掘中华优

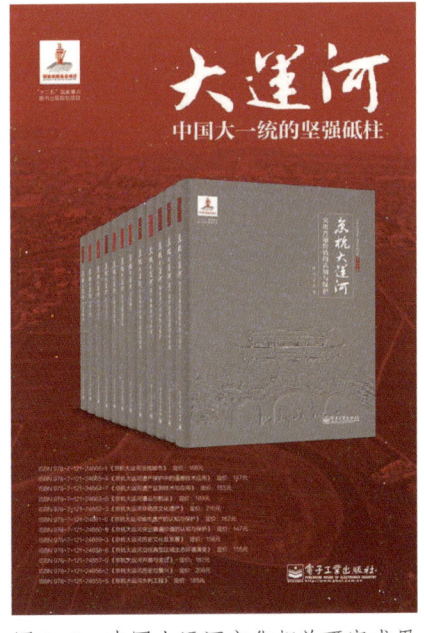

图 1-8 中国大运河文化相关研究成果

秀传统文化蕴含的思想观念、人文精神、道德规范，结合时代要求继承创新，让中华文化展现出永久魅力和时代风采。"中国大运河沿线拥有水工遗存、运河故道、名城古镇等物质文化遗产近 3000 项，国家级非物质文化遗产 450 多项，要利用大运河这一世界级的文化符号，讲好运河故事，传播中华文化，让世人感知中华文明的渊源博大。要在重要遗产点段设立遗产标志牌和解读牌，图文并茂，形象生动地展示各个遗产点历史演变及其真实性、完整性和突出普遍价值，让市民和游客了解并尊重悠久的大运河文化，使古老的运河文化继续为城市的经济发展和社会进步做出积极的贡献。要充分发挥大运河文化传播平台的作用，恢复一年一度的中国扬州世界运河名城博览会和无锡运河保护论坛，举办大运河文化带建设论坛，推进国内外运河城市的文化、经济交流。要用运河边成长起来的文学艺术形式去创作新的运河文学艺术，如用京剧、昆曲、扬剧、淮剧、锡剧编演运河大戏。利用中国大运河这一世界级的文化遗产，通过活化运河历史文化，输出文化产品，潜移默化地传播运河优秀文化。扬州市主动牵头推进大运河沿线城市地方文艺交流展演展览展示活动，培育做响"运河风情""江南曲美"展演、展览品牌，积极推动运河文化"走出去"。杭州歌舞剧院自创的歌舞剧《遇见大运河》在大运河沿线城市巡演 120 场，在中国大运河申遗成功两周年之际走进国家大剧院献演。2017 年又赴德国、法国、埃及、希腊等国的运河城市交流演出，弘扬运河文化。联合国教科文组织特别授予《遇见大运河》团队"文化遗产传播保护使者"荣誉称号（图 1-9）。

图 1-9　联合国教科文组织特别授予《遇见大运河》团队文化遗产传播保护使者荣誉称号

3. 系统规划运河旅游,推动文化旅游深度融合,打造千年运河品牌

中国大运河作为世界遗产不仅可以吸引国内游客亲水休闲,而且具有相当高的国际吸引力,为旅游产业的发展提供了全新的成长空间。发展大运河旅游是彰显大运河文化神韵,塑造大运河文化形象,展示大运河文化名片的重要手段,要整体打造具有国际影响力的"千年运河"文化旅游品牌体系,重点培育运河城市旅游、运河旅游产品、运河旅游节庆、运河旅游企业(服务)等子品牌,不断推出富有创意、参与度高、深受市场欢迎的系列旅游产品。可以成立大运河旅游营销联盟,开展大运河旅游产品品牌塑造和推广营销活动,推动大运河成为与万里长城、丝绸之路齐名的中华文化旅游经典品牌。

大运河杭州段的河畔书屋如图 1-10 所示。

图 1-10 河畔书屋

要整体规划中国大运河旅游,从济宁到宁波运河沿线景点众多,可以联手打造运河水上游览线,将岸上的景点通过水路串联起来,形成联动效应。要通过运河旅游的深度开发,打造经典运河旅游品牌。如扬州的大运河水上游览线,在游览线路的设计上要更好地展示扬州段运河的地方特色,展示大运河沿线的物质遗产和非物质文化遗产。苏州的古运河环城游,无锡、常州的运河水上游都要进行提升。未能全线通航的北京、天津、河北、河南、安徽等省市的运河城市也要通过建设遗产展示馆,开辟遗产运河游,从世界遗产价值的角度展示运河遗产、运河文化,加强运河旅游的开发。把三维场景展示、AR、VR、音视频自动调度技术、单点全景展示、连续全景展示、船载全景展示等技术手段应用到展示馆建设中,形象生动地再现大运河的前世今生和重要场景,让游客如临其境,感同身受。对遗产点集中的运河古镇(如邵伯镇、杨柳青镇)要作为运河聚落遗产整体打造,进行修旧如旧的修缮保护,建设运河文化实景展示,恢复老街上的老字号店铺,再现当年运河名镇船舶往来、桨声绵绵的情景,打造运河旅游小镇。要丰富休闲娱乐旅游产品。深入挖掘大运河深厚文化内涵,丰富大运河船上、水上和岸上休闲娱乐产品和服务,构建"慢游运河"娱乐体系。有条件的节点城市组织开发以运河文化为主题的、高水平的大型实景和剧场演出,用艺术手段展现历史运河与当代运河盛景。

4. 推动文化与相关产业融合发展，发展文化产业，实现文化强国

中国大运河作为一条人造的河，带动的是周边一群创新创造的人，运河两岸的桥梁、船只、景色，都是人类的创造，千百年来运河儿女创造了灿烂的文化。大运河文化是一种"活态的、线性的文化遗产"，它具有生生不息的文化精神，千余年来大运河因其不断地创新变化而成就了运河沿岸的文明，因而我们在继承前人留下的"文化遗产"的同时，有责任进一步研究大运河文化，挖掘其深厚内涵，发展文化旅游产业，为后人留下经过我们创新的"文化遗产"。只有这样，才能使古老的大运河文化焕发生机，创造出新的文化形象和符号。

北京南新仓历史文化街区如图1-11所示。

图1-11 北京南新仓历史文化街区

传承弘扬大运河文化更要发展大运河文化，要集聚大运河沿线节点城市关键资源要素，发展与中国大运河文化相关联的创意设计服务、文化软件服务、文化休闲娱乐服务、文化艺术服务等文化产业，推动文化产业与旅游、体育、农业、工业等相关产业深度融合，助力区域经济高质量发展。要提升文化产业发展质量。鼓励和引导大运河沿线地区立足文化特色和区域功能定位，深入发掘地域文化资源，积极发展特色文化产业，优化产业结构布局，发挥集群效应。推动传统与现代、民族与世界相融合，将中国大运河文化遗产资源转化为多样化、个性化的系列文创产品，文化创造活力明显增强。推动大运河文化与互联网、大数据、云计算、人工智能等高新科技深度融合，培育新型文化业态，形成区域文化产业新的增长点。要鼓励发展体育休闲产业。积极开发徒步、健走、马拉松、骑行、自驾车等产品，形成新的消费热点，加快体育休闲、健康、旅游深度融合。深入实施体育旅游示范工程，发展沿运河体育休闲旅游产业。鼓励大运河沿线城市承办或主办相关主题的高水平体育赛事活动，开展运动休闲体育活动和全民健身活动，鼓励社会主体利用大运河开发相关群众性体育活动。要提升休闲农业和乡村旅游。鼓励和引导运河沿线村镇发展休闲农业和乡村旅游，建设一批功能完备、特色突出、服务优良、示范带动力强的美丽休闲乡村、休闲农庄（园）、精品民宿，培育一批效益良好的示范品牌，带动农业提档升级、农村环境改善、农民脱贫致富，助力乡村振兴。要推动工业产业转型升级。充分利用大运河两岸工业化过程中遗留下来的老旧工业厂房、仓库等设施，加强工业遗产保护利用和改造升级，发展文化创意、科技研发等高附加值产业，丰富制造业、加工业等行业产品的人文内涵，增加附加值。

世界运河名城博览会会场如图1-12所示。

大运河保护与申遗以来，已有许多运河城市在运河文化产业的开发上迈出了先行的步伐。如临清在发展文化产业打造"运河名城"，河北唐津则在打造运河文化产业聚集区，山东聊城成立了运河文化产业发展协会，而运河名城扬州自2007年开始每年一度连续举办了八届世界运河名城博览会、十一届世界运河城市论坛，成为运河文化产业的"乳娘"。常州第五毛纺厂原来是个废弃的厂房，经过几年的发展，目前被利用为文化创意产业园，成为运河文化产业的一个成功案例。但大运河文化产业的发展切忌一窝蜂、同质化竞争。应推动建立政府投入和社会力量共同协作的机制，聚合大运河沿线的文化元素，在大运河沿线城市共建运河文化圈，从而形成一个推动运河文化、主题文化、创意产业的长效机制，联手建设大运河文化带。国家要出台政策，推动沿线城市合作推出一些文化项目、出版项目、产业项目，规划一批跨省市的运河文化产业园区，来振兴运河文化，发展运河经济。用深厚的运河文化底蕴、创新创意的思想，构建一个中国文化产业发展的高地。将运河遗产和资源转化为具体的文化产品，如将运河的历史符号印上工艺品，利用运河文化开发创意产品等，既保留运河文化的本真性，又将文化内涵和运河价值融入到物质产品中，打造运河文化产业，让民众既能感受到运河厚重的历史文化和精神品质，又能将其依然存在的实用价值融入到现实生活，从而造福民众。各级政府要制定政策、强化监管，把大运河文化产业、旅游产品变成一个富有投资价值的平台，广泛吸引民资参与投资和开发。要探索建立运河文化保护基金、运河生态保护基金等平台，用现代化的资本运作手段，规划建设一批大运河保护利用项目，助推大运河文化带建设。2018年世界运河城市论坛上，江苏省文化投资管理集团宣布，将发起、设立200亿元的大运河文化旅游发展基金，作为江苏省政府首支文旅融合发展基金，

图1-12　世界运河名城博览会会场

重点支持大运河文化公园建设和文化旅游合作方面的重要项目，这将有力地推动江苏大运河文化旅游产业的发展。

中国文物学会副会长、大运河专业委员会会长张廷皓先生说："对于大运河文化带的建设，绝不是简单地发展旅游、文化产业。要有高层次高水平的建设意义，要研究大运河如何体现中华民族的民族精神，这是凝聚民族的建设，体现的是中国的文化自信。"因此，传承弘扬中国大运河文化要注重文化与经济的融合，要在保护、传承的基础上进行合理的利用，利用大运河的交通动脉和文化廊道的功能，深入挖掘，充分整合运河资源，发展高端产业，在运河沿线构建一个中国文化产业发展的新高地。要通过运河文化传承弘扬推动运河经济的发展，将大运河文化融入到经济建设中，同时又通过运河经济的大发展，推进运河文化的大繁荣，实现经济与文化的相互促进，实现文化强市、文化强国的目标。

第二章 中国大运河漕运文化

利用水的浮力及河水的流动发展交通运输，是人类早期文明成果之一。[1] 据《尚书·夏书·禹贡》记载，在舜帝统治时期，九州中的南方各州向舜帝进贡，就已经用船只载运。上一章介绍到，中国大运河是世界上唯一一个为确保粮食运输安全，以达到稳定政权、维持帝国统一的目的，由国家投资开凿、国家管理的巨大运河工程体系[2]。可以说，中国大运河最初开凿是为了军事，后来成为漕运的主要手段。漕运成了中国大运河能够存在 2000 多年的历史动因。那么，什么是漕运呢？《说文解字》诠释："漕，水转谷也。"追溯本意，漕运即是通过水路运转谷物的一种形式。很早以前，我国民间便已利用沟渠和自然水道转运百物，但都不能称之为漕运。漕运是一个历史的概念，专指历代封建王朝将征自田赋的部分粮食通过水路运往京师或其他指定地点，供宫廷消费、百官俸禄、军饷支付和民食调配，是我国历史上一项重要的经济制度。[3] 漕运是解决中国南北社会和自然资源不平衡的重要措施，实现了在广大国土范围内南北资源和物产的大跨度调配，沟通了国家的政治中心与经济中心，促进了不同地域间的经济、文化交流，在国家统一、政权稳定、经济繁荣、社会发展等方面发挥了不可替代的作用，产生了重要的影响。

清代原济所绘《万里艚艘图》，反映了古代的漕运制度，如图 2-1 所示。

图 2-1　万里艚艘图

一、漕运的概念及文化内涵

据《辞海》解释："漕运者，水道运粮也。"中国古代向农户征收地租和田赋，

1　袁行霈，邓小南. 中华文明史 [M]. 北京：北京大学出版社，2006。
2　《中国大运河申遗文本》国家文物局 2013 年 1 月。
3　吴琦《漕运的历史演进与阶段特征》，《中国农史》，1993 年第 4 期。

在很长时期内，采取征收粮食、布匹、丝绸等办法，漕运就是利用水路将这些实物运送到京师、军营等地方。漕运是中国历史特有的一种现象，它是由国家政府组织和管理，利用水路（河道或海路）调运专门物资（主要是粮食）到首都（或其他由国家政府指定的重要军事、政治目的地）的专门运输体系。它有着严密的制度保障，并始终以高成本运行，体现出高度的政治性。漕运是一种有效的政治与经济制度，它在广大的国土范围内进行资源的调度、控制和再分配，以满足国家战略储备、应急救灾需求，调整社会结构，推动经济发展，维系稳定的中央集权，是人类在农业文明时代重要的制度文明成果之一。

（一）中国大运河漕运产生的历史条件和前提

漕运是古代中国集权政治和小农经济结合的产物。全国性统治中心的确立、中央到地方官僚体系的形成、庞大军事体系以及全国性社会秩序的建立，促使封建王朝必须建立一个有序的、有保障的、以粮食为主体的物资供应体系。然而，以农立国的经济特性，使得统一的集权王朝在建立物资供应体系时，不得不面对广泛而分散的小农经济。作为自给自足的自然经济，生产者的劳动产品主要用于自己的消费，而不是用以交换和售卖。因此，全国性的商品尤其是粮食商品市场难以形成，封建王朝大量的粮食消费无法通过市场以交换或购买的方式得到满足，只有采取行政手段建立一个有序的、有保障的、以粮食为主体的物资供应体系方能解决这一棘手的问题。这是漕运形成和发展的历史动因。

漕运贯穿中国整个封建社会乃至半殖民地半封建社会，始于秦汉而终于晚清，是以中央集权政治为母体、以封建自然经济为土壤的产物。中央集权封建国家的建立，使幅员辽阔的地区开始以统一的新姿态出现，它拥有庞大的官僚机构和军事组织，这些机构与组织作为消费集团不劳而食。然而，封建社会经济是自给自足的自然经济，生产者的劳动产品主要用于自己的消费，而不是用以交换和售卖。因此，全国性的商品尤其是粮食商品市场难以形成，封建王朝大量的粮食消费无法通过市场以交换和购买的方式得到满足，只有采取行政手段来解决这一棘手的问题。

另一方面，中国的黄河、长江、淮河等河流多为东西走向，而没有一条南北走向的大河，这种地理上的缺陷，造成了我国经济文化发展的不平衡。在水路运输占主导地位的时代，十分需要一条沟通南北的水运干线，使封建国家可以借助中央集权，在全国范围内征收粮赋，并加以转运。大运河的开凿便在这样的背景下产生，它经历了一个由短到长，由局部到整体，不断完善、不断扩大的过程，时间持续上千年之久。

（二）中国大运河漕运的历史发展阶段及特征

漕运的发展轨迹与整个封建社会政治经济的动向密切相连。秦代转运的粮食主要用于攻胡掠地。秦南攻越地，在南方开凿运粮渠道，深入越地。汉代，漕运频繁地用于战争。汉初，"漕转山东粟以给中都官，岁不过数十万石"[1]。不过，随着经济的恢复、河渠的开凿及政府的重视，元狩四年，河漕已达400万石，元封元年，致粟山东一度高至600万石[1]。这一方面说明汉代的漕运规模和发展程度，"一岁之中，太仓、甘泉仓满"，而"天下用饶"；另一方面也表明当时漕运的不稳定性。秦汉时期，由于社会政治、经济制度处于起步阶段，各项措施都还在摸索中进行，因此，漕运也只是雏形，尚无定制，缺乏统一的组织和计划，还没有从其他部门分离出来形成独立的经济系统。秦汉两朝均定都西北的长安，当时，全国的经济中心在北方，漕粮多半供应于这两个地区，漕运通过横贯中原的黄河和渭水实现，因而漕运方向大致为东西向，漕粮多为军事费用，漕运随需而作，因此体现出无常制、无常时、无常额的特征。这一时期，由于南方尚未开发，因此南方的漕运活动并不突出，但汉代漕运的地域范围已经包括江南。

三国、两晋、南北朝时期，封建经济中心已出现南移的端倪。但就漕运制度而言，这个时期发展很慢。随着南方经济地位的提高，江南已引起了统治者的关注，统治者进而认识到这一地区的经济作用。如西晋时，陈敏上奏："南方米谷皆积数十年，时将欲腐败，而不漕运以济中州，非所以救患周急也"[2]。因此，一些统治者开始注意沟通南北水路交通并漕运南方粮食。曹魏正始二年，开广漕渠，"又通漕运，每东南有事，大军泛舟而下，达于江淮"[3]。广漕渠的开发，沟通了北方与江淮地区的水路联系，江淮地区日受重视。北方政权对两湖一带漕粮的运输途径有两条，一是通过江淮达汴（河）、黄（河）；二是经由"沔、汉达江陵"（《晋书·杜预传》），溯汉水，运抵北方。西晋时，杜预开杨口，起夏水，达巴陵，千余里水道，"内泻长江之险，外通零桂之漕"（《晋书·杜预传》）。南方政权则就地取材，对本地的漕运工作极为重视。南齐时，萧衍令郑绍叔督江湘粮运，以"汉口路通荆雍，控引秦梁，粮运资储听此气息"[4]，这说明江南地区的经济地位日益提高。

唐宋时期是漕运的大发展时期，由于运河的开通以及经济重心的南移，漕运方向由东西向转为东南西北向。漕运渐趋稳定，有相应的成法、固定的职官和额定的年漕量，

---

1 《史记·平准书》。
2 《晋书·陈敏传》。
3 《三国志·魏志》。
4 《梁书·武帝本纪》。

漕运成为一个较完整的经济体系。元代，由于种种原因，主要采用海运的形式运输漕粮，所以这是一个漕运发展中的特殊时期。明清时期是漕运制度的完善期，基于历代的积累和统治者的重视，此期漕运的组织、机构、政策都达到十分严密和健全的程度；明清漕运涉及的范围很广，由于社会经济的变化，漕运不断发挥诸多的社会功能；此时，漕运重心已完全落在南方，漕运方向转变为南北向。

（三）漕运的衰落及原因

清朝末期，伴随着西方资本主义势力的不断涌入，清帝国日趋衰落，1851年爆发的太平天国起义迅速席卷了东南大部分地区，拦腰切断了北上的漕运线，在经济上卡住了清政府的脖子。在漕运中断的形势下，清政府被迫将南方漕粮的大部分改为银钱征收，用作镇压起义的军饷。其余部分，则委托商船从海道北运。1855年黄河改道后，运河山东段逐渐淤废，从此漕运主要改经海路。太平天国起义失败后，漕粮折征款项仍为湘、淮军阀及地方所有，并不上交朝廷，漕运逐步走向衰落。

1872年，洋务派在上海成立了轮船招商局，逐渐将剩余漕运的业务揽走。至此，与以往相比，漕运规模大为缩小，而且从原来纯粹由政府组织和经营的方式，转为政府出资、商人承运的新形式，与一般商运已无太大差别。这表明传统的漕运已走向末路。1901年，清政府下令停止运河漕运，将漕粮改为现钱征收，但仍留下了10多万石的宫廷用米。1904年，撤废漕运总督，漕运也随之寿终正寝了。一些漕运的设施粮仓、钞关也成为文化遗产，大小码头则继续发挥作用，成为商业运输和居民生活的码头。

（四）中国大运河漕运的历史作用及文化功能

自隋代至清代的多个朝代，漕运都是重大的国家事务，是古代中国这一巨大的农业帝国保持顺利运行的基本保障之一。在漫长的历史时期里，漕运这一独特的制度和体系，跨越多个朝代，稳定地延续了1000多年，对古代中国的发展产生了巨大的影响，形成了近2000年的文化传统。

1. 漕运形成和改变了中国大运河的线路

隋代和元代大运河实现两次大沟通时，尽管具体的线路走向有很大差别，但目的都是实现政治中心与农业生产中心的径直化连接。隋唐大运河便是以长安和洛阳两大都城为核心，其两翼分别伸向华北平原和长江中下游平原，这是因为上述两大平原地区是当时中国主要的产粮中心，而华北平原更是军防战略要地。元代大运河实现第二次贯通时，北方农业因唐安史之乱后的连年战乱而遭受严重破坏，长江中下游平原地区特别是苏湖地区成为国家粮食生产的绝对主力,故为便于漕运,运河选线亦趋于正南正北向。另外,值得注意的是,自隋代至清代,苏湖地区一直是古代中国主要的产粮中心,在漕运背景下始终为漕粮征运的主要起点,故途经该地区并将该地区与国家政治中心连接起来的淮扬运河、江南运河也成了中国大运河十大河段中延续使用时间最长、历史文化价值最为丰厚的两大河段。

2. 漕运建设和维护了运河河道水工设施及漕运附属设施

在漕运过程中,漕粮被装载于漕船上,漕船运行于运河河道上并受到各类水工设施的控制,为确保漕运的顺畅、快速、安全,历朝历代不断疏浚、改造河道,修葺、更新各类水工设施,并不断发展完善漕运管理设施。元明清时期政府就在元朝建立的大运河基础上不断进行着整治修葺,陆续新建、改建了多处河道和水工设施;明代还在运河枢要之地淮安建立了总督漕运公署代表朝廷协调南粮北运工作。为确保漕粮在漫长的转运过程中不受潮发霉变质,漕运过程多采用多次停靠转运的方法,并在转运停靠点附近建立中途转运仓场,在漕运起讫点附近设立漕粮存储仓窖。作为漕运的重要附属设施,运河粮仓的出现,丰富了大运河遗产的类型,丰富了大运河文化的内涵与外延。

3. 漕运推动了运河沿线及周边地区的经济文化交流

唐宋以后,漕运额度日渐固定,因为漕船返回时可以携带其他物品,逐渐除漕粮外其他物资运输的种类日渐丰富,运河沿线及周边地区民众间自发的商贸交流活动日渐增多。从事商贸活动的商人来自五湖四海,风俗习惯各不相同,也把不同民族、不同地域的文化带入运河沿线各地区,促进了上述地区的民族融合与文化交融。伴随商贸活动频度与强度的逐步增加,一些位于漕运关键节点的城镇聚落也逐步沿河发展壮大,天津城的兴起、苏杭城市的发展便是其中的典型例证。13世纪末至19世纪,元明清三朝在北京建都,北运的南粮大增,无论通过海运或河运,进行漕粮航运均须经过三岔口进行转运,因此极大地促进了天津的城市发展与商业繁荣,并在周边的运河沿岸形成了杨柳青等一系列古镇,促进了区域经济与社会的发展。宋代的苏州城更是由于以水系为脉络,以河道为骨架,塑造了杰出的水陆双棋盘式格局,将大运河之水引入家家户户门前,形成了独特的"水陆相邻、河街平行"的居住模式。伴随农业、丝织业的发达,加之漕运带来的便利和商贸机会,苏杭两地在宋代即被誉为"天上天堂,地下苏杭"[1],以形容其富庶与美丽。明清时期,苏杭两地更成为工商业极为发达的地区。

---

1 【宋】·范成大《吴郡志》。

当然，漕运除借由商贸活动对运河沿线城市的产生发展带来影响外，还直接被纳入到对隋唐洛阳城、元大都城等位于漕运端点的历代都城的规划设计之中，将漕运的便利、皇室的需求与城市的景观统筹考虑，从而诞生了在世界城市规划史上具有典范意义的城市，并通过漕运带来的经济繁荣，使之成为人口超过百万的大都会。

沿中国大运河持续运行的漕运系统，促进和加强了中国东部经济区域的发展和繁荣，稳定了中国的政治经济格局，保证了国家统一和安全，对古代中国大一统观念的产生和传播起到重要的作用，更加强了地区间、民族间的文化交流。随着制度的完善和规模的扩大，漕运逐渐突破其早期以政治功能为主体的窠臼，发挥着越来越广泛的社会功能，成为维护王朝稳定和制衡社会的重要手段。消弭诸如重赋、灾祸以及物价波动等造成的社会不安定因素。同时漕运在促进南北文化交流和区域社会开发等方面也有着不可忽视的作用。从公元7世纪初隋朝政府建立纵贯中国南北的漕运体系以来，一直到19世纪漕运终止的1000多年的时间中，沟通中国政治中心与经济中心的大运河一直是漕运首要的运输通道。以至于在很长的时间里，大运河被称作"漕河"。中国历代政府通过修建维护运河河道、水工设施、运输储存设施，并制定与之配套的相应管理体系，保证了通过大运河进行持续、畅通的粮食、物资运输，实现全国资源的调配，保证了北方政治、军事中心的供给。在这个过程中，漕运逐渐形成了超越时代的延续了1000多年的国家传统。

依托大运河持续运行的漕运这一独特的制度和体系，跨越多个朝代，运行了1000多年，是维系封建帝国的经济命脉，体现了以农业立国的集权国家独有的漕运文化传统，显示了水路运输对于国家和区域发展的强大影响力，见证了古代中国在政治、经济、社会等诸多方面的发展历程，在历史时空上刻下了深深的文明印记。

元代漕运图如图2-2所示。

图2-2 元代漕运图

二、漕运管理机构遗存

漕运运行了2000多年，在大运河两岸留下了众多的漕运遗存，有漕运管理机构遗存,还有盐运管理机构遗存。

(一)淮安总督漕运公署遗址

总督漕运公署遗址位于江苏省淮安市楚州区老城中心,毗邻原淮扬运河河道,是明、清两代主管南粮北调等漕运工作的朝廷派出机构,是统管全国漕运事务的漕运总督的官署建筑群。

淮安自明初就是连接南北漕运的转输中心,淮安的经济发展与漕运是密不可分的。为了适应漕运之需,明政府特设漕运总督于淮安,督理漕政。明代朝鲜人崔溥所著的《锦南先生漂海录》中记载了作者于明成化年间沿运河北上,途经淮安所见的"钞厅""常盈仓""漕运府"等情况,佐证了淮安总督漕运公署遗址的历史重要性[1]。钞厅即榷关,是征民间商税之所。运河以商路通畅,淮安的盐及大量的南北杂货转输都要经过淮安榷关。

淮安总督漕运公署,始建于宋乾道六年(1170年)。12—13世纪(元代时期)这里是淮安路总管府。14世纪时(明初)陆续改为淮安府署、淮安卫指挥使司署。明万历七年(1579年),改为漕运总督府。直到19世纪末20世纪初(清末)迁并裁撤漕运总督,此处公署逐渐废弃。

考古发掘工作表明,整个遗址呈长方形,南北长133米,东西30.55米,整体分为东、中、西三路,中轴线上由南向北依次为大门、仪门、大堂、二堂、大观楼、淮河节楼、后院等,与南面的北宋镇淮楼、北面的淮安府署在同一条中轴线上。另外遗迹下3米处发现有宋元代文化层。目前大堂、二堂、大观楼遗址已按原状保护。

图2-3 淮安总督漕运公署

---

[1] 《燕行录全集》中《锦南先生漂海录》中记载崔溥(明成化二十三年,1487年)遭遇风暴,他及同船43人从朝鲜济州岛漂到浙江沿岸经一系列波折之后,沿运河被护送至京城再走陆路回国的经历。其中提到淮安的篇章位于《漂海录卷二·二月二十七日》。

现存部分建筑房基、础石等遗址已经完成保护工程,并对外展示开放,可完整呈现建筑群总体格局。

淮安总督漕运公署如图2-3所示。

(二) 扬州两淮盐运使司衙署

两淮指的是淮南、淮北。两淮盐运使司衙署在扬州。两淮盐运使掌握江南盐业命脉,向两淮盐商征收盐税,下辖淮安分司、泰州分司等。

"两淮"是个方位地理概念,一解为"淮南""淮北"之合称,泛指今日苏皖两省淮河南北的地方,是纵向概念;一解为"淮东""淮西"之合称,分别指代苏皖两省江淮之间的地方,是横向概念。就江苏来说,"淮南"的范围大致和"淮东"重合。

盐运使始置于元代,设于产盐各省区。明清相沿,其全称为"都转盐运使司盐运使",简称"运司"。其下设有运同、运副、运判、提举等官,有的地方则设"盐法道",其长官为道员。这些官员往往兼都察院的盐课御史衔,故又称"巡盐御史"。他们不仅管理盐务,有的还兼为宫廷采办贵重物品,侦察社会情况。

现扬州两淮盐运使司衙署仅存门厅,为省级文物保护单位,位于市区国庆北路。其坐西朝东,悬山结构盖筒瓦,面阔三间,进深五檩,门厅两侧筑有八字墙,门前有石狮一对,保存完好。2001年已整修,作为东圈门历史文化街区的西入口景点。

扬州两淮盐运使司衙署如图2-4所示。

图2-4 扬州两淮盐运使司衙署

(三) 阿城盐运司

阿城盐运司位于山东聊城阳谷县阿城海会寺西侧,也称为运司会馆、山西会馆,是聊城运河沿线仅存的古代盐业管理机构遗存,也是明清时期聊城运河经济繁荣的见证。现存建筑有山门、前殿、后殿、配殿等。南北长72米,东西宽47米。

阿城盐运司建筑技法精湛,大殿柱础雕刻精细传神,木构件制作精巧,彩绘流畅生动。2009年8月划归文物部门管理,文物主管部门对阿城盐运司进行保护、维修。

目前，阿城盐运司已大部分修缮完毕，但仍有部分彩绘未恢复，现为山东省级重点文物保护单位。

作为中国大运河重要的附属遗产，阿城盐运司不仅是聊城运河沿线仅存的古代漕运管理机构遗存，也是明清时期聊城运河经济繁荣的见证。

阿城盐运司如图 2-5 所示。

图 2-5　阿城盐运司

三、漕运遗存之运河码头

漕运需要码头，在中国大运河沿线布满了各类码头遗存，有的是漕粮运输的码头，有的是中国大运河上各类物资销售的码头，还有皇帝南巡时留下的御码头。

（一）邵伯大码头

邵伯大码头位于淮扬运河扬州段的邵伯古镇，是邵伯明清大运河故道东堤上的四个古码头遗址的总称，自北向南分别称为竹巷口码头、大码头、朱家巷码头和庙巷口码头。

自从邗沟贯通江淮，邵伯镇成为南北往来必经之路，船舶往来日渐繁盛，因此在邵伯镇明清大运河故道两侧形成了大量码头。18 世纪时，修建邵伯运河东岸大堤，同时修建了竹巷口码头、大码头、朱家巷码头和庙巷口码头共四座现存的码头。

这四座码头是往来大运河南北的客商在邵伯镇的主要停靠之处，也是邵伯镇及大运河以东地区进行对外货物贸易的主要场所。邵伯镇在 20 世纪 30 年代以前的繁荣，很大程度上依赖于这四座码头。

1936 年运河改道之后，这些码头也被逐渐废弃，现作为遗址展示。

昔日的漕运码头成了老百姓家用的码头，图 2-6 为淮扬运河上的邵伯大码头。

图 2-6　邵伯大码头

(二)扬州御码头

除了漕运码头,还有一类叫御码头,是皇帝南巡时上岸的码头。清代皇帝南巡到扬州时,都在扬州天宁寺西园的行宫内居住,而天宁寺前的码头就是上下龙舟的码头,也称御码头(图2-7)。

康熙皇帝南巡6次,5次住在天宁寺。当时的码头还很简单。乾隆十八年,即1753年,扬州盐商于天宁寺西园兴建行宫,三年而成。宫前建码头,乾隆皇帝游瘦西湖于此处登船。题"御马头",码头及周边的河堤均为青石所砌,历经200多年风雨,完好无损,现码头位于冶春茶社旁,为扬州著名的"乾隆水上游览线"的起点。

(三)塘栖御码头

杭州塘栖古镇上也有一个御码头。

塘栖镇位于杭州市北部,与湖州市的德清县接壤,大运河穿镇而过,使其成为苏、沪、嘉、湖的水路要津,历朝历代以来,塘栖均为杭州市的水上门户。

塘栖以其独特的地理环境,形成了一个著名的水路码头。中国大运河横贯镇中,镇中心又有市河、东小河、西小河、北小河与运河相通,整个地形如"出水荷花,比比墩阜,非桥莫通"。四邻八乡的物产都顺着河流来此贸易,集散于镇上。据胡玄敬《栖溪风土志》记载,塘栖"财货聚集,徽杭大贾视为利之渊薮。开典、囤米、贸丝、开车者,骈臻辐辏,望之莫不称财富之地,即上官亦以名镇目之。"随着商业的发展,四乡自然经济土崩瓦解,促使了农产品的商品化。清代至民国,镇内集市贸易尤为兴旺,朝市、晚市、香市、庙会市支撑起半壁江山,成为江南水乡著名的水路码头(图2-8)。

乾隆数次下江南都曾在塘栖码头上岸,而且现今还存有乾隆亲笔题写的御碑。塘

图2-7 扬州御码头

图2-8 塘栖御码头

栖人专门建了一个御碑亭,存放御碑。码头旁就是著名的广济桥。

四、运河粮仓

历史上,为适应漕运的需要,中国大运河沿线建有众多的粮仓。运河上的仓储设施展现了不同历史时期,在大运河关键节点设置的仓储设施体系规模和形制,见证了大运河作为国家漕运通道的主体功能,也展现出在隋唐时期和明清时期的粮仓建造与粮食保存技术。

现存粮仓遗址主要有两类:一类是隋唐运河沿线的含嘉仓、回洛仓、黎阳仓等,这类修建于隋代和唐代的粮仓都是向地下挖掘后,建在地面以下的;第二类是元明清大运河沿线的富义仓、南新仓,这类粮仓建设于明清时期,是建于地面上的砖木结构建筑。

中国大运河沿线的隋代回洛仓、隋沿用至宋代的黎阳仓、唐代皇城中的含嘉仓仓窖,都是国家性漕运粮仓。回洛仓仓城保存完整,规模宏大,仓窖已探明数量200多个,仓城面积为22公顷;含嘉仓仓窖个体储量惊人(发现时尚遗存25万千克);黎阳仓沿用时间由隋至宋达5个世纪,见证了由地下仓至地上库的粮食仓储方式变化过程。仓城内的水道与码头遗迹,体现了运河水道可直达仓城内部进行漕粮装卸的历史场景,成为大运河漕运文化的一个重要印证。

(一)含嘉仓

含嘉仓是隋炀帝建东都洛阳城时在城东所建,供东都百官、皇室之需。含嘉仓的规模有粮窖400座以上,每座粮窖储约25万千克粮食。据此推断,含嘉仓可储粮12.5万吨,并沿用至唐末。

含嘉仓160号仓窖位于隋唐洛阳城皇城内,是含嘉仓迄今发现的最完整、储量最大的仓窖遗存。含嘉仓建于隋大业元年(公元605年),与通济渠开凿于同一时间,唐以后正式作为东都洛阳的大型粮仓沿用。文献记载,唐天宝年间,全国储粮约1200万石,而仅整个含嘉仓的粮食储量就达到580万石。

1970年洛阳博物馆对含嘉仓遗址进行了钻探和重点发掘,找到的仓城东西长612米,南北宽710米,总面积43万平方米,探出粮仓287座,发掘粮窖40多座。据统计,含嘉仓共有圆形仓窖400多个。大窖可储粮1万石以上,小窖也可储粮数千石。据《中学教学实用全书·历史卷》介绍:"唐天宝八年总储粮量约为5833400石。仅唐德宗贞元十四年，一次出籴粟就达 7 万石。其主要积江淮之米，西运至太原仓，以实关中。"储存粮食最重要的是防潮湿。含嘉仓储粮的窖都在地下，最深为 12 米，一般为 7～9 米。粮窖口大底小，窖口最大直径为 18 米，一般为 10～16 米。窖底夯实后，用火烘干，周壁和窖底铺设草、木板、糠、席等物，然后储粮，粮入窖后，上面铺席、堆糠和垫草。窖顶为圆锥形，最外层是厚厚的黄泥。整个仓窖防潮、密封，温度又低，能很好地保存粮食。据《中国古代最大的粮仓——含嘉仓》一文介绍："在已发掘的仓窖中，出有刻字砖，记载仓窖位置、粗粮来源、入窖年月以及授领粟官的职务、姓名等。砖文所记大都是唐高宗、武则天和唐玄宗时期，有调露、天授、长寿、圣历和开元等年号。粮仓储存的粮食品种有糙米、粟、小豆等。其来源有苏州、徐州、楚州、润州（江苏镇江）、滁州、隋州（河北邢台）、冀州（河北冀县）、德州、濮州（山东濮县）和魏州（河北大名）等地。其中一个窖里，存有北宋时放进的 50 万斤谷子，至 1969 年考古发现时大多颗粒完整。"

含嘉仓 160 号仓窖遗址如图 2-9 所示。

图 2-9　含嘉仓 160 号仓窖遗址

（二）回洛仓

回洛仓是隋代大运河沿线的大型国家性漕仓之一，位于洛阳北七里，是隋代洛阳周边最重要的粮食仓储。全面反映了隋代漕运粮食储藏的情况，是隋代大运河漕运情况的实物见证。

回洛仓始建于隋大业二年（606 年），《隋书·食货志》载："炀帝即位……始建东都……每月役丁二百万人。徒洛州部内人及天下诸州富商大贾数万家，以实之。新置兴洛及回洛仓。"《资治通鉴》卷一八〇记载："炀帝大业二年十二月，置回洛仓于洛阳北七里，仓城周回十里，穿三百窖。"

回洛仓后毁于隋末农民战争，沿用时间较短，之后逐渐荒废埋于地下。回洛仓遗址位于隋唐洛阳城宫城以北 3.5 千米、今洛阳市北郊瀍河区邙山南麓，现为村民的耕地。2004 年 6 月，在第一拖拉机厂东方红轮胎有限公司整体搬迁改造工程中，考古人员发现仓窖 71 座、古代道路 3 条、古代墓葬数百座。截至 2013 年 1 月，考古人员已布大小探方11个，发掘总面积4000平方米。

据史书记载，回洛仓的粮食到了唐贞观年间依然可以食用，因此回洛仓保存粮食水平之高让后人叹为观止，仓窖的制作工艺一直令外界着迷。中国大运河申遗成功，回洛仓成为世界遗产后，洛阳文物部门正在建设一座仓窖博物馆。

回洛仓遗址如图2-10所示。

图2-10 回洛仓遗址

（三）黎阳仓

黎阳仓是隋代永济渠沿线规模最大的官仓，与洛口仓齐名，是隋代运河漕运的历史见证。其位于河南省鹤壁市浚县伾山街道办事处东关村东，地处大伾山北麓，东邻黄河故道，东北距黎阳城遗址约1千米，西距卫河约1.5千米。遗址因地处大伾山山麓，总体呈南高北低地形。遗址多处断崖有砖瓦残块叠压，地表发现有绳纹瓦、方格纹瓦、绳纹陶片、带菱形花纹的薄砖、带有"官"字印记的布纹板瓦、带有装饰图的筒瓦碎块等。

2011年12月，河南省文物考古研究所对黎阳仓遗址进行发掘。截至2012年6月底，共发掘大小探方25个，探沟4条，发掘总面积2252平方米。据《探访浚县古文明之黎阳仓遗址》一文介绍："通过勘探发掘，已摸清黎阳仓仓城平面布局近正方形，东西约260米，南北约280米，总面积约78800平方米；已探明粮仓中心区仓窖84座（其中发掘仓窖2个），占仓城面积的五分之四，仓窖直径多为8～14米，按平均容积计算，黎阳仓总储粮量超3000万斤，可供8万成年人吃一年。出土陶、瓷标本残片万余件，编号在册出土文物400多件，其中建筑材料板瓦、筒瓦占90%以上，带'官'字款板瓦200多件。"

通过出土的陶瓷标本和地层叠压关系看，自隋朝建立起，黎阳仓横跨隋唐宋三代，沿用了600年，开皇三年（公元583年）置，利用黄河向京城长安转运关东粮食。黎阳仓规模很大，宋代张舜民《画墁录》："余曾过大伾，仓窖犹存，各容数十万，遍冒一山之上。"元代汲郡王恽《游东山记》："遥径北麓，穿苍（仓）城，按观隋唐廪制。"杨玄感在黎阳仓起兵反隋，瓦岗军攻占黎阳仓，宇文化及与瓦岗军争夺黎阳仓大战等一系列重大历史事件，更使黎阳仓名留史册。唐宋两代沿用黎阳仓，利用大运河漕运河北粮储以供应京师。政和年间（1111—1118年）黄河改道，黎阳仓渐废。

大运河申遗成功后，鹤壁市文物部门对黎阳仓进行了整体保护与展示，修建了考古展示大棚，向世人展示黎阳仓的独特工艺。

黎阳仓发掘现场如图2-11所示。

（四）南新仓

南新仓位于北京东四十条22号，是明清两代皇家仓库之一。据《皇家粮仓》一文介绍："明永乐九年（1411年），征调30万民工疏通元代的河道，开展漕运，使江南粮食得以源源不断运至北方，为此，后来在通州及北京逐步修建了包括南新仓在内的许多粮仓。清代仍实行南粮北运，官家仓廒仍盛。每院仓房主要建筑有廒座、龙门、官厅、监督值班所、官役值班所、科房、大堂、更房、警钟楼、激桶库、太仓殿、水井、辕门、仓神庙和土地祠等。清初时南新仓为30廒，后屡有增建，到乾隆年间，已增至76廒。清乾隆中期以后，贮粮日益减少。到道光年间，该仓贮粮比清初大幅度减少。民国时，南新仓改为军火库，中华人民共和国成立后成为北京市百货公司仓库。由于近十数年新建频仍，又拆了几座仓，现剩9廒。"

如今，北京南新仓被辟为南新仓文化休闲街，街区占地面积2.6万平方米，建筑面积3.2万平方米，步行街总长千余米。由南新仓古仓群、仿古建筑群和南新仓商务大厦底商组成。南新仓文化休闲街主打文化创意牌，在"皇家粮仓"上演的厅堂版昆曲《牡丹亭》，吸引昆曲爱好者纷纷前往观看。

南新仓旧址如图2-12所示。

（五）富义仓

富义仓是江南运河杭州塘运河沿岸保存较完整的古代城市公共仓储建筑群，位于

图2-11 黎阳仓发掘现场

图2-12 南新仓旧址

杭州市拱墅区运河主航道与支流胜利河的交叉口附近，便于粮食的收储与转运。

富义仓始建于清代光绪年间，占地约 2.36 公顷，是清代国家战略粮食储备仓库。原有四排仓储式长房，现尚存三排，基本格局尚存，卸货的码头仍在。它是杭州城北部地区重要的仓储建筑群，见证了历史上米市、仓储和码头装卸业等经济业态曾经的发展、繁荣。

杭州市对富义仓的利用主要是作为历史文化的展示，南面是反映接驾文化的御码头，往北是佛教文化气息浓厚的香积寺和大兜路历史文化街区，东为特色临水古街——胜利河美食街，西则与运河特色画舫"乾隆舫"隔河相望。

目前，富义仓被利用为创意文化产业园，从单纯的古建展示供游人参观到打造以体现"运河文化""仓文化""旅游文化"的富义仓创意空间。富义仓创意空间以富义仓百年的建筑为基础，保留原有风貌，以保护和合理利用原有建筑和实物为原则，致力将富义仓打造得更生活更时尚，让百年古仓恢复朝气与活力。

富义仓如图 2-13 所示。

图 2-13　富义仓

五、漕运驿站

作为漕运的遗存，还有一种形态就是驿站，现今中国大运河上保存完好的驿站只有一座，就是高邮的盂城驿。

明代迁都北京后，作为陪都的南京和北京之间交通往来十分频繁。因此在北京和南京之间沿大运河建了 46 座水陆驿站，每隔 30 千米左右建一座驿站，供传递宫府文书和军事情报的人或来往官员途中食宿，换马的场所，也用于短途的漕运。高邮盂城驿是明代北京、南京之间的重要驿站，位于高邮南门大街馆驿巷 13 号，占地面积约 16000 平方米，房屋整体坐北朝南，整体格局保存较好。据记载，驿站鼎盛时期厅房一百多间：正厅、后厅各 5 间，库房 3 间，廊房 14 间，马房 20 间，前鼓楼 3 间，照壁楼1座，驿丞宅1所；驿马65匹，驿船18条；马夫、水夫200多人。

盂城驿是目前大运河沿线保存较好、规模较大的古代驿站遗存，驿站位于高邮南门大街历史地段范围内。高邮南门大街现存肌理清晰的街巷体系及业态丰富的老字号，又有水陆并行的对外交通，汇聚了运河市镇典型的街巷空间要素。

盂城驿开设于明洪武八年（1375年），后不断加建，逐步形成了明清时代大运河沿线规模最大的古代驿站。

盂城驿现存部分保存完好，门厅、三间西耳房、后厅五间基本完好，正厅柱础完好，现作为邮驿博物馆对外开放。永乐年间，知州王俊重修。

盂城驿驻节堂如图2-14所示。

南门城外的皇华厅，先后在康熙五十七年（1718年）由知州张德盛重修；嘉庆十四年（1809年），知州冯馨加高四尺后，重建并添建差房三间；道光二十年（1840年），知州朱荣桂重建，州署专派一名吏目负责，驿舍迁入城内州正堂西偏北行三十步的州署马厂（今马棚巷处），用马神堂三间、东西马棚各十二间改建而成。

辛亥革命后，盂城驿奉命撤销。

新中国成立后，盂城驿用作居民住宅，1985年盂城驿在文物普查中被发现，1993年高邮市人民政府组织修缮，修复了驿站的主体建筑，与南门古街组成了古朴的明清民居建筑群。修复后的盂城驿现已辟为邮驿博物馆。

1996年，盂城驿被国务院公布为第四批全国重点文物保护单位（图2-15）。

六、运河漕帮、盐帮

延续了2000多年的漕运，还催生了我国古代社会两个帮会组织，那就是漕帮和盐帮。

图2-14　盂城驿驻节堂

图2-15　现今的盂城驿

（一）运河漕帮

漕帮因漕运而来，在雍正初年取得合法地位，在取得合法地位后迅速发展壮大，改组后又转入地下。漕帮是雍正四年（1726 年）由翁岩、钱坚及潘清三人所创。徒众昔皆以运糟为业，故称粮船帮。大江南北，入帮者颇众。漕帮是中国民间的统称，漕运停止后，漕帮发展成青帮，是清朝以来流行最广、影响最深远的民间秘密结社之一。

明清两代依靠大运河南粮北调，供应京师和边防，维持漕运近 600 年。围绕着漕粮的征收和运输，生长出一套盘根错节的潜规则体系。因漕运汇集在一起的垛工、船员、纤夫构成了在大运河上讨生存的一个特别群体。这就是漕帮形成的社会基础。在漕运中，各地的运军和漕船，按所属地域营卫划分为差别的"帮"，如德州帮、兴武三帮、凤中二帮、赣州帮等名目繁多，数以百计。每帮所具有漕船数目多少不一，多的有七八十艘，少的 20 多艘。

据帮内文献记述，雍正帝通令各省，挂榜招贤办理漕运。翁、钱、潘三位祖师，得到这个消息，心中大喜，便到抚署揭了黄榜。那时的河南巡抚是田文镜。三位祖师见了田巡抚，说了来历，便条陈整顿漕运办法。田巡抚大喜，与漕督同本上奏。雍正帝当即下旨，饬三位祖师归漕河总督张大有节制，并听命于勘视河工钦差何国宗。三位祖师便辞别田巡抚，来到清江浦，拜见张漕台及何钦差。何张二人，即命三位监造粮船，并督理浚河修堤工程。三位祖师，复请张何二人转奏，请恩准许开帮收徒，以便统一粮务。清廷批准所请。

漕帮有三个特点：一是成分单一，以无产的青壮年男性船工为主，并吸纳了一部分底层读书人；二是组织严密，有残酷的漕规、家法和江湖义气维系着体系的严肃性；三是准军事化，旗语、暗语和帮规，侧面表现漕帮的准军事化部署。这些特点，为日后发展为陆上主流黑社会组织提供了良好的基础。漕帮有严格的帮规，如果有人犯了"十大帮规"的第三条"不准扒灰倒笼"，这是"十大帮规"中的"死刑"一条，处置是缚在铁锚上烧死。

漕帮内又分为各个帮派，山东漕帮至清康熙年间号称"十帮半"，有济宁前帮、后帮，临清前帮、后帮，东昌前帮、后帮，德州头帮、二帮、三帮、四帮。江苏则有 21 帮。漕帮以"江淮四"（属江苏帮）为首，关于打旗就有严格规定：江淮四头帮在无锡兑粮。平常打八卦旗，初一、十五打杏黄旗；进京打黄色龙旗，出京打淡黄色凤旗。金顶金丝盘龙桑枝雀杆，上红下黑，三道紫金箍，清门锡壶顶，阴阳紫金所，如意头子，刘海戏金钱，双披红花，顶四飘带。

漕帮各个帮派之间还有协约。山东临清发现的《协公济约碑记》记载："合同议约，协运豫漕，山东德、临、平、任六帮，同事二百六十八人。曹晖等缘念乡里，有守望相助之谊，帮亲亦宜有休戚相关之道。"（图2-16）

漕运在光绪二十七年（1901年）完全停止，漕帮被迫上岸，到运河沿线发展，凭借其严密的组织性和江湖义气，成为运河沿岸地区的准军事化的黑社会组织。漕帮入民国后，正式改称清帮（青帮）。清帮在上海被称为青帮，出现了张啸林、黄金荣、杜月笙等大亨，一手遮天，直到民国结束。

图2-16　协公济约碑

（二）运河盐帮

盐帮的由来，有其特殊的历史背景和意义。中国古代的盐，从开采到贩卖是由官府控制，私人是不准进入这一领域的，这有明确的法律规定。但有的朝代国家缺钱时，如果有商贾之流主动捐款，甚至主动承包完成工程，一些皇帝就颁发其一个贩盐许可证，准许其贩卖、运输官盐，甚至还可以得到徭役减免等优待。这逐步演变为私人贩盐，为盐帮的形成提供了条件。

盐帮建立于汉朝的江淮流域，趁着汉武盛世的经济富足大行其道，四处贩盐得以蓬勃发展，因此最初的盐帮是正式得到官府认可的贩盐帮派。由于封建社会的法制不完善，官员间的相互勾结，官盐管理部门和盐帮之间产生了千丝万缕的关系，于是就有了所谓的"私盐"。

盐帮之兴，自汉朝起于江淮流域，贩运活动路线分南北和东西两线，南北线路一般沿大运河北上至漠北；东西线路一般沿长江直到西北青藏地区。自古以来，盐铁官营，在封建社会，官僚体系腐化堕落，他们往往利用垄断盐业贸易的特权牟取私利，盐价极高，利润十分丰厚。江南一代的富商巨贾多是草莽之辈，往往一起贩运私盐以图牟取私利，这些私人的贩运团伙就被称为"盐帮"。

扬州盐宗庙供奉着盐业祖师夙沙、胶鬲、管仲（图2-17）。

盐帮成员也产生于为私盐业主产盐的盐丁及运输盐的船工中。元末明初的义军领袖、地方割据势力之一的张士诚曾是盐帮出身,至正十三年(1353年),因受不了盐警欺压,张士诚与其弟张士义、张士德、张士信及李伯升等18人率盐丁起兵反元,史称"十八条扁担起义"。

辛亥革命时的扬州军政分府都督徐宝山就是一个贩私盐的盐帮首领。清末,徐宝山在仪征十二圩独占山头,长江流域上自芜湖下抵江阴等城市,千余里都是他的领域,船只多达700条,弟兄上万人。辛亥革命爆发后,徐宝山抛弃清朝政府,率部并动员往日兄弟一起投身革命,任扬州军政分府都督。1912年元旦,中华民国临时政府成立,徐宝山被任命为第二军上将军长。孙中山辞去中华民国临时大总统后,徐宝山投靠了袁世凯,后被革命党人炸死。扬州瘦西湖的徐园就是徐宝山的私人园子,后来成为祭祀徐宝山的祠堂(图2-18)。中华人民共和国成立后被收归国有。

图2-17 扬州盐宗庙

图2-18 扬州徐园

第三章 中国大运河水工文化

《中国大运河申遗文本》这样表述:"大运河是世界运河史上的突出、独特范例,它展现了农业文明时期人工运河发展的悠久历史。大运河是世界上延续使用时间最久、空间跨度最大的运河,被《国际运河古迹名录》列入作为世界上'具有重大科技价值的运河',是世界运河工程史上的里程碑。"

中国大运河是世界上开凿时间较早、延续时间最长、空间跨度最大且目前仍在使用的人工运河。它具有相对独立发展的工程技术体系,特有的自然环境与社会制度为大运河工程技术的创造发明提供了条件,因此产生出具有鲜明特点的工程类型与管理形态。其中以节制水量控制航道水深的复闸工程、解决运河高差问题的越岭运河会通河工程、解决水源问题的南旺分水枢纽工程为代表,体现了同一时期古代水利工程的最高成就。中国大运河水工文化是中国大运河文化的重要支撑点。

淮扬运河上的邵伯三线船闸如图3-1所示。

图3-1 淮扬运河上的邵伯三线船闸

一、中国大运河水利工程特点与文化价值

从中国大运河在公元 7 世纪初形成第一次大沟通至今，除 13 世纪开会通河改变 Y 形格局为直线形外，其余河段直至今日线路走向没有大的改变，有些段落还在发挥重要的航运功能。大运河跨越了南北 10 个纬度，沟通海河、黄河、淮河、长江、钱塘江五大流域，是世界上延续使用时间最久、空间跨度最大的人工内陆水运通道。

中国大运河所解决的工程问题之复杂，投入的人力和物质之巨大，是世界任何地区运河难以比拟的。它解决了在严峻自然条件下修建长距离运河面临的地形高差、水源供给、水深控制、会淮穿黄、防洪减灾、系统管理等六大难题，保证了大运河的长期持续通航。围绕它的运用而开展的治水活动波澜壮阔，是人类文明史上的重要成就。它是人类农业文明技术体系之下最具复杂性、系统性、动态性、综合性的超大型水利工程。中国大运河从创始直至今天延续使用期间，一直在不断修建和更新，保持了技术的适应性与先进性。从 2000 多年前直到今天，几乎从来没有停止过修河，也从来没有停止过使用：水系在变，河道在变，水情在变，水工设施在变，治水理念在变，治水方略在变，管理机构在变，运行机制也在变。中国大运河是人与自然共同作用、持续演进的结果。大运河的作用随着社会的发展越来越重要，从最初的运输物资、运送南来北往的各色旅人，到输水、灌溉、防洪，一直都是中国大地上最重要的有生命的文化遗产。中国大运河是世界运河工程史上的里程碑，反映了运河悠久历史阶段和巨大的影响力，代表了工业革命前土木工程的杰出成就。

（一）中国大运河水利工程的特点

我国的地势总体呈西高东低的态势，地形则以山地占据主导，山脉走向以东西走向和东北—西南走向为主。基于上述地形地势特征，我国主要河流大都自西向东流入大海，这也是西北—东南走向的隋唐大运河和南北向的元明清大运河产生的自然背景。

大运河或东西或南北纵横贯穿了黄淮海平原、长江三角洲平原和浙东萧绍平原的东部，其中长江下游以南，气候温暖湿润，土地肥沃，物产富饶，是我国主要的农业经济区。大运河是世界上穿越天然江河最多、路线最长的运河。自隋唐至清代，大运河分别以洛阳、开封、杭州和北京等历代都城为目的地，沟通了海河等中国五大流域，实现了海黄、黄淮、江淮、长江—太湖—钱塘江的跨越。中国各历史时期的政治与经济中心在地理空间上的分离，是形成大运河空间分布格局的重要因素。

大运河对江河的连接，必须逾越不同河流流域间的分水岭造成的地势高差。在以

非化石能源为动力的工业革命之前，中国大运河通过工程措施实现了 17 世纪前最大高差分水岭的穿越。

中国大运河是世界上创建时间最早的运河工程之一，也是延续使用时间最久、空间跨度最大的运河，迄今仍在发挥重要的水利与航运功能，是世界运河工程史上的创造性杰作。世界遗产名录（预备目录）中以及重要文献中提及的水道类（包括完整的水道和水道体系）遗产主要包括水运交通运河和灌溉运河两类，它们虽然有不同的功能，但在水利技术上往往具有共通性。从地区上看，主要分布在欧美、中东、南亚；从开凿、使用和维护的年代上看，欧美的运河开凿、运行时间较晚，主要在 17 世纪以后，它们代表的是工业革命后形成的工业技术体系成就，中东、南亚灌溉系统和中国的水道系统大约形成于公元前，并且经历了长时间的使用，在技术上不断更新发展，形成了适应当地自然水文环境的、相对独立的古代水利技术体系。

中国大运河现存的水工遗存包括基于系统、详细的资源调查成果而确认的历史时期的主线河道、湖泊和水工设施，是中国大运河自春秋至清代分段凿成的 10 大河段的代表，勾勒出春秋、隋唐、宋、元、明、清各重要历史阶段的大运河线路，展现了大运河作为漕运通道的形成和发展历程。中国大运河水工设施包含船闸（单闸、复闸、梯级船闸）、拖船坝、泄水闸、堤、水坝、桥梁、水城门、码头等，是大运河沿线众多水工设施中遴选出的代表性遗存，基本上涵盖了农业社会背景下传统运河工程设施的全部类型。

洪泽湖上的二河闸是洪泽湖五条出口中泄洪能力最强的淮海入海水道的起始控制，如图 3-2 所示。

依据《国际运河古迹名录》对单体结构的分类，大运河在船闸、升船斜堤、土方工程、水库、水坝、溢洪堰、泄水闸（outlet sluices）、桥梁、仓库工程类型方面都具有典型的代表性。这些工程及其遗址，主要以土、石、木、砖、竹等为材料，设计和工艺特征源远流长，可称为农业文明时期水工程的百科全书。

中国大运河有的河段利用天然河流改造而成，如南

图 3-2　洪泽湖上的河闸

运河在自然河道的基础上增加了人工弯，减小落差，使流速平缓，保障航运安全，起到了"以弯代闸"的功效。有的河段完全由人工挖筑而成，如通惠河、会通河、中河。按照具体功能，大运河又可分为用于通航的主航道和越河（如中河段的台儿庄越河），满足江南水网地区粮食征集需求的支线运河（如顿塘故道）以及用于水量调控的引河（如南旺枢纽的水源引河小汶河）和汛期泄洪保障运河安全的减河（如北运河筐儿港减河）。

（二）与其他水利工程的对比

中国大运河是工业革命之前古代农业文明时期水利工程技术的巅峰之作，代表了人类农业文明时代运河工程技术发展的最高水平，至今仍保存着在世界运河工程史上具有重要创造性和典范意义的技术实例。与工业文明时代的运河相比，中国大运河体现了早期农业文明时代的典型技术特征，与农业文明时代的古代人工水道工程相比，中国大运河由于航运主体功能的要求具有不同的技术特征与成就。中国大运河是人类运河工程史不可缺失的重要篇章。

淮安运河上仅存的一套保存完好的明代石闸——清江大闸如图3-3所示。通过对比，可以看出中国大运河水利工程的创造性和典范意义。

1. 世界农业文明时代的运河（灌溉）工程基本技术特点

（1）历时悠久，与以农业为基础的生存方式密切相关，持续使用时间很长，对本区域的文明进程有深刻的影响。

（2）农业文明时期的运河（灌溉）工程体现出更多的地方适应性，其用材也更加偏向于竹、木、土砖、石料等。

（3）由于古代文明间的交通并不发达，因此水利技术之间的交流和相互影响并不普遍，因而不同地区间技术的独特性更加明显。

（4）多以灌溉工程为主体功能。

2. 中国古代水利工程的普遍特点

（1）中国的水利工程（包括大运河）较之世界上其他地区的技术来说具有特殊性和原

图3-3 清江大闸

创性，这首先是由中国特殊的气候与水文特点决定的。降雨量在地区、季节之间的分布极不平均，这导致了南、北方地区河流特性的巨大差异，以及自然河流年流量的巨大反差，无论是天然河流的使用还是人工运道的开设，都需注重四季水源的调配问题。在夏季须有防洪工程，并有水库等工程积蓄多余水量，到了旱季，则注重节水以确保河道流量。

（2）水利工程在国家事务中具有极为重要的地位，治水成就是历代帝王最被颂扬的功绩之一，这样的观念甚至可以上溯到传说时代。季风气候带来的洪涝灾害，以及以黄河[1]为代表的中国北方高含沙量河流造成的淤积、溃堤灾害频发，使水利工程的防灾、减灾功能变得十分重要，与国计民生息息相关。因此，有史以来，重要水利工程均为国家组织兴建并进行维护。

（3）水利工程技术特征往往与河流治理密切相关，在这个过程中，为了应对每年都要产生的洪水风险，岁修成为一种重要传统；就地取材以进行低成本、常态化的维护，并与工程的应急性质相适宜也成为一种工程技术特色，如夯土、埽工的采用。同时在长期的与洪水斗争的实践中，也总结并验证着中国自古以来的传统哲学观念——因地制宜，因势利导。

3. 与工业革命时期遗产运河比较

与工业革命时期遗产运河相比，中国大运河代表了农业文明阶段的工程技术成就。发端并形成于农业技术体系之下的大运河使用有限的土、木、砖石乃至芦苇等材料，在没有石化动力只能依靠人力、畜力的时代，在没有现代测绘与泥沙动力学等科学技术的支撑下，依靠空前的想象力与长时期的实践积累，完成了在广大空间范围内的水利资源勘察与线路规划，实现了多项技术发明与大型枢纽工程。现存的大运河遗产充分见证了中国大运河作为人类农业文明时代杰出的运河工程，在建造与管理维护方面所取得的成就。

中国大运河是跨区域、跨年代、构成复杂的巨型遗产。它的独特性在《国际运河古迹名录》中已明确指出："中国的大运河（The Grand Canal）则是第一条实现'穿山越岭'的运河。""大运河尽管已经过了其黄金时代，但它仍然在继续使用中，而且仍然是世界上最长的运河。"[2] 从运河规模与线路长度来看，大运河毋庸置疑是世界范围内空间跨度最大的运河。它跨越海河、黄河、淮河、长江、钱塘江五大流域，10

---

1 黄河的含沙量为世界河流之冠，最近 40 年，黄河输送至河口地区的泥沙平均约为 10 亿吨/年，每年平均净造陆地 25～30 平方千米。
2 《国际运河古迹名录》（The International Canal Monuments List），The International Committee for the Conservation of the Industrial Heritage（TICCIH）。

多个纬度的范围，包含了众多的河道、湖泊、水工设施和相关遗产，甚至"工业革命以后的许多现代运河也无法在规模与长度上与大运河相比"[1]。

从始建年代与延续使用时间来看，中国大运河是人类历史上最为古老的人工水道之一，它从隋代公元7世纪第一次大沟通的形成至今持续演进超过1400年，其源起甚至可追溯至公元前5世纪的春秋时期；大运河也是世界上延续使用时间最长的运河之一，并且最为可贵的是，迄今许多段落仍保持了运河的实质性的水利与航运功能，部分河段仍然延续着千百年来在广大国土的南北之间调运物资的任务，这是对运河工程成就的最有力的证明。

与工业革命时期水利遗产相比，中国大运河的工程系统的集成程度不同。由于大运河线路空间跨度广大，各区段面临的水资源、地貌条件不同，应对的问题不同，因而诞生了多种类型、深具个性特点的工程案例。这些不同的区段有机组合成整体，共同发挥作用，才能使大运河长年保持全线通航，因而在运河工程技术整体的系统性上，集成性体现得更为突出。

（三）中国大运河水利工程的价值

大运河是解决水与人、水与水、水与地理环境之间关系的系统性工程。大运河穿行于五大流域之间，把这些流域连通起来。在这些水系与大运河交汇区域，大运河运用地表水系、地下水资源及自然地形地貌，对其他水系或趋之、或避之、或利用之、或防备之，实现贯通全国的目的，可以说是自然水系人工化的集大成者。很多运河与自然河流交汇区域是水资源利用、水力学规律认识和应用、灾害防治三大问题交织及矛盾集中之所，为解决上述问题而在大运河重要节点进行的工程实践成为大运河技术价值的突出代表，并展示了当时世界上最先进的工程设计水平。如解决通惠河段水源问题的北京人工河湖水系水源工程、解决河道比降过大问题的通惠河与会通河的梯级船闸工程、解决会通河山东段水源问题的汶上南旺运河越岭分水枢纽工程、为解决清口一带运河渡黄问题而进行的淮安运口枢纽工程、解决清口及清口以下黄河尾闾淤积问题的淮安高家堰"蓄清敌黄"大坝关键工程、解决黄河北泛运河的苏北宿迁淮安段的堤防系统工程、实现太湖与运河分离的沿太湖塘路工程等。中国大运河工程技术的多样性、复杂性和系统性反映了大运河沿线及周边地区异常复杂的自然地理环境，其因地制宜、因势利导的工程技术措施也反映了"适应自然、改造自然"的文化传统。

---

1 《国际运河古迹名录》（The International Canal Monuments List），The International Committee for the Conservation of the Industrial Heritage（TICCIH）。

在大运河全线贯通和长期使用的过程中，大运河水利工程作为一个技术整体，共同展现了大运河这一具有中国文明特点的工程技术体系，显示了农业文明时期大型工程的最高成就。

关于中国大运河在水利工程方面的文化价值，中国文物学会大运河专委会会长张廷皓先生在《珍视中国大运河遗产的丰富价值》一文中介绍，中国大运河作为人类伟大工程具有以下主要特征：

"大运河是综合水科学、水利技术、自然条件，以及社会经济、政治、文化等要素的集成性工程。大运河经由勘察、规划、设计、决策、施工、使用的集成过程，通过经济保障、组织管理、运行制度的集成方式，实现了各种要素的综合配置。大运河漕运、灌溉、排洪等综合功能的实现，取决于上述各种要素配置的科学性和合理性。中国大运河的兴衰史，就是一部这些要素综合的历史，什么时候政权强大、主客观要素完备且配置合理，大运河就兴盛，反之，大运河就衰败。

大运河是具有超广时空尺度的连续性工程。运河是陆上人工建造的以水为介质的交通线路，这一基本属性决定了运河必然由连续不断的河道构成，因此连续的线性是其属性所表现的基本工程特征之一。中国大运河纵贯我国中东部地区，穿越五大流域，历经隋唐宋元明清，其发源甚至应追溯到公元前5世纪的春秋时代，足见其时间、空间尺度之大。但是，运河河道的人工连续负地貌特性很容易混同于自然河流，故往往不能受到人们应有的重视。

大运河是适应社会和自然变化而不断进行更新改造的动态性工程。动态性是大运河的常态：水系在变、河道在变、水情在变、治水理念和方略在变、管理机构在变、运行机制也在变，历代的此类记载比比皆是。大运河遗产不但体现了其变化的常态，而且其历史的真实性、完整性也寓于变化之中。运河的动态性，是自然水系变迁的结果，是灾害预防和应激反应的结果，是技术、材料更新的结果，其变化'本乎时势'。

大运河由水道工程系统、运河水资源调配与控制系统和运输管理系统组成，必须统筹按照水源、引水、排水、蓄水、行运等功能建造单元工程，以实现大运河的漕粮转输、商业运输、灌溉、防洪等功能目标，因此大运河是一项复杂的系统工程。这一特征在大运河枢纽工程和关键工程区段体现得尤为明显，如数量众多的梯级船闸工程解决的是北运河、会通河落差过大问题，南旺济运分水工程解决的是运河山东段水源问题。虽然枢纽工程所解决的问题不同，但都保证了大运河系统功能的实现。

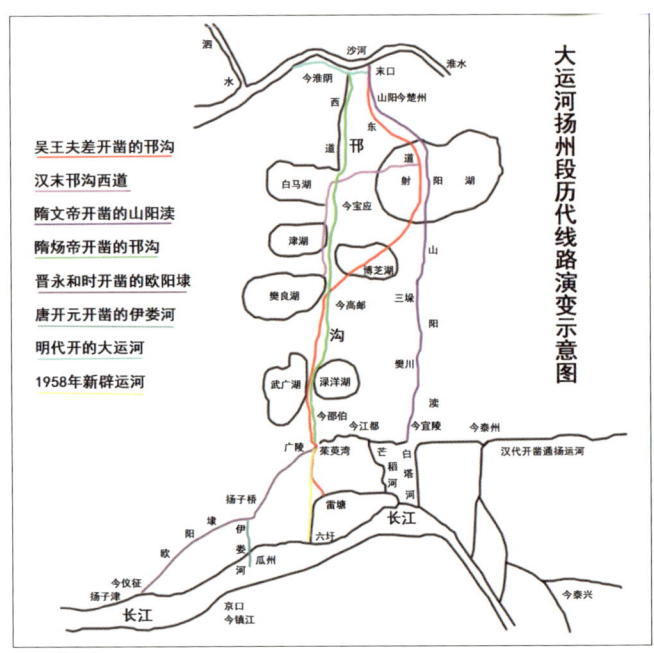

图 3-4　大运河扬州段演变图

大运河是人类和自然联合的自然系统人工化工程。大运河的建造者利用自然江河湖泊水系和地下水资源以及地形地貌，经过人工开凿，构建了新的完整的人工系统，也是大运河完成的自然系统人工化过程。这里既包含工程对自然的依赖，说明自然在大运河工程边界条件中的重要地位；又包含工程对自然的违拗，说明人的主观意志在大运河工程中的根本作用。若对自然过分依赖，则大运河工程将无法实现其功能；若对自然过度违拗，则大运河工程将给人们带来无尽的灾害，这也是大运河给我们留下的一份宝贵遗产。"

大运河扬州段演变图如图 3-4 所示。

二、中国大运河水工设施介绍

中国大运河是农业文明时期水利工程的百科全书，其水利工程包括水工设施、桥梁、码头、仓储等多种类别，本章主要介绍大运河的水工设施。

（一）中国大运河水源和供水工程

运河离不开水，没有水就不能行船。运河水源供应是中国大运河正常运行的基础，无论是北方还是南方，水源是修建运河成功与否的关键工程，运河的水源和供水工程都是建造者首先考虑的问题。在大运河 2000 余年的发展进程中，主要的供水工程有三类。（1）天然河湖与运道合一的供水工程：早期的运河因技术条件所限，通常尽可能地利用天然河流、湖泊来获得水源，从而令水道变得弯曲迂回。由于自然河湖水系的不稳定性，其淤滩与顶冲、水位的上涨与回落都会对运河航运造成极大影响。（2）运口水源工程：随着漕运重要性的提高，运河水量节制工程的兴建和逐渐完善，运河水道逐渐取直，其与天然河道的联系便主要集中在运口，运口通常是天然河道与运河中转的交通枢纽，故也成为运河水源工程的关键节点。近 2000 年来，在黄河、长江、海河流域的巨量输沙造成的河口淤积作用下，渤海、黄海、东海的海岸线均有程度不一的推进，这反映出较之现代，历史时期地处运河与江河汇合处的运口可以获得较大的江潮接济以补充运河水源。[1] 在运河与长江、淮河相交的运口，以及浙东运河上，引潮济运工程和港口至迟在东晋时已经诞生，至唐宋已相当完善。（3）借用毗邻或连通的天然河流补给运河的工程：如北运河便借用了潮白河作为水源，通济渠北段利用黄河作为水源，会通河开通时利用汶水、泗水作为重要水源。运河水源工程有引用天然河流供水，利用湖泊水柜供水，引用泉水，甚至利用潮汐供水等。

1. 引用天然河流供水

中国大运河最早的河段邗沟在建造时，由于当时生产力水平不高，建造者聪明地运用了自然河道，借湖行船，同时在开挖人工河道时也巧妙地引用了天然河流供水。会通河的南旺枢纽就是通过复杂的水利系统，引大汶河、小汶河的水为运河供水，使运河的河脊南旺有了足够行船的水，形成了"七分朝天子，三分下江南"的运河河水流向，使明代以后的大运河实现了全线贯通。明代前期徐州段运河河道的一个显著特点就是黄、运合一，大运河借黄河行漕，直到后来南阳新河、中河的开凿，才改变了这一局面。时至今日，大运河在微山段仍旧有湖中运道，利用天然的河流供水。

2. 利用湖泊水柜供水

中国大运河上的水库主要用于航运，也称为水柜，是古代调节运河供水的蓄水工程。通常采取筑坝拦水或在运河两岸洼地筑围堤蓄水的方式，设闸控制，运河缺水时放水入运，运河水大时放入水柜。特别是发生洪水时泄入水柜蓄存，待运河需水时回注。

利用湖泊水柜为运河供水最突出的例子就是淮扬运河。淮扬运河从开挖古邗沟时，就主要依靠沿途的湖泊作为水源或者直接借湖行船，因此邗沟又称为"湖漕"。其工程特点是要处理好湖泊供水与泄洪的关系。北京什刹海也是典型的运河水柜，如图 3-5 所示。

鉴湖是长江以南最早的运河供水水柜。鉴湖又称镜湖，具有防洪、灌溉、航运等多重功能。鉴湖是东汉时会稽太守马臻主持修建的，拦蓄山北诸小湖水形成东西狭长的水库，故又称长湖。鉴湖堤长 65 千米，东起曹娥江、西至小江、中有南北隔堤，将

---

[1] 陈吉余. 中国自然地理·历史自然地理（第五章）. 北京：科学出版社，1982.

图 3-5　北京什刹海

图 3-6　绍兴古纤道

图 3-7　大运河最北端的水源地白浮泉

鉴湖分为东西两部分。《水经注》记载，鉴湖沿湖有放水斗门 69 座，历代有所增减，作为给运河补水或泄洪的通道。

绍兴古纤道如图 3-6 所示。

3. 引用泉水作为运河水源

中国大运河利用泉水作为水源的工程很多，尤其是在北方河湖水资源缺乏的地区。北京的白浮泉和会通河上的引泉工程都是典型的代表。

据蔡蕃先生在《北京古运河与城市供水研究》一书记载，通惠河的水源，共计有昌平白浮泉等 10 大泉水。这些泉分布在瓮山泊西北的燕山山麓，通过引水渠——白浮瓮山河尽收其中，最终汇入瓮山泊，为运河及北京城市供水。其水利工程有筑白浮堰、凿六渠、修筑白浮瓮山河。

大运河最北端的水源地白浮泉如图 3-7 所示。

4. 清水河替代多沙河供水

修建运河受地理条件的制约，有时只能从附近的河流寻找水源，如果附近的河流是含泥沙较多的多沙河，就会淤积航道，妨碍航运。在北方，引用黄河水作为运河水源是常见的，但黄河的多沙性质又使得运河要解决泥沙淤积的问题。有些河段就采用了用清水河替代多沙河解决水源问题的案例，宋代清汴工程就是一例。

北宋以前汴河一直是以黄河水为源，而附近的洛水比黄河含沙量要少得多，因此，宋代就采用了"导洛通汴"的工程。元丰二年（1079年）开始的这项工程分为开渠、蓄水、筑堤、整治汴渠河道、整治汜水入黄河旧口五个部分。经过两个多月施工，正式通船后，清汴工程收到良好效果。《宋史．河渠四》给予高度评价："清汴导洛贯京都，下通淮泗为万世利。"

元明清时期，淮扬运河与黄河、淮河交汇于淮安清口一带，使得形势异常复杂，治理更为困难。明末清初，黄河多次大水决堤，侵及淮河，洪泽湖水位上升，造成高家堰屡次决口，侵及运河。康熙初年，黄河决口入涡入淮，决归仁堤入洪泽湖。多次倒灌清口，造成洪泽湖水涨和沙淤，又造成高家堰多次大量泄洪和决口。明清采用蓄清刷黄、引清刷黄的办法，即在淮安码头镇东南筑高家堰（即今称之洪泽湖大堤），利用地形和大堤蓄积淮河清水，通过抬高淮河水位实现对黄河泥沙的冲刷。至清代形成长约50多公里，高约15米的堤坝，最终形成具有蓄水、冲沙和泄洪等综合功能的洪泽湖。"

北宋汴河示意图如图3-8所示。

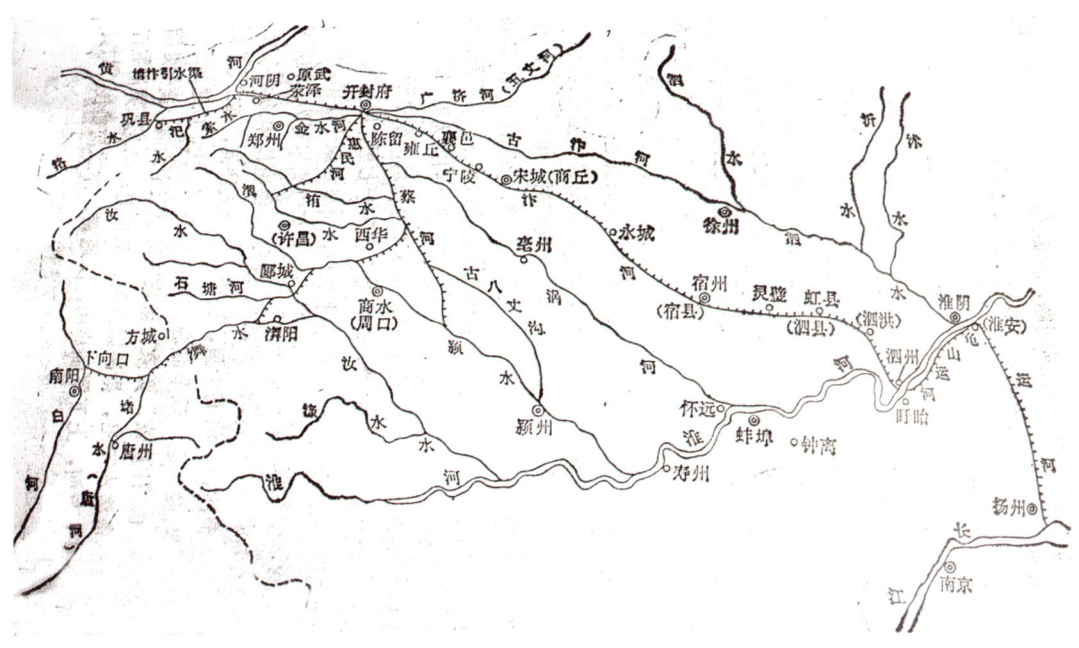

图3-8　北宋汴河示意图

5. 利用潮汐补水

中国大运河还有利用潮汐为运河补水的工程,如仪扬运河上的拦潮闸,就是利用长江的潮汐为运河供水,提高水位后得以行船。

仪扬运河上的拦潮闸闸塘如图3-9所示。

从利用湖泊为运道,发展为完全避开天然水系形成完全的人工河道(与天然河道平交的运口除外),风浪之险渐少,航行线路趋直。淮扬运河扬州段三堤两河的格局清晰展现了河湖关系的变迁历程。中河段则是运河摆脱借黄河河道行运、大运河全段实现人工控制的标志。

南旺枢纽济宁湖中运道如图3-10所示。

图3-9 仪扬运河上的拦潮闸闸塘　　图3-10 南旺枢纽济宁湖中运道

(二)中国大运河上的闸坝

中国大运河上的闸坝种类很多,其中按建筑材料分就有木闸、石闸、土石闸、土坝、砖石坝和软材料闸坝等。

1. 土坝工程

由于土方工程所需人力资源巨大,且土体性质不好掌握,因此18世纪前欧美的运河工程并未使用大型土方工程[1]。但在中国大运河的修建工程中,土方工程是最重要的工程手段之一。土方工程施工自战国时代就有规范的技术规定,主要有土壤含水量的

---

[1] 《国际运河古迹名录》(The International Canal Monuments List)(TICCIH)。

掌握和施工工具的配置、施工季节的选择、夯筑的程度等，鉴于土方工程所需人力众多，在工程组织管理方面也有明确规定，甚至包括质保与惩罚措施等。在宋代，河防土工施工也曾有过专门的规范，现在《河防通议》中也有很多记载。

特殊的夯土工艺充分利用了土的特性，通过大量的人工夯筑，使土体成为坚固耐用的工程材料。中国古代的夯土技术非常发达，大运河上很多堤防、险工均为夯土筑成。

中国大运河的通济渠商丘南关段，发现的夯土驳岸高度5米以上，直至现在仍然致密坚硬。商丘夏邑段河堤遗址，规模巨大，两侧河堤均为25～30米宽，除采用夯土外，还密集使用了树桩对大堤土体进行加固，充分显示出隋唐宋时期对土体材料性质的掌握与夯筑技术的运用。

通济渠商丘南关段如图3-11所示。

淮扬运河扬州段运河故道的夯土河堤，完好地保存了历史形态，清晰展现了运河以土筑堤的方式渐渐从自然湖泊中分离，并与现代运河并行数百年的历史演进过程。清口枢纽的堤防体系——缕堤、遥堤、格堤等全部由夯土建成，至今主要堤防的土体结构仍在地面上清晰可见，规模十分宏大。中国大运河上重要的水坝——戴村坝与洪泽湖大堤，起初均为土质，后期改为土体外砌石的结构体系，工程规模巨大，也是古代大型土方工程的典型实例。位于南运河的夯土险工，是在运河弯道处为防止水流冲击，采用夯土的方式进行护岸工程，充分证明了夯土工艺的坚固性与科学性。

华家口夯土险工如图3-12所示。

2. 砖石坝

砖石坝中典型的水坝工程包括南旺枢纽的戴村坝与清口枢纽的洪泽湖大堤。

戴村坝是南旺枢纽的组成部分，它用于拦蓄汶河水经引河（小汶河）供给运河使用。大坝分三部分——主石坝（始建于15世纪初）、太皇堤（建于1904年）和三合土坝（建

图3-11 通济渠商丘南关段

图3-12 华家口夯土险工

于 1822 年）。主石坝又分三段，各段坝顶高度不同，坝身砌筑方法不同（两侧为砌筑，中间为堆筑），分级漫水，既保证了引河持续供水，又能排洪防溢。戴村坝规模宏大（总长度超过 1500 米，主石坝 443 米），设计巧妙，石工砌筑精密，重为 1～6 吨的巨石，采用束腰扣榫结合法连接，非常坚固。三部分既各自独立，又相辅相成，互为利用，互为保护，形成了"三位一体"的独特布局，展现了水坝工程规划设计的巧妙构思，以及在运河运行期间（自 15 世纪初至 20 世纪初）的演进历史。

洪泽湖大堤是明清两代治理黄淮运交汇枢纽——清口枢纽工程的关键工程。16 世纪中后期开始在先前基础上大规模筑坝，使洪泽湖形成人工水库，之后在蓄清刷黄的理念指导下，洪泽湖大堤被不断加高、加长、加固，以抬高洪泽湖水位，并抵御风浪冲击，防止洪水溃决。自 1680 年到 1751 年的 171 年，共持续筑堤 70.4 千米，其中砌筑直立式条石挡浪墙长 60.1 千米，高 8～9 米，底宽 50～150 米，顶宽 10～30 米，蜿蜒曲折，所用石材为玄武岩条石，据测算共有 60 万立方米之多，规模巨大，甚为壮观。当时洪泽湖大堤曾抵御的洪水水位高达 18 米，湖面积达 4000 平方千米[1]。洪泽湖大堤的坝工技术代表了当时高水平的水利规划和施工技术的成就。

洪泽湖大堤如图 3-13 所示。

图 3-13　洪泽湖大堤

3. 埽工

中国大运河水利工程历时悠久，具有鲜明的个性特点，其中以软性材料为主的临时性工程最为常见。软性材料主要指竹、草、秸秆、木等，临时性工程主要包括护岸、围堰、减水泄洪坝等。此类工程具有就地取材、施工方便、拆除容易、适应河床变形、防渗性能好等优点（高含沙河流中）。代表性工程案例包括草土围堰（以麦草、稻草和土料为主要材料构筑的临时性挡水施工围堰）、竹木笼堤坝（以都江堰为代表，即以竹篾或木构架编制笼，装入散石，形成大体积的构件，提高堤坝抗冲稳定性）等。目前在中国大运河上留存较好的主要是埽工遗存。

埽工在清口枢纽工程中有较多的应用。埽工具有显著的优点，它是水下工程，但

---

[1] 据中国地理与湖泊研究所，对康熙十九年（1680 年）淮河大水淹没泗州城后，残留的滨湖砂堤推算。

是可以水上施工，它能在深水情况下（水深约 20 米）施用，可用来构筑大型险工和堵口截流，但又可以分段分批施工；具有良好的柔韧性，便于适应水下复杂地形（尤其是软基）；在多沙河流上使用，便于泥沙充填进埽体，凝结坚实。但埽工也存在缺陷，主要是梢草、秸料和绳索等易于腐烂，需要经常修理更换、花费较多。古代生产力较低，石料加工不易，尤其缺乏水下胶结材料。埽工适应这一特定情况，在 2000 多年间一直是重要的水工构件。在现代小型防洪工程、引水工程以及施工围堰工程中仍有应用。清口枢纽经考古发掘发现的黄河堤防采用了埽工的护岸工程，其材料、工艺清晰可见，是中国古代埽工技术的典型例证。

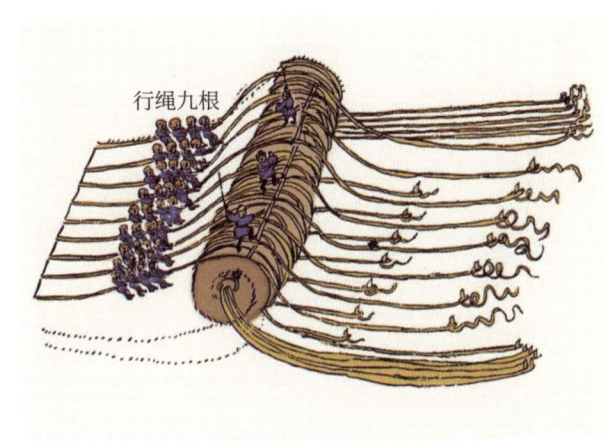

埽工中的卷埽如图 3-14 所示。

图 3-14　埽工中的卷埽

4. 三湾抵一坝

从闸坝的功能看，中国大运河还有一个创新之举，那就是三湾抵一坝。在一些水流湍急的地方，船只容易倾覆，通过人工工程，将运河筑成一个个连续的弯道，减缓水流的速度，以方便行船。在南运河的德州段和淮扬运河的扬州段都有"三湾抵一坝"的工程。

扬州城南的运河三湾如图 3-15 所示。

（三）中国大运河上的船闸与越岭运河

图 3-15　扬州城南的运河三湾

与农业文明时期重要人工水道工程（灌溉工程）相比，中国大运河体现出基于航运功能需求的鲜明特征与技术成就。基于保障航运功能为目的，中国大运河具有一系列独特的工程实践，如单闸、复闸、梯级船闸、升船斜面、弯道工程等，以保证船只在不同高程水平面的通过。复闸与越岭运河是大运河开创性的技术成就，在世界运河工程史上具有重要意义。

中国大运河上有始建于 11 世纪的复闸实例——长安闸；始建于 13 世纪末的梯级船闸实例——位于会通河上的阿城上下闸与荆门上下闸；以及数项单闸实例——通惠河北京旧城段的澄清上闸、中闸（始建于 13 世纪末）；位于南旺枢纽，用于调控运河水量的闸群柳林闸、十里闸、寺前铺闸（始建于 15 世纪末）；位于湖中运道的利建闸（始建于 16 世纪）；位于清口枢纽用于调控里运河水位的清江大闸（始建于 15 世纪）。这些实例以丰富的类型与长久的时间跨度证明了大运河在船闸工程方面取得的成就，并共同体现出中国式"叠梁闸"[1]的样式与技术特点。

1. 复闸

复闸起源于 10 世纪时的大运河。嘉兴的长安闸是建于 1068 年的复闸实例，是世界上现存最早的复闸实例，并与撰写于 1072 年的文献相印证[2]。欧洲类似复闸较为肯定的例子则是在约 300 年后出现[3]，虽然无法验证在 13 世纪至 14 世纪蒙古帝国时期的欧亚文化交流是否使中国的复闸技术对欧洲发挥了影响，但复闸的发明的确是大运河在世界运河工程史上的一大成就，代表着当时在水运工程与管理方面的最高水平。

位于江南运河段的长安闸建于 1068 年，由三座闸门和之间形成的两间闸室以及两座水澳组成，是建于宋代的具有代表性的复闸式船闸。长安闸具有完善的工程设施，达到了引潮行运、蓄积潮水、水量循环利用的多重工程目的，具有保障程度较高的输水功能，是世界水利史上现存建筑年代最早的复闸实例，是这一时期中国水利技术领先世界的标志性工程[4]。

在元代，建石闸的工程十分艰巨，建一座石闸往往需要几年的时间。有时工匠达 500 余人，一座闸需要 3000 多块大料石，用铁锭把料石锁成一体。在清代，石闸有了官方统一的建设规范[5]。

长安闸构成示意图如图 3-16 所示。

---

[1] 河道两旁有两个开在木头或者石块内相对布置的垂直门槽，槽内可滑动一连串大木闸板，用绳子绑在它的两端，以便将闸板随意放下或拉起。每边岸上都有绞车或滑轮装在木头或石架上，像起重机一样，以帮助放好或撤除闸板。这种方法有时改进为把大木板连在一起，形成一个连续的平面，然后将平衡重块放在缆索的末端，使闸板可在门槽里升高或降低——李约瑟，《中国科学技术史》第四卷第三分册，《土木工程与航海技术》。

[2] 1072 年秋，日本僧人成寻到中国巡礼求法，记述了通过长安闸的过程。成寻，《参天台五台山记》，白化文点校，花山文艺出版社，2008。

[3] 李约瑟. 中国科学技术史，第四卷，物理学及相关技术，第三分册，土木工程与航海技术，399～400 页，科学出版社，上海古籍出版社，2008。

[4] 同 2。

[5] 王璧文，《清官式石闸及石涵洞做法》，中国营造学社汇刊，1935 年，六卷二期，第 49～71 页。清代大型闸门涵洞建筑规范刊载于清廷颁行的法律典中。其中规定："（闸门）皆用条石成砌，外为面石，中为里石，自十余层至二十余层不等。里石后衬砌城砖。金门及雁翅下皆铺石，两墙为闸耳石。其筑土、钉桩、灌浆及用铁器钩贯，皆与坝工同。金门用闸板二槽，长与金门口宽等，加以铁环，启闭用铰关石。"在《清会典事例》中，还对石闸各部结构、建筑尺寸、用料多少、施工要求进行了明确具体的数量规定，对于涵洞设计也有相应的详细条文。在水利施工规范性著作中对于闸门建筑构造有更详细的说明，其中以乾隆年间的《修防琐志》最为详密。

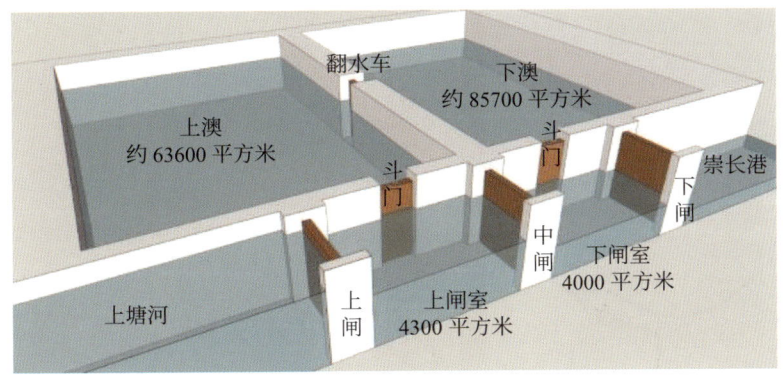

图 3-16　长安闸构造示意图

2. 越岭运河

开凿于元明两代的会通河工程是 13 世纪前地形高差最大的越岭运河。会通河北起临清与南运河、卫河相接，南接黄河运口，是大运河全段的关键河段，它穿越大运河全线地势最高的一段——山东地垒，是地形高差最大的河段，南北端点与全段最高点南旺高差 30 多米。通过水源工程、节制闸群，成功实现了多条河流的水源调配和水道水深的控制。因会通河的开凿，构成了北京至杭州距离最短的南北走向的大运河。会通河的水道和水源工程规划，以及水资源调度管理，代表了在没有石化动力的水运时代，大运河杰出的技术成就。

位于大运河全段最高海拔处的南旺引水与分水工程是大运河会通河段最重要的水源工程，它通过疏汶集流、蓄水济运、泄涨保运、增闸节流等措施，科学地达到了引汶、分流、蓄水的目的，从而保证了大运河会通河段的畅通运行。始建于明初至明中期的南旺工程是世界运河工程史上较早的一座大型综合性水源工程，比欧洲早期运河建造史上最有影响力的为法国米迪运河提供水源的黑山引水与分水工程早了约 200 年，它创造性地通过筑坝、引水、蓄水、分水等一系列互相配合的工程措施，利用地形地势等自然条件，完成对大运河水源流量与流向的定量控制，长期性解决了为大运河全线最高河段的供水问题，保障了大运河在之后 300 多年的顺利通航，代表了大运河蕴含的卓越的地理测量、水利设计、施工等工程技术，是中国古人所具有的超凡创造力的见证，将中国运河的水利工程成就推向了历史顶峰。会通河的建成比欧洲最早的越岭运河早了 100 多年[1]。其梯级船闸工程[2]几乎先于欧洲最早的类似工程 300 多年。

1　《国际运河古迹名录》"到了 14 世纪末期，德国施特克尼茨运河（the Stecknitz Canal）的开通（1398 年）则标志着欧洲第一条越岭运河的诞生。"
2　《国际运河古迹名录》"这种船闸最早出现在法国布里亚尔运河（the Canal du Briare），该运河于 1642 年竣工通航（《技术史》，卷 3，460-463）"。

济宁南旺分水枢纽布置图如图3-17所示。

（四）中国大运河与河湖交叉工程

为了运河与自然河流顺利交汇，中国大运河建有运口工程等。在线路规划上则初始借助自然水系以求便利，后来逐步摆脱，实现完全的人工控制，以保障船只的安全。

1. 中国大运河与河道立体交叉

宋代在东京汴梁（今开封）建设的跨汴河的大渡槽，向五丈河供水，渡槽是活动的，每次船舶到了将渡槽打开，漕船路过十分不便。"太祖建隆二年（公元964年）春，命左领军卫士将军陈承昭率水工凿渠，

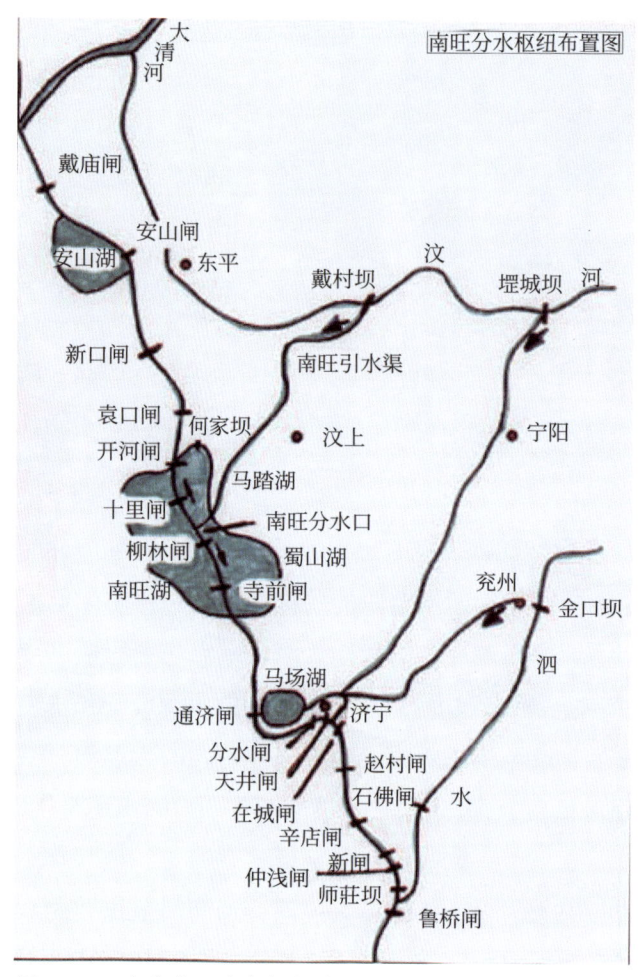

图3-17 济宁南旺分水枢纽布置图

引水过中牟，名曰金水河，凡百余里，抵都城西，架其水横绝于汴，设斗门，入浚沟，通城壕，东汇于五丈河。"[1] 到了元丰五年（1082年），有大臣提出：金水河透水槽阻碍上下汴河的船舶，宜废止。这个渡槽使用了100多年后废除。宣和元年（1119年），为了增加宫廷供水，重又引索河，架渡槽，导入天源河。此外，在河南唐县有建于熙宁五年（1072年）的跨越泌水的渡槽。

现今，在淮安段中国大运河与苏北灌溉总渠交汇处，建设了现代化的水上立交工程。

淮安水上立交工程如图3-18所示。

---

[1]《宋史·河渠四》。

2. 中国大运河与河道平面交叉

中国大运河与河道的平面交叉工程以清口枢纽工程为典型实例，清口枢纽位于黄河、淮河与淮扬运河北段、中河交汇的位置，是明清两代为解决运河汇淮穿黄的难题而建设的大型综合性水利水运枢纽。

图 3-18　淮安水上立交工程

大运河与黄河关系密切，一方面，黄河是大运河的水源之一，另一方面运河借黄行运，治理黄河就是治理大运河。针对黄河夺淮改变了淮河水系的状况，为解决大运河与黄河的交叉问题，清口枢纽集成了与水动力学、水静力学、土力学、水文学、机械等相关的经验型成果，建筑了水流制导、调节、分水、平水、水文观测、防洪排涝等大型工程，成为枢纽工程组群，完整体现了明代著名水利工程专家潘季驯"筑堤束水、以水攻沙、蓄清刷黄、济运保漕"的工程意图，是人类伟大创造精神的成果。因为黄高运低，为缩小黄运之间的水头差，而采取弯道，故有"三湾顶一坝"之说，今淮阴西南的一段运河，与黄河之间就变成"之"字形弯道。在"蓄清敌黄"的治黄保运方略指导下，潘季驯除主持重修了高家堰并完善加固了相关配套水利水工设施外，还对里运河段入淮口（南运口）和黄河北岸运口（北运口）进行改迁，使之远离黄河，并在运口内建立多种水利设施，节制水位防止淤塞。而后来的淮安三闸则是在盘旋的河道之间筑三座船闸，逐级提升运河水位，在与黄河交汇时与黄河水位相平，从而让漕船顺利地渡过黄河。如图 3-19 所示。

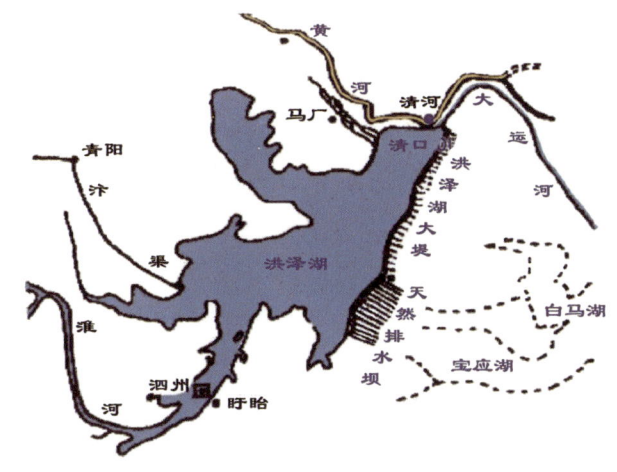

图 3-19　明初洪泽湖与运河、黄河、淮河的关系

3. 中国大运河船只翻坝工程

"中国人很早就意识到，如果坡道的坡度适中，就有可能将运河中航行的平底船

图 3-20 嘉兴长安闸

拖上斜坡，使之到达高水位。根据这样的原理，人们发明了并行滑船道，包括一组倾斜的石结构护墙，供船只在上面拖行"[1]。升船斜面是管理较为简单、对水源要求不高的解决船只在不同高程的水道上行驶的方法。

运河船只经过湖泊区时，若湖堤高度为3～4米，经常采用在斜坡上铺上泥水，减少摩擦，直接用人力推转绞车或用畜力拖拉过坝。在现代升船机使用前，在江南运河上这样的过坝方式使用非常多，如著名的长安三闸工程至今还留有升船坝遗址。

大运河遗产中的长安镇拖船坝遗址（始建于14世纪），为典型的升船斜面。

嘉兴长安闸如图 3-20 所示。

（五）中国大运河纤道及护岸工程

中国大运河上的附属设施还有码头与纤道。

1. 吴江古纤道

纤道是古代以人力背纤为行船提供动力的通道，是中国大运河船运的重要辅助设施。吴江古纤道是吴江塘路的一部分，位于吴江市松陵镇南，长约1500米，始建于唐元和十五年（820年），宋庆历八年（1048年）增石维修，元至正六年至七年（1346—1347年）复以巨石修筑。修筑时所垒的巨石由石工凿成统一尺寸（长1.8～2.2米，宽0.6米，厚0.4～0.5米）的青石砌筑，路基用直径10～12厘米的杉木楔打入土中。

图 3-21 吴江古纤道

明清时期，吴江古纤道既是运河河岸又是纤道，还被充作驿道，是水陆并用的交通要道。吴江古纤道为江南古塘路中最重要的一段，其构筑的科学性、实用性、美观性，使其成了后来许多塘路效仿的典范。

吴江古纤道如图 3-21 所示。

---

1 《国际运河古迹名录》（The International Canal Monuments List），TICCIH。

吴江古纤道曾有一个辉煌的名字,叫"九里石塘"。这"九里石塘"长约4.5千米,3～5米宽。这里两面临水,曾是绝妙的风景。

据介绍,九里石塘的所在地原先是运河与太湖的混合地,从运河往西,是大片的太湖浅滩洼地,太湖水大时,水会漫过浅滩与运河交汇。由于风急浪大,船行不便,翻船覆舟是常事。因此,筑堤修路,成了古代吴江人的共同愿望。

然而要在吴江这样地势低洼、土质松散、湖荡密布的地方筑堤修路,实在不是件容易的事。直到唐元和年间,湖州刺史范传飞顺应民意,经过精心准备,塘路修建工程正式开工,不过谁也没想到,这一修断断续续地持续数百年,吴江人付出了极大的代价。宋庆历八年,增石修治,元至正六年至七年,复以巨石修筑,至此,九里石塘才真正完成,所以九里石塘又名"至正石塘"。

据说,元朝修筑石塘所垒的巨石都是从别处运来的。路体内外有两道石墙,中间填入泥石。建造好的九里石塘,就像一座人造的"水中长城",一面临太湖、一面临运河,终于使河、湖分开,消解了风浪冲力,方便了船行,也使太湖东岸、运河堤西的大片沼泽洼地逐渐变成肥沃的良田。

2. 绍兴古纤道

绍兴古纤道位于绍兴县柯桥镇、湖塘镇地界的萧绍运河上,是绍兴独有的桥、路相结合的古道。古纤道是大运河与天然河流交汇处的工程设施,是古代以人力背纤为行船提供动力的通道,是运河船运的重要辅助设施。

古纤道又称官塘,旧称新堤、运道塘、武林孔道等。在萧绍运河中,有些河段河面较宽,风急浪高时,有碍船只正常航行,需步行拉纤。近岸处弯弯曲曲,拉纤十分不便,古人便兴建了一条与运河并行的长桥——纤道桥。古纤道全长7.7千米,始建于西晋。当时开凿西兴运河后,即逐渐在岸边形成纤道。唐元和十年(815年)进行大规模修整。明弘治年间(1488—1505年)改用石砌纤道,形成现有规模。

古纤道有单面依岸和双面临水两种类型。前者用条石错缝平砌间丁石或用条石顺丁垒砌,其上横铺石板为路面。后者又分为实体纤道和石墩纤道,其中实体纤道用条石错缝平砌间丁石,上铺石板;石墩纤道的做法是每隔2.4～2.8米,用条石错缝干砌桥墩,上置石梁,计281洞。纤道上还每隔里许间以石拱桥或石梁桥,以通行船只。

古纤道蜿蜒曲折,逶迤多姿,道上梁桥、拱桥多,有"白玉长堤路,乌篷小画船"的景观,极具江南水乡特色。纤夫使用纤道,既提高了航运效率,又确保了纤夫的生命安全,在没有机械动力的过去,不失为一种天才的创造。

随着交通运输事业的发展,运河上来往船只已由昔日的人力驱动变为机械驱动,

图 3-22 绍兴古纤道

古纤道的功能演变成为观光旅游、欣赏水乡景色等。

绍兴古纤道图如图 3-22 所示。

3. 中国大运河护岸工程

为解决泥沙问题，有在通济渠柳孜运河遗址所展现出的"木岸狭河"的处理方式，即采用将木桩密集排列打入河中的方法，使河床束窄，水深加大，水流加快，以改善航运状况，并起到将断面宽度缩窄后，冲刷河床，减轻淤积的作用。这体现了在隋唐宋时期，古人就已认识到泥沙问题与河流流量、流速的关系。

元明清时期黄淮运交汇，情况更加复杂，为解决黄河在运口淤垫倒灌问题，规划建设了清口枢纽工程。规划层面采用"束水攻沙"，"蓄清刷黄"的理念，体现出对泥沙科学全面的深刻认识。清口枢纽以堤防体系建设为核心，一方面约束水流提高流速，用于冲刷河床积淤；另一方面筑堤防洪。后期则发展为"束水归槽"的理念，采用放淤固堤的方式，以泥沙的淤积形成束水河槽，体现了对泥沙科学更加深入的理解与把握。德国著名河工专家、河工模型试验创始人恩格斯教授（Hubert Engels，1854—1945 年）先后于 1932 年和 1934 年两次进行黄河下游动床模型试验，验证了 350 年前潘季驯治黄理论的正确性。中国 16 世纪对河流泥沙运动力学的掌握与实践，是重大的科学成就。

在堤防体系建设过程中，就地取材，夯筑土堤，同时采用了应对泥沙非常有效的埽工护岸技术，使植物裹挟泥沙，更易加固防波护堤。从规划思想到工程实践，充分体现出因地制宜、因势利导等富有中国文明特征的工程技术特点。

（六）中国大运河泄洪工程

中国大运河的泄洪工程有泄流堰、月河、减水河以及"清水口"工程等。

现存洪泽湖大堤的头坝是典型的溢洪堰，为了在洪水上涨时减轻大堤压力，大堤还设有数座溢洪堰，历史上曾一度达到数十座之多。现位于洪泽湖大堤上的头坝（信坝），是保存最为完好的溢流溢洪堰遗址之一。溢洪堰顶部平时被临时土坝覆盖，水位上涨时冲去土坝即可达到泄水功效。头坝的设计，运用了草土等临时性材料，以适应不同情况下的功能要求，体现出材料应用的巧妙，以及功能设置的系统性思考。

洪泽湖大堤头坝减水示意图如图 3-23 所示。

泄水闸以宣泄淮扬运河洪水的刘堡闸（始建于 16 世纪后期）为代表。刘堡闸是明清时期淮扬运河沿线宣泄洪泽湖洪水的数个减水闸之一，当时淮河入海口为黄河所夺，只能通过淮扬运河的减水闸向东疏导入海。刘堡闸实证了明清时期泄水闸的形制、构造与规模，是保障运河顺利穿黄而建设的一系列水工设施的重要组成部分，体现了水利规划思想方面的系统性与综合性。

宝应刘堡减水闸如图 3-24 所示。

在长期的实践过程中，中国大运河调控水量、水深的工程措施不断发展更新，从基本的斗门、堰埭、单闸，到水柜、梯级船闸、复闸，调节水位差和维持航道水深的能力显著增强。长安闸的复闸工程、会通河的梯级船闸工程，是单体水深、水量控制工程理念的逐步提升。而在南旺枢纽中将吞吐水量的水柜、调节水柜与航道之间水深关系的斗门、分水口南北两端的单闸，统一协调运作，组成将单体工程效能发挥到最大化的枢纽工程，实现对于水量的流向、流量的精确化控制。这是对水工设施效能认知与规划设计思想的一大进步。

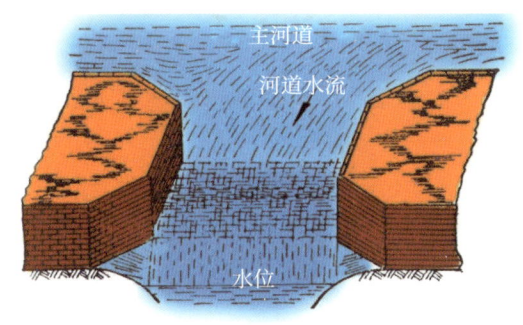

图 3-23 洪泽湖大堤头坝减水示意图

图 3-24 宝应刘堡减水闸

三、中国大运河治水名人

中国大运河历经两千五百年，有许多历史名人与大运河关系密切，他们或作为统治者发动大运河的修建和贯通，或直接主持开凿修造大运河，或主持了重大水利工程的实施，为中国大运河的开凿与发展发挥了重要的作用。其中有最早开凿运河的春秋时期的吴王夫差、西汉时开凿运盐河的吴王刘濞、首次贯通大运河的隋炀帝杨广、开凿元代大运河的科学家郭守敬、修造南旺枢纽的明代水利官员宋礼等。下面将一一介绍。

（一）夫差与中国大运河的首次开凿

最早开凿大运河的是春秋时期的吴王夫差。夫差（约公元前 528 年—公元前 473

年），是春秋时期吴国末代国君，阖闾之子。吴王夫差为了北上争霸，利用长江、淮河之间的自然水系，开凿了一条人工渠道——邗沟。据《左传》记载：鲁哀公九年（公元前 486 年），"吴城邗，沟通江、淮"。邗沟南起长江茱萸湾（位于今扬州市区），北到淮河山阳湾末口（位于今淮安市区），沟通了江、淮两大水系。从此中国历史上第一条以军事为目的的人工运河开凿成功。这也是中国及世界上有确切纪年的第一条大型运河。夫差开通邗沟的第二年，吴军便沿着新开的运河北伐。借助便捷的水上通道，吴军驾船如飞，势如破竹，陷陈国，败齐师，退楚兵，终于凯旋。

《水经注》记载的邗沟（中渎水）走向为"自广陵北出武广湖东，陆阳湖西，二湖东西相直五里，水出其间，下注樊梁湖，旧道东北出，至博芝、射阳二湖，西北出夹耶，

图 3-25　夫差雕塑

乃至山阳矣。"邗沟从邗城的西南角起，屈曲从城的东南角东流，至今湾头镇又折向北流，经武广湖（又称武安湖，即今邵伯湖）、陆阳湖（今名渌洋湖，在江都北，高邮南）二湖之间，北入樊梁湖（今名高邮湖，在高邮西北）转向东北入博芝湖（在宝应县东南）、射阳湖（即今宝应、淮安之间的射阳湖，据《太平寰宇记》载，湖周达 150 多千米，面积远较今天大），又折向西北，至末口（今淮安城北五里北神堰）入淮。可见，邗沟是利用当时存在的一些主要湖泊连缀而成的，为利用博芝、射阳二湖，特意向东北绕了一个大弯。

夫差雕塑如图 3-25 所示。

（二）汉代的运河治水名人

汉代是大运河的完善时期，这一时期也出现了几位与运河相关的历史人物。

1. 吴王刘濞开凿运盐河

在扬州，除了有春秋时期开凿的邗沟，还有西汉时期吴王刘濞开凿的另一条运河——上官运盐河。这是一条以扬州为中心向江淮东部沿海地区开凿的人工运河。吴王刘濞是汉高祖刘邦二哥刘仲之子，因为平定英布有功，被封为吴王。他的封国在边远的东南，当时属蛮荒之区。吴国领"三郡五十三城"，以广陵（今扬州）为都，包

括豫章郡与会稽郡，差不多囊括了今日华东的主要疆域。刘濞主政吴国 40 多年，将一片蛮荒之地治理得殷实富强。当年的吴地，虽然萧瑟蛮荒，但有着丰富的自然资源。《史记》中记载"煎矿得钱，煮水得盐"。刘濞正是就地取材，开矿铸钱，煮海水为盐，使吴地富裕起来。公元前 195 年—公元前 154 年，刘濞为了将封地东部沿海盛产的盐运到扬州，借鉴夫差的做法，主持开凿了上官运盐河，即自扬州茱萸湾到今泰州的海陵仓，再到海安如皋的运盐河，长约 92.5 千米。汉文帝时，刘濞的儿子吴国太子在京城与文帝太子（即后来的景帝）下棋时出现争执，被太子所杀。刘濞痛失爱子。在封国内大量铸钱、煮盐，以扩张割据势力，图谋篡夺帝位。汉景帝采纳御史大夫晁错的建议，削夺王国封地，刘濞采取了"清君侧"的策略，以诛晁错为名，在景帝前元三年丁亥（公元前 154 年），联合并带领楚、赵等七国公开叛乱，史称"吴楚七国之乱"。后被汉军主将周亚夫击败，刘濞兵败被杀。夫差和刘濞两位吴王开凿的运河让扬州的繁盛延续了 2000 年。扬州百姓修建了"二王庙"，纪念大运河的这两位始祖。

邗沟大王庙如图 3-26 所示。

图 3-26 邗沟大王庙

2. 东汉陈登开挖邗沟

东汉时广陵太守陈登重新开挖邗沟。陈登，字元龙，下邳淮浦（今江苏涟水西）人。东汉末期任广陵太守。由于邗沟在樊梁湖以上向东北绕道，且有博芝、射阳二湖风浪之险，随着水运的发展，必然要求避弯取直，因此东汉建安初年，广陵太守陈登鉴于"淮湖纡远，水陆异路，山阳不通"，乃"穿沟，更凿马濑百里渡湖"，马濑即白马湖。建安初年，陈登主持开凿的工程，是从樊梁湖北口，穿渠至津湖（即界首湖，在今宝应县治南），再从津湖北凿渠百里通白马湖（在今宝应县西北），直至山阳末口入淮。这是历史上对邗沟运渠的首次改建工程。经过陈登这次大规模的开凿，形成了一条比较端直的新运道，史称邗沟西道。邗沟西道与今天的里运河大体一致。陈登任职期间还筑有捍淮堰（高加堰前身）、破釜塘、陈公塘等沿运水利设施，发展农田灌溉，使汉末迭遭破坏的江淮地区农业得到一定程度的恢复。

古邗沟射阳湖段如图 3-27 所示。

3. 曹操主持开凿白沟

东汉时曹操还主持开凿了白沟。曹操（公元155—公元220年），字孟德，沛国谯县（今安徽亳州）人。三国时政治家、军事家、诗人。汉建安七年至九年（公元202—公元204年），曹操先后修治睢阳渠至官渡；"遏淇水入白沟以通粮道"（今河南淇县卫贤镇东）。漕船由此可通今卫河上游和当时的黄河下游，向东北通今海河水系各河流。建安十一年（公元206年），曹操为北征乌桓，又开凿平虏渠、泉州渠，沟通白沟、泒水、滹沱河、鲍丘水（东潞水）、濡水（今滦河）等。白沟、平虏渠、泉州渠，成为隋代永济渠的前身。如图3-28所示。

图3-27　古邗沟射阳湖段

图3-28　南运河的前身就是曹操所开的平虏渠

（三）杨广与中国大运河的首次贯通

隋炀帝杨广（公元569—公元618年），华阴（今陕西华阴）人，隋文帝杨坚与文献皇后独孤伽罗次子，隋朝第二位皇帝。仁寿四年（604年）七月继位。他在位期间修建大运河（开通永济渠、通济渠，加修邗沟、江南运河），营建东都洛阳，开创科举制度，亲征吐谷浑，三征高句丽，因为滥用民力，造成天下大乱，直接导致了隋朝的覆亡。公元618年在江都（今扬州）被部下缢杀。

隋文帝杨坚曾于公元584年命宇文恺率众开漕渠，名广通渠。公元604年改名永通渠。但随着南北政治、经济和文化日益发展，修凿的局部运河，已经不能满足社会需要。沟通南北水道已经成为社会经济交流的迫切需要了。

大业元年（公元605年），隋炀帝即位第一年就下令调征河南、淮北诸郡人民100多万人修造通济渠。同年他还征发淮南民工10多万人开邗沟，自山阳至扬子入长江，渠宽40步，两旁皆筑工整平坦的御道，夹种杨柳。大业四年（公元608年），又征发河北民工100万人开凿永济渠以供征辽东之需。公元610年沟通长江黄河。至此，开凿大运河的工程基本完成。隋炀帝开凿大运河前后用了6年的时间，先后开凿疏浚了由黄河进入汴水，再由汴水进入淮河的通济渠；还有从淮河进入长江的邗沟；从京口（现江苏镇江）到达会稽（现浙江绍兴）的江南河；引沁水向南到达黄河，向北到达涿郡（现北京）的永济渠。这些渠南北连通，就是历史上有名的隋朝大运河。大运河从北方的涿郡到达南方的余杭，南北蜿蜒长达2700千米。隋朝大运河以会稽、洛阳、涿郡为三点，江南河、邗沟、通济渠、永济渠四段，将钱塘江、长江、淮河、黄河、海河五大水系连接起来。

大运河的开通，促进了运河两岸城市的发展，江都、余杭、涿郡等城市很快繁荣起来。当时运河上"商船旅往返，船乘不绝"。大运河对隋唐时期南北经济、文化交流，维护全国统一和中央集权制的加强，都起了促进作用。唐朝皮日休作诗道："万艘龙舸绿丛间，载到扬州尽不还。应是天教开汴水，一千余里地无山。尽道隋亡为此河，至今千里赖通波。若无水殿龙舟事，共禹论功不较多。"[1]

隋炀帝陵如图3-29所示。

图3-29 隋炀帝陵

（四）唐宋治水名人

1. 李吉甫修筑平津堰

李吉甫是唐元和年间（公元806—公元820年）宰相，曾任淮南节度使，他为了调节运河水位带领民众修了水利设施平津堰。目前，平津堰遗址位于高邮明清大故道西堤。据史料记载，唐淮南节度使李吉甫虑漕渠庳下，不能居水，乃筑堤，名曰"平津堰"。今尚存明代条石砌成的一段近百米的古石堰。

对于平津堰，历代史料中对其年代、用途，谁人建筑等信息各有记载。例如，《旧唐书·卷一四八》云："唐宪宗元和年间，李吉甫为淮南节度使，在高邮湖筑堤为塘，灌田数千顷，又修筑富人、固本二塘，不仅保证了山阳渎水力的充足，又增灌溉万顷之田。"

---

[1] 皮日休.《汴河怀古二首》。

明、清以后，对平津堰的解释说法增多。如明代潘游龙认为平津堰是湖堤。他在《康济论》中说："唐李吉甫为淮南节度使，始于湖之东西，亘南北筑平津堰，以防水患"。

平津堰遗址如图3-30所示。

图3-30　平津堰遗址

2. 姜师度相地

姜师度是唐代魏州（今河北大名、魏县一带）人，他设计、修筑的大型水利工程达数十项之多，被世人称为"一心穿地""一心相地"的一代水利大匠。

《旧唐书·姜师度传》记载，姜师度开凿河渠"始于蓟门之北，涨水为沟，以备奚、契丹之寇"，一方面可以阻止北面奚与契丹骑兵入侵，同时还可灌溉农田。姜师度出任河北道监察兼支度营田使后，经过实地勘察和反复谋划，决定利用曹操平虏渠故道，靠海边开凿一条漕运河道。《旧唐书·姜师度传》记载，姜师度"约魏武旧渠，傍海穿漕，号为平虏渠，以避海艰，漕运者至今利焉"。直到五代时期，姜师度开凿的平虏渠仍然为漕运发挥着重要作用，后来在周世宗北征契丹、收复失地的战争中功不可没。

在修复平虏渠的基础上，姜师度又在贝州经城西南20千米开张甲河，这条河渠不仅用于泄洪灌溉，造福于民，也可以接永济渠故渎，便于通漕运。

《新唐书·地理志》还记载，沧州清池县（今沧州市东南）"东南二十里有渠，注毛氏河，东南七十里有渠，注漳，并引浮水，皆刺史姜师度开"。隋炀帝修筑永济渠之后，河北道东部形成了一道地上人工运河，高大的河堤成为东部平原的一道屏障，阻隔了发源于太行山的滹沱水、滱水（今唐河）、漳水入海通道，在沧州一带经常引发水患。姜师度在沧州开凿人工河渠，成为河北道较早的人工减河，对疏浚永济渠沿线洪涝，发挥了不小的作用。

如今的漳卫河如图3-31所示。

图3-31　如今的漳卫河

3. 范仲淹治水

范仲淹是北宋著名的思想家、政

治家、军事家、文学家。

他以《岳阳楼记》中的名句"先天下之忧而忧，后天下之乐而乐"闻名古今。他同时还是个治水专家。天禧五年（1021年），范仲淹调任泰州西溪盐仓监，负责监督淮盐贮运及转销。西溪濒临黄海之滨，唐时李承修筑的旧海堤因年久失修，多处溃决，海潮倒灌、卤水充斥，淹没良田、毁坏盐灶，人民苦难深重。于是范仲淹上书江淮漕运张纶，痛陈海堤利害，建议沿海筑堤，重修捍海堰。天圣三年（1024年），张纶奏明朝廷，仁宗调范仲淹为兴化县令，全面负责修堰工程。天圣四年（1026年）八月，母亲谢氏病逝，范仲淹辞官守丧，工程由张纶主持完成。在苏州，他还对古娄江、太湖流域的洪水进行了治理，从而解除了苏州的水患。特别是在吴江塘路工程的基础上，以吴淞江及周边水系进行了疏浚，引水入海，从而既保证了大运河的漕运，又避免了苏州周边地区的洪涝灾害。

吴江塘路工程如图3-32所示。

图3-32 吴江塘路工程

（五）郭守敬与中国大运河的第二次贯通

元代科学家郭守敬主持开通了元代大运河，完成了中国大运河的第二次贯通。郭守敬（1231—1316年），是元朝著名的天文学家、数学家、水利专家和仪器制造专家，字若思，汉族，邢州龙冈（今河北省邢台市邢台县）人。郭守敬曾担任都水监，负责修治元大都至通州的运河。

郭守敬初见元世祖，就当面提出了六条水利建议。第一条就是建议修复从当时的中都（今北京）到通州（今通县）的漕运河道。元世祖认为郭守敬的建议很有道理，当下就任命他为提举诸路河渠，掌管各地河渠的整修和管理等工作，下一年又升他为银符副河渠使。为了开凿会通河，郭守敬曾考察过山东济宁、东平、临清等地。根据他的测量，会通河于1289年凿通，水源来自汶河，由城坝把汶河水的2/3经河引至济宁，在济宁建天井闸分水，使航运成为可能。

元朝时候，大都城内每年消费的粮食达几百万斤。这些粮食绝大部分是从南方产粮地区征运来的。为了便于运输，从金朝起，在华北平原上利用天然水道和隋唐以来

图 3-33　郭守敬纪念馆

修建的运河建立了一个运输系统。但由于自然条件的关系，它的终点不是北京，而是京东的通州，离京城还有几十里路。这段几十里的路程只有陆路可通。陆路运输要占用大量的车、马、役夫；一到雨季，泥泞难走，沿路要倒毙许多牲口，粮车往往陷在泥中，夫役们苦不堪言。元至元三十年（1293 年），在著名水利学家郭守敬的建议和主持下，于昌平县白浮村引神山泉，西折南转，会双塔、榆河、一亩、玉泉诸水，又东南流，汇入大都积水潭泊船港，而后大致循金国的运河故道至通州高丽庄接白河，长 82 千米，设闸 24 处，设计施工皆由郭任之。次年功成，赐名通惠河。[1] 自此，元代大运河全线贯通。

郭守敬纪念馆如图 3-33 所示。

（六）明清治水名人

明代对元代大运河进行了不断完善，出现了一批治水名人。

1. 宋礼和白英与南旺枢纽

南旺枢纽是明代水利学家宋礼和民间水利专家白英主持修建的。宋礼（1361—1422 年），河南省洛宁县人。宋礼先后任礼部右侍郎、工部尚书。他因治运有功，多次受到皇帝表彰。据《明史·运漕证序》载："元开会通河，其功未竣，宋康惠踵而行之，开河建闸，南北以通，厥功茂哉。"他的功绩为后人所传颂。

在元朝末年，会通河被黄河决口泛滥的泥沙所淤积，运河中断。明永乐九年（1411 年），根据济宁州同知潘叔正的建议，工部尚书宋礼等人奉命征调民工 16.5 万多人，重点放在山东丘陵地带的会通河段（从临清到须城安山），疏浚运河。由于会通河缺乏水源，宋礼深入察看沿运水系、地形，访问群众。在汶上县城东北白家店村，遇见

1　蔡蕃《元代水利学家郭守敬》。

民间治水专家白英。白英见宋礼"布衣微服",深入民间调查治运良策,态度诚恳,便把他多年积累的治水通航的想法告诉了宋礼。宋礼听到"借水行舟,引汶济运,挖诸山泉,修水柜"等良策时大喜,遂邀白英参加治运工程,采纳白英的建议,使会通河得到了充足的水源,大大提高了运河的航运能力。

白英建议把位于会通河道最高点的南旺镇作为分水点,称为"水脊"。他还建议在南旺修建分水闸门,建议利用天然地形,扩大会通河沿岸的南旺、安山、昭阳、马场等处的几个天然湖泊,修建成"水柜",并且设置"斗门",以便蓄滞和调节水量。同时,开挖河渠,把附近州县的几百处泉水引入沿河的各"水柜"。

宋礼采纳白英的建议,引汶济运,挖引山泉,修建水柜修建戴村坝,遏汶至南旺,分水济运。[1] 于东平东 30 千米筑戴村土坝,长 2.5 千米以上,截断汶河,向西南开小汶河引汶水至南旺镇入运。经过民工历时九年的辛勤劳动,终于完成了这项举世闻名的水利工程,使会通河得到了充足的水源。从此,沟通南北的大运河畅行无阻,漕运能力大大提高,每年从东南运粮米几百万石(最高达到 500 万石),接济京师,中国大运河真正成为南北交通运输的大动脉。

宋礼治运工程主要有疏浚会通河,建戴村坝,开挖小汶河,引汶水及山泉水济运,建南旺运河分水枢纽等项工程。宋礼治运成功,保证了明代漕运的畅通。为纪念宋礼和白英治水有功,明清两代在汶上、南旺为二人建祠和庙并塑神像,供后人每年祭祀。

戴村坝遗址如图 3-34 所示。

图 3-34 戴村坝遗址

---

[1] 中国地理网·大运河,河工的智慧在流淌。

2. 陈瑄与潘季驯

明代还有许多治水专家，比较著名的有陈瑄和潘季驯。

陈瑄（1365—1433年），字彦纯，安徽合肥人。永乐元年（1403年），明成祖朱棣任命陈瑄为总兵官，总督海运，向北京和辽东地区运送军粮。由于海上风大浪涌，经常淹没船只，加之宋礼疏通了会通河，使得大运河全线贯通，朝廷决定罢停海运，运往北京的粮物全部由运河运输。南北漕运，包括运河治理由陈瑄负责督办。从此，陈瑄与大运河结下了不解之缘。

陈瑄总督漕运，为治水和漕运贡献了毕生精力，取得了辉煌的业绩：开凿了清江浦，整治运河入江通道，整治淮扬运河，整治徐州洪和吕梁洪，加强运河管理等。宣德八年（1433年），陈瑄以69岁高龄和带病的身体，坚持在淮安一带勘察运河，最后死于任上。陈瑄去世后，朝廷追封其为平江侯，赠太保，谥恭襄。《明史》为他列传，赞扬他"治河通运道，为国家经久计，生民被泽无穷"。

如今在大运河畔的高邮龙虬镇还有个陈总兵庄，陈总兵庄建有陈瑄治水纪念馆。因为陈瑄在明代以总兵官身理漕河30年，期间多次去高邮，实施修筑运河堤防工程。陈瑄对运河高邮段的建设做出很大贡献，他的后裔太多都居住在陈总兵庄。乾隆《高邮州志》记述："明陈瑄以平江伯镇守淮扬，筑高邮湖堤四十里，凿井植柳造梁，以便行人，军民皆受其荫庇，至今颂其功不衰"。

位于高邮陈总兵庄的陈瑄治水纪念馆如图3-35所示。

潘季驯（1521—1595年），字时良，号印川，是湖州府乌程县（今属浙江省湖州市吴兴区）人。明朝水利专家，世界水利泰斗。从嘉靖四十四年（1565年）开始，到万历年间（1573—1620年）止，他奉三朝皇命，先后四次出任总理河道都御史，官至太子太保、工部尚书兼右都御史。他著有《宸断大工录》《两河管见》《河防一览》《留余堂集》等。

潘季驯曾四次主持治理黄河和运河，前后持续27年。在长期的治河实践中，他借鉴前人成果，全面总结了中国历史

图3-35　陈瑄治水纪念馆

上治河实践中的丰富经验，发明"束水冲沙法"，深刻地影响了后代的"治黄"思想和实践，为中国大运河治理做出重大的贡献。世界著名河工专家恩格斯教授叹服道："潘氏分清遥堤之用为防溃，而缕堤之用为束水，为治导河流的一种方法，此点非常合理。"

早在明代正统年间（1436—1449 年），明朝廷就在淮阴敕建了陈公祠，用于祭祀永乐年间（1403—1424 年）首任漕运总兵官、平江伯陈瑄。到了清乾隆年间（1736—1795 年），清朝廷又在陈公祠中加祀明总理河漕、水利名家潘季驯，遂更名为陈潘二公祠。2007 年，淮安复建陈潘二公祠，兼作大运河名人馆，2008 年竣工开放。陈潘二公祠，以传统纪念祠堂形式，通过雕塑、碑刻、图像、楹联等手段全面展示陈瑄、潘季驯的生平与治水功绩，以及与之有关的水利知识。在门厅与大堂两侧绿地上竖立了两方皇帝嘉奖陈瑄的古碑刻，还在回廊内通过瓷盘肖像这一独特方式，集中展示 54 位大运河历史名人的风采神韵。陈潘二公祠现为淮安市级文物保护单位。

陈潘二公祠如图 3-36 所示。

图 3-36　陈潘二公祠

3. 康熙巡河

康熙帝（1654—1722 年），即爱新觉罗·玄烨，清圣祖仁皇帝。康熙帝早年在他宫廷的柱子上写了三藩及河务、漕运三件大事。河务和漕运实际上是一件事情，三藩平定后，实际上他重视的就是治河一件事情，他穷毕生之力治河，并使河患大为降低。

康熙十五年（1676 年）夏，黄河倒灌洪泽湖，大堤决口 34 处，淮水冲入运河，运堤溃决 300 多丈。这时，康熙皇帝及时任命安徽巡抚靳辅为河道总督，每年拨银 300 万两，加紧治河，他自己亲自钻研水利理论，并从事广泛的实地调查。康熙帝在位期间，先后于康熙二十三年（1684 年）、康熙二十八年（1689 年）、康熙三十八年（1699 年）、康熙四十三年（1704 年）、康熙四十四年（1705 年）、康熙四十六年（1707 年）六次沿京杭运河南巡。当然，治河、加强清朝对东南地区的统治，是康熙南巡的主要动因。他详细视察了黄河下游和江苏境内的运河，提出了具体的治理方案和要求，有力地促进了治水工作的开展。他多次在淮安清口实地考察，指示机宜。后人将他的治水言论汇编成书，定名为《康熙帝治河方略》。

康熙帝重视科学技术，他本人也精于水工测量。康熙三十八年（1699年）春，他巡行到扬州高邮，亲自测量出运河水比高邮湖水高四尺八寸，便指示河道总督于成龙说："湖水似不能越此堤而入运河。这段工程甚属紧要，应着差贤能官员作速查验修筑"。他亲自司仪测量出高邮清水潭运河水位高出运西诸湖水位一尺三寸九分，及时指示官员"应加紧建造湖之石堤"。他在黄、淮、运交汇处进行水准测量，针对洪泽湖水位低于黄河水位的情况，当即提出了治理方案。

安作璋先生在其《中国运河文化史》中认为"从六次南巡河工情况看，康熙帝的治河思想前后有所变化。一是将民生提到重要位置，认定'百姓尽安畎亩之日，方是河工告成之时'；二是采取正确意见，改变了挑浚河口的主张；三是在总结研究前人治河经验和自己多年治河实践的基础上，形成了新的治河思想，即'上流既理，则下流自治'，并在第三次南巡中做了具体部署：深浚河底，改修清口，拆毁拦黄坝，引水归江，从而减轻了河患。"

康熙帝巡河客观上推动了河务的治理，促进了东南社会安定，加快了社会生产的发展，对清代历史产生了良好的影响。

图3-37 康熙南巡图

康熙南巡图如图3-37所示。

4. 靳辅与陈潢

靳辅（1633—1692年），字紫垣，祖籍辽阳（今属辽宁），清康熙时治河名臣。靳辅治河继承明朝潘季驯方法，对黄河水患进行了全面勘察，提出了对三大河流进行综合整治的详细方案，并积极组织实施，终使堤坝坚固，漕运无阻。康熙三十五年（1696年），清政府允江南士民所请，在黄河岸边为其建祠。他生前著有《治河方略》一书，为后世治河的重要参考文献。

陈潢（1637—1688年），浙江秀水（今嘉兴）人，清朝治河名臣，他主张顺河性而利导之，有所患必推其致患之由。陈潢为制定治河工程计划，跋涉险阻，上下数百里，一一审度。在治理方法上，他继承和发展了明代著名治水专家潘季驯"筑堤束水，以水攻沙"的治河理论，主张把"分流"和"合流"结合起来，把"分流杀势"作为河水暴涨时的应急措施，而以"合流攻沙"作为长远安排。在具体做法上，他采用了建筑减水坝和开挖引河的方法。为了使正河保持一定的流速流量，他发明了"测水法"，把"束水攻沙"的理论置于更加科学的基础上。由于陈潢等人指导有方，在他负责治河期间的黄河安然无患。

四、中国大运河沿线著名的水利工程遗址

历史上中国大运河曾有过众多著名的工程，现存的有解决水位落差的平津堰遗址，解决水源缺乏问题的长安三闸遗址和南旺引水工程遗址，还有解决了运河与黄河、淮河交汇的清口枢纽遗址。

1. 平津堰遗址

平津堰遗址位于扬州高邮明清运河故道。历史上由于蜀冈一带地势较高，为了保证大船的通行，唐元和五年（公元810年），凿深了蜀冈附近的运河，结果造成"河益庳，水下走淮"的不良局面。为了防止河水下泄，当时的水利专家李吉甫率民夫拦河筑堰，这就是平津堰。堰成以后，实现了"以泄有余，防不足，漕流遂通"[1]的目的，现平津堰遗址为明代叠加其上的石质堤防。

图3-38 平津堰遗址

平津堰遗址如图3-38所示。

2. 长安三闸

长安三闸位于今浙江省杭州西北12.5千米的盐官县长安镇境内。江南运河的南端运河水源靠钱塘江支流接济，运河自北而南为顺水，但"水益走下，故治闸以限之"[2]。长安闸共有三门二澳。三门形成的两间闸室"自下闸九十余步至中闸，又八十余步至上闸"。即两个闸室长度分别长约140米和130米。傍运河西岸为水澳，"两澳环以堤，上澳九十八亩，下澳百三十二亩。（河）水多则蓄于两澳，旱则决注闸。"[2]长安闸的工程设施和运行机制与京口闸基本类似。日本僧人成寻于熙宁五年（1072年）八

---

1 《新唐书》卷五三。
2 《宋元方志丛刊·咸淳临安志》卷39，中华书局本，第3715页。

月二十五日乘船过长安闸,对当时情况有过记载:"申时,开水门两处出船,船出了,关木(叠梁闸的闸板)曳塞了,又开第三水门关木,出船。次河面本下五尺许,开门之后,上河落,水面平。即出船也。"描述了船闸运行的情况。南宋时长安有闸兵20人管理,属当地政府管理,进出的船只都要交纳过闸税。元初长安闸一度废弃,"两澳为民所侵",但这套闸门一直用到清中期[1]。

图3-39 嘉兴长安闸

嘉兴长安闸如图3-39所示。

3. 南旺分水引水工程

元朝开凿的大运河,最艰难的一段就是在山东境内只有120多千米的会通河,由于翻山越岭整整花了36年才凿通,修筑了30多座闸坝用以解决水位落差问题。但是,会通河的根本问题是水源缺乏和分水制高点选择的错误。元代由于把会通河的分水制高点错选在不是水脊的济宁附近的会源闸,结果导致往北引水困难,水源不足,河道搁浅,终元一代,漕粮北运还是以海运为主。这个困扰大运河漕运的梗阻问题到明初提上了议事日程。明永乐九年(1411年),工部尚书宋礼采用汶上老人白英建议,开始修建南旺分水引水枢纽工程。首先在汶上县筑戴村坝截汶水;然后开挖小汶河,使汶水至南旺分水口;接下来导泉补源,即收集疏导汶上县东北各山泉汇入泉河至南旺分水口;最后在小汶河流入运河的T形水口修筑石头护坡,建分水拨剌(鱼嘴),使其南北分水,即所谓的"七分朝天子,三分下江南"。南旺分水引水工程以疏浚三湖为枢纽,把坝址合理选在汶河济运较为理想的制高点戴村,符合水往低处流的自然规律,至南旺水脊分水,抓住了"引、蓄、分、排"四个环节,操作上蓄泄得宜,运用方便。该工程具有高度的科学性,是我国大运河史上的一个伟大创举,堪与都江堰相媲美。从此,京杭大运河的船舶运输畅通了近500年。

位于大运河全段最高河段的南旺枢纽,以筑坝提升自然河流水位的方式,为运河行船提供持续有效的引水,是在严酷的自然条件下,科学设计和系统管理的规模宏大、

---

1 阙维民. 长安闸的历史变迁. 水利史志专刊, 1993 (2)。

高效节约的运河水源工程,保障了大运河持续畅通地运行了4个多世纪,比为法国米迪运河提供供水的黑山水源工程早2个多世纪,是世界范围内较早建设、成功有效解决运河供水问题的大规模水利工程设施。公元17世纪访问中国的英国使团在路过南旺时曾发表过如此的感想:"当时运河的设计者一定是从这个高度统筹全局的。他站在这块地势很高的地方,运用匠心设计出来这条贯穿南北交通的巨大工程。他计算出从这里到南北两个方向的地势斜度,沿路河流所供给的水源,设计了许多道水闸,同时还估计到由于开闸放船所损失的水量可以由地势比这里更高的汶河的水补充过来,汇流之后分为两个不同方向的支流"[1]。由此足见南旺枢纽的技术价值之高、代表性之显著。

济宁南旺枢纽遗址如图3-40所示

图3-40 济宁南旺枢纽遗址

4. 清口水利枢纽遗址

清口水利枢纽位于淮安清口。大运河北上,淮河西来,黄河南下,三者在今天的淮安清口交汇,形成了世界上罕有的大江、大河平交格局。中国大运河南下北上的漕运船队,要在这样复杂的水系格局下,特别是汛期黄河洪水泥沙的威胁下,保持漕运的安全畅通,是极其困难和极具风险的挑战。这一难题一直困扰了大运河数百年。历代也为解决这一难题,千方百计,兴筑不断,形成了一套系统的工程措施,基本维持了运道的畅通。这些措施主要是:通过开伽河、中河,使运河逐步脱离黄河的直接干扰;不断加修高家堰大堤,拦截淮水尽出清口,并辅以引河等措施,约束黄河冲刷清口和三河交汇区域黄河淤沙,保持运口的畅通;不断改建、完善交汇处的运口码头,避免黄河洪水的直接冲击和泥沙的淤积,以致码头不断前移、清口不断后退,运闸十分复杂;在交汇地域的黄河堤岸和高家堰大堤大量增建减水闸和滚水坝,确保不断淤积的河床和洪泽湖在黄、淮汛期高水位下不致危及运道和里下地区河道的安全。不断完善和维护这套工程体系,成了明代后期和清代治河和保证漕运措施的重点工程和中心任务,

---

1 L'Empire immobile ou le choc des mondes, Alain Peyrefitte, Fayard, 1989。

耗费了巨大的国库民力。在当时科技水平、经济水平下，人与自然力持续殊死较量了500年。这在世界治河史和航运史上都是绝无仅有的。

清口枢纽工程是明清时代大运河的中枢，运河沿线的战略要冲，以及漕运的重要的交通咽喉，其完善的工程体系集中展现了中国传统水（河）工建筑的主要结构形式，是工程规模最大、运用时间最长的水利枢纽工程，代表了中国农业文明时期水利工程设计和坝工建设的最高水平。同时，清口枢纽通过对整个工程体系的整体规划，利用一系列水工建筑的建设，解决了泥沙淤积、通航水深不稳定等种种问题，在建造过程中所采用的技术代表了16世纪调水、调沙技术的世界水平。

清口枢纽分布图如图3-41所示。

图3-41　清口枢纽分布图

第四章
中国大运河建筑文化

《中国大运河申遗文本》在描述大运河符合世界文化遗产列入标准时,说:大运河符合第四条标准"是一种建筑、建筑群、技术整体或景观的杰出范例"。这可能很多人都不理解,大运河怎么是建筑?是的,国际古迹遗址名录就将大运河列为建筑遗产。其实中国大运河就是一个建筑群,且不说众多的闸坝、码头、桥梁是建筑,就是一条条的河道也是人类在大地上留下的杰作,不过我们现在理解的建筑是由地平面往上建的,而大运河河道是由地平面往下开挖,然后用夯土或者砖石砌成渠化,用来通行船只的。这样的人工河道当然是建筑。隋唐时期的运河粮仓也是地平面以下建的建筑。

从邵伯古堤可以清晰地看出大运河河道作为建筑的风格,如图4-1所示。

图4-1　从邵伯古堤可以清晰地看出大运河河道作为建筑的风格

一、中国大运河建筑特点及文化价值

《中国大运河申遗文本》中这样表述中国大运河的建筑成就:

中国大运河是世界上延续使用时间最久、空间跨度最大的运河,被《国际运河古迹名录》列入作为世界上"具有重大科技价值的运河",是世界运河工程史上的里程碑。

中国大运河从公元7世纪形成第一次大沟通直至19世纪中期不断发展和完善。针对大运河开展的工程难以计数,几乎聚集了人工水道和水工程的规划、设计、建造技术在农业文明时期的全部发展成就。现存的运河遗产类型丰富,全面地展现了传统运河工程的技术特征和发展历史。

阿城上闸平面图如图4-2所示。

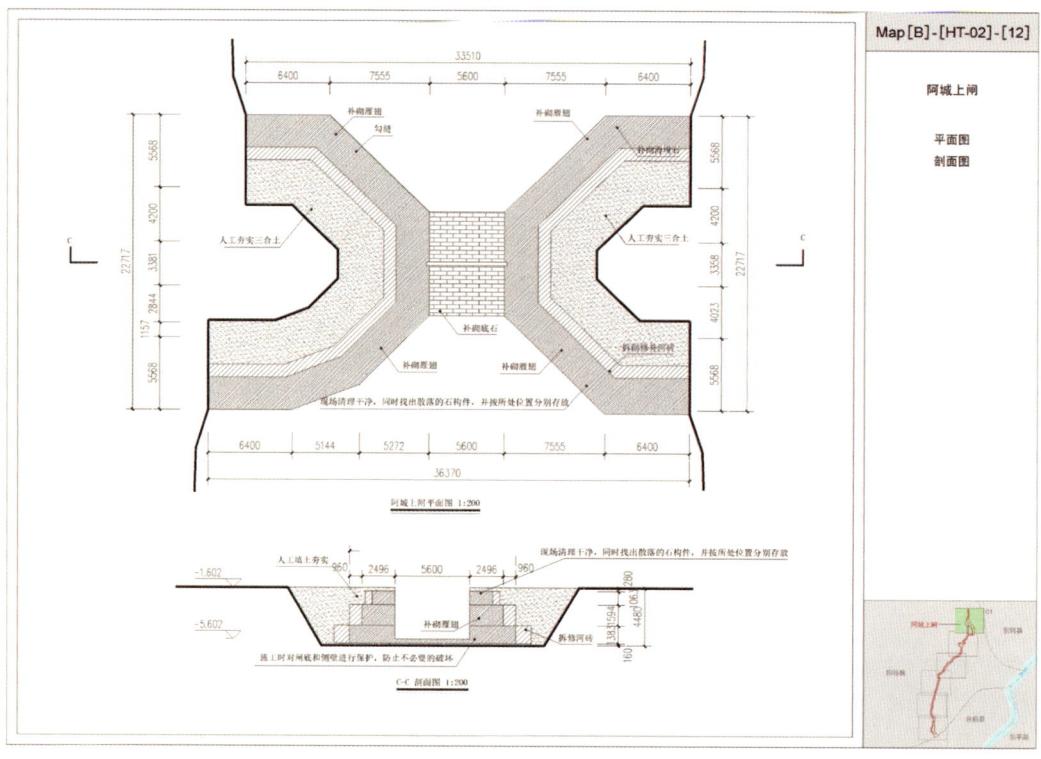

图 4-2 阿城上闸平面图

中国历代运河的修建者、维护者、利用者在复杂多变的水文环境、错综复杂的地貌与地质结构等困难条件下,巧妙利用沿线江河湖泊等多样的水资源条件,综合运用勘察、测量、规划、设计、管理等多个跨领域的科学知识,让这个农业文明时代的巨大系统工程得以开发、利用、延续并合理改造。使中国大运河成为农业社会土木工程的最高成就。

作为建筑遗产,中国大运河留下了众多的建筑奇观,在第二章已介绍中国大运河的水工文化,本章重点介绍大运河的桥梁、古宅、城门和由建筑群连接成的历史街区。大运河的园林文化将在第五章介绍。

二、中国大运河上的桥

宝带桥、长虹桥、拱宸桥、广济桥、八字桥是大运河沿线众多桥梁中最典型的代表。这些桥梁体现了古代中国桥梁工程设计与施工的卓越水平。苏州宝带桥是 53 孔薄墩连拱石桥,长度超过 300 米,采用密集木桩处理桥墩基础,采用榫卯结构连接砌筑石块,适应了南方软土地基经常出现的沉陷、变形情况。宝带桥既是桥梁也是纤道，同时也可以宣泄来自太湖的水量，可以说具有复合功能。长虹桥（嘉兴）、拱宸桥（杭州）、广济桥（杭州）均为高拱石桥，这些高拱石桥采用预应力的施工方式，使桥拱负载更大，变形更小；采用剪力墙结构以抵抗变形应力；采用榫卯构造而非黏合剂进行砌筑以适应微小变形的需要。拱券薄到非常大胆的程度，如拱宸桥拱石厚度只有30厘米。三座桥梁中孔跨度都在15米以上，通航净空大，利于大货运量的船只通航。

位于绍兴的八字桥为中国早期简支梁桥中的孤例。建造者根据特殊地形，结合周边环境，因地制宜，合理设计了跨越三河、沟通四路、状如八字的桥梁，巧妙地解决了复杂的水陆交通问题，是根据特殊地形，结合周边环境，因地制宜的合理设计。

（一）宝带桥

享有桥乡美誉的城市在中国大运河沿线有两个：一是苏州；二是绍兴。易君左先生曾填词曰："红阑干畔，白粉墙头，桥影媚，橹声柔，清清爽爽，静静悠悠，最爱是苏州。"唐代诗人、曾任苏州刺史的白居易有称赞过苏州的桥："绿浪东西南北水，红栏三百九十桥"。据记载，宋代《平江图碑》上刻有359座桥梁，至民国时城内城外总共达1000多座桥。苏州城尽管被称为"东方威尼斯"，但桥梁之多，平均每平方千米有15座，远远超过了意大利著名水城威尼斯。而苏州的桥梁中最著名的要数中国大运河上的宝带桥。

明代正统年间（1436—1449年）的华盖殿大学士陈循所作的《宝带桥记》写道："苏州城府之南关舍，古运河之西，有桥曰宝带。运河自汉武帝时开，以通闽越贡赋，着尾亘震泽东壖百余里，风涛冲激，不利舟楫。唐刺史王仲舒作塘障之河之西岸，今东南要道也。然湖之支流断堤而入吴淞江，以达于海，堤不可遏，此桥所为建也。元末修葺之功不可继，桥遂坍没。……正统十一年秋，为桥长千二百二十五丈。"

苏州宝带桥位于苏州南部的吴江塘路上，始建于公元816—公元819年，形似宝带，因此得名。1442—1446年改建为53孔连拱石桥，沿袭至今。它是江南运河河岸上的桥梁与水门，长度超过300米，是多孔薄墩连拱形石桥，代表了古代中国桥梁工程设计施工的卓越水平。明代吴门画派的代表人物文徵明曾作过一首《宝带桥》诗："云开霄汉远，春入五湖深。天外飞虹彩，波心日泻金。三江自襟带，双岛互浮沉。十里吴塘近，归帆带暝阴。"乾隆皇帝也曾作过一首叫《过宝带桥有咏》的诗："金阊清晓放舟行，宝带威锋网波漾轻。五十三孔易疏泄，涨痕犹见与桥平。"

宝带桥为连拱桥，各孔拱形均属圆弧，接近于半圆形，孔高与孔径之比（矢高比）

接近1/2，属于陡拱。陡孔不仅对墩、台产生较小的水平推力，而且桥孔的净空较大，便于行舟。为了避免这类柔性墩所引起一孔受损波及全桥的情况，在北起的第27号墩，以两墩并成一墩，构成能承受单向推力的刚性墩，也就是制动墩。

各拱拱券是由一条条弧形的板拱石并列砌筑而成，板拱石的端点之间设有横向长铰石，板拱石两端各琢有石榫，插入长铰石上预留的榫眼，相互结合。其独特的优点是，当桥拱发生温度变化、基础沉陷或承受不对称的活荷载时，各条板拱石的石榫能在长铰石的榫眼里做微小的运动，自动对拱券的形状做微小的调整，使拱券的受力有所改善。

宝带桥如图4-3所示。

关于宝带桥有个美丽的传说：

"从前，天庭里住着一位仙女。虽然过着无忧无虑的生活，有时却很寂寞。她听其他仙女说，人间有一个地方叫姑苏，那里山清水秀，土地肥沃，物产丰富。人们安居乐业，过着天堂般的生活。有一日，她终于动了凡心，悄悄地离开了天庭，驾着祥云，来到了太湖的上空。此时五百里太湖，风平浪静，七十二岛像散落的珍珠一样镶嵌在湖面。天色已近黄昏，湖面上白帆点点，正是渔民满载鱼虾归航的时候。向东飞过天平、灵岩二山，仙女来到姑苏城上空。低头观看，只见行人车马熙攘，丝竹管乐隐约可闻。此时仙女拨转云头，霎时来到澹澹湖上。澹澹湖虽小，却白浪滚滚，煞是险恶。忽见一叶小渡船，在巨浪中艰难地搏击。湖的两岸，聚集着南来北往的过客。仙女看着他们焦急的神情，动了慈悲恻隐之心，便解下腰间的玉带，随手抛向湖面。玉带在风中飘飘荡荡，落到湖上，便化为一座五十三孔的石桥。湖水顷刻风平浪静，原来是玉带镇住了湖中作浪的湖怪。两岸人们欢呼雀跃，首次步行走过了澹澹湖。"[1]

图4-3 宝带桥

---

1 《宝带桥的传说》。

（二）灭渡桥

在苏州，横跨于中国大运河上的还有一座著名的桥梁——灭渡桥。灭渡桥位于苏州古城东南隅葑门外，据杨德辉的《重修觅渡桥记》叙述："该处为水陆要津，原没有渡船，因旅客不能忍受舟人把持敲诈，昆山僧人敬修经过这里，无钱而受到百般刁难、奚落。为平暴利民，敬修和尚发誓建桥，会同里人陈玠、张光福等人，共同募集银钱，于元大德二年（1298年）动工到大德五年（1301年）建成取名灭渡。今讹称觅渡桥。桥为薄型单孔拱式，东西走向，通长81.3米，净垮19.3米，矢高8.5米。原两坡各设53步石级。明代正统年间（1436—1449年）苏州知府况钟重修。清同治年间（1862—1874年）再修，1985年又修，并恢复石栏。"

苏州灭渡桥如图4-4所示。

灭渡桥采用增大跨度的方法而不做多孔设计，以适应水流湍急、过往船只体量大、往返频繁的需要；在拱顶与面石间不加填层，并尽量增加桥身坡长，使大桥平缓易行，高而不峻，稳重大方，堪称江南古桥梁中的成功作品。在苏州，关于灭渡桥也有一段传说。

灭渡桥与觅渡桥

苏州有句俗谚叫作"造塔修桥全要神仙帮忙"，因此许多古桥的修造都有神仙相助的传说。苏州城东南，横跨大运河的灭渡桥也不例外。

传说从前有个过路客商打扮的人，在苏州城河南边，要到葑门外大街去，正巧那里有一只小网船在撒网捕鱼，客人要请他摆渡，就对他说好话："巴望你一网打一条大鲤鱼！"话音未落，渔夫果真网到一条金色大鲤鱼。客商见他网到鱼后还是不睬自己，继续撒网。仍笑嘻嘻地说："巴望你网到一条大鲤鱼！"收网时，网里真的有一条比前一条更大的银色鲤鱼。如此反复了18次，渔夫已网到了18条大鲤鱼，仍旧没有罢手摆客过河的意思。这可惹恼了客人，客人改换了念词："金鲤银鲤请听好，快快都往水里跳！"转眼间，舱里18条大鲤鱼都跳回到河里去了。渔夫看着一条条刚网上来的鲤鱼又回到水里，更加不肯摆渡了，还同客人吵了起来。客人却不同他争吵，从腰间解下一条"青龙带"，抛向天空，飘带被抛到云端里，落下来便

图4-4　苏州灭渡桥

成了架在河上的一座高高的石桥，客商走上桥，倏忽不见了。渔夫这才恍然大悟，晓得遇到了仙人，懊悔不迭。从此，人们从运河南面上葑门外大街就不必再觅渡和摆渡了，可以从桥上直接走过去，根本上消除了渡船，因此这桥就被冠以"灭渡桥"之名。

另外，位于南门路东端，灭渡桥北，斜跨古运河的觅渡桥，是 1975 年为解决苏城外围卡口而新建，单孔钢筋混凝土双曲拱结构，宽 15 米，长 75 米，跨度 60 米，西引桥长 55.75 米，东引桥长 39.80 米，南引桥长 26.60 米，桥名取自灭渡桥之讹称。[1]

（三）嘉兴长虹桥

我国有四座长虹桥，分别是嘉兴长虹桥、云南长虹桥、北京长虹桥、台湾长虹桥。嘉兴长虹桥横跨于江南运河上，是嘉兴市最大的石拱桥，在嘉兴市郊区王江泾镇一里街东南。桥始建于明万历年间（1573—1620 年），清康熙五年（1666 年）重修，嘉庆十七年（1812 年）再修，太平天国时桥栏石损毁，光绪六年（1880 年）修复。

嘉兴长虹桥是中国大运河上罕见的巨型三孔实腹石拱大桥，气势宏伟，形似长虹。桥全长为 72.8 米，桥面宽 4.9 米，东西桥阶斜长为 30 米，各有台阶 57 级，用长条石砌置。桥拱三孔，是纵联分节并列砌筑法的半圆形石拱。主孔净跨 16.2 米，拱矢高 10.7 米；东西两边孔净跨 9.3 米，拱矢高 7.2 米。桥边孔两侧有两副对联：一面为"劝世入善，愿天作福"，另面为"千秋水庆，万古长龄"；中孔楣联一面为"淑气风光架岭送登彼岸，洞天云汉横梁稳步长堤"，另面为"福泽长流物阜民安国泰，慈航普渡江平海晏河清"。长虹桥造型如长虹卧波，天气晴明时，登桥远眺，北之吴江盛泽，南之嘉兴北门隐隐可见。古人有"虹影卧澄波，登高供远瞻。南浮越水白，北接吴山绿"。长虹桥保存得很好。桥两坡各有 57 级石阶，用平整的长条石砌成，桥栏也是长条石，用石凿的榫卯连接，里侧凿成可供人休憩的弧形。

长虹桥如图 4-5 所示。

关于长虹桥，也有个美丽的传说：

相传明朝中后期，嘉兴苏州塘一带丝绸业发达，做

图 4-5　长虹桥

1　《苏州的桥》。

生意的人络绎不绝。由于没有桥梁，人们只能依靠摆渡来往。传说当年一位名叫陈复古的道士"坐观三年、化缘万金"，终于筹集到足够的银子筑桥。历经10年打磨，一道飞虹横跨运河两岸。因为桥洞够宽够高，从此有了船只过往长虹桥"过桥不落篷（帆）"的说法。

据说，当年用的是"堆土法"造桥。桥造得多高，石头就堆得多高。考虑到小船无法承受石头重量，聪明的古人想出了"石头载船"的办法——将石头绑在船身两侧，利用水的浮力及拉纤的方式运输不计其数的石头。由于船只大多从西面桥洞过往，因此那里曾经有条"纤道"。[1]

（四）拱宸桥

拱宸桥位于杭州北部的大运河杭州塘上，横跨大运河，是中国大运河中的京杭大运河到杭州的终点标志，也是杭州城区最大的一座石拱桥。桥处于杭州市区大关桥之北，是三孔驼峰薄拱薄墩连孔石拱桥，全长98米，桥面中部宽5.90米，桥身高约16米，采用木桩基础结构，拱券为纵联分节并列砌筑。拱宸桥始建于明崇祯四年（1631年），现保存完整，仍在使用。

据《古今图书集成·杭州桥梁考》和康熙《杭州府志》载，拱宸桥由明末商人夏木江所倡建。此桥在清代几经毁坏重建。顺治八年（1651年）桥身曾坍塌；康熙五十三年（1714年）由浙江布政使段志熙倡率捐筑，云林寺的慧辂竭力捐募款项相助。雍正四年（1726年）右副都御史李卫率属下捐俸重修，把桥加厚2尺，加宽2尺，并作《重建拱宸桥记》。据《1860年杭州拱宸桥老照片》介绍：同治二年（1863年）秋，左宗棠率湘军及"常捷军"向杭城的太平军猛攻，由于拱宸桥桥心设有太平军堡垒，经战火洗劫，桥再次濒于倒塌。光绪十一年（1885年），在杭州人丁丙的主持下重修。19世纪末杭州开埠后，日本人在拱宸桥桥面中间铺筑2.7米宽的混凝土斜面，以通汽车和人力车。中华人民共和国成立后，杭州市人民政府规定拱宸桥禁止通行机动车。[2]

1895年，丧权辱国的《中日马关条约》签订后，杭州列为通商口岸。1896年在此地建立洋关，抗战胜利后，洋关废除。2005年，拱宸桥进行大修，这也是拱宸桥120年来首次大修。2006年，杭州运河集团又将长3米、重2吨的护桥石更换。古老的拱宸桥，以更坚强的形象，横跨在运河上。

拱宸桥如图4-6所示。

---

1 《听"钱百晓"讲长虹桥故事》。
2 《1860年杭州拱宸桥老照片》。

图 4-6 拱宸桥

拱宸桥桥名的由来有一段故事：

相传在古代，"宸"是指帝王住的地方，"拱"即拱手，两手相合表示敬意。每当帝王南巡，这座高高的拱形石桥，象征对帝王的相迎和敬意，拱宸桥之名由此而来。该桥始建于明崇祯四年（1631年），当时的举人祝华封，募集资金造桥。清朝顺治八年（1651年），桥坍塌。在康熙五十三年（1714年），由浙江布政使段志熙倡导并率先捐款，云林寺的慧辂和尚竭力捐募款项相助，历时四年，建成现在的这座拱宸桥。

（五）塘栖广济桥

中国多处地方都有名为"广济桥"的桥梁建筑，在江南运河上就有常州的广济桥和杭州塘栖的广济桥。杭州塘栖的广济桥曾名通济桥、碧天桥，俗称长桥，位于杭州塘沿线的塘栖古镇上，是中国大运河上保存较好的薄墩连拱七孔实腹拱桥，也是大运河上保存至今规模最大的薄墩连拱石桥。桥全长78.7米，面宽5.2米，矢高7.75米，中孔净跨15.6米。七孔，拱券纵联并列分节砌筑。

广济桥始建年代不详，据说桥建成于唐代宝历年间。明代弘治年间桥塌，弘治二年（1489年）一个姓陈的僧人，为了建桥募捐一直到了北京，得到了皇太后的赏赐，也得到了宫中的众嫔妃与朝廷大臣们的资助。据《塘栖志》卷三《桥梁》记载："通济长桥在塘栖镇，弘治二年建。"到了弘治十一年（1498年）建成。今桥为清康熙年间（1662—1722年）重修。如今广济长桥势如长虹，造型秀丽，历经500多年仍雄踞大运河之上，现保存完好。

塘栖广济桥如图4-7所示。

图 4-7 塘栖广济桥

广济桥上有"走桥"的民俗,相传广济桥是塘栖的骄傲,有人称它为塘栖的龙鼻,高峻挺拔。每年正月十五元宵节,除了吃元宵、迎花灯、猜灯谜外,还有走桥祈福的说法。"走桥"是江南的一个民俗。据说元宵节晚上走的桥越多,得到的福分就越多。所以到了当天晚上,人们成群结队,提着花灯,在河边、桥上游走,远看去,很是壮观。

(六)八字桥

绍兴被称为"桥城",绍兴的特点是"粉墙风动竹,水巷小桥通",水多带来了桥梁众多。陈从周先生[1]称绍兴为"我国石桥宝库,在世界桥梁史上占极光彩的一页"。他在编著《绍兴石桥》一书时进行了全面的调查,据他调查仅石桥就有4000座以上。他在《桥乡 醉乡》一文中写道:"一个暮冬的寒天,乘着乌篷船,缩身上禹陵,水寒山寂,朔风吹篷,寒不能忍,暂避桥洞之下,觉温和多了,我分外尝到了桥的另一种滋味。至于大暑之天,桥洞又是纳凉的洞天福地。而桥头望月,桥阑乘风,桥堍迎阳,四时之景无不可爱,宜越人之爱桥,无桥不成市,无桥不成镇。绍兴石桥之多,堪称天下第一。"

据绍兴市交通部门1993年年底的统计,全市有桥10610座,其中有许多是清代以前的古桥。绍兴当地有许多生动隽永的桥谚。用数字历数城内的桥有:一是大木桥,二是凤仪桥(绍兴人"二""仪"同音),三是三脚桥,四是螺狮桥(绍兴人"四""螺"同音),五是鲤鱼桥(绍兴人"五""鱼"同音),六是福禄桥(绍兴人"六""禄"同音),七是颤山桥("颤"与"七"谐音),八是八字桥,九是酒务桥("酒""九"谐音),十是日晖桥(绍兴人"十""日"同音)。绍兴的桥大多由民间发起,群众集资建造而成。桥建成后,一般均要立碑记事。绍兴人还喜欢在桥旁聊天,夏日纳凉,因桥头来往人多,消息灵通。桥头立市,桥旁纳凉,桥是水乡的重要交通设施,故往往建在四方冲要之处。其中最著名的要数建在浙东运河上的被称为"中国最早立交桥"的八字桥。

八字桥坐落于绍兴城河段运道上,位于浙江省绍兴市越城区八字桥直街东端,三河交汇处。桥始建于南宋(12—13世纪),后多次维修。八字桥为梁式石桥,主桥东西向,横跨稽山河,总长32.82米,桥洞净跨4.91米,宽3.2米,洞高3.84米。八字桥为我国早期简支梁桥中的孤例。建造者根据特殊地形,结合周边环境,因地制宜,合理设计了跨越三河、沟通四路、状如八字的桥梁,巧妙地解决了复杂的水陆交通问题。

八字桥如图4-8所示。

八字桥虽已经历了近八个世纪的风风雨雨及天灾人祸,至今仍极为完好。古书《嘉

---

[1] 陈从周,著名建筑学家、园林学家。

图 4-8　八字桥

泰会稽志·桥梁》篇中载有:"八字桥在府城东南,而桥相对而斜,状如八字故得名。"八字桥处是三条河流的交叉点。南北流向的是主河,至今仍通船只,东西两侧各有一条小河。东去五云门,北通都泗门,西可进入市中心,南近东双桥,地理环境复杂位置重要。宋代的匠师非常聪明地利用了这里的天然条件,设计时把桥址选在三河交点的近处,正桥架在南北流向的主河上,净跨 45 米,桥高 5 米,桥洞宽 3.2 米,全部用花岗石条石砌成。副桥架于两侧的踏跺(引桥)下。

八字桥桥形非常优美,桥的踏跺,东侧沿主河岸向南北两个方向落坡,西侧向南面、西面两个方向落坡。从北边的广宁桥上过来沿着这条主河岸,可直达八字桥桥顶,从桥上再可分两边南下或西下。在这两条踏跺下面又各筑有两座方形桥洞,跨越两条小河。走下桥后,往北回首,这两条踏跺极像一个巨大的"八"字。这座古立交桥下还筑有纤道,供背纤人拉船顺利通过,每个望桥柱上都雕刻着极为优美秀雅的覆莲形浮雕图案。这桥平面布置也独具特色,架三桥跨三河通三街但整体是一座桥,既解决了水陆交通问题而且建桥时不拆屋不改道,和周围原有的环境自然地融会在一起。这是我国桥梁建筑史上极为优秀的范例。[1]

三、中国大运河名宅

古人都喜欢逐水而居,有河流的地方必有人居住,特别是南方的枕河而居的运河

---

[1]《人文地理——绍兴的桥》。

人家，沿着运河建房，逐步在运河沿线形成了一批名宅，有扬州的盐商住宅、河南的康百万庄园。

（一）汪鲁门宅

汪鲁门宅位于扬州古运河边，始建于清光绪年间（1875—1908 年），是扬州典型的盐商大宅，建筑面积逾 1700 平方米，布局规整严谨，体量宏大，用料考究，装修精致，是扬州现存面积最大的盐商住宅。

汪鲁门住宅原房主是刘赓唐，民国八年（1918 年），汪泳沂（字鲁门）以白银 5500 两和大洋 9750 元从刘氏手中购得。汪鲁门是安徽歙县人，后捐职南河同知。由于处理漕河政务得力，深得历任漕运总督器重，曾署理山阳县篆。与他人协作，呈请盐署于淮北苇荡左营地方，开铺盐圩 21 条，创建同德昌制盐公司，后改名为大德制盐公司，又主营扬州七大盐业公司。

汪鲁门宅现存老屋面阔三间，在同一中轴线上，前后九进，分别为门楼、大厅、二厅、住宅楼等，总长 115 米。楠木大厅保存完好，在扬州盐商住宅中独一无二。为保护好这座住宅，扬州市遗产保护部门组织对汪鲁门宅进行了维修，对本体部分进行了原状修复，对一些损伤的木构件进行了修补，损坏的地面重新铺设，并对过去修复时不正确的门窗进行了纠偏。同时恢复了东侧火巷，重建了花园，拆除了南侧部分违章建筑，打通了汪宅与中国大运河的物理联系。中国大运河申遗成功后，汪鲁门宅又被用作扬州大运河盐文化展示馆。

汪鲁门宅如图 4-9 所示。

图 4-9 汪鲁门宅

（二）卢绍绪盐商住宅

卢绍绪盐商住宅坐落在扬州老城区康山街 22 号，始建于清光绪二十三年（1897年），是大运河扬州段现存规模最大的盐商住宅建筑之一，也是中国大运河沿线晚清盐商大型住宅的代表。原前后共有九进建筑，200多处房间，占地约5000平方米，主要建筑及园林有正厅、藏书楼、意园等。

据介绍，卢宅当年兴建时耗银七万余两。它以绵延的建筑群落、精美的建筑风格成为诸多盐商住宅珍珠中最耀眼的一颗。

卢绍绪宅如图4-10所示。

卢氏盐商住宅临街朝南的大门气派而考究。门楣上的砖雕异常精美，虽经沧桑岁月，但仍可辨出砖雕上神态各异的人物活泼灵动、栩栩如生。置身其中，淮海厅、兰馨厅、涵碧厅、怡情楼，厅厅相连，厅堂阔大，可设宴百席，气派非凡。漫步宅内，从第一进到第四进，天井两侧分布着小型花园，假山、花草、布局风格各异，构思精巧。深入后院，意园里盔顶六角亭、石船舫、水池等相映成趣。卢宅前后进深达百余米，占地面积逾6100平方米，是反映扬州盐文化的重要古迹。从外表看古宅青砖黛瓦与一般住宅无异，但置身其中，一种"藏富不露"的恢宏之气扑面而来。经过修复，不但古建筑获得了新生，往日盐商的富庶也得以重现。

2006年，修缮完毕，作为扬州淮扬菜博物馆对外开放（图4-11）。

图4-10　卢绍绪宅

图4-11　扬州淮扬菜博物馆

（三）康百万庄园

康百万庄园又名河洛康家，是全国重点文物保护单位，位于河南省郑州市下辖巩义市康店镇，始建于明末清初。康家大院是一处典型的17世纪到十18世纪封建堡垒式建筑。它背依邙山，面临洛水，因而有"金龟探水"的美称，与刘文彩庄园、牟二黑庄园并称全国三大庄园，同时又与山西晋中乔家大院、河南安阳马氏庄园并称"中原三大官宅"。

康百万庄园如图4-12所示。

（四）南浔张氏旧宅建筑群

南浔张氏旧宅（图4-13）是国民党元老张静江堂兄张石铭的私家住宅，位于江南运河湖州南浔镇段的颇塘故道旁，建于清光绪二十五年至三十二年（1899—1906年）。

整座建筑群占地面积5135平方米，建筑面积6137平方米，各类建筑风格的房间达244间。旧宅坐西朝东，分为南、北、中三部分，前面数进为晚清中式建筑，南、中部后进为西欧巴洛克式风格的建筑群。宅内各种房屋建筑风格类型俱全，砖、木、石雕极为丰富；中式建筑中的装修部分大量采用西欧的材料及工艺；保存有大量书法名家的手迹，在江南民宅中极为罕见。

张氏旧宅将中西建筑形制相互穿插、融会贯通，体现了清末西风东渐的时代特征。它集东、西方建筑、文化、艺术于一体，具有较高的历史、艺术价值，堪称江南第一民宅，2001年被列入第五批全国重点文物保护单位名单。

图4-12 康百万庄园图

图4-13 南浔张氏旧宅

四、中国大运河城门

大运河城门是运河建筑的又一范例。中国大运河沿线有各种各样的城门，最有特色的是水陆双城门。代表性的有苏州盘门和杭州凤山水城门。

(一) 苏州盘门

盘门是苏州城墙西南角的水陆结合的城门,是苏州古代军事、水运的重要通道,位于江南运河苏州城区运河故道上,是连接大运河与苏州古城的一个重要节点。战时守城防御、汛期防洪泄洪、平时水陆通行。

盘门始建于公元前514年,因苏州城重要的军事经济地位,在后世不断得到维护和加固。现存盘门为元至正十一年(1351年)重建,经明清两代续修。

公元前514年伍子胥所筑吴都为土城,此后数度毁修。五代后梁龙德二年(922年)吴越王钱镠以砖包砌苏州城墙,这是已知最早的苏州砖城。宝祐二年(1254年)知府赵汝历在城墙上增置女儿墙。元至正十六年(1356年)张士诚占据苏州时各城门增建瓮城。盘门瓮城后又在明清两代多次修建,其中以明洪武年间(1368—1398年)那次规模为最大。现苏州城墙已残缺不全,仅盘门水陆城门完好如昔。1983年修复城门以东城墙300米,1986年在陆门城台原址重建城楼。

盘门由两道陆门、瓮城与水门组成,水门内设置2道水闸,起军事防御与调控水位的作用。门朝东南,水陆两门并列,包括两道陆门和两道水闸门。两道陆门间为略呈方形的瓮城。

苏州位于长江下游多雨地区,又与运河相连,每年汛期都对苏州城产生影响,通过水门的设置,可以较好地解决城市的防洪、泄洪。盘门采用"面东背水"抹角做法,避开了水流方向,避免了水流的直接冲击。结构上采取水陆两门错位并列,砌筑水、陆两道城门,并把它们巧妙地组合成一个整体。

盘门是现存典型并具有地方特色的古代水陆城门,保存完好,作为遗址对外开放。2006年,盘门被国务院公布为第六批全国重点文物保护单位。目前还开通了盘门水陆城门体验游,而且苏州古运河水上游览线就就从盘门出发。

在盘门水门的东南方向耸立着一座拱形的石桥,正好横跨于古运河与西塘河交汇的河面开阔处,这就是吴门桥,在盘门城内有一座巍峨的高塔,这就是著名的瑞光塔。现在盘门作为遗址对外开放的盘门景区,包括瑞光塔、水陆城门、吴门桥等。

盘门水陆城门如图4-14所示。

图4-14 盘门水陆城门

（二）杭州凤山水城门

杭州凤山水城门是位于杭州中河—龙山河上的古代水城门，处于杭州古城南端，扼守江南运河通往钱塘江的水道。

杭州凤山水城门门洞由两个不同跨径的石拱券并联而成。南券中间有方形闸槽。两券间有石雕门臼，原有木质城门。

杭州凤山水城门始建于13—14世纪（元代），15—19世纪（明清两代）多次修缮、重修。现作为杭州城墙遗址的一部分对公众开放。元末至正十九年（1359年），起义军领袖张士诚组织重筑杭州城，始建凤山水城门。明代，对凤山水城门进行重建。

2006年，凤山水城门作为京杭大运河的一部分，被国务院公布为第六批全国重点文物保护单位。

杭州凤山水城门如图4-15所示。

图4-15 杭州凤山水城门

五、中国大运河历史文化街区

在南方，利用运河支流或城镇内的水系，将大运河之水引到家家户户门前，形成了独特的"水陆相邻、河街平行"的居住模式，大运河沿线因水系形成了一批历史文化街区，如苏州的山塘街、平江路，绍兴的八字桥街区，杭州的桥西历史街区。

（一）山塘历史文化街区

中国大运河苏州段是江南运河最早开挖的运河段落之一。苏州古城自宋代以来形成的"三横四直"的主干河道系统存留至今。苏州水系造就了古城水陆并行、河街相邻的城市布局，并直接促成了享誉世界的苏州园林。这种水上园林城市景观，在大运河沿线城市中独一无二。其中，平江历史文化街区和山塘河历史文化街区较为完整展示了运河城市水道体系原貌，反映出苏州这座运河古城的历史风貌，是水城苏州水陆并行、河街相邻的典型区域，代表了河街并行的苏州城"双棋盘"格局。

平江历史文化街区和山塘河历史文化街区中河道与街道并行，在街道与河道相交汇的地方，通过桥梁进行立体交叉，形成了水路立体交通的"双棋盘"格局，是13世纪石刻城市图《平江图》原真状态的缩影，是研究古代城市规划、城市建设的重要范本。山塘河是京杭大运河进入苏州古城的主干河道。北起白洋湾，南至阊门，长6200多米。山塘河与大运河连接贯通，是大运河水网的重要组成部分，是古代大运河苏州段的主干航道之一。"七里山塘"，河街相连。与河相伴相生的则是以河道为骨架、街巷相依附，具有"水陆相邻、河街平行"特点的居住街区。

苏州山塘历史文化街区如图4-16所示。

图4-16　苏州山塘历史文化街区

山塘街有着悠久的历史，早在中唐时代，大诗人白居易任苏州刺史时，看到当地百姓游览虎丘，都是从田间小道和塘沼中穿行。为了便利交通，"始凿渠以通南北而达于运河。"这渠就是山塘河。同时沿河筑堤，既可免行人涉水之劳，也可阻挡流水侵袭。人们为了纪念白居易，将这一条通往虎丘的路称为"白公堤"，也就是后来的山塘街。这条街全长3600米，故称为七里山塘。经过以后不断发展，至明清两代这条街成为苏州最繁华的地区之一。街区现仍保持着居住、商业等城市功能，并完好地保存了河道、堤岸、桥梁，以及相关历史建筑和街区历史格局。山塘河历史文化街区现存文物古迹众多，有会馆、寺庙、祠堂、戏楼、牌坊、园林、名人墓、古桥、宅第等。位于山塘河西侧河岸边的虎丘云岩寺塔建于公元959年，因其独特的地理位置、建筑形制，成为大运河进入苏州段的航标性建筑。

（二）平江历史文化街区

平江历史文化街区是位于苏州古城内东北部的一片城市街区，形成于13世纪之前，街区内的水系及街巷比较完整地保存了宋《平江图》和明末《苏州府城内水道总图》等古地图上所展示的城内水道体系干支河结构的原貌和前街后河、街河平行的水陆双棋盘格局。

平江历史文化街区自北向南街河并行,其河道为苏州城内主要水系之一。平江河水系与护城河相贯通,街区内的通利桥、朱马交桥、胡厢使桥(又名胡相思桥)、唐家桥、新桥、雪糕桥等在13世纪《平江图》碑上均有记载。800年来,平江河道、街巷、桥梁的位置、格局未变,是水城苏州水陆并行、河街相邻的典型区域,有着一巷沿河、二巷夹河、一街一廊夹一河等多种多样的城市独特布局。街区面积约8.1公顷,包括胡厢使巷河、大柳枝巷河、大新桥巷河、中张家巷河等多条河流,以及全晋会馆等多处建筑遗产,并保持着原有的居住、商业等城市功能。

苏州平江历史文化街区如图4-17所示。

图4-17 苏州平江历史文化街区

(三)清名桥历史文化街区

清名桥历史文化街区地处无锡旧城南门外古运河与伯渎港交汇处(旧称南塘地区),古运河穿其而过,受到运河航运与水系的直接影响。

清名桥始建于明代。刻于同治九年(1870年)的《重建清名桥记》记载:"清名桥,原名清宁桥,创建于明万历年间(1573—1620年),重建于清康熙八年(1669年),清宁俗称清名,邑人敬避庙讳,徇俗而易今名。"朱培学曾作《浣溪沙 清名桥》称赞古桥:"石础依然卧碧波,新霜不掩旧痕多。几多游客兴婆娑。岁月无情堕逝水,风光有意壮歌行，古桥伟岸致清和。"

清名桥历史文化街区的发展始于宋代锡山驿的设置，以此作为契机，出现了众多商业、手工业作坊和住宅。明清时代，无锡南门外形成了众多的粮行堆栈，是清名桥历史文化街区的前身。

清名桥历史文化街区沿河分布长约 1600 米，以南长街、古运河、南上塘、南下塘为平行轴线，组织各巷弄，形成网络式的空间格局。历史街巷以古运河水弄堂和南长街、南下塘为骨架，垂直呈鱼骨状分布。

图 4-18 无锡清名桥历史文化街区

清名桥历史文化街区现状存有大量古桥、古街、古建筑，是古运河水乡传统风貌的精华地段，是富庶江南漕运重地的见证，是无锡城区运河故道边因漕运而生的古代商业和居住区，反映了明清两代无锡城市发展和贸易繁荣的情景，代表了大运河与城市水系的巧妙连接形成的极具特色的城市格局。

无锡清名桥历史文化街区如图 4-18 所示。

（四）杭州桥西历史文化街区

杭州桥西历史文化街区位于大运河（杭州段）主航道西岸，是依托拱宸桥作为水陆交通要道的地域优势而形成的一个城市居民聚集区，其发展历史是运河文化的重要组成部分，是体现河、桥节点作用的重要区域，是反映大运河（杭州段）沿岸历史场景的重要区段，充分证明了杭州段运河对运河聚落的格局与演变有着重大的影响。

因为大运河，这一带曾经是杭州最热闹的商业区，形成了有名的"北关夜市"。传统街巷有桥弄街、桥西直街、如意里、吉祥寺弄、同和里、敬胜里、通源里等。现拱宸桥西历史街区格局保存完好，现存面积 39.6 公顷，仍作为杭州北部重要的居住区和商业区。

如今的桥西历史文化街区，北至杭州第一棉纺织厂保留仓库，南至登云路，西至小河路，东至京杭运河。东连拱宸桥的桥弄街的一侧是近代工业厂房，另一侧是传统商业店铺，保留了大量民居建筑；沿运河的住家与埠头、合院式的传统民居、民国时期的里弄建筑、20世纪五六十年代的简易"公房"、20世纪80年代的"筒子楼"等，几乎浓缩了近现代中国的建筑。目前，杭州桥西历史街区已成为一个集中体现杭州清末至新中国成立初期，依托运河而形成的近现代工业文化、平民居住文化及仓储运输文化的文化复合型历史文化街区。

图4-19　杭州桥西历史文化街区

杭州桥西历史文化街区如图4-19所示。

（五）八字桥历史文化街区

八字桥历史文化街区位于绍兴古城北部，是依托绍兴八字桥与大运河的地域优势而形成的一个城市商业区，具有水陆双交通体系，是绍兴水城的一个缩影，反映了运河的开凿与变迁对运河聚落的格局与演变产生的重大影响。

八字桥历史文化街区面积约19.66公顷，街区内有八字桥、广宁桥、东双桥、纺车桥、龙华桥等古桥，居民临河而居，沿街穿行，形成了特有的江南水乡景观，是绍兴古城街河布局的典型代表。

图4-20　八字桥历史文化街区

八字桥历史文化街区如图4-20所示。

（六）南浔镇历史文化街区

南浔镇位于頔塘东端，是頔塘上最知名的中国大运河古镇。

南浔镇原为一村落，于南宋时期发展扩大，成为市镇。15—19世纪（明清时期）由于蚕桑业、手工缫丝业而发展繁荣，并依靠大运河支线——頔塘运河的交通便利，

图 4-21　南浔历史文化街区

发展形成了基于频塘运河的独特十字港架构格局。20 世纪初，南浔古镇依托大运河及周边地区发达的蚕桑与农耕经济，作为名甲天下的南浔辑里丝的主要产地和集散地，成长为国内最大的丝商群体，南浔也因此一跃而成为江南重要商业城镇。

南浔镇历史文化街区现为南浔镇区内核心居民区，总面积 1.68 平方千米。街区内保留着明清历史风貌，较完整地体现了清末民初南浔古镇的街区格局和历史风貌。街区内相关建筑遗产保存完好，重要保护建筑作为博物馆向公众开放，其余民居建筑基本保持了原有的居住功能。

南浔古镇是因大运河（频塘）而起源、发展、兴旺的市镇的典型例证。大运河及周边地区发达的蚕桑与农耕经济，依托大运河的水利和运输功能，支撑了南浔由一个小渔村发展成为一个历史上的经济重镇。

南浔历史文化街区如图 4-21 所示。

第五章 中国大运河园林文化

一、中国大运河园林特点及文化价值

中国大运河促进了沿线经济文化的发展，也催生了沿线园林艺术的成熟。中国大运河沿线园林的形成与大运河有着密不可分的关系。

（一）中国大运河带来密布的水网促进了运河园林的产生

中国大运河沿线城市一般都位于水网密布的水乡，水系发达，无论是扬州、无锡、常州，还是苏州，古城水系都是大运河的支流水系，不仅承载着运输功能，也是城市居民的生活水源。大运河沿线的古城地形，一般都是西北高东南低，运河水由西北角注入古城，通过城市水网流经全城，再由东南角流出，为整个古城提供鲜活的生活、生产用水。扬州古城无论是唐宋时代运河穿城而过，还是明清时代运河绕城而过，大运河都是城市的主要水源和运输通道。而中国的园林总是离不开水，历史上扬州曾有"园林多是宅，车马少于船"之说。这一方面说明了扬州这座运河古城水系的发达，另一方面也充分说明扬州古代园林的兴盛。苏州是一座由大运河形成的水陆双棋盘格局的城市，运河与古城水系融为一体，大运河通过山塘河、上塘河、胥江汇入苏州护城河，并与苏州城内的水网河道相连。大运河水系造就了古城水陆并行、河街相邻的城市布局，并直接促成了享誉世界的苏州园林。

运河园林的造园艺术如图5-1所示。

图 5-1　运河园林的造园艺术

（二）中国大运河园林悠久的历史

中国大运河沿线城市园林的历史十分悠久。春秋时，吴国就开始建姑苏台、馆娃宫，这是苏州园林建筑的开始；东晋顾辟疆所筑辟疆园是江南最早的私家园林。南园及现在的沧浪亭始建于五代，当时，钱元璙在苏州以"好治园林"而出名。扬州园林久负盛名，最早为西汉时的藩国吴国、江都国、广陵国国都建成的宫室林苑。著名诗人鲍照在《芜城赋》中就描述过吴王刘濞时宫室林苑的场景。扬州历史上有计划的造园活动可以追溯到南朝宋文帝元嘉二十四年（447年），《宋书 徐湛之传》记载，南兖州刺史徐湛之于广陵蜀冈之"宫城东北角池侧""更起风亭、月观、吹台、琴室，果竹繁盛，花药成行"。如今瘦西湖小金山的"月观""吹台"等景点即是仿此遗意构筑而成。清代康熙、乾隆皇帝的数次南巡均以扬州为主要驻跸之地。两淮盐商为接待帝王南巡，大建宫室、园池、台榭，城内园林名胜，甲于天下。

瘦西湖如图5-2所示。

（三）中国大运河园林集中了我国园林建筑艺术的精华

中国大运河沿线的城市古典园林集中表现了我国园林建筑艺术的精华。扬州、苏州的园林是江南园林的代表，它的造园艺术一是模拟自然景色，利用水面、奇石和花木；二是吸收了文学、国画、书法、雕刻、工艺美术等技巧手法，通过理水、叠山、绿化、建筑、陈设、装饰等形成建筑为中心的综合艺术，创造诗情画意的城市咫尺山林意境。杭州西湖则是中国历代文化精英秉承"天人合一"哲理，在深厚的中国古典文学、绘画美学、造园艺术和技巧传统背景下，持续性创造的"中国山水美学"景观设计最经典作品，展现了东方景观设计自南宋以来讲求"诗情画意"的艺术风格。而北方的大运河园林颐和园又是以杭州西湖风景为蓝本，汲取江南园林的某些设计手法和意境而建成。无论是中国，还是在全世界，具有独特风格的运河园林都被世人所追捧，成为国内外公认的世界文化艺术宝库中的珍宝。

杭州西湖如图5-3所示。

中国大运河园林的整体特征主要体现在四个方面。一是师法自然。在造园的总体

图5-2 瘦西湖

图5-3 杭州西湖

布局、形象组合上都合乎自然。山与水以及假山中的各种景象要素的组合要符合自然界中山水生成的客观规律。每一处山水景象之中要素的形象组合要合乎自然规律。如水池常作自然曲折、高低起伏状。二是融于自然。运河园林用种种办法来分隔空间，其中主要是用建筑来围蔽和分隔空间。分隔空间力求从视角上突破园林实体的有限空间的局限性，使之与自然融合。因此必须处理好形与神、景与情、意与境、虚与实、动与静等种种关系，把园内空间与自然空间融合起来。比如漏窗的运用，使空间流畅，视觉流畅，因而隔而不绝，在空间上起相互渗透的作用。三是讲究亭台轩榭的布局和假山池沼的配合。亭台轩榭在布局上"绝不讲究对称"，充满自然之趣的布局美。假山的堆叠有自然之趣，池沼大多引用活水，石岸总是高低屈曲任其自然，还布置几块石头或种上花草，使得运河园林中的假山与池沼虽出自人工，却能宛如天成。四是讲究花草树木的映衬和近景远景的层次。花草树木的映衬同样着眼在画意：既讲究树木的错落有致，又照顾到季节的变化，修剪技巧上取法自然。巧妙运用花墙和廊子，使大运河园林显得层次多，景致深，景物不是一览无余地展现在游览者的面前，而是逐次展露，游览者可以领略到移步换景的乐趣，获得的审美享受也更为深长。

扬州瘦西湖钓鱼台的借景如图 5-4 所示。

图 5-4　扬州瘦西湖钓鱼台的借景

著名建筑学家陈从周先生在《陈从周园林随笔》中写道："中国园林如画如诗，是集建筑、书画、文学、园艺等艺术的精华，在世界造园艺术中独树一帜。"[1]在大运河沿线有一批享誉海内外的名园，既有北方的皇家园林颐和园，也有江南园林的代表苏州园林、扬州园林，还有秀甲天下的杭州西湖园林。

二、颐和园

颐和园作为保存得最完整的一座皇家行宫御苑，占地约290公顷，位于北京西北郊海淀区，距北京城区15千米。它是利用昆明湖、万寿山为基址，以杭州西湖风景为蓝本，汲取江南园林的某些设计手法和意境而建成的一座大型天然山水园，也是中国大运河沿线现存规模最大，保存最完整的皇家园林，颐和园被誉为皇家园林博物馆。

（一）保存最好的皇家园林

作为中国大运河最北端的名园，颐和园原是清朝帝王的行宫和花园。其前身为金代的金山行宫、明代的好山园，清初将好山园改为瓮山宫。乾隆十五年（1750年），乾隆皇帝为孝敬其母孝圣皇后，动用448万两白银在这里改建为清漪园，以此为中心把两边的四个园子连成一体，形成了从现清华园到香山长达二十公里的皇家园林区，面积290公顷。颐和园历史上曾两次遭受过大规模破坏，一次是清漪园曾于咸丰十年（1860年），被英法联军焚毁。光绪十四年（1888年），慈禧太后以筹措海军经费的名义动用银两，由样式雷的第七代传人雷廷昌主持重建，改称颐和园。第二次是光绪二十六年（1900年），颐和园又遭"八国联军"的破坏，许多珍宝被劫掠一空。光绪二十九年（1903年）修复。[2]

1998年12月2日，颐和园作为文化遗产被联合国教科文组织列入《世界遗产名录》。

颐和园风光如图5-5所示。

图5-5 颐和园风光

---

[1] 陈从周（1918年至2000年），著名古建筑、园林艺术家、专家。同济大学教授，博士生导师。浙江杭州人。主要著述有《苏州园林》《扬州园林》《园林谈丛》《说园》《绍兴石桥》等。
[2] 摘自《北京颐和园概况》。

(二)造园艺术的集大成者

作为世界文化遗产,颐和园既是北京的地标,是北京水利系统的重要节点,更是园林文化的集大成者。颐和园亭台、长廊、殿堂、庙宇和小桥等人工景观与自然山峦和开阔的湖面相互和谐、艺术地融为一体,整个园林艺术构思巧妙,是集中国园林建筑艺术之大成的杰作,在中外园林艺术史上占有显著的地位。著名建筑学家陈从周先生在其随笔《园日涉以成趣》中写道:"每一个园都有自己的风格,游颐和园,印象最深的就是昆明湖与万寿山。颐和园的仿西湖,又不尽同于西湖。亦有利用山水画的画稿,参以诗词的情调,构成许多诗情画意的景色。在曲折多变的景物中,还运用了对比和衬托的手法。颐和园前山为华丽的建筑,后山却是苍翠的自然景物,两者给人以不同的感觉,却又相得益彰。"颐和园诗情画意的构思、效法自然的布局、因地制宜的处理、建筑为主的组景、园中有园的手法等造园艺术都分别在各个景点中有所体现。

颐和园全景图如图5-6所示。颐和园各景点造园艺术对比见表5-1。

图 5-6 颐和园全景图

表 5-1 颐和园各景点造园艺术对比

景点	艺术特点	代表元素	功能
万寿山	万寿山与昆明湖的湖、山、岛、堤及其上的建筑,配合着园外的借景,形成一幅幅移步换景的风景卷轴画	佛香阁、"云辉玉宇"牌楼、排云门、二宫门、排云殿、德辉殿、智慧海	主体建筑群
昆明湖	湖中一道长堤——西堤,把湖面划分为三个大小不等的水域,每个水域各有一个湖心岛,使昆明湖益发神似西湖	西堤以及堤上的六座桥	主要湖泊

续表

景点	艺术特点	代表元素	功能
东宫门	六扇朱红色大门上嵌着整齐的黄色门钉，中间檐下挂着九龙金字大匾，上书"颐和园"三个大字	仁寿殿	皇帝主要活动场所
大戏楼	演神鬼戏时，可从"天"而降，也可从"地"而出，还可引水上台。	戏台	专供慈禧看戏
清晏舫	两层船楼，船底花砖铺地，窗户为彩色玻璃，顶部砖雕装饰	大石船	唯一带有西洋风格的建筑
长廊	中国园林中最长的游廊	每根枋梁上都有彩绘，共有图画一万四千余幅，画中的人物画均取材于中国古典名著，内容包括山水风景、花鸟鱼虫、人物典故等	列入"吉尼斯世界纪录"
十七孔桥	为园中最大石桥	石桥宽8米，长150米，由17个桥洞组成。石桥两边栏杆上雕有大小不同、形态各异的石狮五百多只	用以连接堤岛
文昌阁	城头四隅角廊平面呈"人"字形，中间为三层楼阁。中层供奉文昌帝君铜铸像及仙童塑像，旁有铜骡一个，极富特色	文昌院博物馆是中国古典园林中规模最大、品级最高的文物陈列馆	为清漪园的园门之一
谐趣园	园内共有亭、台、堂、榭十三处，并用百间游廊和五座形式不同的桥相沟通	以乾隆皇帝的诗句"一亭一径，足谐奇趣"的意思取名	仿无锡惠山寄畅园而建

三、苏州园林

苏州这座古城与中国大运河的关系无论从城内水系还是古城规划格局都异常密切。苏州园林的形成与大运河更是密不可分。

苏教版八年级教材"苏州园林——中国私家园林之最"一文中介绍，"苏州园林是浓缩的自然景观，使人'不出城廓而获山林之怡，身居闹市而有林泉之趣'；苏州园林更是珍贵的人文景观，建筑家、哲学家、诗人画家、平民百姓各自从中体味到了他们所寻觅的线条、哲理、诗情和韵律。把苏州园林平面地展开是一幅最逼真的山水画；身居园中品茗抚琴吟诗插花最富灵感；在对中国了解甚少的旅游者眼里，苏州园林是最好的博物馆。苏州园林虽小，但古代造园家通过各种艺术手法，独具匠心地创造出丰富多样的景致，在园中行游，或见'庭院深深深几许'，或见'柳暗花明又一村'，或见小桥流水、粉墙黛瓦，或见曲径通幽、峰回路转，或是步移景易、变幻无穷。至于那些形式各异、图案精致的花窗，那些如锦缎般的在脚下延伸不尽的铺路，那些似不经意散落在各个墙角的小品更使人观之不尽，回味无穷。"

到了清末，苏州有记载可查的大小园林逾270处，至今保存尚好的仍有69处。著名的有宋代的沧浪亭、元代的狮子林、明代的拙政园、清代的留园，称为苏州四大名园。1997年12月苏州古典园林被联合国教科文组织列入世界遗产名录，主要代表是：拙政园，留园，网师园和环秀山庄。到了2000年11月，沧浪亭、狮子林、艺圃、藕园、退思园又作为增补名单列入世界遗产名录。有研究者曾说："回避倾轧的官场、喧嚣的尘世，是苏州园林的起因；寻求返璞归真、悠闲养性的氛围，是苏州园林的意境；苏州园林折射出道家的哲学、文化的韵味；而山水花木、亭台楼榭构成苏州园林的基因，粉墙黛瓦、栗柱灰砖染出苏州园林的基调。"[1]

下面简要介绍苏州园林中的代表作品。

（一）拙政园

拙政园位于苏州市东北街178号，占地面积78亩，与留园、颐和园、承德避暑山庄并称中国四大名园，是四大名园中历史最为悠久的，1961年被国务院列为首批全国重点文物保护单位，1997年被联合国教科文组织列为世界文化遗产。

拙政园为明代弘治进士、御史王献臣于明正德四年（1509年），弃官回乡后，在唐代陆龟蒙宅地和元代大弘寺旧址处拓建而成。园名取自于晋代文学家潘岳《闲居赋》中"筑室种树，逍遥自得……灌园鬻蔬，以供朝夕之膳……此亦拙者之为政也"句意。

全园分东、中、西三部分。东部主要景点有：兰雪堂、缀云峰、芙蓉榭、天泉亭、涵青亭、秫香馆等。中部以水为主，主要景点有：远香堂、香洲、荷风四面亭、见山楼、小飞虹、枇杷园等。西部装饰华丽精美，主体建筑为卅六鸳鸯馆，此外还有：倒影楼、留听阁、塔影亭、浮翠阁、与谁同坐轩、水廊等。

苏州拙政园如图5-7所示。

著名建筑学家陈从周先生认为，"小园应以静观为主，动观为辅；大园应以动观为主，静观为辅。"[2] 他认为动观的代

图5-7　苏州拙政园

1　《苏州园林——中国私家园林之最》苏教版八年级教材。
2　陈从周《陈从周园林随笔》。

表就是苏州的拙政园,"至于拙政园径缘池转,廊引人随,与'日午画船桥下过,衣香人影太匆匆'的瘦西湖相仿佛,妙在移步换影,这是动观。"拙政园园林的布局和造园艺术在不同历史阶段有着不同的特点,主要有以下三方面特点:

一是以水见长。拙政园利用园地多积水的优势,疏浚为池;望若湖泊,晃漾渺弥。据《王氏拙政园记》和《归园田居记》记载,"园地居多隙地,有积水亘其中,稍加浚治,环以林木""地可池则池之,取土于池,积而成高,可山则山之。池之上,山之间可屋则屋之。"用大面积水面造成园林空间的开朗气氛。

二是庭院错落。由小飞虹、得真亭、志清意远、小沧浪、听松风处等轩亭廊桥依水围合而成,独具特色。

三是花木为胜。卜复鸣、徐青在《明代王氏拙政园原貌探析》中介绍,拙政园向以"林木绝胜"著称。数百年来一脉相承,沿袭不衰。早期王氏拙政园三十一景中,三分之二景观取自植物题材,至今,拙政园仍然保持了以植物景观取胜的传统,荷花、山茶、杜鹃为著名的三大特色花卉。

(二)虎丘

被称为吴中第一名胜的虎丘位于苏州城西北郊,距城区中心五公里。虎丘山位于山塘河西侧河岸边,环山河为大运河山塘段水系的组成部分。虎丘更因是中国早期运河开凿者吴王阖闾的纪念地而闻名中外。相传虎丘山剑池底下为阖闾墓穴。据《越绝书》载,征发"千万人筑治之,取土临湖口,筑三日而白虎居其上,故号虎丘"。这座墓中"池广六十步,水深丈五尺,铜椁三重,坟池六尺,玉凫之流,扁诸之剑三千,方圆之口三千,时耗、鱼肠之剑在焉"。即用六千口宝剑随葬,其中包括时耗、鱼肠等名剑。历史传说和历代文人墨客的题咏渲染,使虎丘名噪四方,素有"吴中第一名胜"之称。早在南朝就有人饱览虎丘景色后赞叹道:"世之所称,多过其实,今睹虎丘,逾于所闻。"北宋文学家苏东坡言:"到苏州不游虎丘乃憾事也"。

虎丘山上云岩寺塔始建于五代后周显德六年(959年),落成于北宋建隆二年(961年),元至正和明永乐、正统、崇祯年间几经修葺,第七层即为崇祯十一年(1638年)改建。现残高48米,为八角仿木结构楼阁式七层砖塔,腰檐、平座、勾栏等全用砖造,外檐斗拱用砖木混合结构。脊桁为两段圆木相接而成,故俗称"断梁殿"。现塔顶轴心向北偏东倾斜约2.34米,据专家推测,因塔基岩在山斜坡上,填土厚薄不一,故塔未建成已向东北方倾斜,但斜而不倒屹立千年,被称为"中国的比萨斜塔"。二山门为元代建筑,其结构尚承袭了宋代建筑的特色。其门扉、连楹、屋顶瓦饰及部分斗拱虽经后世修补，但仍保持了元代风格。

虎丘塔如图 5-8 所示。

双井桥位于虎丘剑池上，是虎丘著名的历史景观，始建于南宋，为单孔拱桥，桥面由块大青石板铺就，高悬剑池上方十数米处，桥上有两个并列的圆孔，可以用吊桶向下提水。另有塔影桥在山麓东南，横卧环山河上。

《苏州虎丘景点介绍》中记载："明正德年间苏州大旱，王鏊、唐伯虎等名士在干涸的剑池底发现三角形的洞口，入内只见'垒石数层若横板而已'，遂在剑池东侧崖壁上刻有两篇纪事。"1955 年和 1994 年，虎丘管理部门在疏浚剑池淤泥时，均发现"墓道入口"。虎丘山上还有建于清光绪年间的拥翠山庄，其依山势形成独特的台地园格局；山东坡的万景山庄则是当代园林艺术与盆景艺术完美结合展示的典范。

2006 年，山塘河历史文化街区作为京杭大运河一部分，被国务院公布为第六批全国重点文物保护单位。如今，虎丘云岩寺塔作为十里山塘水街的尽头，被纳入大运河遗产系列。

虎丘剑池如图 5-9 所示

图 5-8　虎丘塔

图 5-9　虎丘剑池

（三）寒山寺

"月落乌啼霜满天，江枫渔火对愁眠。姑苏城外寒山寺，夜畔钟声到客船。"张继[1]的这首《枫桥夜泊》让苏州的寒山寺家喻户晓。寒山寺建于六朝时期的梁代天监年间（公元 502 年至 519 年），距今已有一千四百多年。因其与枫桥毗邻，故称"枫

1　张继，唐诗人，字懿孙，襄州（今湖北襄樊）人，著有《张祠部诗集》，《枫桥夜泊》是其名篇。

桥寺"。唐代贞观年间（627年至649年），传说当时的名僧寒山和拾得曾由天台山来此住持，改名寒山寺。宋太平兴国年间（976年至983年），节度使孙承佑于寺中建塔七层，故又称"妙利普明塔院"。后寒山寺曾多次被毁，于明清时一再重建，一直到宣统三年（1911年）江苏巡抚程德全、布政使陆钟琦犹再募修扩建，重构大殿，辅之以楼亭庑廊，规模宏大，殿阁巍峨。

寒山寺历经数代，屡建屡毁于火，现存建筑是清末重建的。寒山寺中的主要景点有大雄宝殿、藏经楼、钟楼、碑文《枫桥夜泊》、枫江第一楼。大雄宝殿内两侧壁内镶嵌的是36首寒山的诗碑，还有悬挂于两侧的十六罗汉像。殿内的两个石刻和尚就是寒山与拾得。据《苏州寒山寺旅游景点图集》介绍，"寒山，又称寒山子，唐代贞观年间，原居住于始丰县（今浙江天台）寒岩，擅长诗词文章，写有诗三百余首，后人辑为《寒山子诗集》。拾得，本是孤儿，由封干携入天台山国清寺为僧，故取名为'拾得'，与寒山是好友。后人辑其诗附于《寒山子诗集》中。这幅石刻画是一种意笔画，寥寥几笔便刻画出他们两人春风满面、拍掌而笑的栩栩如生的神态，具有一定的艺术价值。"安作璋先生在《中国运河文化史》中介绍，"张继"枫桥夜泊"诗中所咏的古钟早已失传，明嘉靖年间所铸的寺钟传说流入日本。清光绪三十一年（1905年）重建寒山寺时，日本人募铸仿唐代青铜乳头钟送归，悬于大殿右侧。钟面上镌有记述铸钟缘由的铭文。此钟一式共两口，一口悬在日本馆山寺，一口送来寒山寺。"

走进藏经楼，楼屋顶有《西游记》中孙悟空、唐僧、猪八戒、沙悟净的雕塑像。一楼内墙壁上嵌有《金刚般若波罗蜜经》的经文。还嵌有董其昌等人的书法碑刻。钟楼为二层，八角。楼下石碑为重修寒山寺时所立，碑的背面刻有重修寒山寺时募捐者的名字和金钱额。传说诗人张继去长安赶考落第返回时，途经寒山寺，夜里难以成眠，听到寒山寺传来的钟声，有感而作"枫桥夜泊"。这首诗在日本几乎家喻户晓，日本的小学生把这首诗作为课文来讲授和背诵。今天，日本人到苏州旅游，也无不以一睹张诗碑刻为快。

传说拾得后来还远渡重洋，来到"一衣带水"的东邻日本传道，在日本建立了"拾得寺"。

闾丘胤在《寒山诗》中记载寒山与拾得两人的问答名句在佛教界和民间广为流传，影响甚广："寒山问拾得世间有谤我，欺我，辱我，笑我，轻我，贱我，恶我，骗我，如何处治乎？拾得曰：只是忍他，让他，由他，避他，敬他，不要理他，过十年后，你且看他！"

苏州寒山寺如图5-10所示。

（四）留园

据安作璋先生的《中国运河文化史》介绍，"留园位于苏州阊门外，始建于明嘉靖年间，为私家花园。清嘉庆五年（1800年）改建，更名寒碧山庄，亦称刘园。光绪元年（1875年）整修和扩建。因'刘'与'留'谐音，故改名为留园。"留园以园内建筑布置精巧、奇石众多而知名。与苏州拙政园、北京颐和园、承德避暑山庄并称中国四大名园。1961年，留园被中华人民共和国国务院公布为第一批全国重点文物保护单位之一，是世界文化遗产苏州古典园林的一个部分，也是国家5A级旅游景区。

图 5-10 苏州寒山寺

晚清著名学者俞樾作《留园游记》称其为"吴下名园之冠"。园内假山为叠石名家周秉忠所作。留园内建筑的数量在苏州诸园中居冠，厅堂、走廊、粉墙、洞门等建筑与假山、水池、花木等组合成数十个大小不等的庭园小品。留园在空间上的突出处理，充分体现了古代造园家的高超技艺、卓越智慧和苏州园林建筑的艺术风格。

苏州留园如图 5-11 所示。

图 5-11 苏州留园

四、杭州西湖

杭州西湖是中国的第 41 项世界遗产,其列入的分类为文化景观。杭州西湖文化景观由西湖自然山水、"三面云山一面城"的城湖空间特征、"两堤三岛"景观格局、"西湖十景"题名景观、西湖文化史迹和西湖特色植物六大要素组成。西湖文化景观秉承"天人合一"哲理,在持续演变中日臻完善,成为景观元素特别丰富、设计手法极为独特、历史发展特别悠久、文化含量特别厚重的"东方文化名湖"。杭州西湖风景名胜区还是国务院首批公布的国家级风景名胜区。

(一)风景名胜

西湖,旧称钱塘湖、西子湖,位于杭州市之西,故自宋代开始通称西湖。《杭州西湖简介》介绍道,"杭州西湖三面环山,湖体呈椭圆形,水面面积 5.06 平方公里,岸周长 15 公里。湖面由白、苏两堤分成外湖、里湖、岳湖、西里湖、小南湖五个部分。湖中有孤山、小瀛洲、湖山亭、阮公墩四岛。西湖名胜众多,既有形成于南宋,闻名于清代康熙年间的西湖十景:苏堤春晓、曲苑风荷、平湖秋月、断桥残雪、柳浪闻莺、花港观鱼、雷峰夕照、双峰插云、南屏晚钟、三潭印月;又有新西湖十景:云栖竹径、满陇桂雨、虎跑梦泉、龙井问茶、九溪烟树、吴山天风、阮墩环碧、黄龙吐翠、玉皇飞云、宝石流霞。同时还有分布在新旧十景间的西湖十八景:湖山春社、功德崇坊、玉带晴虹、海霞西爽、梅林归鹤、鱼沼秋蓉、莲池松舍、宝石凤亭、亭湾骑射、蕉石鸣琴、玉泉鱼跃、凤岭松涛、湖心平眺、吴山大观、天竺香市、云栖梵径、韬光观海、西溪探梅。"

夏日西湖的美景如图 5-12 所示。

图 5-12 夏日西湖

"园外有湖,湖外有堤,堤外有山,山上有塔,西湖之胜得之。"著名建筑学家陈从周老先生一语道出了西湖风光与园林的和谐融合。王晓曦先生在《杭州西湖风景区园林规划评价》中写道:"杭州西湖风景区园林规划,在继承中国古代传统造园手法的同时,又力求发展、创新。在园林布局上，经历了借鉴、探索、创造的过程，从仅注意公园内部功能分区的合理性，逐步转向注重发挥中国园林传统特色，强调公园艺术形式的主题是山水创作、植物造景和园林建筑三者的有机统一，创作手法上注意现代游憩生活内容与民族文化的园林艺术相统一。在园林建筑上，主要是以继承传统和轻质过渡的形式出现，对不同的园林建筑风格区别对待：凡是在文化艺术上有一定价值的古迹、古建筑，严格妥善地保护；对某些名胜古迹有传统精华，但不符合时代要求的建筑和构筑物，则扬长避短，保留精华，舍其糟粕；凡名不符实的风景点，修建时采取富于传统的形式和格调为主，达到相互协调。在植物配置上，以因地，因时，因材制宜为主，即因景制宜，创造园林空间的景变，形变，色变和意境上诗情画意，符合功能上的综合性，生态上的科学性，配置上的艺术性和风格上的地方性。"

南宋西湖十景之名源自南宋西湖山水画题名。西湖十景除"雷峰夕照"，因雷峰塔于民国13年（1924年）倒塌景观消失外，其余九景都保存完整。下面就用表5-2简要介绍南宋西湖十景。

表5-2 南宋西湖十景

景名	地点	人物	特点	现状
苏堤春晓	南起南屏山麓，北到栖霞岭下，全长近三千米	是北宋大文学家、书法家苏东坡任杭州知州时，疏浚西湖，利用挖出的葑泥构筑而成	六桥起伏，为游人提供了可以悠闲漫步而又观瞻多变的游赏线。寒冬一过，苏堤犹如一位翩翩而来的报春使者，杨柳夹岸，艳桃灼灼，更有湖波如镜，映照倩影，无限柔情	南宋时，被列为西湖十景之首，元代又称之为"六桥烟柳"而列入钱塘十景
曲苑风荷	位于今灵隐路洪春桥附近，濒临当时的西湖湖岸	原是南宋朝廷开设的酿酒作坊	近岸湖面养植荷花，每逢夏日，和风徐来，荷香与酒香四处飘逸，令人不饮亦醉	现今最引人注目的仍是夏日赏荷
平湖秋月	位于白堤西端，孤山南麓，濒临外西湖	位于景区偏西处的湖天一碧楼，原是清末民初犹太富商、"冒险家"哈同的私人别墅"罗苑"中的遗物，后来成为中国现代新兴木刻运动的摇篮——八艺社所在地	背靠孤山，面临西湖的外湖，景观沿湖一排敞开，包括御碑亭、水面平台、四面厅、八角亭、湖天一碧楼等建筑。三面临水，在此眺望湖光山色，无论春夏秋冬、晴雨阴晦，都会令人觉得趣味盎然，为一流赏月胜地	如今，这里被辟为西泠书画院，为西湖胜景更添一份书卷气
断桥残雪	位于杭州市西湖白堤的东端，背靠宝石山，面向杭州城，是外湖和北里湖的分水点	位于白居易所筑白堤上	每当瑞雪初霁，站在宝石山上向南眺望，断桥的石桥拱面无遮无拦，在阳光下冰雪消融，露出了斑驳的桥栏，而桥的两端还在皑皑白雪覆盖下。依稀可辨的石桥身似隐似现，而涵洞中的白雪熠熠生光，与桥面灰褐形成反差，远望去似断非断，故称断桥	冬雪时远观桥面若隐若现于湖面而著称

续表

景名	地点	人物	特点	现状
南屏晚钟	南屏山一带山岭由石灰岩构成,山体多孔穴,加以山峰岩壁立若屏障	后周显得元年(954年),吴越国主钱弘叔在南屏山麓建佛寺慧日永明院,后来成为佛教道场之一的净慈寺。净慈寺、兴教寺加上附近的中小寺庙,形成佛寺群落,晨钟暮鼓,焚贝佛号,香烟烛光	每当佛寺晚钟敲响,钟声振荡频率传到山上,岩石、洞穴等为其所迫,加速了声波的振动,振幅急剧增大后形成共振。岩石、洞穴便随之产生音箱效应,增强了共鸣。同时,钟声还以相同的频率飞向西湖上空,直达西湖彼岸,碰上对岸由火成岩构成的葛岭、回音迭起。故被称为"南屏晚钟"	南屏山从此添了'佛国山'的别称
柳浪闻莺	在沿湖长达千米的堤岸上和园路主干道路沿途栽种垂柳及狮柳、醉柳、浣沙柳等特色柳树		在园中部主景区辟闻莺馆,又在距闻莺馆不远处置巨型网笼"百鸟天堂",营造烟花三月,柳丝飘舞,莺声清丽的氛围	
花港观鱼	全园分为红鱼池,牡丹园,花港,大草坪,密林地五个景区	乾隆下江南游西湖时,题诗刻于碑阴:"花家山下流花港,花著鱼身鱼嘬花"	南宋时,内侍官允升曾在离这里不远的花家山下结庐建私家花园,园中花木扶疏,引水入池,蓄养五色鱼以供观赏怡情,渐成游人杂沓频频光顾之地,时称卢园,又以地近花家山而名以花港	
雷峰夕照	初名黄妃塔。因建在当时的西关外,故又称为西关砖塔。原拟建十三层,后因财力所限,只造了五层	明代嘉靖时,倭寇入侵,疑心塔内有伏兵,纵火焚塔。使这一景永久消失	吴越国王钱弘俶为庆祝黄妃得子而建	雷峰塔曾是西湖众多古塔中最为风光也最为风流的一塔,可惜七十余年前倒掉,连山名也换成了夕照山
双峰插云	天目山往东走,其余脉的一支,遇杭州西湖而分驰南北形成西湖风景名胜区的南山、北山		其中的南高峰与北高峰古时均为僧人所占,山巅建佛塔,遥相对峙,迥然高于群峰之上。春秋佳日,岚翠雾白,塔尖入云,时隐时现,远望气势非同一般	虽然自古至今其观赏的地点和方式迭经变化,但南、北两面高峰都是西湖诸山中极富登临之胜的著名山峰
三潭印月岛	又名小瀛洲,与湖心亭、阮公墩合称为湖上三岛	三潭印月景观富层次,空间多变化,建筑布局匠心独运	有造型各异的亭子四座:开网亭,亭亭亭,康熙御碑亭,我心相印亭	

(二)文化寄所

"上有天堂、下有苏杭",表达了古往今来的人们对于杭州西湖的由衷赞美。宋代大文豪苏东坡曾写道:"天下西湖三十六,就中最好是杭州"。西湖拥有三面云山,一水抱城的山光水色,以"浓妆淡抹总相宜"的自然风光秀甲天下。

《杭州西湖文化景观申遗文本》中对西湖的评价："在千余年自然与人文交融的演变过程中,西湖景观积淀了丰富的历史文化因素,留下了与中国传统的佛教文化、儒家文化、道教文化直接相关,或见证了重要历史事件的一系列文物古迹。西湖由此成为一个湖山胜景与丰富文化遗迹交相辉映的文化景观,为世界风景湖泊所罕见。这些类型多样的文化古迹是西湖悠久历史文化的实物例证,反映了不同文化元素对西湖文化景观形成和发展所起到的重要作用,不仅有力地证明了西湖文化景观文化价值的真实性、完整性和延续性,还充分展示了西湖文化景观内涵的多样性与丰富性。"

三潭印月的美景如图 5-13 所示。

图 5-13　三潭印月

西湖是中国传统文化的寄所,三面云山一面城。自唐朝起,西湖的美丽就为众多的作家和艺术家所称颂。自南宋起,著名的"西湖十景"被认为是"天人合一"最理想最经典的景观体现。

自唐朝起,历代文学家和画家留下了无数颂扬西湖美景的诗篇和画卷。自南宋起,西湖十景就被认定为理想的经典景观,它们体现了人与自然的完美融合。正如唐宋两代的文学家和学者所描绘的那样,西湖极为清晰地展现了中国景观的美学理想,对中国乃至世界的园林设计影响深远,不少地方以湖、堤造型,摹习西湖的"和谐之美"。西湖的核心要素仍然能够激发人们'寄情山水'。从杭州城望西湖,这座巨大的景观园林具有清晰的视觉边界,一直延伸至周围环山之脊。

西湖是历史上最能体现中国传统文化核心价值的审美实体,是东方审美体系中最具经典性的文化景观。西湖的原真性、独特性和唯一性,就是与世界上以自然景观著称的湖泊相比,西湖的人文景观是最多的;与世界上以人文景观著称的湖泊相比,西湖的自然景观是最美的。西湖是自然美与人文美完美结合的典范。"

(三)西湖的堤

西湖上有两道非常出名的堤,一是苏堤,是苏东坡任知州时所筑;一是白堤,与唐代诗人白居易有关。

1. 苏堤

苏堤南起南屏山麓，北到栖霞岭下，全长近三千米。北宋大诗人苏东坡任杭州知州时，疏浚西湖，利用挖出的葑泥构筑而成。后人为了纪念苏东坡治理西湖的功绩将它命名为苏堤。长堤横跨了整个湖面，连接了南山和北山，给西湖增添了一道妩媚的风景线。《西湖十景的传说》介绍："六桥起伏，为游人提供了可以悠闲漫步而又观瞻多变的游赏线。寒冬一过，苏堤犹如一位翩翩而来的报春使者，杨柳夹岸，艳桃灼灼，更有湖波如镜，映照倩影，无限柔情。最动人心的，莫过于晨曦初露，月沉西山之时，轻风徐徐吹来，柳丝舒卷飘忽，置身堤上，勾魂销魄。"

学者王晓曦在《杭州西湖风景区园林规划评价》评价道："从整个西湖来说，苏堤除了符号式的桥形之外，更是因它将湖面分出层次，主湖在东，次湖在西，一大一小，主次分明，很有层次，这是风景园林中的重要的'理水'手法。但苏堤一景之不足，在于桥形重复太多，而且堤路太直、太长，这是风景园林的景观之忌。"当然，这是从园林艺术角度来评价的，如果从苏堤作为湖堤挡水的实用性来看，这样的评价就有失公允了。

西湖白堤上的断桥残雪美景如图 5-14 所示。

图 5-14 西湖白堤上的断桥残雪碑

2. 白堤

西湖还有一个著名的堤叫白堤，原名"白沙堤"，是将杭州市区与西湖风景区相连的纽带，东起"断桥残雪"，经锦带桥向西，止于"平湖秋月"，长约 1 千米。白堤与唐代诗人白居易有关，相传白居易任杭州刺史时有诗云："最爱湖东行不足，绿杨荫里白沙堤。"即指此堤。后人为纪念这位诗人，将此堤称为白堤。

白堤的风景，四季分明：春桃夏柳，秋桂冬雪，具是风采独特。白堤宽阔而敞亮，靠湖边密植垂柳，外层是各色的桃花，回望群山含翠，湖水涂碧，如在画中游。每到三四月份垂柳碧绿的窄叶挂满柔软的柳枝在湖风中婆娑起舞，柳枝飘飘荡荡的垂进湖面。垂柳与湖水让人感觉到了大自然那天衣无缝的和谐与浓情。

五、扬州园林

扬州园林与中国大运河的关系密不可分,最早的扬州园林都是沿着大运河城区水系,依河而建。到了清代,得大运河之利,扬州盐商异军突起,成为了造园的主力军,在大运河的支流瘦西湖畔形成了蔚为壮观的湖上园林集群。因此,不同于苏州园林中建筑环绕水面的布局,扬州园林的独特之处在于借助外部较为开阔的自然水体,以每个园林群落呈现集锦式布局的方式,形成连续的滨水园林。

(一)扬州园林的特点

扬州园林在中国古典园林中不仅历史悠久,而且以其独特的风格在中国园林中占有重要地位。扬州园林两千多年的历史走向,大体上与扬州城市经济文化发展脉络相一致:扬州初盛于汉,复盛于唐,再盛于清;扬州园林的初始、发展和兴盛也大抵如此。著名作家朱千华先生曾说过:"扬州园林地处江淮,北有大气磅礴的皇家园林可借,南有苏州、杭州的江南私家园林可鉴,再加上大运河、长江在此交汇,阴柔阳刚结合,从而使得扬州园林具有南秀北雄相互融合的特点:既有皇家园林金碧辉煌、高大瑰丽的特色,又有大量江南园林小品的情调,自成一种风格。"

学者许少飞先生在《扬州园林》一书中,将扬州的园林建造史分为几个时期。

一是隋唐初兴,佳貌别具。隋炀帝屡次来到扬州,为了他纵情享乐的需要,在扬州大造离宫别馆,既有崇殿峻阁,复道重楼,又有风轩水榭,曲径芳林,将皇家建筑与山水园林巧妙地结合起来。可以说,扬州的园林发迹于宫廷苑囿。

何园复道回廊如图 5-15 所示。

唐代的扬州作为长江与大运河交会处,水陆交通发达,商业繁盛,人文荟萃,富

图 5-15　何园复道回廊

庶繁华，为东南第一大都会，时有"扬一益二"之称。最兴盛时，唐扬州城南北15里110步，东西7里3步。经济的繁荣，带来了园林的兴盛。唐代扬州私家营造园林的风气，已经达到盛极一时的境地。从唐人的一些诗词中，可以看出唐代扬州园林的繁盛，如姚合的"园林多是宅，车马少于船"，权德舆的"层台出重霄，金碧摩颢清"，罗隐的"九里楼台牵翡翠"。说明唐代扬州的园林，在数量上定然是相当可观的。而且，宅与园的结合，标志着扬州园林从宫廷苑囿的款式向私家园林的转变。

二是宋元复建，旧苑新颜。宋朝的扬州园林，如官衙里的"郡圃"，欧阳修的"平山堂"，属于私家园林的，有进士满泾所筑的申申亭，南门外的静慧园等。此时的扬州园林，已经脱尽了过去宫廷和官衙园林的习俗，跨入山水园林的阶段。一些珍奇的湖山峰石开始在扬州园林中出现，现时瘦西湖小金山内还存有自然形成的船形太湖石一方，据传是12世纪宋徽宗赵佶劳民伤财征调花岗石的遗物。

元代，扬州园林处于低落时期。据清嘉庆《江都县志》说，扬州路学宫中有采匠亭。城西北三公里有元镇南王宫。私家园林有大东上的瞻云楼，旧城内的明月楼。明月楼与元代著名书画家赵孟頫曾为其援笔书写"春风阆苑三千客，明月扬州第一楼"。

三是明清鼎盛，宏丽灿艳。明代，扬州园林复兴，见于著录者甚多。如瓜洲有江淮胜概楼、大观楼、于园等。最著名的有著名园艺家计成在扬州所造影园，计成所著《园冶》是我国第一部关于园林的著作。

到了清代，特别是乾隆年间，经过顺治、康熙、雍正三朝的发展，扬州园林随着盐业、漕运的兴盛，加上康乾分别六次南巡，扬州的官僚商贾，为了邀恩宠赏，在清帝南巡的路线上，竞相构筑园林，扬州园林出现了鼎盛的局面，城市山林，遍布街巷；湖上园林，罗列两岸。城内有康山草堂、万石园、小方壶、小玲珑山馆等，另由大虹桥向南，延伸到城南古渡桥附近的"九峰园"，约有"黄、江、程、洪、张、汪、周、王、闵、吴、徐、鲍、田、巴、余等诸姓"园林六十余座。特别是从北门城外的"城闉清梵"起，到蜀冈平山堂坞，"两岸花柳全依水，一路楼台直到山"，形成了历史上著名的二十四景，其实是一座座园林。清人李斗所著《扬州画舫录》称"杭州以湖山胜，苏州以市肆胜，扬州以园亭胜，三者鼎峙，不分轩轾"。据统计，扬州城内私家园林最盛时达两百多处。然而经过盐制改革、鸦片战争、太平天国战争，大量的扬州园林或荒废，或焚毁，或拆卖，扬州园林开始由盛而衰。至民国时期，扬州园林仅剩下残破的六十余处。大跃进和"文革"时期，扬州园林又一次被大量破坏，现仅剩30处左右。有人认为，扬州园林是北方皇家园林与南方私家园林之间的一种介体，其原因一是清帝南巡，四商杂处，交通畅通；二是南北园林匠师技术交流的结果。陈从周老先生在其随笔"园林分南北，景物各千秋"一文中写道："在造园中又有南北园林的介体——扬州园林。它既不同于江南园林，又有别于北方园林，而园的风格则两者兼有之。从造园的特点上，可以证明其所处的地理条件与文化交流诸方面的复杂性。"许少飞先生在《扬州园林》一书中指出："扬州园林与江南北国诸园，大体相似，基本相同，但也有着自己的独特风格，有着别具一格的美。"

图 5-16　何园串楼

何园串楼如图 5-16 所示。

扬州园林北雄南秀的营造特点极为突出，陈从周先生在《扬州园林》中说："扬州园林是北方'官式'建筑与江南民间建筑两者之间的一种介体。"吴晓敏、范尔蕥在《扬州园林初探》一文中总结的扬州园林的四个方面特点与陈从周先生的观点异曲同工：一是深受皇家园林影响，颇具北方气象。扬州园林建筑不同于南方园林建筑素净明快，而是多仿官式，建筑体量巨大，色彩华丽，内饰豪奢，亦显见帝王审美情趣的影响，典型的如瘦西湖五亭桥和莲性寺白塔。二是兼具公共性与世俗化。瘦西湖是由隋唐至明清各代城濠连接而成的带状水景，与大运河水系相通。两岸盐商园林聚集，或依水而建，或引水入园，构成半开放式园林空间，不仅普通市民游览，也是皇帝南巡必经的水上通道。三是出色的叠石技法与立体化空间营造技巧。《扬州画舫录》说道："扬州以名园胜，名园以叠石胜"。扬派叠石讲究"中空外奇"，空透奇异，在明清时享有盛名。运用假山叠石创造立体复合空间，并将叠石与建筑结合的做法是扬州园林所常用的。四是"旱园水作"与铺地拟水的隐喻手法。"旱园水作"本指缺乏天然水的北方园林旱地凿池，点缀山石，以摹写自然的理水做法。扬州园林也采用这种理水做法，如寄啸山庄在入园处凿一汪曲水，驳岸参差蜿蜒至读书楼。铺地拟水并不挖池引水，而是巧妙利用基地地势平缓的特点，以平地模拟水意。二分明月楼就是在低平地面上置黄石为基，筑厅于其上，似水上孤岛立屋，水意自现。[1]

（二）湖上园林瘦西湖

扬州园林，依其分布区域大致可分为两类，即城市山林与湖上园林。城市山林主

---

[1] 吴晓敏，范尔蕥.扬州园林初探.文史知识，2019年第3期。

要是盐商富贾建设的私家园林，主要在旧城内。湖上园林主要集中在城西北郊的保障河一带，沿废弃的城壕一字排开。目前，这一带的园亭连成一片，集中修建成瘦西湖景区，景区内小金山、五亭桥、熙春台等景点至今尚在。

湖上园林瘦西湖如图5-17所示。瘦西湖古称炮山河、保障河、保障湖，是从清代扬州城北垣绵延至北郊蜀冈的狭长水体，总长约4.5千米，宽度约13米至116米。据《扬州瘦西湖及盐商园林景观文本》介绍："瘦西湖水源于城西诸山，水道沿用历代扬州城壕，并经人工疏浚、凿通，在清乾隆年间形成一条连贯的细长又富曲折变化的线形水体。盐商及盐务官员即利用土阜及湖水间的隙地，建造背'山'面水的园林。或于水中筑土为山，如小金山；或于水中筑堤，划割水面，如净香园；或沿河再筑夹河，如石壁流淙。这些人为的改造使湖面张弛变化，极富节奏；加之土阜的高低错落，为沿湖园林景观的建设创造了绝佳的自然地形条件，使景观整体成为充分利用自然地形的设计经典。"

图5-17　湖上园林——瘦西湖

依托瘦西湖和蜀冈独特的自然地形，扬州的盐商及盐务官员为迎候皇帝南巡游赏，耗费重金在短期内沿湖修建了大量园林。这些园林从扬州城北延至蜀冈下，沿水体密集排布，形成连贯的园林集群景观。瘦西湖的园林以中国传统的造园手法建造，叠石、理水、建筑、花木是其主要的构成元素。清代扬州造园艺术的蓬勃发展带给这些湖上园林极高的艺术水准，扬州盐商对文人士大夫情怀的向往又使其能充分利用瘦西湖水体及沿岸土阜地带，在既有自然地势条件下写意出中国古典园林中的山水情怀，创造出一个个特色鲜明的优秀园林作品。

《世界遗产杂志》在盘点中国世界遗产潜力点时对瘦西湖文化景观的评价是："瘦西湖景观独特的'卷轴画'式景观形态、沿湖密布并面湖开放的园林集群等文化景观要素、高超的景观设计技艺及深厚的文化内涵，既是中国传统农耕社会晚期出现的商业文明的独特见证，又与这一高度发达的商业文明所引发的社会文化发展高峰具有最直接的关联，是中国古典园林景观设计作品的杰出范例。"

瘦西湖名称的来历，是乾隆年间寓居扬州的诗人汪沆的一首感慨富商挥金如土的诗作："垂柳不断接残芜，雁齿红桥俨画图；也是销金一锅子，故应唤作瘦西湖。"瘦西湖的特点是湖面瘦长,蜿蜒曲折,"十余家之园亭合而为一,联络至山,气势俱贯。"[1]

瘦西湖春波桥如图5-18所示。

清嘉庆二十年(1815年)后,随着朝廷盐业专营的取消,扬州盐业经济衰退,湖上园林也逐渐萧条荒废,后经战乱,更加残破不堪。光绪年间恢复了一小部分,如五亭桥、小金山。1980年代又恢复了二十四桥、熙春台、卷石洞天等景点。2007年恢复四桥烟雨、石壁流淙等景点。目前,瘦西湖已成为国家5A级景区。

"天下西湖,三十有六",惟扬州的西湖,以其清秀婉丽的风姿独异诸湖,占得一个恰如其分的"瘦"字。这种瘦就是"空灵淡远"。陈从周先生在"烟花过了上扬州"一文中写道:"瘦西湖确是美,空灵淡远,宜人性情。我从第一次游瘦西湖,直到如今,景随情异,我的感触是有所不同的。瘦西湖的白塔、五亭桥,原是仿北京北海的,不过具体而微。但它没有北海的豪华。那种皇家的金粉,已渐渐适应不了近来的我。'城曲深藏此布衣',在今日来讲,我只能在瘦西湖信步、荡漾,似乎较得体吧。"瘦西湖园林既有自然风光,又有丰富的历史文化,幻化出无穷奇趣。坐船游览瘦西湖,会感受到"动"字,陈从周先生称瘦西湖为"日午画船桥下过,衣香人影太匆匆",说瘦西湖妙在移步换影,与拙政园一样,动感十足。山重水复疑无路,柳暗花明又一村。

图5-18 瘦西湖春波桥

---

[1] 辜伟节.美丽扬州.译林出版社,2012年8月第一版。

难怪国外文化景观专家称瘦西湖为卷轴画式的园林景观。

清代的瘦西湖二十四景已不复存在,目前瘦西湖景区存有冶春园、绿杨村、叶园、长春岭、琴室、木樨书屋、棋室、月观、梅岭春深、湖上草堂、绿荫馆、吹台、二十四桥景区等景点。

1. 大虹桥

"扬州好,第一是虹桥。杨柳绿齐三尺雨,樱桃红破一声箫,处处驻兰桡。"这里就是扬州历史上有名的虹桥。考古学家朱江在《扬州园林品赏录》中说道:"虹桥横跨于瘦西湖南口,起初名'红桥',始建于明代崇祯年间,是一座木结构桥梁,因围以红栏故名。而后在清代乾隆元年,改建为石桥。因在城内小秦淮上建有一座小虹桥,故以'大虹桥'响应。"大虹桥景色优美,曾吸引了众多的文人雅士在此指点江山,切磋诗文。至今,扬州的诗人们还有在此"虹桥修禊"的传统。康熙年间王渔洋有一首"红桥飞跨水当中,一字栏杆九曲红。日午画船桥下过,衣香人影太匆匆"的诗更是脍炙人口。

图 5-19 瘦西湖大虹桥

瘦西湖大虹桥如图 5-19 所示。

2. 五亭桥

著名桥梁专家茅以升这样评价五亭桥:"中国最古老的桥是赵州桥,最壮美的桥是卢沟桥,最具艺术美的桥就是扬州的五亭桥。"考古学家朱江在《扬州园林品赏录》中说道:"五亭桥建于清乾隆二十二年(1757年),为巡盐御史高恒挟两淮盐业重资所筑。上构五亭,顶以琉璃;下支四翼,全以石构。桥之五亭,曾毁于战火,直到民国 22 年(1933 年)方才修复。"五亭桥上极富南方特色的五座风亭就像五朵冉冉出水的莲花。亭上有宝顶,亭内绘有天花,亭外挂着风铃。五亭桥的桥墩由 12 大块青石砌成,形成厚重有力的"工"字形桥基。五亭桥的桥身由大小不一形状不同的卷洞组成。空灵的拱顶卷洞配上敦实的桥基,桥基在直线配上桥洞的曲线,加上自然流畅的比例,就取得了和谐统一的视觉效果。因此,五亭桥不但成为瘦西湖的标志,而且成为扬州城的象征。

瘦西湖五亭桥如图 5-20 所示。

3. 钓鱼台

在中国,以"钓鱼台"命名的景点非常多,但扬州的钓鱼台却是众多钓鱼台中体量最小,也是极富特色的一座。它是中国名亭建筑的典范,是中国园林"框景"艺术的代表作品。站在钓鱼台斜角60°,人可以在北边的圆洞中看到五亭桥横卧波光,而南边的椭圆形洞中则正好可以看到巍巍白塔。很多外地游客到扬州一定要在"钓鱼台"前留影,那洞中借景的画面正好对应了"三星拱照"的名称。

瘦西湖钓鱼台如图5-21所示。

图5-20 瘦西湖五亭桥

图5-21 瘦西湖钓鱼台

4. 小金山

清代诗人黄惺庵在《望江南百调》里这样描述:"扬州好,入画小金山。亭榭高低风月胜,柳桃错杂水波环,此地既仙寰。" 扬州现代著名画家李亚如曾撰写一副对联:"借取西湖一角堪夸其瘦,移来金山半点何惜乎小。"湖瘦是苗条,山小是精巧,也点出了扬州园林善于借鉴却不落俗套的妙处。我想,这也正是扬州近年来提出建设"精致扬州"的源起。小金山是瘦西湖中最大的岛屿,也是湖上建筑最密集的地方。风亭、吹台、琴室、木樨书屋、棋室、月观,全都集中在这里。沿着蜿蜒的山路拾级而上,便能登上小金山的风亭。风亭是瘦西湖景区的制高点,朱自清先生曾说过"瘦西湖看水最好,看月也颇得宜"的地方。风亭上有一楹联"风月无边,到此胸怀何以;亭台依旧,羡他烟水全收"。可惜,因为安全的原因,小金山目前是禁止攀登的。

瘦西湖小金山如图5-22所示。

5. 熙春台

熙春台来源于扬州"二十四景"之一的"春台明月"。"熙春"一词出自老子的"众人熙熙,如登春台"。意指熙春台前人来人往摩肩接踵的繁华场面。相传当年扬州盐商曾在这里为乾隆皇帝祝寿,所以这一景又被称为"春台祝寿"。原为乾隆二十二年(1757年)奉宸苍卿汪延璋筑,在瘦西湖四水曲处,有"湖上台榭第一"之称。现在的熙春台景区为1987年重建,熙春台气势恢弘大气,再现北方皇家园林之气概,处处体现出皇家园林富丽堂皇的宏大气派。所有的建筑都选用了绿色的琉璃瓦朱栋、白玉的玉体金顶相映成趣。

瘦西湖熙春台远眺如图5-23所示。

图5-22 瘦西湖小金山

图5-23 瘦西湖熙春台远眺

6. 白塔

到瘦西湖游玩,导游都会给游客讲一个盐商"一夜造塔"的故事。相传在乾隆皇帝第六次坐船游览扬州保障湖,从水上看到五亭桥一带的景色,不由遗憾地说:"只可惜少了一座白塔,不然看起来和北海的琼岛春阴就像极了。"说者无心听者有意,财大气粗的扬州盐商当即花了十万两银子跟太监买来了北海白塔的图样,当晚连夜用白色的盐包堆成了一座白塔。这座白塔高27.5米,下面是束腰须弥塔座,八面四角,每面三龛,龛内雕刻着十二生肖像。其实这是扬州盐商贿赂乾隆身边的人拿到北海白塔的图纸施工而成,但和北海白塔的厚重稳健不同,瘦西湖白塔比例匀称,玉立亭亭,和身边的五亭桥相映成趣。白塔晴云,也是扬州北郊二十四景之一。

瘦西湖白塔如图5-24所示。

图5-24 瘦西湖白塔

7. 月观

"天下三分明月夜,二分无赖是扬州。"扬州是著名的"中国月亮城",扬州的月色美,赏月的地方也多,瘦西湖"月观"就是其中之一。"月观"坐西朝东,前临开阔的湖面,每当皓月东升,凭栏而立,天上水中的两个月亮交相辉映。人们常说"月色如水",在这里,月光和湖水相溶,云影和山影相连。由扬州八怪的代表人物郑板桥撰写的对联"月来满地水,云起一天山"恰到好处地描绘出了月观这独一无二的迷人月夜。月观中的陈设也很有特点,明间后壁,倚墙摆一套红木条几。几置悬瓷瓶、盆景。前置海梅雕花方桌,两旁置太师椅。两次间后壁,装一堂透空雕花罩格。雕刻的内容都和赏月有关。那些莲花、鸳鸯、荷叶、藕节,无不自然生动,是扬州木雕工艺的代表作品。月观是瘦西湖景点中静的代表,陈从周先生曾写道:"缓步到了小金山的月观,望四桥烟雨,我已由动观的游境,到了静观的小休,我们啜着香茗,好竹影兰香,与窗外鸟语桨声,在一抹斜阳的返照中,室内现出了香、影、光、声的变幻,神秘极了。"[1]

图 5-25 瘦西湖月观的古琴表演

瘦西湖月观如图 5-25 所示。

8. 徐园

沿瘦西湖南门进园,长堤的尽头便是"徐园"。它是辛亥革命时期镇江军阀徐宝山的祠堂。

徐园筑于民国 4 年(1915 年)。园门南向,形如满月。门额上草书"徐园"二字,为风先生吉亮工手书。徐园中有一馆、一榭、一亭,外有曲水,内有池塘,花木竹石,恰到好处,充分体现了江南园林的精巧雅致。园中听鹂馆取名来自"两只黄鹂鸣翠柳,一行白鹭上青天"的诗意。馆内的楠木罩隔,是扬州现存罩隔中的精品。听鹂馆门前的这两大口铁镬,铁镬之东,有《铁镬记》碑,集汝霖撰文,陈含光篆书。碑记表明铁镬是一千五百多年前的镇水神器。

瘦西湖徐园如图 5-26 所示。

---

[1] 陈从周《陈从周园林随笔》。

图 5-26　瘦西湖徐园

9. 二十四桥

"二十四桥"景区出自唐代著名诗人杜牧的诗句"青山隐隐水迢迢，秋尽江南草未凋；二十四桥明月夜，玉人何处教吹箫"。二十四桥景区由落帆栈道、单孔拱桥、九曲桥及吹箫亭组合而成，中间的玉带状拱桥长 24 米，宽 2.4 米，桥上下两侧各有 24 个台阶，围以 24 根白玉栏杆和 24 块栏板。郁达夫曾评论说：二十四桥的明月是中国南方的四大秋色之一。

瘦西湖二十四桥景区如图 5-27 所示。

10. 万花园

万花园是瘦西湖景区的一个复建景点，主要依托瘦西湖的历史文化背景，将其打造成以花文化为主题的景区，目前恢复完善了瘦西湖"石壁流淙""静香书屋""白塔晴云"等景区。2014 年，扬州市在此举办了首届万花节。

瘦西湖万花园如图 5-28 所示。

11. 四桥烟雨楼

在瘦西湖景区的最东侧的趣园里有一座楼，叫作"四桥烟雨楼"。取自"山色空蒙雨亦奇"之际，这里可以领略到"四桥飞跨烟雾里"的景致。站在这座楼上，可以看到瘦西湖内四座色彩和造型各有不同的春波桥、大虹桥、长春桥、莲花桥。烟雨朦胧中，四座桥有远有近，有浓有淡，有高有低。当年乾隆皇帝十分喜爱这里的景色，多次吟

图 5-27　瘦西湖二十四桥景区

图 5-28　瘦西湖万花园

诗作赋,并亲笔御赠"趣园"。

四桥烟雨楼如图 5-29 所示。

(三)因竹而名的个园

个园位于扬州著名的东关街上,建于清嘉庆二十三年(公元 1818 年),由两淮盐业商总黄至筠所建。清代名士刘凤浩在《个园记》中说道:"主人性爱竹,盖以竹本固,君子见其本,则思树德之先沃其根。竹心虚,君子观其心,则思应用之务宏其量。"《个园记》的这段话,不仅是个园命意的所在和名称的由来,也是构筑个园的主题思想。个园是以竹石取胜,它的取名也因为竹子顶部的每三片竹叶都可以形成"个"字,在白墙上的影子也是"个"字。1988 年个园被国务院授予第三批全国重点文物保护单位。

图 5-29　四桥烟雨楼

图 5-30　个园的竹

个园的竹如图 5-30 所示。

个园是黄至筠在明代"寿芝园"旧址上兴建而成的典型的前宅后园的私家园林。个园整个占地面积达 24000 平方米,建筑面积近 7000 平方米,整体建筑群规模宏大,造园精致,环境清幽,是修身养性的绝佳之处,是我国江南私家园林杰出代表之一。

个园有南方园林之秀,又具北方园林之雄。园内最具特色的是"四季假山",分别采用笋石、湖石、黄石、宣石等不同石种,以分峰叠石体现"春山淡冶而如笑,夏山苍翠而如滴,秋山明净而如妆,冬山惨淡而如睡"的四季景色,立意精巧,别具一格。整座假山叠法有古山水画南北两派之意味,形成个园山林独特的风格,成为"扬州以园林胜,园林以叠石胜"[1]的实物例证。个园四季假山各具特色,旨趣新颖,结构严密,陈从周先生誉其为"国内孤例"。南部住宅组群规整,三轴并列,布局严谨,层层递进,体量宏敞,古拙雄浑,用料考究,有很强的实用价值,也反映扬州明清商文化和民居文化。

1　《扬州何园》,清　李斗《扬州画舫录》。

个园的建筑如图 5-31 所示。

(四) 晚清第一园——何园

何园又名"寄啸山庄",在徐凝门大街西侧。2005 年,当时的中国文物学会会长、园林泰斗罗哲文称之为"晚清第一园"。何园中的片石山房系石涛大师叠山作品,堪称人间孤本。

何园如图 5-32 所示。

据《扬州何园》记载:"何园是清乾隆年间双槐园的旧址,始建于清同治元年(1862 年),历时达 13 年,占地一万四千余平方米,建筑面积七千余平方米,园内有大槐树两株,传为双槐园故物,今仍有一株。何园原名'寄啸山庄',取自陶渊明'归去来兮……依南窗以寄傲,登东皋以舒啸'之意。光绪九年(公元 1883 年),湖北汉黄道台、江汉关监督、曾任清政府驻法国公使的何芷舠隐居扬州后,购得吴氏片石山房旧址,扩入园林,前后历时 13 年之久,故而又称'何园'。何园是扬州大型私家园林中最后问世的一件压轴之作,园主将西方建筑特

图 5-31 个园的建筑

图 5-32 何园

色带回了中国,并吸收中国皇家园林和江南诸家私宅庭园之长,又广泛使用新材料,使该园吸取众家园林之经验而有所出新。"

何园的主要特色是把廊道建筑的功能和魅力发挥到极致,1500米复道回廊,是中国园林中绝无仅有的精彩景观。许少飞先生在《扬州园林》一书中提到回廊时说道:"而蔚为奇观的,则是寄啸山庄内的复道回廊。此廊全长四百丈,周遍全园,而又造型奇巧壮观,所以为游人、专家所注目,称誉于海内外。"正因为有了这个回廊,使何园形成了全方位立体景观和全天候游览空间,把中国园林艺术的回环变化之美和四通八达之妙发挥得淋漓尽致,被誉为立交桥雏形。

何园规模庞大,面积为1万四千余平方米,建筑面积就达七千余平方米,占50%以上,密度极高,反映清后期园林建筑过多的特点。全园分为东园、西园、园居院落、片石山房四个部分组成,以两层串楼和复廊与前面的住宅连成一体。东园的主要建筑是四面厅,为一船厅,单檐歇山式,带回廊,面阔15.65米,进深9.50米。厅似船形,四周以鹅卵石、瓦片铺地,花纹作水波状,给人以水居的意境。以此建筑为主景,南向的明间廊柱上,悬有木刻联句"月作主人梅作客,花为四壁船为家";厅北有假山贴墙而筑,参差蜿蜒,妙趣横生;东有一六角小亭,背倚粉墙;西有石阶婉转通往楼廊;南边建有五间厅堂,三面有廊。复道廊中的半月台,是中秋赏月的好地方。何园的水心亭曾作为《红楼梦》等影片的拍摄场地。

片石山房是何园里的另一处佳景,传说是清初画家石涛的孤本。石涛兼攻书法、诗歌,变擅园林叠石。对扬州画派和近现代中国画影响很大。钱泳在《履园丛话》卷二十四中说:"扬州新城花园巷,又有片石山房者,二厅之后,漱以方池,池上有太湖石山子一座,高五六丈,甚奇峭。相传为石涛和尚手笔。"陈从周先生在其所著《园韵》中认定"扬州片石山房为石涛所叠园林实例之重要者"。许少飞先生在《扬州园林》中描述:"山之西部,后倚北墙,前临曲池,依照湖石皱纹,层层相叠而起。高九米余,主峰直上青霄。奇峭秀逸。左前有高梧映带,石间有磴道可上,峰顶有百年老梅一株,曲干虬枝,使峰峦更为俊逸多姿。"

何园片石山房如图5-33所示。

图5-33 何园片石山房

何园是清代后期扬州园林的代表作,是扬州的园林特色和风格的体现。何园虽是平地起筑,但却独具特色。通过嶙峋的山石、磅礴连绵的贴壁假山,把建筑群置于山麓池边,并因地势高低而点缀厅楼、山亭,错落有致,蜿蜒逶迤,山水建筑浑然一体,有城市山林之誉,是扬州住宅园林的典型。

六、美不胜收的运河园林

在运河沿线城市,还有众多的园林,这里简要介绍几个。

(一) 绍兴运河园

绍兴运河园是绍兴市在整治浙东古运河时建成的集历史、文化、生态、休闲于一体的综合性运河园林,位于104国道高桥以西、运河南北岸,全长近5千米,比较真实地记录了浙东古运河的历史精华。

绍兴运河园按照天人和谐、传承文脉、开敞自然、集聚优势的理念设计和建设。通过持之以恒的精心设计和建设,建成运河园一园六景:记载历史文化的"运河纪事"、集聚水乡风物的"沿河风情"、展示桥乡精品的"古桥遗存"、再现千艘万舻的"浪浆风情"、笑看挥手千里的"唐诗之路"、难忘前师之鉴的"缘木古渡"。

绍兴运河园是中国大运河沿岸风俗民情的精华,清代牌群、老石台门、明代绍兴三江闸缔造者太守绍恩手书的"南渡世家"横额,可谓越中之宝的"古越照壁"有"双龙戏珠"巨大古石基座,上书越王勾践宝剑的鸟篆文"越"字,古朴大气。"祠堂"有祠堂碑、义田碑、进士旗杆石、祠联遗存。有"钟灵毓秀"、光绪皇帝"乐善好施"石刻横额,及范仲淹后裔祠堂石柱、刻石遗存十尊,汉大儒孔安国所撰的报本堂碑记等,实为珍贵。酒文化展台,"知章醉骑"塑像,将乡、名人、水乡有机、生动地展示出来。"法云陆太傅丹井遗存"是陆游世祖陆轸所创炼丹井、石狮等,为千年文物。"玉山斗门遗存"是目前发现的最古老、最大的水利工程遗存。

绍兴运河园如图5-34所示。

图 5-34　绍兴运河园

(二)淮安清晏园

清晏园位于淮安市区人民南路西侧,环城路北侧,是我国治水和漕运史上唯一保存完好的衙署园林,国家 AAA 级旅游景区。明永乐时,清晏园为督理漕粮的管仓户部分署,距今已有近 600 年历史。清康熙十七年(1678 年),清政府在清江浦设官治河,河督靳辅在明代户部分司旧址设立行馆,雍正七年(1729 年),改设江南河道总督署。后经历任河督整修,公园建成规模。清晏园曾先后称为西园、淮园、澹园、清宴园、留园、叶挺公园、城南公园。1991 年,公园更名为清晏园。园内亭、台、楼、阁、假山错落有致,曲径、长廊、流水循环往复,四季花繁木盛,秀丽典雅。

淮安清晏园如图 5-35 所示。

(三)常州东坡公园

东坡公园原名舣舟亭公园,位于大运河畔,占地 2.667 公顷,由一个运河半岛和一个运河岛屿组成,系名胜古迹与自然风光相结合的江南园林。南宋时,为纪念北宋大文豪苏东坡十一次前来并泊舟于此,特建"舣舟亭"作纪念,清康熙、乾隆二帝南巡时,也在此兴建过万寿亭行宫,并重修过舣舟亭。

图 5-35 淮安清晏园

图 5-36　常州东坡公园

常州东坡公园如图 5-36 所示。

东坡公园是中国大运河沿线唯一的以苏东坡为主题的公园，整个景区是由一个三面环水的半岛和运河中的半月岛组成。景区内有舣舟亭、洗砚池、御碑亭、广济桥几个景点组成。

1. 舣舟亭

位于东坡公园内，是当年大文豪苏东坡来常州泊舟处。他多次来常州，晚年定居常州，直至终老于藤花旧馆。苏东坡逝世后，常州人在他来常州泊舟之地建亭纪念他，取名"舣舟亭"。据常州市文联编写的《常州运河史话》介绍："最早的'舣舟亭'始建于北宋崇宁元年（1102 年），距今已有 912 年。此亭原为竹亭，竹亭晚损，后用竹木结构，年久又损，遂以砖木改之。康熙第五次南巡时题'坡仙遗范'匾额。乾隆六下江南，四次亲临此处，以'舣舟亭'为题咏诗，并效仿他的爷爷题'玉局风流'匾额。后'舣舟亭'毁于战火，1954 年重建。"运河边还有一亭，叫作竹亭，这原来是苏东坡停船的码头。

2. 御碑亭

园中心有一水池，池边有龙亭，造型奇特，是亭榭结合的建筑，顶部有二龙。乾隆皇帝曾在此赏景，并招试地方文人。龙亭南有御碑亭，亭内保存乾隆皇帝南巡时所写的六首诗的碑刻，这些诗表达了他对苏东坡的崇敬以及他对地方官员的教诲。

3. 洗砚池

御碑亭东北假山旁有东坡洗砚池，该池长 1 米，宽 0.5 米，深 0.5 米，以青石凿成，是苏东坡晚年洗涤笔砚之处，原在东坡故居藤花旧馆内。乾隆第二次下江南时，由官员移至舣舟亭，以讨皇帝欢心。

4. 广济桥

此桥建于明代正统十二年（1447 年），原在城西横跨于运河之上，后因运河扩建，于 1985 年移到此处。常州市运河整治工程指挥部与常州市文物管理委员会立的《移建广济桥碑记》记载："广济桥原跨城西古运河。明正德十二年江南巡抚周忱主建，为我市最古老之三孔桥，在邻漕仓，俗称西仓桥。桥型古朴优美。今运河拓浚而孔狭窄，束水碍航，桥墩不固，不无倾圮之虞。为保护文物古迹，移桥舣舟亭半月岛间，融岛亭为一体，飞虹倒影，名园生辉。"因裁直取弯，使舣舟亭东岸形成一核心小岛，名曰"半月岛"，由移建的广济桥将两处相连，构成一旅游小区。岛边双层长廊环绕，岛上亭台楼阁，湖石假山，参差错落，疏朗有序。主建筑"仰苏阁"矗立在岛中央，与舣舟亭遥相对呼应。

常州广济桥如图 5-37 所示。

常州舣舟亭如图 5-38 所示。

图 5-37　常州广济桥

图 5-38　常州舣舟亭

第六章 中国大运河宗教文化

中国大运河是一条文化的河流，它不仅直接串联起南北、沟通了海河、黄河、长江、淮河、钱塘江，而且间接地连接起更为广阔的空间，对中国文化大格局的形成具有十分重要的作用，同时也是联系古代中国与世界的桥梁，是古代东方主要国际交通路线之一。

中国大运河的开通与整修，不仅直接刺激与活跃了中国区域间的物流与人际交往，同时也影响到古代中国与世界的外交往来及其路径。大运河是古代东方世界主要国际交通路线的组成部分。隋唐宋时期大运河的一端通过明州港（宁波）以及"海上丝绸之路"连通海外诸国，另一端则从洛阳西出以衔接横贯亚洲内陆的"丝绸之路"，元代以后则由于蒙古帝国的建立使欧亚大陆交通畅通，中国大运河使中国与世界更为紧密地联系起来。

宗教的传播与流传就是这种中外文化交流的产物。中国大运河的日益开发特别是隋唐时期南北大运河开通后，从陆路和海路传入中国的佛教、伊斯兰教和天主教等多种宗教得以广泛传播，并且有的完成中国本土化后再东传日本等国家。因此，中国大运河沿线形成了丰富多彩的宗教文化。

一、中国大运河与佛教文化

（一）佛教在中国大运河流域的传播

公元前后，佛教由陆上丝绸之路传入我国新疆地区，西汉末年沿着丝绸之路传到京城长安。哀帝元寿元年（公元前2年），信奉佛教的大月氏派使臣伊存来到长安，亲自向博士弟子景庐"口授《浮屠经》"这是佛教传入中国内地的开始。据东汉末年牟融所作的《理惑论》说，汉明帝曾梦见神人，后来知道是佛，于是派蔡愔赴大月氏（一说天竺）求取佛经。后来，蔡愔偕大月氏僧侣摄摩腾、竺法兰一起来到洛阳，并且用白马驮回了一些佛教经典，于永平七年（公元64年）在洛阳城西建造了中国第一座佛教寺院——白马寺（图6-1），翻译佛教经义。此后，中国开始有了汉译本的佛经。

魏晋南北朝时期，佛教得以迅速传播开来。而中国大运河区域水陆交通发达，是佛教最为兴盛的地区。汉魏之际，笮融在徐州一带修建佛寺，聚众传教，这是历史典籍中有关立寺、造像和受道的最早记录[1]。梁武帝大通元年（527年），南天竺人菩提达摩来广州，其登岸处被后人称为西来初地，并建西来寺（今华林寺）传教，后前往

---

[1] 白寿彝《中国通史》第5卷，第395页。

图 6-1 白马寺

建康、洛阳、嵩山少林寺,创建佛教禅宗。南朝梁武帝时,佛教最盛,建康城中,佛寺林立,僧侣和白徒、养女人数众多,使天下户口几亡其半[1]。此外还有狮子国的比丘尼和婆罗门,也来到运河地区传教。

魏晋南北朝时期,中国人外出求佛学最著名的人物当属法显。东晋隆安三年(公元399年),法显从长安出发,沿陆上丝绸之路由河西走廊到鄯善、龟兹、于阗,越过葱岭,进入北印度的乌苌国,继而到达犍陀罗等国,抵中印度,在巴连弗城(今巴特那)学梵语、梵书,后又到达狮子国。义熙八年(公元412年),法显从海上丝绸之路搭乘商船回国,在青州的长广郡牢山南岸(今山东崂山)登陆,后由陆路南下到中国大运河的重要城市彭城(今徐州),然后去了建康,在那里翻译整理佛经,并撰写了《法显传》一书。

到了隋唐,佛教得到空前发展,完成了中国本土化进程,尤其是在中国大运河沿线传播最为迅速。洛阳、汴州、楚州、扬州、杭州等运河城市均是佛寺林立,成为佛教传播的中心城市。扬州城有三四十所佛寺,其中华林寺、慧照寺、孝感寺、龙兴寺、大云寺、西灵塔寺、大明寺、禅智寺、既济寺、崇福寺、白塔寺、开元寺等均有记载,颇有盛名,与鉴真有关的大明寺声名远播。唐代,来中国宣扬佛法的外国僧侣和赴印度求法的中国僧人不断增加,相当大的一部分是从海上丝绸之路出发的。其中外出取经求法最突出的是玄奘和义净,他们分别从陆路和海路出发,前往天竺取经,均取得了巨大成功,产生了重大影响。

扬州大明寺如图6-2所示。

北宋建国伊始,即下诏停止

图 6-2 扬州大明寺

[1] 《南史·郭祖深传》。

五代后周颁布的毁佛令，保持诸寺院现状，予以整顿。派大批僧人到西方求经，并欢迎西方僧人来宋译经。开宝二年（公元969年），下诏重修开封太平兴国寺并赐匾额。南宋的杭州成为中国大运河区域的佛教传播中心，城内有寺院逾480所。这些寺院大体分为禅寺、教寺和律寺三大类。杭州不但寺院多，而且宗派林立。最盛行的为禅宗和净土宗，其次为天台宗、华严宗和律宗等。元朝时，藏传佛教——喇嘛教在大都和运河区域广泛传播，并且享有突出的地位。元世祖忽必烈封喇嘛教徒八思巴为国师，并授以玉引，令其统管天下之教。

明清两朝对佛教政策刚柔相济。在明朝政策的扶持下，佛教又复兴起来。运河区域寺院林立，牒僧大增。据《明会典》记载，成化以前，中国大运河北部的京师内外，官立寺院已多至639所；以后续建不绝，至万历时据称已是"名蓝精刹甲宇内，三民居而一之"[1]了。而运河南部的苏州、嘉兴、杭州等地，更是集中了大量的名刹大寺和诸多高僧。到明代后期，涌现出了袾宏、真可、德清、智旭四大禅教兼通、学识广博的高僧。清朝基本上延续了明朝的佛教政策，并且奉喇嘛教为国教。但清初对佛教尤其限制，运河地区仍是全国佛教活动的重心，镇江的金山寺、扬州高旻寺、常州天宁寺、宁波天童寺，号称禅宗四大丛林。

扬州高旻寺如图6-3所示。

图6-3　扬州高旻寺

（二）中国大运河沿线的名寺

大运河研究学者夏刚草[2]曾这样形容："运河沿岸的古墩、古庙、古塔、古桥、老街、老店、老厂、老窑以及街市的繁荣景象、市民的生活习俗，犹如《清明上河图》的长幅画卷展示在人们面前。"由于运河带来的交通便利，中国大运河区域的经济和文化空前繁荣，宗教信仰和民间崇拜呈现出多元化的态势，催生出大量与运河直接或间接相关的寺庙建筑。

1　陈垣《明季滇黔佛教考》卷3，北京：科学出版社，1959年版。
2　夏刚草，无锡市文管会办公室研究员，长期从事文物保护，文物政策法令的研究、宣传和地方历史、文化史的研究工作，已发表论文数十篇，曾获全国人文科学优秀成果二等奖。

1. 扬州天宁寺

天宁寺位于扬州明清城北护城河北岸，是清代帝王南巡时驻在扬州的行宫，为清代扬州八大名刹之首。

天宁寺位于丰乐上街3号，占地约11602平方米，建筑总面积逾5000平方米，南对拱辰门（又称天宁门）。天宁寺始建于东晋，经历代重修，现存建筑格局为清同治年间修复后的遗存。天宁寺与清代扬州文化的繁荣具有密切的关联。它是皇帝南巡时在扬州的驻跸之所，也是扬州最早的佛教庙宇之一，见证了扬州的繁华与自身的兴盛。至今，篆刻着《南巡记》的乾隆南巡御碑，仍巍然伫立在寺内山门殿的北侧，"南巡之事莫大于河工"，乾隆自己撰写的《南巡记》，点明了帝王南巡的主要目的。南巡御碑也成为定格于特定历史时期的独特物证。

天宁寺原貌（历史照片）如图6-4所示。

图6-4　天宁寺原貌

天宁寺是扬州最早的佛教庙宇之一，其规模之大在历史上也极为罕见。建筑群由山门殿、天王殿、大雄宝殿、华严阁、东西廊房及配殿组成，以中间一条南北向的中轴线为主，主要建筑都位于南北向的中轴线上，次要建筑安排在轴线东西两侧，构成"一庙五门天下少，两廊十殿世间稀"的格局。整个建筑群对称分布，布局严谨，井然有序，为中国传统的四合院式的寺庙建筑群。建筑群内各元素之间有着微妙、虚实的自然衔接关系，体现出中国古代建筑群内同建筑之间"含蓄"的关系。远远望去仿佛飘然在白云之中，被许多人誉为"江南小故宫"。

山门殿、天王殿、大雄宝殿、华严阁、东西廊房及配殿，为寺内主体建筑。第一进为山门殿，单檐歇山顶，面阔三间，正门上端嵌"敕赐天宁禅寺"石额。山门殿前东西各有一座石狮。第二进为天王殿，亦为单檐歇山顶，面阔三间，进深七檩。第三进为大雄宝殿，殿前围以石栏，歇山重檐，四面有廊，面阔五间，进深十五檩，殿后东壁嵌有清同治十一年立的《重修天宁寺碑记》。第四进为华严阁，即译《华严经》处，系清宣统三年（1911年）重建，为硬山重檐，上下两层，前后有廊，面阔七间，前廊东壁嵌有《重修华严阁碑记》。阁后是七檩三层的藏经楼，规模宏大。上层供奉佛像一万一千一百尊，又称"万佛楼"，为扬州佛教寺院第一崇楼。中轴线东、西两边分别有甬道一条，长约百米，有数十间庑廊及十间配殿，素有"一庙五门天下少，两廊十殿世间稀"之说。在东廊尽头有一圆门，入内为前后三进的禅房，均为明三暗五格式，中间有天井相连。第二进向东有门过火巷，向东一组坐北朝南东西并列二层小楼，为方丈楼，均面阔三间，进深七檩，中间有楼梯可上二楼。东侧楼前分别有耳房，天井东南角有一口井，曰"青龙泉"。

天宁寺内植物配置起到了烘托建筑肃穆气氛的作用，强调平面布局轴线的效果。两颗银杏树对称式置于建筑前方。前景以规则式修剪的草坪为底，以修剪过的低矮的海桐杏的对称式点缀其上，在垂直方向上烘托出来建筑和两棵银杏的挺立肃穆之感。深秋银杏的金黄绚烂与色彩庄严凝重的殿宇形成鲜明对比。

据记载，《红楼梦》作者曹雪芹的祖父曹寅在康熙年间兼任两淮巡盐御史时，曾受命在寺内设立书局，主持刊刻《全唐诗》，纂修《佩文韵府》。天宁寺现状保存完好，现为扬州佛教博物馆，耳房部分作为扬州古玩市场对外开放，万佛楼则作为"《四库全书》陈列馆"，陈列原大原色原样复制的《四库全书》对外展出。

今天的扬州天宁寺如图6-5所示。

在天宁寺万佛楼北侧，还有一座寺庙遗址叫重宁寺，寺中主体建筑与天宁寺位于同一轴线，与天宁寺同为清代扬州八大名刹之一。

重宁寺与天宁寺隔路相望，并称"双宁"，建于清乾隆四十八年（1783年）。现存天王殿、大雄宝殿、藏经楼建筑三进。重宁寺是清代皇帝南巡的重要史迹，乾隆皇帝赐"普现庄严""妙香花雨"两匾额及大量诗文、楹联。寺中佛像"照内工作法"，表现了皇家因素对寺庙艺术的影响。

重宁寺建筑气势宏大，在中轴线上层层升高，建筑用料考究。山门内中轴线第一进为天王殿，硬山结构，面阔五间，拱门上有"波罗密门"石额，后檐有外廊。第二进为大雄宝殿，歇山重檐顶，檐下有斗拱，面阔五间，四面有廊，殿内以八根铁栗木作柱，铁栗木均在

图6-5　今天的扬州天宁寺

15米以上，在全国寺庙中亦极为罕见。天花上满施彩绘，中央有斗八藻井，保存较好。殿内悬挂乾隆四十八年（1783年）御赐的"普现庄严"和"妙雨花香"匾，均为原物，另存有清高宗弘历撰写的《万寿重宁寺碑》。第三进为藏经楼，硬山重檐，高三层，面阔五间，前有走廊，楼西尚存有小四合院等建筑，现仅存一幢二层小楼，坐北朝南。大殿上方的藻井、天花彩绘精致，至今仍色彩鲜艳，具有较高的艺术、宗教和文物研究价值，为珍贵的艺术品。

天宁寺旁的重宁寺如图6-6所示。

图6-6　天宁寺旁的重宁寺

传说重宁寺是为乾隆母亲祝寿而建。在乾隆最后一次南巡之前，两淮盐政伊龄阿上奏朝廷，称扬州盐商请求在天宁寺后增建重宁寺，得到乾隆恩准一年后，一座由盐商出资、僧人了凡主持的巍峨新寺，便竣工落成。乾隆亲自给这座寺庙赐名，叫作"万寿重宁寺"，"合万姓之寿为寿，所以为万寿也；以下民之宁为宁，所以为重宁也"。

扬州八怪之一的罗聘曾应邀为重宁寺所作大幅壁画，仙佛人物，惟妙惟肖，传为名胜，惜已不存。

清咸丰三年（1853年），太平军攻克扬州，重宁寺与城内绝大部分寺庙一样遭遇毁灭的命运。光绪十七年（1891年）和光绪二十七年（1901年），重宁寺两次重修。民国年间，重宁寺规模虽大不如前，但其在全国佛教界的地位依旧很高。

中华人民共和国成立后，重宁寺被用作扬州市考古队等一些文化单位的办公场所。近年来，重宁寺进行了内部修缮，积极为对外开放做准备。

2. 高旻寺

在扬州市南郊古运河与仪扬河及瓜洲运河的交汇处形成了一处三汊河口，就在这三汊口建有一座名刹，它就是驰名中外的清代扬州八大名刹之一高旻寺。我国佛教禅宗有四大丛林，就是扬州高旻寺、镇江金山寺、常州天宁寺、宁波天童寺。

运河边的高旻寺行宫如图6-7所示。

据《邗江县志》载："高旻寺创建于隋代，屡兴屡废，且数易其名，清初重建为行宫。

顺治八年（1651年），两河总督吴惟华于三汊河岸筹建七级浮屠，以纾缓水患，名曰'天中塔'。十一年（1654年）秋塔成，复于塔左营建梵宇三进，是为'塔庙'。康熙帝于三十八年（1699年）三次南巡莅扬，见天中塔倾圮，欲颁内帑修葺，为皇太后祈福。江宁织造曹寅、苏州织造李煦倡两淮盐商捐资报

图6-7 高旻寺行宫

效，大加修缮并扩建塔庙。四十三年（1703年）康熙帝四次南巡，曾登临寺内天中塔，极顶四眺，有高入天际之感，故书额赐名为'高旻寺'。次年又御制《高旻寺碑记》，颁赐内宫药师如来脱沙泥金宝像，寺内建金佛殿及御碑亭供奉。其后曹寅等于寺西创建行宫，规模数倍于寺。康熙第五、第六次南巡，乾隆首次南巡，均曾驻跸于此。"

乾隆三十六年（1771年），高旻寺天中塔的金刹被飓风吹落，损及塔身，由两淮盐商修复，于次年上顶合尖。道光二十四年（1844年），塔再次倒塌，此后未能重建，高旻禅寺自此衰微。咸丰中，寺与行宫俱毁于火。民国时高僧来果住持高旻寺三十多年，扩建寺宇，整顿寺规，严明宗约，断绝经忏，唯以参禅悟道为指归，由此宗风大振，闻名于世。

3. 宁波阿育王寺

在今宁波市东20千米，有一座以阿育王命名的千年古刹，这就是宁波阿育王寺。这座创建于西晋太康三年（282年）的阿育王寺闻名中外，不仅因为山明水秀，殿宇巍峨，更缘于寺内有一座举世瞩目的舍利宝塔。

据《阿育王寺》一书介绍："阿育王寺占地六万多平方米，现存主体建筑为清代所建。占地面积12.41万平方米。中轴线由南而北依次为山门、天王殿、大雄宝殿、舍利殿、法堂（楼上藏经楼）。东、西两侧为厢房及附属建筑。天王殿七间，通面宽30.36米，通进深18.20米。三大殿均为重檐歇山顶，抬梁式结构，舍利殿屋顶盖金黄琉璃瓦，内有舍利塔。寺内有二塔，一塔建于山上，俗称上塔，一塔建于山下，俗称下塔，上塔已残。下塔建于元至正二十五年（1365年），砖木结构，仿楼阁式，六面七层，高约36米。寺内另存有唐、宋碑刻，唐石雕造像等，并设有宗教文物陈列室。"

图6-8 阿育王寺

阿育王寺如图6-8所示。

作为古印度历史上最强大的孔雀王朝的王子之一,年轻的阿育王因其不同凡响的才能而受到一帮同父异母兄弟的嫉恨,都欲除之而后快。阿育王不是皇后的嫡出,但他最得皇帝的青睐,并且战绩卓著,功盖众王子。在母亲的苦苦劝说下,阿育王离开了险恶的皇宫,开始了自己苦行僧式的云游生涯。

路途中,阿育王遇到了自己的梦中情人,一位同样因宫廷政变而流离失所的公主卡瓦奇。自称帕万的阿育王当仁不让地成为了护花使者,在历经了无数的艰难险阻后,阿育王和卡瓦奇之间的爱情终于绽放出了美丽的花朵。然而天意弄人,就在两人即将缘定终身的时候,母亲病重的消息不得不使阿育王离开卡瓦奇,踏上归国的路途。当阿育王满怀喜悦地回来与爱人重会时,得到的却是她早已惨死在兵乱之中的噩耗,残酷的打击使得阿育王心灰意冷,不久来自宫廷的暗害也使他身负重伤。在疗伤的过程中,阿育王遇到了感情上第二次巨大冲击,一位美丽善良的姑娘为了保护阿育王,在新婚之夜失手杀死了刺客,沾满鲜血的双手使得她成为了人见人恶的不祥之物,阿育王为了报答姑娘的救命之恩,决定娶她为妻。此时他哪里知道,侥幸逃生的卡瓦奇公主还在人海中苦苦寻找那位名叫帕万的年轻武士,那位自己的爱人。

不久以后,王妃怀孕的消息让意志消沉的阿育王重新看到了希望,同时也让那些无时无刻不在暗算他的政敌们惶惶不安,他们罪恶的双手又再度伸向了王妃肚腹中的小生命,阴谋没有得逞,但是阿育王一生中所钟爱的另一位女性,他的母亲却倒在了血泊之中。愤怒与仇恨改变了阿育王,为了复仇,他亲手杀死了自己的兄弟,登上了皇位,为了发泄怒火,阿育王率领大军南征北讨,军队所到之处生灵涂炭,阿育王用沾满鲜血的双手建立了供历史见证的丰功伟业,同时也使得自己成为了一个不折不扣的暴君,众叛亲离。更为可悲的是,昔日刻骨铭心的恋人竟然与自己在战场上兵戎相见,战争的胜利让阿育王得到了一切,也失去了一切。[1]

---

1 电影《阿育王》剧情。

相传印度孔雀王朝国王阿育王统治时期（前2世纪），在波吒利费城举行了佛教史上规模最大的第三次结集，编纂整理经、律、论三藏经典，并派遣僧侣四方传播佛教，使佛教成为世界性宗教。

他还取出王舍城大宝塔阿阇世王分得的佛陀舍利，分成八万四千份，"令羽飞鬼，各随一光尽处，安立一塔。"在中国，共建造了19座舍利塔。这19座舍利塔中，保存下来的唯一一座就是西晋会稽鄮县塔，即今浙江鄞县鄮山阿育王寺的舍利宝塔。

（三）中国大运河四大名塔

随着佛教的传播，寺院的兴建，中国大运河沿线也建造了众多的佛塔，其中京杭大运河沿岸就有"四大名塔"的说法，这就是通州燃灯塔、临清舍利塔、扬州文峰塔、杭州六和塔，这四大名塔不仅是运河沿线建筑艺术的杰出代表，而且是明清时期运河区域繁荣的见证。

1. 通州燃灯塔

通惠河通州段是中国大运河最北方的河段——通惠河在北京通州境内的一段河道，是通惠河与北运河交接的重要河段。清代诗人王维珍的诗《古塔凌云》："云光水色潞河秋，满径槐花感旧游。无恙蒲帆新雨后，一枝塔影认通州。"说的就是燃灯塔。享誉中华的燃灯塔是古城通州的象征。

燃灯塔又被称为燃灯佛舍利塔，始建于北周，唐、元、明诸代曾予以维修。通州燃灯塔又被民间称为镇水塔，意在防止洪水泛滥威胁运河和保护两岸人民免遭水灾。燃灯塔的结构为八角十三级密檐式实心砖塔，高约45米。须弥座双束腰，每面均有精美的砖雕。塔身正南券洞内供燃灯佛，故名燃灯塔。其余三正面设假门，四斜面雕假窗。塔身以上为十三层密檐，第十三层正南面有砖刻碑记"万古流芳"。整座塔上共悬风铃2224枚，雕凿佛像415尊。

通州燃灯塔如图6-9所示。

据《通州历史——燃灯佛舍利塔》一文介绍："燃灯塔有七绝。一是风钟繁多。全塔悬挂风

图6-9　通州燃灯塔

钟两千余枚，每枚刻有捐献者的姓名，而且形制多样。二是神像众多。全塔共镶嵌的砖雕灰塑身像有四百余尊，内涵丰富，形态各异。三是塔刹顶端的铜镜大，重达五千克。铜镜为圆形弧面，凹弧面有子弹射击的擦痕（是八国联军对古塔的破坏）。四是第十三层正南面放置一块刻有七律诗的石碑，诗的内容为：巍巍宝塔镇潞陵，层层高耸接青云。明明光影河中观，朗朗铃音空里鸣。时赖周唐人建立，大清复整又重新。永保封疆千载古，万姓沾恩享太平。五是塔心柱长，砖砌的中心，原有一根巨大的锻铁塔心柱，长9.5米，保证了它的稳定性。六是塔顶有榆树一株，生命力极强。七是塔影能垂映在数百米的北运河中，是罕见的奇观异景。"

关于通州燃灯塔有一个美丽的传说。

传说很久以前，通州城北的潞河住着一条白色的孽龙。每年春天它把河水全部喝干，使两岸庄稼干枯而死，夏天它又把满肚子的坏水吐出来，造成洪水泛滥成灾，淹没整个村庄和农田。为了与白龙斗争，百姓们春天掘井，夏天筑堤。而白龙以沙填井，以更加肆虐的洪水冲垮堤岸。但百姓们不屈不挠，掘井筑堤不止，同白龙进行着殊死搏斗，保卫家园。最后终于感动了玉皇大帝，派天神下凡为百姓建了这座宝塔，以燃灯佛的神威将白龙镇于塔下。[1]

图6-10 塔影一枝认通州

塔影一枝认通州如图6-10所示。

2. 临清舍利塔

在中国大运河沿线城市中临清曾有过辉煌的历史，就在临清市城北南运河东岸有一座舍利塔，也就是临清舍利塔。此塔建于明万历三十九年（1611年），塔高61米，九级八面。楼阁式，通体近垂直，仿木结构，刹顶呈将军盔形，基座八面，每面长4.9米，底面积为186平方米，其空间面积可达7000平方米。外檐砖木结构。临清舍利塔是真正与大运河相伴生的建筑，它见证了明清时期临清这一运河名城经济的发展。明清两代漕运兴盛之时，客商学子登塔览胜者众多，留有多首题咏。如今，尽管临清的繁华不在，但临清舍利塔仍然是运河沿线四大名塔之一。

---

1 摘自通州新闻《通话燃灯古塔的传说》。

临清舍利塔如图 6-11 所示。

关于舍利塔也有一个民间传说。

话说明万历年间,临清境内有一个大柳庄,位于大运河畔,虽叫大柳庄,但庄子并不算大。庄里住着一户柳姓人家,父亲柳晓是位远近闻名的私塾先生,膝下有一子名柳佐,自幼聪慧好学,四五岁时《千字文》《百家姓》倒背如流。柳佐在十二岁那年,就考取了秀才功名,四年后也就是万历八年,柳佐又以乡试经魁的成绩考取了举人功名。什么是经魁呢?按现在的说法经魁就是在考试中得了一个单科第一名。一时间前来道贺的亲朋好友络绎不绝,更有文人墨客前来拜访交流,或吟诗答对,或论经释道。

图 6-11 临清舍利塔

时光荏苒,大比之年将至,柳佐要准备进京赶考了,去考取进士功名。但是,由于种种原因在家里实难静下心来读书。这时,柳佐想到了永寿寺。由于柳家是一个乐善好施的人家,经常给永寿寺布施一些香火银钱,所以,柳佐征得方丈同意搬到了临清北水门外运河边上的永寿寺寄读。

话说这永寿寺西傍大运河,寺内古树参天,肃静清幽,在这里读书可使人心无旁骛,是个寄读的好地方。

柳佐自来到永寿寺,早起晚睡,刻苦用功,有时,也与方丈探讨一些对人生、佛法的感悟,从中学到不少佛学哲理。

有一天深夜里,天气异常的闷热,柳佐正在烛光下专心致志的读书,突然一道亮光在窗外一闪而过,柳佐一惊,抬头向窗外看去,没发现什么东西。

"难道是我看书看得眼花了?"柳佐没有去理会这些,重又捧起书凑近烛光看了起来。过了不大一会儿,又有一道金光在窗外闪过,柳佐感到非常奇怪,他放下手中的书,伸伸懒腰,慢步来到院内,就在这时,大雄宝殿前院突然有数道金光自地面射向天空。柳佐先是一惊,心想,这是何物在放金光。随后慢慢地探寻过去,想落实个究竟。可是,来到放金光的地方搜寻了个遍,也没有发现有什么异常的东西。柳佐心想,不可能呀,刚才明明看到了金光四射,怎么来到近前就什么也没有了呢?柳佐更加疑惑。

柳佐一夜未眠终于熬到了天亮,柳佐带着这一疑问,来到方丈面前讨教。方丈说:

"听以前的老方丈讲,当年隋炀帝乘龙舟通过永济渠时,驻跸永寿寺,赐给本寺舍利子一颗,本寺历代高僧方丈将其视为镇寺之宝,后来,为了安全,上代方丈把舍利子藏于地宫之中。"

柳佐说道:"哦,原来是佛舍利子在发光。"

方丈接着说:"这是祥瑞之光,见者如意遂愿,阿弥陀佛。"

"阿弥陀佛,谢谢方丈指点。"柳佐回答道。

天气转凉,进京赶考的日子越来越近。可是,柳佐没有忘记老方丈的那句话"如意遂愿"偈语。这天晚上,柳佐读完书,来到放射金光的大雄宝殿前院,跪拜于地,默默祈祷到:"阿弥陀佛,请保佑我此次进京赶考金榜题名,他日我定在此修建舍利宝塔一座。"

柳佐辞别了家人,在临清太平渡口搭上了一艘进京的漕船。由于是顺风顺水十多天便来到了京城。

会试期间,柳佐在考棚文思泉涌,似有神助。不几天,会试张榜,临清州柳佐榜上有名,同时,一起进京赶考的临清举子方元彦、汪应泰、王都也榜上有名。在这次丙戌开科中,临清州的举子高中四名,文运名列前茅。

据《临清州志》记载,"柳佐,万历丙戌科进士""柳佐历任县令、御史、工部侍郎、工部尚书"。工部尚书按现在的说法就是水利部、建设部的部长。柳佐为官多年,始终没有忘记进京赶考前在永寿寺的许愿,还愿成了他多年来的心结。就在万历三十九年,也就是柳佐考取进士二十六年后,柳佐回到了家乡临清,他将自己这二十多年来的积蓄,全部布施给了永寿寺,并说明要用此款在寺里修建宝塔一座。在给宝塔奠基的时候,柳佐对大家说出了自己多年来心中的秘密。

"是舍利子保佑了临清市肆繁荣、文运昌盛。修舍利宝塔是我多年的心愿"。最后,大家一致赞同把此塔命名为"舍利宝塔",时任山西按察使的临清籍进士王成德欣然为舍利宝塔题写了塔额。

建塔期间,更有不少朝廷重臣、社会名流前来布施资助,在柳佐的督理下,用了九年的时间,临清舍利宝塔终于建成了。[1]

3. 扬州文峰塔

在扬州城南古运河东岸文峰寺内有一座塔叫文峰塔,当地的地名宝塔湾就是因为此塔而命名。文峰塔建于明朝万历十年,相传是为镇住扬州之文风,使学子在科举场

---

[1] 《临清民间故事》。

上出头而得名。其实，在运河边的塔都是镇水之用。文峰塔砖砌塔身，高 40 米，登顶可南望大江，北眺蜀冈，绿杨城廓尽收眼底。

文峰塔为文峰寺最早的建筑，是目前扬州市区所有寺院中仅存的一座最古老的塔，列为省级文物保护单位。寺也因塔而名。初建于明万历十年，知府虞德晔建塔，僧人镇存募化三年资财得以建成，当时的扬州按察御使邵公题为"文峰塔"，取"文风昌盛，文脉顺达"之意。文峰塔为七层八面砖木结构楼阁式宝塔，塔身红木青瓦，下为砖石须弥座，底层回廊围绕，二层至七层为挑廊做法，塔顶为八角攒尖屋顶，通高 44.75 米。古塔庄严厚重，成为古运河畔的显著标志。塔上的灯龛，亦起到航标的作用，明清粮船盐艘多从塔前来往，帆樯林立，盛极一时，此河湾遂改为宝塔湾。明朝才子王世贞作"文峰塔记"，后多文人登塔留作赞颂此塔，清代诗人郝壁的"文峰塔"赞道："拔地浮图蘸水涯，借来天笔焕文葩。瓣珠不必三王子，已见云升五斗霞。"清代李豫僧在"文峰塔"诗里写道："前有王郎后桑苎，谁与文字争厅雄。九峰砚池塔作笔，康乾南幸六龙出。""文峰之塔再落成，洞开窗牖生光明。护诃全仗威神力，不使波旬动火惊。"

文峰塔先后经历过四次大修。最严重的一次是在清康熙七年（1668 年）的大地震中塔顶遭到损坏，第二年再次修建。据说，在抗日战争时期，塔顶也曾遭日本人破坏。现在的文峰塔与文峰寺一起成为扬州古运河畔一道靓丽的风景。

扬州文峰塔如图 6-12 所示。

《宝塔湾上矗起文峰塔》一文就讲述了鉴真大和尚与扬州文峰塔的故事。唐代天宝年间的扬州，兼水漕陆挽之利，有泽渔山伐之饶。今日的宝塔湾，在那时为东河口，为扬州古运河与仪扬运河的交汇处，舟楫往来与造船的便利之所。天宝二年（743 年）鉴真第一次东渡，便通过扬州仓曹李凑在东河口的一家船场造船。后来有奸人诬告，造好的船只被官府没收，首次东渡失败。

鉴真决定不再造船，当他得知岭南道采访使刘巨鳞有条军船在扬州修理准备卖的消息后，当即花钱买下，并雇了 18 个船夫，邀集了画师、绣师、玉作及雕刻工匠和日本僧人荣睿、普照等 17 人，共 35 人组成东渡

图 6-12　扬州文峰塔

的队伍。天宝二年（743年）十二月鉴真率上述35人从新河口出发，在今南通狼山附近的狼沟浦，一个猛浪袭来，军船触礁撞破，只好上岸修理，第二次东渡仍以失败告终。

在今宝塔湾下的"鉴真东渡码头"上，矗立一块刻"古运河"字样的花岗石碑，在它的旁边有这样两行金字：唐天宝二年（公元743年）鉴真大和尚命弟子抵东河造船准备首次东渡。其实，鉴真从扬州出发的第二、第四、第六次东渡，均经东河口入长江。

文峰塔是风水塔，从14世纪中叶开始在全国各地建造，江南各地，风气尤盛，全国称文峰的塔，难以胜数。它是具有观赏性和标志性双重意义的建筑，不仅是科举制度的产物，而且也是儒、释、道三种思想共同作用下的产物。扬州的文峰塔乃是根据"塔在巽（Xùn，东南方向）峰则文运胜"的风水而建，始建于明朝万历十年（1582年），明代文坛盟主、刑部尚书王世贞作记。清康熙七年（1668年）夏六月地震，塔尖坠地，第二年天都闵象南捐资修葺。其时文峰宝塔，巍然高耸，石砌须弥座，七层塔身，内呈方形而外八角，端庄而秀美。

4. 杭州六和塔

六和塔，又名六合塔，是取天、地、东、南、西、北六方以显示其广阔的含义，即"天地四方"之意。位于钱塘江畔月轮山上的六和塔，是北宋时吴越王为镇钱塘潮而建。据《杭州六和塔的传说》介绍，此地原为五代吴越国王的南果园。北宋开宝三年（970年），钱弘椒舍园造塔，派僧人智元禅师建造了六和塔，并建塔院，建塔的目的是为了镇压江潮。现在的六和塔塔身重建于南宋，清光绪二十五年（1899年），又重建塔外木结构。塔名取佛教"六和敬"之义，命名为六和塔。

而今，在六和塔这座我国古代建筑艺术的杰作旁，新建了一座中华古塔苑。走进塔苑，各个朝代、各个地区的一百多座古塔，集中展现了中国塔文化的精华。

关于六和塔的修建历史，民间曾经流传着这样一个优美的传说。

在很久以前，钱塘江里有一条恶龙，经常鼓弄潮水泛滥成灾，人民不堪其苦。一个名叫六和的青年，率领群众搬石填江，终于战胜了恶龙，潮水按时起落，不再成灾，从此年年五谷丰登。后人就在六和率众填江的地方，修建了一个塔来纪念他，并镇压江潮，取名为六和塔。

杭州六和塔如图6-13所示。

除了这四大名塔，在中国大运河沿线还有许多有名的佛塔。

1. 开封铁塔

在运河古城开封，有一座被誉为"天下第一塔"的开封铁塔。这座高大挺拔的古塔是开封的镇市之宝。

铁塔位于开封市东北角归远门里原开宝寺东侧。据《图说中国文化》一书介绍:"这座铁塔的建造同一颗舍利有关。相传释迦佛舍利被古印度的 8 个国王均分,其中摩陀国中的一份在 200 年后被信仰佛教的阿育王所有。据说他取出佛舍利分藏在 8.4 万个小塔内,运送到各地,其中一部分传入中国。浙江宁波的阿育王寺就是因为得到一份阿育王的佛舍利而建造的。到了五代时期,占据浙江一带的吴越王将阿育王寺的佛舍利迎入杭州供奉。后来宋朝军队逼近吴越,当时吴越王降宋,宋太祖赵匡胤就沿运河把佛舍利供奉在东京的滋福殿中,后来又命人在城内开宝寺的福圣院中修建了当时被称为'京城之冠'的 13 层木塔,用作供奉,这就是我国历史上有名的开宝寺塔。"[1]开宝寺塔原名福胜塔,宋仁宗庆历四年(1044 年)木塔遭到雷击焚毁,皇祐元年(1049 年)宋仁宗重修,按木塔式样,用铁色琉璃瓦重建,改名灵感塔。因远看塔如铸铁,民间称其为"铁塔"。该塔平面等边八角形,高 13 层,塔身系仿木结构,以许多形状大小各异的结构砖相结合,严丝合缝。历史上经历大小地震,民国 27 年(1938 年)又遭侵华日军炮击,中弹数十发,均巍然屹立。

开封铁塔如图 6-14 所示。

图 6-13 杭州六和塔

图 6-14 开封铁塔

---

[1] 《图说中国文化》。

2. 高邮镇国寺塔

据《高邮县志》记载,"镇国寺塔始建于唐僧宗时,原为9层,清嘉庆十五年(1810年)被大风损坏3层,光绪三十二年(1906年)修为7层。镇国寺塔的塔身全部用青砖砌建,高25米,呈平面方形。塔顶为四角攒尖式,顶端直立着2米高葫芦式紫铜塔尖,底层有南北拱门,二层到七层均有塔门,两旁建有小佛龛。三层到五层的塔门两旁砌有凸出的半圆砖柱,层层之间都有叠砌砖出檐,明显地留存唐代古塔的建筑风格,在全国六百多座古塔中,堪称翘楚。塔上为砖砌粉灰色的四角切尖式塔顶,上置覆钵,再上是铜制葫芦刹顶。外形轮廓大体保存唐代砖塔的风格。高塔耸立在小岛上,别具风味。"

镇国寺塔是古代沿运河的重要景观节点,也是高邮城的标志性景观。镇国寺塔又叫西塔,因它位于高邮城内西门湾,与东门外的净土寺塔遥遥相对,成为运河中的标志性景观。镇国寺塔体现了运河的景观价值,记录了运河改造的历史。据高邮文史专家李国耀介绍,镇国寺塔还有一段"让道保塔"的故事:1956年京杭大运河拓宽改造工程中,镇国寺塔本应在拆毁之列,经有关部门反复认真研究,最后上报中央,在周恩来总理亲自过问下,决定"让道保塔",在运河中留有一块近40亩的河心小岛,镇国寺塔耸立其间。

著名的古建筑、园林专家陈从周教授[1]来高邮访古塔时,曾作一首七绝诗《高邮镇国寺塔》:"归程回首步犹迟,古塔斜阳系去思,不惜秋波重一转,水中陆上两相宜。"

高邮镇国寺塔如图6-15所示。

关于镇国寺塔也有个"举直禅师建镇国寺"的故事。

镇国寺塔是唐代僖宗(874—888年)年间新建。僖宗李儇有个弟弟,大概是看破了红尘,走出宫廷,剃发为僧。他到处周游,遍访名刹。一日行脚到高邮,见西门内城角有一块平坦的旷地,原是建太平仓(即义仓,谷贱时加价收进,

图6-15 高邮镇国寺塔

---

[1] 陈从周,古建筑学家、园林学家。

以免伤农；谷贵则减价出售，以利贫民）的地基，环境幽静而美丽。这里西倚平津堰，一堤烟柳，郁郁葱葱，运河流水汩汩，珠湖雪浪滔滔，身临其境，俗念尘思，顿然消失。僖宗的弟弟看中了这块地方，便请求他的哥哥在这里建一座寺庙，供他修行念佛。僖宗答应了他的请求，并赐给他举直禅师的称号。举直禅师收了一批又一批弟子，专心致志讲经说佛。晓晨夜半，镇国寺的钟声在古运河的上空飘荡，清越剀亮，悠悠扬扬。举直禅师圆寂以后，安葬在院内一角，并立一座五级佛塔以珍藏舍利（火化后的骨烬）和经卷，这就是镇国寺塔。据说，后来有人在镇国寺塔中挖起了举直禅师的遗骸，竟全骨不解，联若钩锁，发出异光。或许因为这里是风水宝地，或许是举直禅师修行到家了，人们十分讶异，作为奇谈，一直流传到今天。[1]

二、中国大运河与伊斯兰教文化

伊斯兰教产生于7世纪的阿拉伯半岛，唐朝初中期，就通过外交、战争，从陆路、海路等渠道传入中国。

（一）伊斯兰教在大运河沿线的传播

据白寿彝先生《中国伊斯兰教史存稿》引《旧唐书》《册府元龟》载，唐与"大食"交往最早见于记载者，为"永徽二年（公元651年）八月乙丑，大食国始遣使朝献"。史学家多以唐永徽二年（公元651年）阿拉伯使者来华作为伊斯兰教传入中国的标志。

伊斯兰教从陆上丝绸之路传入中国主要是天山北道和南道。当时，都城长安穆斯林商人的身影随处可见，在长安西市、东市都有很多大食人和波斯人开的店铺，当地人谓之"胡店""胡邸"。西亚及非洲的象牙、犀角、香料、珠宝源源进入长安。中国的丝帛、瓷器、茶叶广销阿拉伯各地。

伊斯兰教从海上丝绸之路传入中国后广泛传播。大量的阿拉伯和波斯商人乘船来到中国。据《旧唐书·邓景山传》及《田神功传》记载，唐上元元年（公元674年）发生田神功之乱，扬州的波斯、大食商人死者就达数千人。可见当时留居中国的大食、波斯商人之多，甚至有的已经改为汉姓。如唐朝进士李彦升就是一位大食人，大商人李苏沙系波斯人。这些留居中国的阿拉伯人、波斯人，当时被称作"蕃客"，在华所生子女称"土生蕃客"，居处称"蕃坊"。在"蕃客"中，除阿拉伯和波斯商人外，还有传教士。相传唐时由海路来中国传教的有四大"先贤"，大贤传教于广州，二贤

---

[1] 《高邮县志》。

传教于扬州，三贤、四贤传教于泉州。据说今广州怀圣寺就是于唐初由大贤艾比·宛葛素主持修建的，其逝后葬地位于今广州市解放北路兰圃北面，称"先贤古墓"，现保存完好，并建有陵园，国内外穆斯林到此瞻仰者络绎不绝。

到了宋元，伊斯兰教在中国的传播进入鼎盛时期，特别是在运河地区以及东南沿海地区，传播尤为广泛。北宋政府为照顾这些国外的商旅，特别为他们划定专门的居住区。如熙宁年间，即安排西域天方国王所率领的一个逾5300人的团队分居在江淮沿运河地区，允许伊斯兰教教徒与汉族通婚，尤其是尊重其信仰，在各地兴修清真寺。宋代在扬州建的仙鹤寺，规模相当大。扬州堪称伊斯兰教在中国的发祥地之一，除了著名的仙鹤寺外，目前各个县域均保留有清真寺。宋代，越来越多的信奉伊斯兰教的阿拉伯、波斯的商人、传教士、工匠来到中国，分布在广州、泉州、扬州、杭州、海南岛等地，这些地区纷纷建造起规模宏伟壮丽的清真寺。"蕃客"人数达十几万，出现了"五代土生蕃客"。在沿海一带，形成了一个个伊斯兰教的兴旺区域。元代大都著名的清真寺就是始建于至正年间的东四清真寺，由伽色尼人阿合买德、和花不刺人阿力掌教的牛街清真寺。河北定州、山东济南、河南开封和商丘等地，都建有清真寺。此外，苏州、松江、杭州、宁波以及泉州等地也建有规模庞大、宏伟壮丽的清真寺。

图6-16 扬州仙鹤寺

扬州仙鹤寺如图6-16所示。

明代，伊斯兰教在运河区域的传播与运河作为南北主要通商之路有着直接的关系。特别是沿运河城镇，吸引大批有经商传统的穆斯林商人落户，自然伊斯兰教也随之成为当地的宗教之一。如在大运河南端的杭州，明弘治年间扩建始建于宋代的真教寺（又称凤凰寺），据康熙《真教寺碑记》载，"武林真教寺居城之中，巍然高峙，左镇江海，右映湖山，表东南之巨丽，壮江山之形势，兹寺实一方之镇焉。"充分显示出了伊斯兰教的兴旺。在运河中段的扬州，明代以后吸引大批穆斯林商人居住，原来的仙鹤寺数次重修扩建。据嘉靖《维扬志》记载，该寺于"洪武二十三年（公元1390年）哈三重建，嘉靖二年（公元1523年）商人马宗道同住持哈铭重建"。在运河北端的北京，明代又在前朝的基础上兴建了锦什坊清真寺、安内清真寺、花市清真寺等，成为伊斯兰教在北方地区的传播中心。除上述三市外，运河其他城镇也都在扩大传播伊斯兰教。天津的金家窑大清真寺、泊头镇大清真寺，河北沧州的清真北大寺，北京通州的常营清真寺，山东德州的北营清真寺、临清的老礼拜寺和大清真寺、临西（明代属临清）的洪官营清真寺和张秋镇的清真东寺、济宁的清真东大寺，均建于明代。另外，江南的镇江、常州、嘉兴也有许多清真寺建于明代。如果说，明代伊斯兰教在运河城镇的传播发展是从事商贸活动的穆斯林定居的结果，那么它在运河沿线农村的传播则是大批移民的结果。从正统元年（公元1436年）起，明朝相继数次从甘州、肃州和凉州等地，迁徙穆斯林安插到运河区域的农村进行屯耕[1]。大量穆斯林迁移落户，自然促进了伊斯兰教在运河农村地区的传播。

（二）中国大运河沿线的伊斯兰教建筑遗存

1. 济宁东大寺

济宁伊斯兰教清真寺，坐落在山东省济宁市小闸口上河西街，因前门正临老运河，俗称其为"顺河东大寺"，门前匾"古礼拜寺"由著名书法家陈金言题写，并因处济宁全市9座清真寺之东，故简称东大寺。全寺占地面积7200平方米，建筑面积4000平方米，始建于明洪武年间，迄今已有六百多年的历史。明成化年间初具规模，清朝康熙、乾隆年间大兴营造，始具今日之规模。它与济宁西大寺、南京净觉寺、西安化觉寺、兰州桥门街大寺并称全国五大古建清真寺，而尤其以济宁东大寺最为壮观，2006年经国务院批准，公布其为第六批全国重点文物保护单位。

东大寺为标准的龙首式建筑群，中轴线上主要建筑有大门、邦克亭、大殿、望月楼等四部分，中轴线两侧是南北讲堂、水房、碑廊等。大殿是寺院的主体建筑，面宽28米，进深逾40米，最高点约30米，其建筑面积达1057平方米。整座大殿有卷棚、前殿和后窑殿三部分，以勾连搭形式组成。殿内以40根朱红的通天木柱和12根石柱作支撑，后窑殿为3层楼阁，上部为六角攒尖式窑顶。窑顶峰折陡峭，起伏错落，檐下斗拱罗列，翼角飞翘，覆黄绿色琉璃瓦，顶嵌青铜质鎏金宝瓶，流光溢彩；殿后是"望月楼"，砖木结构，以精巧玲珑著称。

寺院坐西朝东，寺门朝大运河，共有4道门，第一道门是木栅栏式。栅栏后立有石质牌坊，浮雕有狮子、羊、麒麟、山水、花卉等，大小额枋上全刻卷草，石坊左曰

---

[1] 《明世宗实录》卷48。

右月分饰两旁,故称"日月坊"。石坊后有大门3间5檩,屋顶歇山造,用绿琉璃、黄剪边,有跑龙脊。大门左右有抱鼓石、盘龙柱和盘花柱等雕饰,门两边为八字墙。

二门为重檐圆顶,下檐带垂柱,形似楼房,为"邦克楼"。南北讲堂各6间。礼拜大殿7间15檩,由24根粗两围的木柱支擎,上为卷棚式,由黄绿色琉璃瓦覆顶,顶脊和8条垂脊饰以龙纹鸱尾,殿顶嵌着铜质镏金宝瓶。大殿四周窗棂,全用金丝楠木作阿拉伯文组成的花方图案。阿訇住室和沐浴室设在殿外两侧。大殿后有望月楼,是一座3层阁楼,上覆六角形盖式楼顶。后门楼和后牌楼重重叠落,为木构建筑,高大雄伟。20世纪80年代又经多次维修,已恢复原貌。

东大寺抱鼓石、盘龙柱、石柱础上面的雕饰,全是少见的精品。尤其值得一提的是那座康熙三十年(1691年)春所建的石刻日月坊,三门四柱,全是采用汉白玉精选石料,宽厚安稳,气势威严。因云板上有日、月图案,所以称之为日月坊。与一般牌坊的不同在于:四柱出头部分不用云气纹,两侧立柱雕有精美宝座,中间立柱上雕以八角平座栏杆宝阁,牌坊横梁上雕成宝瓶。底座、抱鼓、夹杆部分雕功如神,遍体生花。正中顶端有一石刻宝瓶,两旁各飞一团石云,云上分别拖着一轮红日和一弯新月。令人感到动中有静,静中有动,宇宙苍穹尽在眼底。石坊通体洁白,与后面大门八字墙的绿色琉璃交相辉映,在绿水、蓝天、白云的映照下,别具风采,甚为赏心悦目,更显悠悠古寺的清静与肃穆。

济宁东大寺如图6-17所示。

图6-17 济宁东大寺

2. 沧州泊头清真寺

泊头清真寺位于泊头市区清真街南端，北距沧州市 40 千米，京沪高速公路出南皮口西行 5 千米。泊头清真寺始建于明永乐二年（1404 年），占地面积 11200 平方米，房屋近 200 间，建筑面积 2919.78 平方米。

相传元朝末年，丞相脱脱之子率船队运载建材由南方沿大运河北上至泊头时，由于元朝政权已被推翻，押运船队的元朝士兵、工匠等无家可归，便在泊头住了下来，并与当地穆斯林一起，于明永乐二年(1404 年)，把运载的石料等用于修建泊头清真寺。[1]

泊头清真寺规模庞大且配置齐全，除具有清真寺的功能外，还强调了结构和艺术的协调统一，是典型的民族化了的伊斯兰教建筑群。该寺在明万历、嘉靖年间进行了扩建，清代康熙、嘉庆、咸丰、光绪，以至民国时期均有不同程度的修缮。寺内现存有康熙四十一年重修时的匾额，另有光绪三十四年、民国十九年重修的砖刻。寺内还存有一个乾隆四十九年的"清真寺恩功记"碑等。

泊头清真寺坐西朝东，正门门楼阔 3 间，高 10 米，单檐歇山，古棚出厦，琉璃瓦顶，朱门铜饰，门楣楷书"化肇无极""清真寺"黑地金字悬于上方。另两侧各有便门一个，继之青砖布瓦，雕花围墙，门脸建筑颇有气势。

大殿正门两侧有楹联一副，原有明清两代皇帝、太子太保衍圣公等达官显贵的题匾 18 块，现仅存"清真光明"匾一块，藏于班克楼内，其他均为 1982 年以后所书。其中"圣旨"系康熙帝于康熙三十三年（1694 年）为北京牛街礼拜寺所颁，"文革"中丢失，1982 年后修寺时又到北京牛街礼拜寺抄录了原文，刻制成匾；"清真光明"匾系孔子 75 代孙孔祥珂所书；"清真垂教"匾系清朝重臣张之洞之兄张之万所书；"清真"匾系康熙或乾隆的七皇子所书。

大殿南侧有女寺宅院一座，坐北朝南，大殿 3 间居中，东西两侧为水房和宿舍，大殿北侧为阿訇院，设计精巧，建筑别致，为阿訇诵经、食宿及"海立几"学习的地方，环境甚是幽雅安静。

泊头清真寺不仅驰名国内，且在国外亦享有一定的声誉。1935 年，土耳其一中学校长麦尔稣穆曾来传教考察。自 1982 年起，各级政府拨款对该寺进行修缮，现主要建筑已按原样修复。

泊头清真寺如图 6-18 所示。

---

[1] 文刀. 运河岸边的清真古寺——河北泊头清真大寺 [J] . 中国宗教, 2006（03）: 45。

3. 扬州仙鹤寺

扬州仙鹤寺又名清白流芳清真寺，位于扬州南门街，是中国伊斯兰教东南沿海的四大名寺之一。宋德佑元年（1275年）由至圣穆罕默德十六世裔孙西域先贤普哈丁创建。明清重修，至今仍存有宋、元、明、清四代伊斯兰教文化遗迹，受到中外穆斯林的珍视，

图 6-18　泊头清真寺

在海内外享有盛誉。扬州仙鹤寺形如仙鹤，并且保存完整，是中阿建筑风格的巧妙糅合。

该寺融合了伊斯兰建筑和汉族古代建筑的风格特点。在兴建此清真寺时就按鹤的形体从"嘴"到"尾"布局。主体建筑是园北的一列长楼。楼广七楹，横贯东西，把两座一具北方之雄、一具南方之秀的假山和谐地连为一体。一楼抱两山，因此名为抱山楼。楼下有平台，有山石，珍卉丛生，随候异色。楼上有长廊，徐步行廊上，环观园中景物，参差错落，高下相间，隔水有屋宇相峙。

仙鹤寺的修建者普哈丁入乡随俗，尊重地方民情，在兴建清真寺时，按照仙鹤的体形来布局：大门对面的照壁为鹤嘴，大门堂为鹤头，向北的露天通道为鹤颈，礼拜殿为鹤身，南北两厅房为鹤翅，南北两古井为鹤眼，南北两棵柏树为鹤腿，大殿后的竹林为鹤尾。仙鹤寺因此而得名。该寺具有传统特色的古建筑多为清代乾隆年间修复重建，仍有一鹤翅、一鹤眼和鹤嘴亟待文物部门进行修复。

殿后原临河，遍植竹篁，形如鹤尾（扬州填汶河筑路后竹篁不存）；大殿前，左右两侧各有水井一眼视为鹤目。

每逢伊斯兰教节日，中外信仰者往往在这里聚礼，现今仙鹤寺已成为扬州和阿拉伯友好交往的一座标志。

扬州仙鹤寺如图 6-19 所示。

4. 杭州凤凰寺

凤凰寺位于浙江省杭州市中山中路上，占地面积约 2600 平方米，建筑面积约

图 6-19　扬州仙鹤寺

1370 平方米，礼拜殿面积约 570 平方米，寺内有水房及殓房等附属设施，是伊斯兰宗教节庆活动的主要场所，也是杭州伊斯兰教的礼拜中心。凤凰寺于 2000 年 1 月被中国伊斯兰教协会授予"全国模范清真寺"的荣誉称号，2001 年被列为"全国重点文物保护单位"，是中国伊斯兰教四大清真寺之一，成为杭州著名的旅游景点。

凤凰寺又名"真教寺"，在阿拉伯国家中也享有盛誉。因寺院建筑结构似凤凰展翅，故名。寺内大殿是最古老的建筑，正殿没有梁架，殿顶上起攒三座尖顶是宋代的遗物，中间一座上刻《可兰经》文，相传是明景泰二年（1451 年）重修时设置的。寺内还保存有阿老丁墓碑等阿拉伯文碑刻。远在五代，杭州与阿拉伯国家就有友好往来。

该寺历史悠久，创建于唐朝（618—907 年），到宋朝（960—1279 年）时被毁掉。1281 年，元朝（1206—1368 年）著名伊斯兰教人物阿老丁开始重修，明朝（1368—1644 年），在 1451—1493 年期间再次扩建重修，最终形成凤凰寺的建筑群规模。

杭州凤凰寺如图 6-20 所示。

5. 扬州普哈丁墓园

谈及伊斯兰教与中国大运河的关系，不能不说阿拉伯人普哈丁这位富有传奇色彩

图 6-20　杭州凤凰寺

图 6-21　普哈丁墓园

的人物。

普哈丁是中古时期的阿拉伯人，据传是伊斯兰教创始人穆罕默德的第十六世裔孙，在国内颇有声望。南宋咸淳年间（1265—1274年）来到中国扬州。在扬州期间，他弘扬伊斯兰教传统美德，扶弱济贫，广交朋友，得到扬州官府的礼遇和地方人士的拥戴，普哈丁主持修建了著名的仙鹤寺。清光绪年间出版的《西域先贤普哈丁墓碑记》记述了一则普哈丁传教的故事："其时绿扬城东有龙王庙，老僧华仙素擅法术，颇有名誉，见先贤欲一斗其伎俩，卒不能胜，乃折服而退。"这个故事反映了普哈丁刚在扬州传教的曲折，体现了东西方文化的碰撞和交流。

普哈丁在扬州待了十年，其间他曾回西域三年，后又来到我国的津沽、济宁等地传教。1275年7月，他乘船沿运河南下，于当月19日抵达扬州，黎明时在船中归真。根据他生前遗愿，后人将他安葬在古运河东岸的土冈上。这座墓园最初是专为安葬普哈丁而修建的，穆斯林尊其为先贤墓。后来又陆续有来扬州传教、经商或做官的阿拉伯人以及明清以来的一些中国阿訇和虔诚的穆斯林卒后附葬于此，使墓园逐渐形成今天的规模。[1]

普哈丁墓园如图 6-21 所示。

三、中国大运河与基督教文化

基督教发源于公元1世纪巴勒斯坦地区的犹太人社会，并继承了犹太教耶和华上

---

[1] 张开，邓清著《扬州运河文化的传播与交流》。

帝和救世主弥塞亚等概念，以《旧约全书》为基督教圣经。基督教的兴起是犹太下层民众反抗罗马暴政的社会运动的产物。公元 11 世纪，基督教第一次分裂为天主教（罗马公教）和东正教（希腊正教）两大宗。15 世纪，从天主教（罗马公教）中分裂出了信义宗（路德教派）、圣公宗（英国国教派）以及归正宗（加尔文教派）等，统称新教。

（一）天主教在中国大运河沿线的传播

元朝时候，天主教开始传入中国。宋末元初之际，蒙古帝国军队西征欧洲，引起罗马教廷和欧洲各国的不安。于是，他们派出柏郎嘉宾、鲁布鲁克等传教士，先后出使蒙古帝国，以说服蒙古可汗信服天主教，停止侵略行为。元朝对罗马教廷和欧洲国王派来传教士通好的行为表示了赞赏，也渴望与西方建立友好关系。至元二十五年（公元 1288 年），元朝派列班、扫马出使罗马教廷，请求派传教士到中国传"七艺"。次年，罗马教皇惯古拉四世派遣孟高维诺来华传教。孟高维诺从陆路转海路，取道印度，留居马八儿一年，于至元三十年（公元 1293 年）乘船来到扬州。然后沿大运河北上，最后于至元三十一年（公元 1294 年）抵达大都。来到中国后，孟高维诺首先在蒙古贵州族和阿兰人中宣道布教，接着又对其收养的 150 名儿童传教，取得成功。大德三年（公元 1299 年），大都第一所天主教堂竣工。大德九年（公元 1305 年）八月，他又在大都建第二座天主教堂。罗马教皇充分肯定孟高维诺的功绩，大德十一年（公元 1307 年），特许设立汗八里（大都）总主教区，委任其为总主教，统辖元朝各处主教，管理远东教务。同年还派格拉德等 7 人来华协助孟高维诺。至元四年（公元 1338 年），罗马教皇尼迪克特十二世再派佛罗伦萨人马黎诺里为特使，率领 50 人，携带致元朝皇帝的书信及礼物出使元朝。四年后，马黎诺里团队来到大都，觐见了元顺帝，进献了罗马教皇的礼物、骏马和书信。顺帝对骏马十分喜欢，命文人赋诗作画，称之为"天马"。马黎诺里在大都待了四年，其间大力传教。至正六年（公元 1346 年），他沿运河南下泉州，乘船回国。元顺帝特设宴饯行，并赠 3 年费用和良马 200 匹，又回书给罗马教皇请再派人来中国。元代，运河区域的镇江、杭州和东南沿海的泉州都有天主教传播。

塘栖运河边的教堂如图 6-22 所示。

到了明代嘉靖年间，天主教继续从海路传入中国，广东等地率先建立教会。万历时传至苏州、扬州、丹阳、绍兴等运河城市。先后至运河地区传教的有意大利传教士利玛窦、龙华民和罗明坚，葡萄牙罗如望，西班牙庞迪我，还有邓玉函等。传教士们不仅介绍西方神学知识，还把西方天文、历法、舆地、数理等自然科学传授给中国的士大夫，为中国开启一扇看西方、看世界的窗户。一些运河地区的官僚士子也纷纷受洗入教。清朝，天主教继续在中国传播，传教士汤若望曾任中国钦天监正，并在北京修建教堂一所。另一传教士柏应理在苏州、镇江、淮安一带热心传教，还与其他教士一起，把《四书》翻译成法文，为中外文化交流做出了贡献。

天津天主教堂如图6-23所示。

清朝初期，朝廷对天主教采取比较宽容的政策，教会势力有所发展。据不完全统计，至康熙三年（公元1664年），运河地区的教堂达10座以上，教徒达3万以上。仅北京就建有南堂、东堂、墓堂三处教堂，教徒达15000人，为全国之冠。江苏沿运河地区，常熟有教堂两处，教徒达万人。扬州、淮安各有教堂1处，教徒分别有1000人和800人。浙江沿运河地区，杭州有教堂两处，教徒1000人[1]。康熙十九年（公元1680年），比利时籍传教士柏应理等来苏州传教，并扩建了当地的教堂。康熙四十一年（公元1702年），法国籍神甫龚当信在绍兴购房设立教堂，传教近6年[2]。鸦片战争后，天主教从海路进入运河流域卷土重来，获得了空前发展，不但建造了一大批规模宏大的天主教堂和为数众多的分堂，而且还创办了一些教会和慈善机构。

图6-22 塘栖运河边的教堂

图6-23 天津天主教堂

（二）中国大运河沿线的天主教建筑

1. 嘉兴天主教堂

嘉兴天主教堂名叫圣母显灵堂，俗称圣母堂、天主堂。这座教堂据称是中国最大、在远东排名第三。

1903年嘉兴文生修道院建成后，天主教的影响得以扩展。1904年，意大利籍神父韩日禄在子城脚下（今紫阳街）建造一座教堂，并把加尔默洛会（圣衣会）从海盐迁到嘉兴城内。1917年，遣使会韩日禄神甫主持兴建宏伟的哥特式大教堂，花费8万银

---

1 根据《中华归主》《中华基督教史纲》所载整理，并参见《中国教案史》第59-60页。
2 《中国教案史》第60页。

元，历时 13 年，到 1930 年才全部完工。整座教堂占地 3.4 万平方米，建筑面积 1320 平方米，堂前两座钟楼拔地而起，高达 57 米。天主教堂落成后，天主教法国巴黎遣使会运来合金铸铁钟一口悬于钟楼上。这口铁钟高 11 米，底部直径 1.10 米，重 657 千克，击之声闻数十里。嘉兴天主教堂于 2013 年 5 月，被列入第七批全国重点文物保护单位。从现存的天主教堂主体建筑看，其精致的建筑艺术具有很高的研究价值，建筑技术和造型风格堪称同时代、同类型建筑中的上乘之作。

嘉兴天主教堂基本上保持了西方建筑的"原汁原味"，没受到多少本土建筑的影响，只是在平面入口及建筑朝向上，没有按西方教堂圣坛在东门朝西的传统，而是遵照中国坐北朝南为尊的习惯布置。嘉兴天主教堂遗存反映了当时西方建筑的艺术价值及社会文化积淀，为相关考证、研究提供了最具体的实物例证。

嘉兴天主教堂如图 6-24 所示。

图 6-24　嘉兴天主教堂

2. 嘉兴文生修道院

文生修道院地处嘉兴市区东北角，前临大运河，院地面积 47.5 亩，建筑面积逾 5600 平方米，为西式建筑群，有教堂和欧式环楼。修道院建筑群左右对称分布，坐东朝西，主体部分平面呈倒"凹"字形，正面部分二层九开间，东西两翼各十二开间，整个建筑面阔 59.6 米，进深 46.6 米。主体建筑的正中有一小钟楼，钟楼有圆窗。两翼建筑中，东翼两层，西翼三层。底层是开敞式的拱门长廊，廊外共有 30 个砖砌的拱形门。楼层为封闭式长廊，各层都为长条木地板，素面门窗。东、西、南、北均设木制楼梯。人字形屋面铺设小青瓦。主体建筑的两侧各有六开间的两层附属建筑。院内遍植香樟，幽静，古朴，形成了建筑与自然环境的浑然一体。

光绪二十八年（1902 年），法国神父步师加（曾任中国遣使会长）在巴黎遣使会上提议在中国建立会院和神哲院获准，遣使会派遣步师加率 7 名法国修生抵达上海，觅址未果。之后，步师加以行医传教来嘉兴发展，趁一个傅姓地主与海关为通道争讼之机，在嘉兴北门外购得土地百亩，建造法兰西嘉兴文生修道院，一年后竣工。

图 6-25　嘉兴文生修道院

自 1903 至 1908 年，嘉兴文生修道院为中国遣使会的唯一总修院，又是总合院。

后因北方修生不服江南水土，乃于 1909 年在北京大栅栏另建一座遣使会修道院。文生修道院常住中外修士四五十名，研习教义，一经考核及格，晋为神父。从 1909 年至 1941 年，文生修道院共培养 12 年制神父 155 名，被派往全国各地教堂。1949 年文生修道院停办。

嘉兴文生修道院如图 6-25 所示。

3. 扬州耶稣圣心堂

扬州耶稣圣心堂是位于扬州古运河畔的北河下 25 号，是原天主教扬州监牧区的主教座堂。

1873 年，原负责上海徐家汇天文台工作的法国籍耶稣会神甫刘德跃来到扬州，在缺口城门内购地动工建造耶稣圣心堂，1875 年初步竣工。1876 年 1 月 1 日，江南代牧区主教郎怀仁来到扬州，为这座教堂祝圣。耶稣圣心堂于 1900 年全部建成。教堂坐西朝东，面积 357 平方米，建筑风格为哥特式，有两座高 17 米的钟楼，堂内祭台供奉耶稣圣心像，内部的 10 根红漆柱及哥特式建筑梁架各有特色，并有精美的彩色玻璃窗及各种装饰。但是前面修建了带有中国风味的门楼与照壁。由于这座教堂地处缺口城门附近，因此俗称缺口天主堂。

1949 年，罗马教廷从天主教上海教区分设天主教扬州监牧区，扬州耶稣圣心堂成为新教区的主教座堂。1966 年，"文革"开始，扬州耶稣圣心堂的钟楼及十字架被拆，内部祭台被毁，为工厂所占用。1982 年恢复开放，为扬州市的天主教活动场所。

1995 年 4 月，扬州耶稣圣心堂被列为江苏省文物保护单位。

扬州耶稣圣心堂如图 6-26 所示。

4. 天津西开教堂

西开教堂始位于天津和平区滨江道独山路，坐西南朝东北，全称天主教西开总堂，后因其所处地区又称为西开教堂和老西开教堂。西开教堂是民国五年（1916 年）由法国传教士杜保禄（1864—1944 年）主持修建；建筑面积 1891.95 平方米，可同时容纳 1500 人，平面呈十字形。

天津西开教堂建筑平面呈拉丁"十"字形构图，三个高达 45 米的巨型圆顶错落排列成"品"字形，三座穹隆顶均略向上拉长，表面以绿色铜板覆盖，巨型圆顶为木结构支撑，每座圆顶上有一个青铜十字架。

西开教堂是天津市文物保护单位和特殊保护等级历史风貌建筑；西开教堂是天津市最大的罗马式建筑，也是天主教天津教区的主教座堂。

西开教堂建筑主体是用红黄色花砖砌造的，教堂内有许多壁画和大管风琴，前面院中有圣水坛，有左右两道大门，信徒分男女从不同的门入内。

西开教堂的结构是带厢堂长殿式，教堂横殿和长方形教堂相交构成十字连拱廊。大门采用拱门形式，通常用石头作材料，在石门上凿出一个拱券，一个套一个拱券由表入里，一个比一个小，最里层式木制大门。正厅从正门两侧到底部的祭台，有两排（每排 7 根）共 14 根立柱，形成三通廊式。中殿以叠式复合方柱廊，支撑大小半圆券顶。室内八角形的穹隆顶及侧窗均以彩色玻璃嵌作画。内墙彩绘壁画，装饰华丽，充满宗教神秘气息。

图 6-26　扬州耶稣圣心堂

天津西开教堂如图 6-27 所示。

除了佛教、伊斯兰教和天主教这三大宗教，在运河区域传播的还有摩尼教、祆教、犹太教等外来宗教的传播。

隋唐时期，随着大批波斯、大食人的东来，西亚的宗教和文化也传到中国。摩尼教创始于波斯，逐渐流行

图 6-27　天津西开教堂

于中亚、西域诸国，此后东渐传入唐朝。大历三年（公元768年），代宗敕赐回鹘奉摩尼者建大云光明寺，大历六年（公元771年），于荆（江陵）、扬（扬州）、洪（南昌）、越（绍兴）等州，增置大云光明寺各一所，"江淮数镇，皆令阐教"[1]，摩尼教在淮南、江浙等地广泛传播。到了宋元时代，摩尼教已有高度的汉化之势，在江南运河地域拥有众多信徒。因摩尼教提倡素食、禁欲、崇尚俭朴生活等，故又被称为"吃菜事摩教"，受到广大下层贫苦农民的信奉。北宋末年，浙江地区发生的大规模的方腊起义，就是以摩尼教来号召发动的。

祆教，又称拜火教，曾是波斯萨珊王朝的国教，就是金庸小说《倚天屠龙记》里的明教，其传入时间早于摩尼教。唐朝将葱岭以西并入版图后，为招诱西域，怀柔远者，遂尊崇祆教，在河西诸州和长安城内广建祆祠，并设萨宝府专管祆教。9世纪前后，祆教继续东传，达于汴、润及苏州等地。宋代开封就在封丘门外远宁坊和宫城外西南角建有两座祆庙，供信徒祭拜。元《至顺镇江志》卷8载，"镇江府朱方门里岗之上有祆庙，宋嘉定中迁于山下。"宋《吴郡图经续记》载，"中和二年……杨茂实为苏州刺史，溺于妖巫，作火祆庙于子城之南隅。"据此可见，西亚的摩尼教、祆教，都是沿着运河水道逐渐由西向东南传播的，这和运河一线聚居着大量的西亚、中亚、波斯湾人不无关系。

犹太教随犹太人的来华开始在中国运河沿线传播。在宋真宗咸平初年，犹太人已入住宋都汴京，经过长时间的居住，于孝宗隆兴元年（公元1163年）建立了第一座寺院，位于今开封市教经胡同。犹太教在宋代又称一赐乐业教。当时开封是犹太人在运河沿线的活动中心，有两千五百余户居住。另外从运河沿线一直到泉州都有犹太人居住。到了元代，犹太人来华激增，从大都沿京杭大运河到东南沿海地区，都广泛分布居住着犹太人。

四、中国大运河与道教文化

道教和儒教一样是中国土生土长的宗教，是中国国人文化催生的，道教以道家学说为主干，讲求长生不老，画符驱鬼。道教创立后尊老子为教主，遵道贵德。道教以"道"名教，对老子之道一要学习，二要信仰，三要继承，四要发扬。或言老庄学说，或言内外修炼，或言符箓方术，其教义就是以"道"及"道德"为核心，认为天地万

---

[1] 李德裕《会昌一品集》卷5《赐回鹘可汗书》。

物都由"道"而派生,即所谓"一生二,二生三,三生万物",社会人生都应法"道"而行,最后回归自然。具体而言,是从"天""地""人""鬼"四个方面展开教义系统的。天,既指现实的宇宙,又指神仙所居之所。天界号称有三十六天,天堂有天门,内有琼楼玉宇,居有天神、天尊、天帝,骑有天马,饮有天河,侍奉有天兵、天将、天女。其奉行者为天道。地,既指现实的地球和万物,又指鬼魂受难之地狱。其运行受之于地道。人,既指总称之人类,也指局限之个人。人之一言一行当奉行人道、人德。鬼,指人之所归。人能修善德,即可阴中超脱,脱离苦海,姓氏不录于鬼关,是名鬼仙。神仙,也是道教教义思想的偶像体现。道教是一种多神教,沿袭了中国古代对于日月、星辰、河海山岳以及祖先亡灵都奉祖的信仰习惯,形成了一个包括天神、地祇和人鬼的复杂的神灵系统。

道教在中国发展的几千年来,形成了自己特有的文化。道教文化极其高雅,极其通俗。特别是其中一部分已演化为民间世俗,成为劳动群众精神生活的组成部分。作为中国本土宗教的道教在中国大运河沿线也十分流行,沿线人民为了祈祷风调雨顺,行船安全而祭拜各种河神,大运河两岸的水旱灾害频繁和行船的危险催生了水神信仰,大运河交流的特点带来了水神信仰的广泛传播。运河沿岸供奉最多的是"金龙四大王"谢绪。特别是沿线人民为了纪念与运河有关的人物而修建的庙宇,有的是纪念治水人物的,有的是纪念道德楷模的。当地百姓将这些人物进行神化,与中国本土的道教相结合,就形成了一批富有特色的运河水神,并建起了一批运河庙观。

(一) 宿迁龙王庙

宿迁龙王庙位于大运河中河宿迁段皂河镇附近的运河南岸,原名为"敕建安澜龙王庙",坐落于宿迁市西北 20 千米处的古镇皂河。

宿迁龙王庙是供奉"金龙四大王"谢绪的,谢绪是南宋时自杀殉国的爱国人士,之后演化为"金龙四大王"。龙王庙行宫始建于公元 17 世纪末(清康熙年间),雍正五年(1727 年)和嘉庆十八年(1813 年)两次重修。清乾隆皇帝六次下江南,五次宿顿于此,并建亭立碑。经雍正、乾隆、嘉庆等各代皇帝的复修和扩建,形成了现在占地 36 亩、周围红墙、三院九进封闭式合院的北方宫式建筑群。

龙王庙行宫是大运河江苏段沿线保存最完整、规模最大的皇帝南巡行宫遗址之一,具有极高的历史、科学和艺术价值,见证了对运河水神崇拜和中国古代对漕运的持续重视。

据王理德、韩修存在《龙王庙行宫传奇》一文中介绍:"龙王庙行宫建筑群,布局严整，规模宏大，轴线分明，左右对称，气势磅礴，雄伟壮观。整体呈长方形，双重围墙。中轴线上建筑物主次清晰，错落有致。自南向北，整个建筑群分为六大部分。中轴线最南端为古戏楼，戏楼为前台后室，坐南向北，台口额枋上悬挂'奏平成'鎏金匾一块，上下门悬有'阳春''白雪'鎏金匾各一块。该戏楼主要用于一年一度的初九庙会及清帝驾临时看戏之用。相传清代康熙、乾隆皇帝，六次南巡幸宿迁，驻跸龙王庙，都在前广场观看当地的民间艺人演出的地方戏曲柳琴戏节目。"

自明、清以来，每年的农历正月初八至初十这三天，为皂河安澜龙王庙庙会之日，众多善男信女，纷纷前来烧香拜神，祈福求祥。附近山东、河南、安徽几省的行商坐贾、民间艺人也纷至沓来，云集皂河。一时间逛庙的、敬神的、看景的、购物的热闹非凡，应有尽有。最为光彩夺目的是皂河镇内三大香会的绕街巡游，朝山祭祀。花船、花车、舞龙、舞狮，所有逛庙会的人们一起参拜龙王，人山人海，盛况空前，被列为苏北地区36处香火盛会之首。数百年来，岁岁如此，即使是十年"文革"的时候，也只是中断了宗教习俗的内容，其他的民俗活动从未间断过，可称得上中国民俗史上的一大奇观。[1]

宿迁龙王庙行宫是全国众多乾隆行宫中规格最高、规模最大、唯一保持较为完好且最具价值的清代北方官式古建筑群。目前建成国家AAA级旅游景区。

龙王庙行宫大门如图6-28所示。

宿迁龙王庙如图6-29所示。

皇帝在宿迁留下的传说

清朝乾隆年间，宿迁有一位姓臧的举人在京城里为官，听说乾隆每次下江南都要途经宿迁住龙王庙行宫，心想，自己是宿迁人，何不借此机会和乾隆套套近乎，也好

图6-28 龙王庙行宫大门

图6-29 宿迁龙王庙

---

1 王理德、韩修存《龙王庙行宫传奇》，原载《江苏工人报》2009年10月9日。

高攀高攀呢？于是，有一次他听说乾隆又要南巡到宿迁去，便以家有私事早早地请假返乡筹划，在家里等待。

一日，乾隆真的到了宿迁，就驻跸在皂河龙王庙行宫里。这位臧大人得知急忙前往皂河迎驾，并盛情邀请乾隆到府上做客。乾隆本来就是个风流天子，最喜爱游山玩水，听说臧大人是本地人，特地来请，就欣然应许。这一天乾隆便衣便服，也不带随从，自个来到臧府。臧大人特地请来宿迁有名的厨师，厨师拿出最好的手艺，为乾隆办了一桌上等的美味佳肴，包括乾隆爱吃的黄狗猪头肉，又从白洋河沽来洋河美酒招待皇上。乾隆因为高兴心情愉快，席间不由地就多喝了几杯，觉得有些微醉。臧大人就劝皇上在本府歇息，乾隆也未推辞。

再说，臧大人有一位千金小姐，年方二八，天生丽质，长得如花似玉，知道乾隆就是当今天子在本府歇息，便上前伺候，百般殷勤，乾隆由于一路风尘，加之又多喝了点酒，有些疲劳，上床就睡着了，并未把这小女子放在心上。谁知这一觉竟睡至第二天日上三竿方醒，乾隆睁开睡眼，忽见床前跪着一位小女子，再细看小女子长得眉清目秀、天姿美色、气度不凡，便问："你是何人？"小女子答道："俺是臧府的千金，家父特地派俺来伺候皇上的。"乾隆这时才回想起头天晚上臧大人劝酒留宿的一番苦心。但天已大亮，便唤臧小姐快快起身。谁知臧小姐跪在床前就是不起来。乾隆只好亲自下床搀扶，并许诺道："等朕南巡回京后，便来迎娶你，封你为妃。"臧小姐这才叩头谢恩。

后来不知何故，乾隆回到京城竟将此事给忘掉了。再后来，由官府专门拨款为臧家建起一座花园式别墅，当地人俗称臧家花园，专门供养臧家小姐及其后人。臧小姐从春盼到夏，从秋盼到冬，两眼望穿秋水，始终不见鸿雁传书，直到最后老死家中。[1]

（二）泰安禹王庙

泰安禹王庙位于宁阳伏山镇堽城坝村北，大汶河的南岸，坐北朝南，占地16132平方米；是供奉治水英雄大禹的；创建年代不详，据清咸丰元年重修《宁阳县志·秩祀》记载，"原名汶河神庙，在堽城坝，明成化十一年（1475年）员外郎张盛建坝，因立庙。"

堽城坝为古代著名的水利建筑工程。这项工程在历史上为繁荣南北水路交通、灌溉鲁西南广袤的农田，发挥过巨大的作用。庙内立有龟趺螭首石碑记载了这一历史。碑为明成化十三年（1477年）"同立堽城堰记"碑。城堰碑通高约5.6米，宽近1.5米，

---

[1] 《宿迁龙王庙行宫》。

厚0.5米,记载着明成化十年(1474年)城坝重建的缘由、选址、用料及施工工艺等,指出该碑文阴刻,因长年风吹雨淋,很多字已模糊不清了。庙内还有一通石碑为明成化十一年(1475年)"造堽城石堰记"碑,由明代科举考试中唯一连中三元官至兵、户、吏三部尚书,文渊阁大学士尚辂撰文,由明代四大家之首的文征明及名家祝允明的书法老师李应祯篆额书丹。庙中有一株被称为大禹化身的直径达1.52米的古桧柏,号称"齐鲁第一柏",还有一株柏树夭娇作龙形被誉为"虬枝歧柏"是宁阳八景之一。泰安禹王庙如图6-30所示。

图6-30 泰安禹王庙

(三)邗沟大王庙

邗沟大王庙坐落在扬州古运河由东西向转向南的拐弯处,这里是古邗沟与宋代运河的交汇处。庙里所供奉的是两位与大运河有关的"大王"。一是吴王夫差,开凿邗沟的第一人。吴王夫差修建邗沟,不仅成为中国大运河的开端,而且开启了扬州城迄今两千五百年的历史。邗沟的开挖对扬州地区的经济文化和航运交通的发展有着重大的作用。另一位"大王"便是汉初吴王刘濞。他掌管吴国后,充分利用吴荆之地丰富的自然资源,将休养生息,与民同富作为吴国的基本国策,并接纳各地的流民在吴地开荒种地。经过四十年的发展,使东南地区成为有名的鱼米之乡,他开山铸钱、煮海为盐,使吴国成为西汉初期各诸侯国中最富强的一个,而且开通了扬州向东的运盐运河。夫差和刘濞对大运河做出的贡献,扬州人民没有忘记,遂建庙祭祀,供奉香火。后人将他俩当做财神供奉起来。

邗沟大王庙原建在便益门北的古运河旁。庙门朝北。清人李斗《扬州画舫录》记载,"邗沟大王庙在官河旁,正位为吴王夫差像,副位为汉吴王濞像。""是庙灵异……每岁春香火不绝,谓之财神胜会。"

大王庙在20世纪50年代被毁。2007年,扬州市在古运河畔重修大王庙。其南门上方悬一匾额,上书"恩被于吴"四个金色大字。殿前的四根抱柱上,两副木刻楹联尤为醒目,一副为"曾以恩威遗德泽,不因成败论英雄";另一副为"遗爱成神乡俗流传借元宝,降康祈福世风和顺享太平"。两幅楹联表达了扬州人民对两位吴王的景仰感恩之情。其北门额上石刻隶书"邗沟大王庙"五个大字。殿前空地正中有一"借沙取银"的水窍，据传说是求财得财的遗存见证。

邗沟大王庙如图6-31所示。

（四）滑县大王庙

位于道口镇的滑县大王庙建于明万历十八年（公元1590年），供奉的"王"是谢、黄、张、李、朱五位治水先贤，即南宋谢绪，明代黄守才、张居正，战国李冰，清代朱之锡，以祈求保护卫河安澜，水运通畅，人们安居乐业。据《滑县县志》记载，"由道口镇任德民、郭东野等八家盐业、绸缎业商户集资创建。该殿原名为十方院，有大小庙宇三十余座"，"文革"中大多被拆除，现仅留存大王庙。大王庙坐东朝西，俯瞰卫河。该殿面宽五间，进深十二架像，为"一殿一卷"式建筑。殿内梁架分主殿梁架和拜殿梁架两部分。如今，大王庙的香客依然源源不断，已被定为省级文物保护单位。

图6-31 邗沟大王庙

图6-32 滑县大王庙

滑县大王庙如图6-32所示。

（五）南旺分水龙王庙

为纪念明代著名水利专家、工部尚书宋礼和著名农民水利专家白英等创修南旺枢纽工程，在南旺汶、运交汇处建造了"分水龙王庙"。

明永乐年间（1403—1424年）开始修建分水龙王庙，有龙王殿、戏楼及钟楼等建筑。明正德七年（1512年）建宋公祠、白公祠和潘公祠。清康熙十九年（1680年）建禹王殿，其后相继增建了莫公祠、关帝庙、文公祠、蚂蚱神庙、观音阁等建筑，规模持续扩大，到清朝末年已经形成一座结构和功能完备的大型建筑群落。随着运河的废弃，年久失修，建筑物多已倒塌掩埋。

分水龙王庙由东、中、西并列的三组建筑组成,地面尚存关帝庙、禹王殿、观音阁等砖木建筑,其他建筑为遗址状态,主要包括:龙王庙建筑群基址、水明楼建筑群基址、祠堂建筑群基址等。遗址总占地面积五万多平方米,规模较大。

龙王庙建筑群位于分水龙王庙建筑群的东部,是分水龙王庙建筑群中的庙宇建筑。该建筑群以院落内的甬道为中轴线对称分布,自北向南依次为牌坊、山门、戏楼、钟楼、鼓楼、龙王大殿和关帝庙。

2006年,南旺分水龙王庙作为京杭大运河一部分,被国务院公布为第六批全国重点文物保护单位。

南旺分水龙王庙遗址如图6-33所示。

图6-33　南旺分水龙王庙遗址

全国重点文物保护单位龙王庙建筑群高碑店附近平津闸旁的龙王庙是旧址上复建的,如图6-34所示。

图6-34　平津闸旁的龙王庙

(六) 露筋娘娘庙

露筋娘娘庙位于大运河边的古镇邵伯镇东风渔业村,是为纪念露筋女而建立的。传说露筋女生于唐代末年,姓名籍贯不详。一年夏天,她与嫂嫂二人步行去高邮,行列露筋,电闪雷鸣,大雨滂沱,就在四处寻找避雨之处时,只见河堤旁有一茅草棚,嫂嫂就上前要求借宿,里面住着个四十上下的单身男子,那男子虽生活窘迫,但为人和善,特地将自己的床腾出来,自己却用一张芦席睡在地上。姑娘恪守"男女授受不亲"的古训,坚决不肯投宿,嫂嫂也劝她不过,只好由她去了。姑娘疲惫不堪地独自睡在门外。这时草莽中的蚊虫四处出动,疯狂肆虐,姑娘的身上噆叮着黑压压的大片麻蚊。东方既白,嫂嫂开门一看,姑子耷拉着脑袋,停止了呼吸,身上的每一根筋都像一条条蚯蚓般地暴起。后来,当地人为颂扬她的贞节,在她死去的地方兴建了露筋祠,称她为露筋女,并立碑刻石,以昭后人。石碑上立着一只石雕的振翅欲飞的大蚊子,长长的嘴叮在石头上,似乎在用力地吮吸着什么,这种碑的造型在全国尚属不多见。据说,碑文是宋代大书法家米芾的手笔,而今古碑不复存,碑刻仍存高邮文游台内,笔者曾去拍了照片(图6-35)。

后人将露筋女作为运河女神供奉,凝聚着渔民们祈求平安的心愿。今天看来,这样的做法值得商榷。但在封建社会,露筋女的贞洁观受到了统治者的提倡。从宋代开始,就有很多文人,题诗赞美这位露筋娘娘。如欧阳修写过《憎蚊诗》,王士祯写过《再过露筋祠》等,就连风雅的乾隆皇帝,也两次游览露筋祠,写道:"蚊噆安能至命亡?露筋事半属荒唐。虽然事可风巾帼,善行何妨思欲长。"

南阳镇的河神庙如图6-36所示。

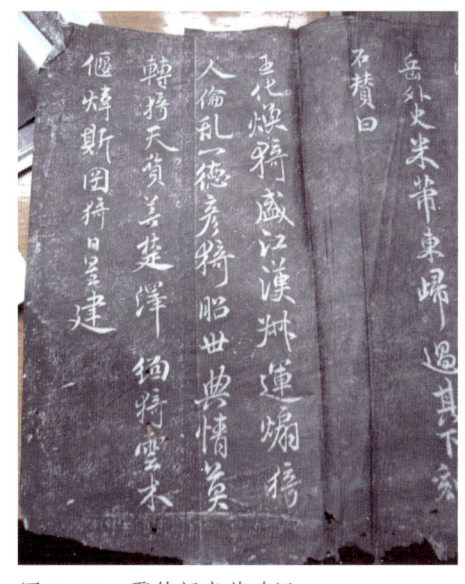

图6-35 露筋祠米芾碑记

图6-36 南阳镇河神庙

第七章 中国大运河城市文化

自中国大运河于隋代全线贯通后,作为中国古代具有战略意义的交通大动脉,对于此后中国各朝代的都城及沿线其他城市的发展都产生了巨大影响。吴晨在《京杭大运河沿线城市》序中说道:一部浩浩荡荡的运河史,也是运河两岸的城市发展史。城市在广阔的空间中沿着运河的脉络展开,而运河文化的基因则顺着流淌的河水渗入到城市的每一个末梢之中,使得每一座城市从社会结构、经济形态、民风民俗,到城市的性格与气质,都被深深地打上了运河的烙印。大运河与运河城市是一体同胞,唇齿相依。

河流是人类古代文明的摇篮。历史上,河流是雕刻大自然的工具,由于河流两岸往往土地肥沃,河水给人们以充足的水源,用以饮用和灌溉土地。河流也为人们的交通往来提供了方便,于是,人们在河边定居下来,开始形成一个个村庄,以后,逐渐发展成一座座城镇。河流哺育了城市,城市改变了河流的面貌,为河流增添了无限生机。

阎守诚先生在《隋唐小说中的运河》一文中说,"河流与城市之间有着极其密切的关系。运河的开凿给沿岸城镇的发展以巨大的推动力。如楚州,在隋代原为江都郡的山阳县,地处淮河边上,是数川交汇的地方,淮、泗、汴、蔡、颍、涡等河都直接或间接地经过楚州而东流入海。楚州向北可通过汴、蔡等水与中原沟通,向南到扬州则非常不便。隋文帝开皇七年(587年)为伐陈做准备,疏浚了山阳县到扬州的山阳渎(即古代的邗沟东道)。隋炀帝大业元年(605年),在发动通济渠工程的同时,又'发淮南民十余万,开邗沟,自山阳至扬子入江。'这样,山阳县成为连接中原与扬州以至江南的重要交通枢纽,得到迅速的发展。唐武德四年(621年)将山阳县升格为东楚州,八年(625年),改称楚州。贞观十三年(639年),楚州有户3357、口16262;到天宝元年(742年),有户26062、口153000。在一百年间,户数增加了近七倍,人口增加了八倍多,发展的速度相当惊人。唐宋时期的运河,一般都穿城而过,百姓夹河居住,显示着城市依靠河流兴起的迹象。明清以来,随着城市的不断发展,运河担负的运输任务越来越重,穿城而过的运河,对于船只特别是大船的航行颇为不便,河道的疏浚、拓宽也很受限制,因而逐渐改道为绕城而过。如果我们把唐宋运河比喻成一条碧绿而柔软的彩练,那么,运河沿岸的城市就是串在这条彩练上的一颗颗明珠。从西京长安和东都洛阳向东南,沿着通济渠、邗沟、江南河、浙东运河分布的重要城市有汴州、宋州、宿州、泗州、楚州、扬州、润州、常州、苏州、杭州、越州和明州等。在这些城市中,最富庶、最重要、最著名的是扬州,或者说,在这串明珠中,最硕大、最美丽、最有光彩的一颗是扬州。"

诗云:"十里人家两岸分,层楼高栋入青云。官船贾舶纷纷过,击鼓鸣锣处处闻。"

人群聚集和财富的积累，直接导致了一批运河城市的兴起，如都城北京、洛阳，造船工业基地镇江，工商业城市天津，近代民族工业的发祥地无锡等重要城市。

随着社会经济的进一步发展，中国大运河成为联系全国经济的交通大动脉，在运河沿岸形成了一批转口贸易城市，促进了运河沿岸城市商业的繁荣。由于漕运的需求，深刻影响了都城与沿线工商业城市的形成与发展，围绕漕运而产生的商业贸易，促进了大运河沿线地区的兴起、发展与繁荣，造就了中国大运河沿线地区一个个繁荣的集镇，形成了独特的中国大运河城市文化。

扬州运河边的明清城东门遗址如图 7-1 所示。

图 7-1　扬州明清城东门遗址

一、中国大运河都城文化

运河与城市互动的第一种类型就是都城。都城是一个国家的心脏，要供给皇室官僚机构及部队需要的大批物资，而中国都城所在的北方往往都不是经济中心，需要从南方农业发达地区调动物资，需要一个稳定的粮食运输系统，借运河行漕的漕运即成为最佳的手段，这就形成了运河与都城的特殊关系。隋唐时期的洛阳城、元代大都的建设，是在国家意志下与运河的修建同期规划、同期实施的宏大工程，城市规划者将漕运的便利、皇室的需求与城市的景观统筹考虑，从而诞生了在世界城市规划史上具有典范意义的城市，并通过漕运带来的经济繁荣，使之成为人口超过百万的大都会。

隋唐以前，统一的中国中央政权最为依赖关东与关中平原两大经济重心区，因此都城始终以中原为中心，形成了长安与洛阳的两京格局。隋唐政府延续了这一传统。但这一时期，由于经济重心的逐渐南移，促使统治者沟通了以东都洛阳为中心的大运河体系，使中国大运河对于中国政治经济文化的作用上升到一个新的高度，并自此拉开了中国都城发展的"运河时代"。在运河时代里，大运河与运河流域的经济文化对于都城发展具有决定性意义，构成了都城发展的动力支撑系统和技术、信息与文化交流系统，共同推动都城的发展。

都城是中国古代一种特殊类型的城市，它既是政治中心，又是商业和文化中心，在中国古代城市体系中处于最高层级。要供养都城内包括庞大的中央官僚机构和足够数量的常备军以及皇室成员在内的庞大人口群体，就需要有一个持续不断的粮食供应系统。因此，大运河的出现是中国古代王朝政治的产物，主要是为都城服务，以满足都城的物资需求为目标。自大运河开通后，成为历代都城的命脉，并与都城相互依存，互为推动。以都城为中心的运河系统组成一个庞大的漕运之网，紧密地将经济发达地区与都城联系在一起，从而为都城的发展提供了源源不断的各种资源。中国大运河沿线的都城有洛阳、开封、杭州、北京。

北京故宫如图7-2所示。

图7-2　北京故宫

（一）隋唐时期都城洛阳

洛阳地处洛水之阳，是中国文明史上最为重要的政治文化中心之一，前后有东周、东汉、曹魏、西晋、北魏、隋、唐、后梁、后唐等朝代在此建都。特别是隋唐两代，洛阳成为全球的政治经济文化中心。隋唐两代虽然以长安为都城，但洛阳都是作为陪都而存在。由于大运河带来的繁荣，无论是从经济上，还是政治上，洛阳的地位一点不低于长安。洛阳地区从夏代开始即成为中原政权的都城。到隋代，由于前代的洛阳城已经损毁严重，因此撇开旧城，另肇新基。作为隋唐东都的洛阳城始建于隋炀帝大业元年（605年），历经隋、唐、五代和北宋诸代五朝，历时约五百余年（605—1127年），期间其规模和布局除局部稍有增减外没有大的变化，在中国历史中占有非常重要的地位。据《隋书·炀帝纪》记载，隋炀帝于大业元年下令开建东都洛阳。负责规划的宇文恺根据洛阳山川、河流的自然条件，集政治、经济、对外交通和观赏于一体，把东都洛阳城规划设计得十分宏大。在营建新都的同时，隋炀帝下令开凿通济渠，自都城西面的西苑引谷、洛水达于黄河，构成通济渠的西段。由于通济渠不仅供炀帝出巡各地，更要把东南与其他地区的租粮漕运到东都含嘉仓，然后再转输西京大兴城（长安），因此宇文恺巧妙地利用黄道渠让谷水、洛水与通济渠连通，把通济渠的停靠码头延伸到皇城，在东太阳门外与承福门外形成一个宽阔的广场，炀帝多次出巡活动都是由此处乘船而行的。正是因为洛阳城的规划专门考虑了通济渠的漕运功能，根据考古发掘推测的隋唐洛阳城平面图显示，宫城、皇城以及郭城内的建国门大街等重要建筑，都位于郭城的西半部，即城市中轴线偏在郭城的西半部，这与同为宇文恺规划设计的中轴线位于城市中央的西京大兴城很不相同。

公元608年，隋炀帝又下令开通了永济渠，形成了以洛阳为中心，向东北（永济渠）、东南（通济渠）辐射的庞大的中国大运河网络。洛阳成为全国水陆交通枢纽，工商业空前繁盛，逐渐成为全国的商业中心和对外贸易中心。同时，皇帝还下令把洛阳故城的居民及各地富商大贾等迁入新城，使洛阳人口达到百万以上，规模在当时的世界上首屈一指。唐代继续建都长安，由于其所在的关中地区人口不断增长，而当地生产却长期连遭损耗，根本不能满足其官俸、军饷和宫廷用粮的需要。因此政府在隋代大运河的基础上，经过局部变更和整修，建立起发达的运河交通网络，位居大运河交汇处的洛阳的重要性再次凸显，城内中外商贾荟萃，手工业发达，城内市场甚至远较长安大。唐高宗时恢复了洛阳的东都地位，并经常往来于两都之间，以方便就食于富庶的东南地区。武则天当政时，更长期驻跸洛阳，改洛阳为"神都"。正是运河的沟通使政治中心与经济重心密切联系在一起，整个帝国名副其实地凝结为一个坚强牢固的整体，为大唐盛世奠定了基础。

但自唐天宝末年起，经过安史之乱的破坏，及随之而出现的藩镇割据和军阀混乱，北方社会经济遭到惨重破坏，全国的经济重心已基本上转移到江南地区。洛阳也在战乱中遭受烧杀抢掠，残破不堪。[1] 战乱后，洛阳又常处在割据势力的威逼之下，唐王朝虽曾几次修复东都，终因财政困窘而没有能力大兴土木，致使东都宫殿内苑始终未能修复，其都城地位也逐渐丧失。政局的不稳使漕运受到严重影响，年运量下降到二十余万石乃至十余万石。大运河体系的改变使长安洛阳地区逐渐丧失了全国经济的支撑，由长安和洛阳构成的经济文化轴心区不复存在。五代及北宋虽然仍立国于黄河流域并基本维持了汴梁（今开封）与洛阳的两京格局，但却被赋予了新的内涵，洛阳逐渐丧失其政治中心的功能。随后继起的南宋、金、元、明、清彻底改变了中国古代都城的分布格局，正式开启了都城发展的运河时代。

大运河洛阳段如图7-3所示。

（二）北宋的都城开封

开封地处中原腹里，周围平原广阔，河湖交错，战国时即是魏国都城（当时称大

---

[1] 据《旧唐书·郭子仪传》记载："（洛阳）久陷贼中，宫室焚烧，十不存一。百曹荒废，曾无尺椽，中间畿内，不满千户……人烟断绝，千里萧条。"

梁）。当时，魏国为争雄称霸，对鸿沟进行挖掘改造，北接黄河，南边沟通了淮河北岸的几条主要支流，构成了黄、淮之间的水路交通网络，而开封也因此成为中原地区的水陆交通要冲。此后随着魏国的灭亡，开封沦为一个小小的县城，沉寂了数个世纪，直到隋炀帝开挖大运河，才迎来重新崛起的机会。

图7-3 大运河洛阳段

中国大运河沟通后，开封（当时称汴州）西通洛阳，南达江淮富庶之地，是南来北往商旅漕船的必经之地，从唐开元年间逐渐繁荣起来。[1] 安史之乱以后，由于藩镇割据局面的形成，北方地区的大部分赋税被地方留用，唐王朝的财政收入主要依靠江南，通济渠成为了其生命线，使开封作为交通漕运枢纽的地位得到进一步确立，并对其城市发展起到巨大的促进作用。此外，作为保护洛阳的屏障，开封也具有巨大的军事价值，成为唐王朝统治东方的重镇和兵家必争之地。

经济与军事地理格局的变化也带来了政治地理格局的变化。公元907年，朱温在开封称帝，建立后梁政权，立开封为国都，洛阳被改为西都。五代时期（907—960年），虽然国都仍然在开封、洛阳之间来回变动，但多数时间以开封为主，洛阳则降到从属的地位，从而开启了中国都城史的"运河时代"。

公元960年，赵匡胤建立了北宋政权，并通过一系列战争结束了唐末以来的割据局面。由于当时中国经济文化重心的南移已经完成，因而宋廷在选定都城时，必须考虑如何既能照顾到北部和西北部边防的安全，又能较容易地取得江、淮地区的巨额漕粮以满足上述的迫切需要。因此，赵氏君臣几经反复研讨，尽管开封地势平坦无险可守，由于其地处大运河东南部分北端的重要位置，最终还是不得不继五代（后唐除外）之后，确定开封为国都。

同时，为了吸取唐朝后期握有兵权的各地方藩镇割据形成五代十国以及五代各朝都是短命的政治教训，宋朝一开国就采取加强中央集权措施，将各地方政府的军、政、财、法和监察大权，全都集中到中央，在开封设置了庞大的官僚机构和在京师驻扎了

---

[1] 据《旧唐书·齐澣传》记载："河南，汴为雄郡，自江、淮达于河、洛，舟车辐辏，人庶浩繁。"

数十万的国家军队。为了供应京师庞大官僚群和军队的给养需要，宋朝一开始就制定了"国家根本，仰仗东南"的国策，即将国家的财赋收入，完全依赖于东南地区对京师的漕运。北宋朝廷曾数次讨论过是否迁都洛阳的问题，结果因洛阳离东南地区较远，漕运不便而被否决。当时开封的水运交通条件十分优越，除汴河（宋朝对通济渠的称呼）外，还有向南经陈、蔡地区通往淮河流域的惠民河，向东经曹州通往齐鲁地区的五丈河，以及向西经中牟通往荥阳的金水河。这一以汴河为主的运河系统构成以开封为中心的放射状河网，为北宋漕运的发达和京师开封的繁荣提供了良好条件。而开封作为漕运中心和水陆交通枢纽，还发挥了集东南之粮犒御北方兵马的重要作用，在兵事紧急的时候将漕粮转运到国防前线。

开封在北宋是当时世界第一大都市，"汴京富丽天下无"。开封的兴衰与大运河的兴废息息相关。唐代以来，开封以"水陆所凑，当四会五达之通"的地位，成为经济发展、文化繁荣的城市。经过北宋的整治，汴河担负着大部分的漕运任务，成为维系北宋政权的交通大动脉。开封随之达到了鼎盛阶段，城市规模、经济发展水平及人口数量都超过了隋唐时期的长安与洛阳，不仅是全国政治经济文化中心，而且是世界上最繁荣的城市之一。开封的衰落也缘于运河的废弃。由于汴河水源主要来自黄河，黄河多沙善淤的特点也影响了汴河。到了北宋后期，汴河疏浚制度渐废，泥沙淤塞日趋严重，漕路不畅，运力大减，再加上金人南下的威胁，使开封不再适合作为都城。

图 7-4　开封龙庭

1127 年，金军攻破开封，宋统治者放弃中原，南逃临安（今杭州）。宋金对峙，南北分立，汴河长期失用不浚，逐渐湮没。开封的地位也从此江河日下，日渐衰微。而由于历史上黄河数次泛滥，历史上的开封城今天也已被湮没在厚厚的淤泥之下。

开封龙庭如图 7-4 所示。

（三）南宋时中国大运河的中心城市杭州

杭州被《马可·波罗游记》称为"世界最美丽的华贵之天城"。杭州城的发展与水密切相关，整个城市都是依水而建，因水而兴。杭州始兴于隋代，隋唐大运河的南北贯通和东南经济的迅速发展，尤其是江南运河与钱塘江及浙东运河的沟通，使杭州从一个滨海小邑一跃发展成为重要的经济都会。通过杭州，大运河的影响也快速向长江下游更加广阔的地区延伸，并最终使杭州成为兼具河港和海港双重功能的运河城市。唐朝时，杭州已成为国内外通商口岸，贸易兴盛，呈现出"骈樯二十里，开肆三万室"的繁荣景象。公元907年，在唐政权被后梁政权取代的同时，唐地方将领钱镠建立吴越国，以杭州为都城。经钱氏数十年的经营，使杭州成为一座规模宏大的名城，并在北宋时期成为全国最重要的工商业城市之一，是对外贸易主要港口，经济、文化十分繁盛。1132年，在经过开封陷落后的数年颠沛流离之后，宋朝统治者终于在临安府（今杭州）安定下来。考虑到杭州自身优越的经济条件和物质基础，以及它作为江南运河、浙东运河及钱塘江三条水路交汇点的便利水运交通条件，宋朝廷于1138年正式将其定为行都，是为南宋。南宋政权偏隅南方，北有强敌，但仍然维持了逾150年（1127—1279年），且经济持续发展，全靠其坚实的财政基础的支撑。而正是由于大运河对于各地财赋的转漕，才保证了朝廷的财政需求，并成为其布达政令、遣发军旅、流通物资的重要通道，大运河也由此成为南宋得以偏安的重要因素。南宋经济、文化、社会各方面的高度发展，促成了京城临安的极度繁荣。作为全国最大的手工业生产中心，南宋杭州城工商业发达，手工业门类齐、制作精、分工细、规模大、档次高，造船、陶瓷、纺织、印刷、造纸等行业都建有大规模的手工业作坊。同时杭州还是当时全国商业最为繁华的城市，城内城外集市与商行遍布，天街两侧商铺林立，早市夜市通宵达旦；城北运河樯橹相接、昼夜不舍，城南钱江两岸各地商贾海舶云集、桅杆林立。

经过南宋政府一个多世纪的精心营建，杭州发展成为百万人口以上的大城市，鼎盛时曾达到160万人，成为当时亚洲各国经济文化的交流中心，城市规模遥遥领先于世界。甚至在它于1274年沦陷于蒙古军队之后，马可·波罗仍然认为它无疑是世界上最为华丽高贵的城市。当时美洲和澳洲尚未被外部世界所发现，非洲处于自生自灭的状态，欧洲现有的主要国家尚未完全形成，罗马内部四分五裂，基辅大公国（俄罗斯）刚刚形成，而当时西方最大最繁华的城市威尼斯也只有10万人口，作为世界最著名的大都会伦敦、巴黎，直至14世纪的文艺复兴时期，其人口也不过4万至6万人。

元代，作为大运河上的重要节点，杭州依然保持南方工商业中心的地位。明清以来，杭州除短时间因遭战争破坏而经济萧条外，多数时间都保持了工商业繁荣发展的局面。明万历以后，杭州恢复了昔日的繁盛，商店沿街长达几十里，百物辐辏，商贾云集，千艘万舳，往回不绝。由于经济的高度发展，夜市又开始兴起，"每至夕阳在山，则墙帆卸泊，百货登市，故市不于日中而常至夜分，且在城阓（城门）之外，无金吾之禁，篝火烛照如同白日"。清乾隆年间，杭州发展成为中国三大丝织业中心之一。其他手工业如棉纺织业、制伞、剪刀等也很兴盛。雍乾年间，杭州城市更加发展，城郭宽广，居民稠密，南北长达三十余里，成为全国著名的工商业大城市。

杭州小河直街如图7-5所示。

图7-5　杭州小河直街

（四）元明清大运河的中心城市——北京

北京古称蓟，战国时即为燕国的都城，为北方一大都会。作为中原进入北方和东北地区的门户，北京逐渐成为区域政治中心。随着大运河在隋代的开通，第一次开辟了从江南直达涿郡（今北京南郊）的运道，解决了漕运问题，从而不仅提升了北京地区的政治、经济和军事地理价值，为其上升为全国政治中心奠定了基础。隋唐王朝对东北高丽的多次用兵，都以北京为基地。

中唐以后，契丹、渤海、女真等少数民族相继崛起于东北，北京的政治地理价值日益凸显。10世纪上半叶，契丹族在建立辽朝后升北京为五京之一的南京，是辽国经济文化最发达的城市，几可与宋都开封相媲美。12世纪上半叶，由女真族建立的金朝取代辽朝，并攻灭北宋，占有淮河以北的领土，与南宋形成南北对峙的局面。鉴于北京的交通发达、物产丰富，公元1153年，金统治者正式将都城迁至北京，改称中都，并随即恢复了以中都为中心，以御河（即隋唐时的永济渠）为主干，以黄河北流诸水为辅的漕运体系。公元1264年，在即将重新统一中国的前夕，元朝皇帝忽必烈下令在金中都东北郊另建新城，并于1272年把新城命名为大都，定为全国的都城。元大都的确立与兴建，使北京由北方区域中心第一次上升为统一国家的政治经济文化中心，成为北京城市发展史上的一次飞跃，对中国历史发展产生重要影响。

而大都城的山形水系，在其规划设计之初便被认真考虑在内。设计者首先选择了城内最重要的水源积水潭东北岸上预定为全城中心的一点，立"中心台"，又建"中心阁"，从"中心台"向南，紧傍积水潭东岸，垂直南下，形成设计上的元大都示意图城市中轴线。在此中轴线上，又紧傍太液池的东岸，建造宫城"大内"，又以积水潭的东西宽度，作为全城宽度的一半，用以决定东西两面大城城墙的位置。在大都建成之后，为解决南粮北运问题，元政府对大运河进行了一次大规模的整治和开发，重新开通的大运河以大都为中心，直穿山东、江苏全境，径抵江南，沟通了河、海、江、淮、钱塘五大水系，把南北方各大经济区更直接地联系起来，由此奠定了此后中国大运河的基本走向及其规模。

明清两朝相继建都北京，继续沿用元代大运河作为连接北方政治中心与江南经济重心的水运通道。为确保这一交通大动脉的畅通，明清两朝都不遗余力地经营运河，使运河的功能和作用得以充分发挥，进而将古代运河的发展推向一个高峰。而作为元、明、清三朝都城的北京，素有"漂来的城市"之说。大运河每年为北京运进数百万石粮食，还把南方的其他物资如木材、铜、铁、铅及百货等，源源不断地运来。可以说，没有大运河，就没有北京的那些金碧辉煌的城阙和宫殿，也就没有北京历史上的兴盛和繁华。

北京的崛起，有政治、军事、地理等多方面的深刻原因，而大运河沟通南北，连接黄河长江两大流域，也为北京作为统一中国的都城奠定了经济和地理方面的基础。随着中国经济重心的东移，长江中下游平原、华北平原和东北平原逐渐成为中国的经济政治中心区域，正是由于大运河的沟通，使位于华北平原北端的北京成为连接三大区域的枢纽，南北照应，成为全国的中心。北京作为中国古代两大伟大工程长城与大运河的交汇点，既捍卫了中原文明，又努力汲取南方的养分滋育北方大地。长城既未能阻挡北方民族的南进，也没有阻碍中原文明的北上；而中国大运河却有效地保证了南北的统一，促进了中国经济的发展、商业的繁荣和文化的兴盛。

通惠河北京旧城段如图7-6所示。

图7-6　通惠河北京旧城段

二、中国大运河商业城市文化

　　运河与城市互动的第二种类型就是商业城市。运河以满足都城的物资需求为主要目的，客观地将政治中心与经济中心联系在一起，东部地区农业发达的地区成为中国经济最发达的地方，并催生了一批商业城市。大运河沿线的众多城镇，由于漕运的影响而逐渐发展成为工商业发达的地区性中心聚落。位于大运河与长江交叉口的扬州，自隋至清，一直是中国大运河的要地。扬州城与大运河的邗沟段同期修建，至今可见运河对城市格局的影响。唐代扬州就是全国最发达的商业都会。元代，则成为重要的国际性都会。明清更由于盐业的发达而更加繁荣。苏州、杭州的历史也与公元6世纪江南运河的开通息息相关。宋代的苏州城更由于以水系为脉络，河道为骨架，塑造了杰出的双棋盘式格局，将大运河之水引入家家户户门前，形成了独特的"水陆相邻、河街平行"的住居模式。农业、丝织业的发达加之漕运带来的便利和商贸机会，使苏杭两地在宋代即被誉为"天上天堂，地下苏杭"[1]，以形容其富庶与美丽。明清时期，苏杭两地更成为工商业极为发达地区。北方的天津、南方的宁波（明州）均是中国大运河与海运的交汇点，也由此而成为历史上全国南北货物的集散地与重要的对外港口城市。

　　中国大运河与海上丝绸之路的交汇点宁波（古代称明州）如图7-7所示。

　　大运河不但给城市带来了商品、技术和文化，而且给运河城市的构建方式和运行机制以及城市居民的意识形态带来了变化。由于中国南北方经济条件差异较大，经济互补性也比较强，客观上有加强经济交流的愿望。虽然大运河开凿的主要目的是为了

图7-7　中国大运河与海上丝绸之路的交汇点宁波（古代称明州）

---

[1] 宋朝范成大著《吴郡志》。

漕运，但漕运中的私货运销活动却刺激了沿岸地区的商业发展，也给中国大运河沿线带来了大量的人流，而且各王朝为了维持漕运的运转，也必须适时开凿和疏浚河道，从而提供了城市兴起所需要的交通条件，为城市兴起聚集了相当数量的物质产品和居民人口，于是在运河沿岸的一些水陆交汇点或交通枢纽地区，就兴起了一座座商贸城市。这些城市应运而生，依运而存。不同时期的运河都会带动一批商贸城市的兴起，而其在运河体系中的重要程度，也往往决定了这些城市的规模大小和繁盛程度。

中国大运河自春秋时期初创开始，即推动着沿线商贸城市的兴起与发展，而隋代大运河的开通更是掀起了运河沿岸工商业城市发展的第一波浪潮。隋唐大运河不仅带动了东南地区的开发建设，提高了东南地区经济文化水平，而且促进了一批沿岸城市的兴起与繁荣。汴州、宋州、楚州、扬州、润州、常州、苏州、杭州等是当时最著名的运河城市。宋代以开封、杭州为中心的运河体系的建立，以及农业、手工业的进步，将运河沿岸城市的发展推向一个新的阶段。开封、杭州、苏州、扬州、真州、楚州等是这一时期运河城市繁荣发展的见证。

中国大运河江南运河段主线基本将江南地区主要的城市串联起来，对城市的发展繁荣起到了推动和支撑作用。大运河对城镇的形成发展的影响主要表现在对自然环境的改造和对社会形态的影响。

以江南运河为纽带，自北向南将常州、无锡、苏州、嘉兴、杭州等著名城市贯穿其中。最初城市乡镇因运河而起，其后城市沿运河扩张，与运河沟通。运河为城市提供水路交通，形成了运河穿过城区并与城河水系相沟通的格局，城河也成为运河体系的重要组成。城河往往具有城市输水、排涝的功能，南北沟通的大运河与城河相通，作为城市水系的调蓄，使城河的功能得到更好的发挥。

运河沿线的商业城市无锡如图7-8所示。

江南地区一直是我国经济、文化比较发达的地区，江南运河串联的城市都是太湖地区乃至全国的重要城市，中国大运河的沟通促进了城市的发展，城市的繁

图7-8 运河沿线的商业城市无锡

荣也对运河功能的发挥具有促进作用。

元代大运河的重新开通和南北取直,为运河沿线城市发展开辟了一个新的时代。尤其是自明中叶以后,随着封建社会商品经济的进一步发展,社会生产力水平有了较大提高,社会分工进一步扩大,手工业诸如冶炼、制瓷、纺织、造船、染色、制盐、造纸等行业有较大发展,国内外市场不断开拓,由此将运河城市发展推向一个繁荣发展阶段。在当时全国著名的工商业较发达的三十多个大中城市中,就有顺天(北京)、镇江、苏州、松江、淮安、常州、扬州、仪征、杭州、嘉兴、济宁、德州、临清等13个为运河城市,几乎占了半壁江山。其他中国大运河沿线城市如淮安、天津、徐州等也都具有相当规模。

图7-9 天津南北运河交汇处

天津南北运河交汇处如图7-9所示。

(一)与中国大运河同生共长的城市——扬州

扬州地处中国大运河与长江的交汇处,自春秋吴国于公元前486年开邗沟、筑邗城起,即成为运河咽喉之地。扬州的兴盛始于隋唐,大运河的开通使扬州成为全国最重要的水陆交通中心之一。南北商人和物资多以此为总汇,江淮荆湖与岭南的物产,特别是东南一带的海盐,大多在此集散。唐中后期,扬州不仅是唐朝财赋所赖的重镇,而且也是商贾如织的国际大商埠。宋人洪迈曾说:"唐世盐铁转运使在扬州,尽斡利权,判官多至数十人。商贾如织,故谚称'扬一益二',谓天下之盛,扬为一而蜀次之。"[1]扬州所以获得"天下第一"的盛名,是因为它地处长江三角洲的北端,是运河与长江交汇的十字路口,是南来北往、西去东下的水陆交通总枢纽。优越的地理位置使扬州在唐代成为繁荣富庶、人物荟萃的著名城市,即除了都城长安和洛阳,扬州之繁盛天下第一。

运河城市——扬州如图7-10所示。

宋元之时,扬州商业繁盛依然称著于世。是时,"百川迁徙贸易之人,往往出其

---

[1] 洪迈《容斋随笔》。

图 7-10 运河城市——扬州

下,舟车南北日夜灌输京师者居天下之七"[1]。明清时期,优越的地理位置使其成为当时漕粮北运的门户,扬州的经济和文化再度出现空前繁荣,"四方客旅杂寓其间,人物富盛,为诸邑最。"作为两淮盐运使的驻地,扬州集中了大量的盐商及其资金,成为全国的金融中心,时云"扬州富甲天下"。扬州的商业除盐业外,米行、木行、造船、南北货业、铜器业、茶食业、刺绣、漆器等手工业也很有名。明末清初,扬州因战乱而化为废墟,但由于其漕运枢纽地位和盐业发达,经济迅速得到恢复和发展。清代康熙、乾隆皇帝的数次南巡均以扬州为主要驻跸之地。两淮盐商为接待帝王南巡,大建宫室、园池、台榭,对扬州城市发展起了重大作用。清朝将漕、盐、河称为"东南三大政",扬州兼三者之利,号称东南一大都会。据统计,到清后期,仅江苏苏松道、浙江、江西、湖南、湖北通过扬州漕船总计 2659 艘,共计运丁 26590 名,这些数量巨大的运丁及众多官兵为扬州带来了极大商机。同时,清代对漕船携带土产的限制逐渐放宽,土产数额伴随商品经济发展屡次增加,为扬州带来各种物资,使扬州成为当时全国商品经济最为发达的城市。扬州的繁华使其成为达官、富商、缙绅、豪门的聚居之地,各色商业服务行业如商铺、茶馆、酒楼、戏园等鳞次栉比,城内园林名胜,甲于天下。

扬州唐城遗址如图 7-11 所示。

图 7-11 扬州唐城遗址

---

[1] 沈括《平山堂记》。

（二）因运河形成的水陆双棋盘格局的城市——苏州

位于江南运河与娄江交汇处的苏州，濒太湖，依长江，素称江南水陆交通枢纽。自吴王阖闾筑城（公元前514年）起，就为东南重镇。苏州建城后不久，历代统治者就以苏州为起点，陆续向西、北、东、西北、南等方向开凿运河，构成了苏州与外界联系的四通八达的水道。其中，向北、向南两个方向的运河经隋大业年间的进一步开凿，成为大运河江南段的重要组成部分。运河之水，一部分汇入护城河，一部分先融入城内水系，以三横四直的主干水系构成主要水网，成为城市居民重要的生活水源，然后再从城门泻出后汇入运河。苏州也因此成为运河沿线唯一全城受运河水滋养的城市，整个城市与运河连成一体。

唐宋以后，随着经济重心的南移，苏州经济快速发展。至明清，苏州发展成为全国的棉织、丝织业中心和刻板印刷业中心及全国最大的粮食市场和丝棉织品贸易中心之一。明清时期，"苏州江南首郡，财赋奥区，商贩之所走集，货物之所辐辏，游手游食之辈，异言异服之徒，无不托足而潜处焉。名为府，其实一大都会也"[1]。作为粮食、丝棉织品贸易中心，苏州被称为"天下四聚"之一，市场上不仅有全国各地的各种名优特产，而且还有大量的外国商品。这一时期，苏州城内水系也是大运河漕运体系的一部分。历代的漕运，皆依托苏州绵密的水运网络运到苏州城内粮仓储存，而后由苏州发运北上，苏州古城成为漕粮的重要征集地和起运地。依靠运河的滋养，作为明清时期全国工商业最发达的城市之一，苏州的发展规模仅次于北京，到鸦片战争前夕，城市人口将近百万，成为当时世界上最大的城市之一。

大运河苏州城区段如图7-12所示。

图7-12　大运河苏州城区段

1　《镇吴录》，转引自韩大成《明代社会经济初探》第241页，人民出版社1986年版。

（三）河运海运交汇的城市——天津

天津，由明成祖朱棣于永乐二年赐名。

1214 年，由于对保障金中都（位于今北京城西南）及漕、盐储运安全至关重要，金朝政府在三岔口建立了军事设施直沽寨，成为天津城最早的建制。作为河、海漕运的交通枢纽，元代重开大运河和开展海运，使天津一跃成为京师门户。漕运、海运相汇集，使其呈现出"晓日三岔口，连樯集万艘"[1]的壮观景象。到明代中期，天津的商品经济出现飞跃发展，并由漕粮转运枢纽发展成为北方商业重镇。

清咸丰五年（1855 年），黄河在铜瓦厢决口，夺大清河从利津入海，黄淮分离，安山至临清间运道涸竭，而淮河下游河道淤塞，淮南运道受到较大影响。同治十三年（1874 年）漕船由海轮代替。光绪二十六年（1900 年），漕运全罢，漕粮改折现金，海运河运全部废止。至此，传统运河体系解体，对运河的修浚随之停止，多段河道淤滞，作为沿岸城市命脉的大运河为之断绝，多数运河城市因丧失对外联系的主要通道而衰落下去，规模变小，百业萧条，人口锐减。如淮安因"漕运改途，昔之巨商去而他适"；临清"停运以后河身日益浅涸……商业大受影响"[2]。其他城市如扬州、济宁等都失去了往日的繁荣，演变成偏僻的城镇。但也有部分运河城市如江南的苏州、杭州、无锡、镇江等因江南运河航运继续发挥作用及近代铁路的兴起而获得新的发展，位于渤海湾岸边的天津也凭着海运码头和京师门户的地位，一跃而成为北方最重要的工商业都会之一。

天津北运河北辰区段如图 7-13 所示。

图 7-13　天津北运河北辰区段

（四）明清大运河重要商业城市——临清

临清位于山东鲁西北卫河与运河的交汇地，是联结直隶、河南、山东三省的水陆中枢。安作璋先生在《中国运河文化史》中介绍："便利的交通与优越的地理位置吸

1　元代张翥《代祀天妃庙次直沽作》。
2　王瑞成著《运河和中国古代城市的发展》，《西南交通大学学报》社会科学版 2003 年第一期。

引四方货物在此集散,至明景德年间已显示出'薄海内外,舟航之所毕由……商贾萃止,骈樯列肆,云蒸雾瀚'[1]的繁荣景象。正德以后,临清的商业区由内城扩展至外城,城区达到了'延袤二十里,跨汶、卫二水'的规模,成为北方地区最大的商业名城。"

会通河临清段如图7-14所示。

临清历史悠久,西汉初年即以清渊之名设县制,临清之名始于后赵,取临近清河之意。北魏太和二十一年(497年)清渊县西部复置临清县,属司州阳平郡。隋开皇六年(586年)复置临清县,属清河郡。明、清时期,运河与卫河在临清这里交汇,水运的优势带动了经济的繁荣。特别是自明永乐十五年会通渠开通后,漕运兴盛,临清成为汇集七省漕粮北运的中枢和内陆通往北京的咽喉战略要冲,大小船舶成百上千,南来北往,络绎不绝。明清时期,临清正是凭借中国大运河漕运兴盛而迅速崛起,经济发达,文化繁盛,成为当时中国三十个大城市之一,是重要的商贸流通中心、税收中心、最大的贡砖烧造中心和中国北方曲艺的发祥地,素有"富庶甲齐郡""繁华压两京""南有苏杭,北有临张"的美誉。

据《临清历史文化》一书介绍:"临清物华天宝,人杰地灵,运河文化积淀尤为丰厚。境内拥有名胜古迹七十余处,其中运河钞关、舍利宝塔、清真寺、鳌头矶等两组11处为全国重点文物保护单位。临清钞关作为中国税收机构的唯一典型遗存,是研究明清经济生活、运河城市的形成与发展及中国税务史的宝贵实证资料;舍利宝塔与通州的燃灯塔、杭州的六和塔、扬州的文峰塔并称为'运河四大名塔';临清清真寺规模宏大、气势雄伟,有'江北五大寺之一'的美誉;鳌头矶为运河岸边的重要标志性建筑。临清名人辈出,唐代音乐家吕才、明代著名诗人谢榛、抗日民族英雄张自忠、学界泰斗季羡林、著名画家张彦青等,都是临清杰出的代表。临清的饮食文化别具风格,风味独特,以临清汤包为代表的传统小吃更是融汇南北,花样繁多,远近闻名。始建于清乾隆五十七年的济美酱园,与北京'六必居'、保定'槐茂'、济宁'玉堂'并称江北'四大酱园'。临清还是武训兴学所在地、山东快书诞生地、《金瓶梅》故事背景地,是著名的京剧之乡、轴承之乡、书画之乡、武术之乡和酱菜之乡。"

临清钞关中的建筑如图7-15所示。

到过临清的人都有这样的感受,从春到冬,一年四季,无论在广场、公园还是在河堤上,都随处可以听到抑扬顿挫、有板有眼的京剧演唱声和拉弦声,京剧业余演唱活动已经融入了这个城市,成为临清人生活中不可或缺的一项重要内容了。从耄耋之

---

[1] 康熙《临清州志》。

图 7-14 会通河临清段　　　　　　　　图 7-15 临清钞关中的建筑

年的老人到牙牙学语的孩童，人人都能来一两句京戏，这里的老人有"拉弦一响，嗓子就痒"一说。临清人以看京剧名角演出为享乐，以哼唱名家名段为时髦，戏迷遍布城乡，票友云集市区，除专业剧团外，群众性的京剧协会、票友联谊会等京剧爱好者组织层出不穷。也许你会纳闷，地处鲁西北偏僻的一个小县城，怎么就能成为著名的京剧之乡呢？这就是运河的原因。

京剧是我国的"国粹"。京剧前身是清初流行于江南地区，以唱吹腔、高拨子、二黄为主的徽班。清朝乾隆五十五年（1790年）四大徽班进京后与北京剧坛的昆曲、汉剧、弋阳、乱弹等剧种经过五六十年的融汇，衍变成为京剧。京剧在咸丰十年（1860年）之后，随商旅往来及戏班的流动演出，很快传播到全国各地。如天津及其周围的河北一带为京剧最早的传播地区之一。由于临清特殊的地理位置，为当时重要的水运码头和货物集散地，临清必然成为当时徽班进京前的必经之地、驻足之处和重要的演出场所。传说四大徽班进京时，因运河行船问题在临清停留了一个多月，因此为了生计，在临清日夜演出，从而留下了京剧爱好者的火种。临清的商人们附庸风雅，学唱京戏，以抬高自己的身价。久而久之，形成了一帮票友阶层。票友最早出现在何时，已经无从查考，但形成票友阶层却是在清末民初，发展壮大于20世纪30年代。

清末民初，临清有了化妆演出的安天会和知音会。1931年，在锅市街成立了中山国剧研究社，"九·一八"事变后，临清票友还自发编写了现代京剧《大义灭亲》和抗日京剧《傀儡皇帝》，宣传了抗日。20世纪50年代，成立了京剧团，1984年，曾经在城关镇文化站成立了"临清京剧学会"。1987年，临清业余京剧爱好者协会成立，并组织了京剧大奖赛。[1]

1　《京剧之乡——临清的京剧历史初探》。

(五)元明清大运河的河道管理机构所在地——济宁

济宁作为会通河上的重要枢纽,城内外也是商业街区遍布,其人口比例最大的部分是商人,其次是手工业者,是一个典型的因转口贸易而发展起来的城市。据《济宁直隶州志》记载,明末时,济宁位于"南北咽喉、子午要冲,我国家四百万漕艘皆经其地。士绅之舆舟如织,闽、广、吴、越之商持资贸易者,又鳞萃而猬集。即负贩之夫、牙侩之侣,亦莫不希余润以充口实。冠盖之往来,担荷之拥挤,无隙晷也"。

济宁太白楼如图7-16所示。

(六)南船北马的分界线城市——淮安

淮安被誉为运河之都,这里是最早的运河古邗沟的终点,明清两代在淮安设有漕运总督,总管天下漕粮。清康熙十七年(1678年),又将河道总督迁至淮安,清康熙、乾隆两位皇帝数次南巡,都曾在淮安指挥治水,淮安遂成为全国性的经济调控中心。水路交通的发达,也为淮安商业的繁荣提供了有利条件,明清时期,淮安与扬州、苏州、杭州并称运河沿线的"四大都市",是当时具有全国影响力的特大城市。1415年清江浦开埠后,由于南北运河运力不同,江南物资船运抵清江浦改为车马陆运,大量的北方人士乘车马抵清江浦换乘船只南下,清江浦成为转运的枢纽城市,因而淮安有"南船北马,九省通衢"之别称。淮安地处黄、淮、泗、运众河交汇之地,为运河航运交通枢纽,每年数以万计的商船、漕船云集码头,牵挽往来,百货山列。

淮安府衙如图7-17所示。

三、中国大运河与古镇

在大运河沿线,人们沿着大运河逐水而居,在沿运河而兴起的城镇中,有着鲜明

图7-16 济宁太白楼

图7-17 淮安府衙

的运河烙印。在北方，古代的运河催生了一批市镇的繁荣；在南方，至今运河水系与城市水系仍旧巧妙连接，形成了独特的"枕水人家"居住模式，形成了一批历史城镇的运河街区，甚至一些大户人家的豪宅大院也沿运河而建，生动展现了大运河对生活方式的塑造。大运河沿线有一批临水古镇，如天津杨柳青镇（图7-18）、扬州邵伯镇（图7-19）、湖州南浔镇（图7-20）、杭州塘栖镇（图7-21）、安阳道口镇、徐州的窑湾镇、微山湖中的南阳镇等，它们的形成与发展都与大运河有着密切的关系。

（一）道口古镇

明清时期，河南滑县的道口镇随卫河航运兴起，和浚县一并作为航运中转站，水运通达商业繁盛。清末民国时期，道口成为航运、铁路、公路交通枢纽，商贾云集，贸易繁盛。道口镇是一座具有1000多年悠久历史的文明古镇，历来商贾云集，日进斗金，素有"小天津"之称。因特色"道口烧鸡"而闻名国内外，"道口烧鸡"以其独特的"色、香、味、型"四绝，被国家评为"中国名牌产品"，誉为"中华第一鸡"。

图7-18 天津杨柳青镇

图7-20 湖州南浔镇

图7-19 扬州邵伯镇

图7-21 杭州塘栖镇

卫河（永济渠）滑县段北起浚县新镇双鹅头村，至安阳市滑县道口镇西部，呈西南—东北走向，宽约 30～50 米，是卫河（永济渠）目前保留的最为典型的一段运河故道，反映了卫河（永济渠）河道的线路走向。历史上该段运河一直是华北平原上沟通南北的重要水道，对该地区的社会经济发展发挥了重要作用，并对沿线的道口镇、浚县等城镇的发展产生了巨大的影响。在卫河 283 公里长的干流中，道口段不过 4.61 公里，而因为占据了卫河的要冲，成就了道口镇历史的繁荣。

图 7-22　道口古镇

道口古镇如图 7-22 所示。

在清朝乾隆年间，道口逐渐发展为商贸重镇，水路畅通，上可达百泉，下可达天津。此后，天津拉动了道口的发展。到清代中叶，天津得漕运、海运和芦盐之利，已迅速发展成为北方的商业集散中心，形成了一个"天津经济圈"。史念海在《中国的运河》一书中介绍："大量天津进口的各色布匹和其他洋货，经南运河和卫河输入到山东的临清州，河北的大名府，豫北的彰德府（今安阳市）、卫辉府和怀庆府（今沁阳市）；而这些地区这一时期运往天津的药材、棉花等货物，也是经卫河下运。而道口正是一个集散地"。

道口在这个经济圈中，地位相当突出，除了通畅的水路运输之外，它还有公路与铁路交会的得天之便：在此可通过陆路转运货物到濮阳、清丰、长垣、内黄等地。

陈栋梁、郝晓波在《申遗唤醒沉睡千年大运河》一文中介绍："水陆大宗货物汇聚到道口，使得道口显得格外繁忙。据民国二十年（1931 年）的史料记载，当时道口河段'船桅如林'，每日可经 3000 船次，其中大船吨位在 150 吨以上，基本沟通了冀、鲁、豫等省的三十多个大小城镇，道口也因此获得了'小天津'的美誉。"

兴盛时期，道口已经形成 12 条大街道、72 条小胡同，并且四面还有七个城门、两个水门，俨然成为一个戒备森严的小城堡。

（二）南浔古镇

湖州南浔镇位于頔塘东端，是頔塘故道上最知名的运河古镇。南浔镇原为一村落，于南宋时期发展扩大，成为市镇。公元 15—19 世纪（明清时期）由于蚕桑业、手工缫丝业而发展繁荣，并依靠大运河支线——頔塘运河的交通便利，发展形成了基于頔塘运河的独特十字港架构格局。20 世纪初,南浔古镇依托大运河及周边地区发达的蚕桑与农耕经济,作为名甲天下的南浔辑里丝的主要产地和集散地,成长为国内最大的丝商群体,南浔也因此一跃而成为江南重要商业城镇。

南浔镇区总面积 1.68 平方公里。镇区内保留着明清历史风貌,较完整地体现了清末民初南浔古镇的街区格局和历史风貌。镇区内相关建筑遗产保存完好,重要保护建筑作为博物馆向公众开放,其余民居建筑基本保持了原有的居住功能。南浔古镇是因大运河(頔塘)而起源、发展、兴旺的市镇的典型例证。大运河及周边地区发达的蚕桑与农耕经济,依托大运河的水利和运输功能,支撑了南浔由一个小渔村发展成为一个历史上的经济重镇。

南浔镇如图 7-23 所示。

南浔是中国近代史上罕见的一个巨富之镇。孙中山就职临时大总统的第二天,就曾正式宣布南浔镇升级为市。在这个熙熙攘攘的古镇上,有着号称"四象"的江南四大首富。又有类如《红楼梦》中宁国府、荣国府那样八家公爵似的,号称"八牯牛"的大富之户,以及拥有充满了民间嘲讽意味的,号称"七十二只金黄狗"的豪门、财主。

被孙中山先生称为"革命圣人"的张静江为南浔人,1902 年赴欧途中,他结识孙中山,提供白银 3 万两为反清革命活动经费。谭备战先生在《张静江:孙中山心目中的"革命圣人"》写道:"孙中山与张静江相遇时,由于张静江对孙中山推翻清朝的

图 7-23 南浔镇

革命之举十分钦佩，曾问孙中山：'君非实行革命之孙君乎？闻名久矣，余亦深信非革命不能救中国。近数年在法经商，获资数万，甚欲为君之助，君如有需，请随时电告，余当悉力以应。'他还与孙中山约定汇款的暗号：A、B、C、D、E，分别代表1万元、2万元、3万元、4万元、5万元。当时孙中山因与之是萍水相逢，对其言语并不信以为真。分手之时，张静江留给孙中山一封信，让他到美国后去找纽约市第五街566号他所开办的通运公司，领取资助革命的活动经费3万元。孙中山将信将疑，至美国后把信交与黄兴，让其办理，以探真假。结果钱分文不少，如数领取。此举令孙中山大为惊奇，认为遇到了革命'奇人'。自此以后，每遇革命款项不济，孙中山便想到了张静江的汇款之约，而张每次均能按时如数将款寄到。甚至有一次由于款项不支，反清起义无法举行，张静江将他在巴黎通运公司所经营的一个茶店卖掉以资起义。因此孙中山曾言：'自同盟会成立之后，始有向外筹资之举，当时出资最勇而名者，张静江也，倾其巴黎之店所得六七万元，尽以助饷。'孙中山对于张静江资助革命的义举十分感激，曾让胡汉民回信以示谢意。"

目前，除了是中国大运河遗产，南浔作为江南水乡古镇的代表也参加了江南水乡古镇申遗。

（三）邵伯古镇

古镇邵伯，南北航运要道，商铺鳞次栉比，是中国大运河闻名遐迩的繁华商埠。

邵伯镇位于扬州市江都区。"邵伯"镇名的由来，相传是当年周宣王时名臣召虎曾在这里教化当地民众，古字"召"同"邵"，就有了"邵伯"。邵伯还有一别称，名叫"甘棠"和"邵伯埭"，因东晋太元十年（公元385年）著名政治家、军事家谢安于此筑埭造福于民而得名。邵伯古镇钟灵毓秀，人杰地灵，古往今来，隋炀帝、孙觉、苏轼、苏辙、黄庭坚等众多文人墨客都在这里留下了足迹，邵伯镇还有斗野亭、镇水铁牛、谢公祠、云川阁、大码头、条石街、甘棠古树等十多处古迹。

邵伯镇有众多的中国大运河遗产。邵伯明清大运河故道位于邵伯镇西，北至邵伯节制闸，南至南塘，长约2000米，宽约30米。该河道目前运输功能已废弃，但河道整体走向、河岸护堤及码头仍然得以保留。邵伯明清大运河的前身是邗沟的一部分。1600年，为避免湖面的风浪影响漕运，在邵伯湖东侧修建堤坝，使中国大运河的主航道与邵伯湖彻底分开，成为独立的航道。在清朝曾经有过两次大的维修，并留下"金堤永固""甘棠保障"两块石刻铭记。近年来，邵伯明清大运河故道经过清淤、绿化等修缮整治，铺设栈道和亲水平台，已经成为可以与扬州东关古渡相媲美的运河景点。

邵伯古堤是位于邵伯明清大运河故道东岸的一段古运河河堤。邵伯古堤始建于宋代，用于防止邵伯湖湖水外泄，保持运河水位。明代以后，运河成为淮河的入江通道，河床逐年淤垫升高，运河逐渐成为悬河，对运河以东地势低洼的里下河地区形成巨大威胁，此段大堤作为防洪屏障被不断加高加固。邵伯古堤的修筑，使邵伯段大运河脱离湖面，成为独立航道。同时，古堤也是抵御淮河洪水，保障邵伯镇安全的重要屏障。古堤现存部分南北长 300 米，截面为梯形，下底宽 8 米，上口宽 2.5～3 米，高 5 米。古堤上有邵伯铁犀，是清朝康熙三十八年运河决堤以后，古人为了镇水于康熙四十年（1701 年）浇铸的，当时分两次一共浇铸了十六头，也是人们常提起的"九牛二虎一只鸡"，这些镇水异兽分别置于大运河弯道水流湍急之处。

邵伯码头是一个码头群，目前可见的有四个，而保存最完整、气势最恢弘的就是俗称的"邵伯大码头"，据专家考证，明清以来该码头至少有三次以上的修缮，"大马头"三个字据说是乾隆所题。

在邵伯镇西的中国大运河上还有一个建于民国年间的老船闸。老船闸位于今邵伯船闸东侧的高水河边，民国二十五年（1936 年）建成并投入使用。当时的国民政府治淮委员会为了改善运河状况，以求灌溉船运之发展，利用"庚子赔款"的冲免部分兴建了这座船闸。这座由蒋介石题写名称的船闸为钢制闸门，附有启动机械，以四人之力摇把启闭，节时省力。邵伯船闸是中国最早的现代化船闸，是中国运河水运史上的杰作。在邵伯，早在东晋太元年间，就有谢安筑埭的记载。从唐代的"斗门单闸"，宋代的"二斗门式船闸"，清代的"邵伯船闸"，解放前的"新式船闸"，直到今天的邵伯三线船闸，邵伯已成为我国船闸演变历史的见证。目前，苏北运河航务管理处建了一个船闸博物馆，来展示运河上各个历史时期的船闸。

邵伯古镇如图 7-24 所示。

图 7-24　邵伯古镇

（四）微山湖中的南阳古镇

南阳古镇位于山东省济宁市微山县境内，位于南四湖北侧的南阳湖中，由于中国大运河穿湖而过，所以，在这狭长的湖面上伴河形成了一个曾经显赫一时的运河名镇南阳古镇。它是由东西长 3500 米、南北宽 500 米的主岛和多个自然的小岛组成的，周围碧水环抱，运河从中间穿过，小巧玲珑，犹如一幅美丽的水墨画。

南阳古镇是微山湖中运河线上最有特色的历史城镇。在古代，城镇依运河而建。元朝至顺二年（1331 年），这里建起南阳闸，开始建镇。明代隆庆元年（1567 年）漕运新渠竣工，南阳成了运送货物的码头。其后明清两代，南阳"渔船、酒船、商船、米面船、往来相接、群聚檐檣林立如街市"。繁盛之时，南阳镇有皇宫所（现存）、皇粮殿、二爷庙、古运河闸、魁星楼、文公祠、大禹庙、杨家牌坊、不沾地旗杆等十多处名胜古迹。清政府曾在此设守备及管河主簿。乾隆皇帝下江南也曾在镇上逗留，并为马家店题写匾额，他走过的门槛被珍藏了 230 年之久。

南阳街有史以来就是以商贸交易繁华而著称的，至今仍然经久不衰。老街上分布着大大小小的店铺商号，现在仍可以查询出旧时的老字号名。2014 年中国大运河入选世界文化遗产名录，南阳古镇作为重要组成部分成为国际旅游的目的地。

微山湖中的南阳古镇如图 7-25 所示。

此外，大运河沿线还有徐州窑湾镇、宿迁皂河镇、苏州平望镇等著名古镇，这里就不一一列举了。

徐州窑湾古镇如图 7-26 所示。

图 7-25　微山湖中的南阳古镇

图 7-26　徐州窑湾古镇

第八章 中国大运河商业文化

中国大运河文化是一种有别于农业文化的商业文化，它的特点是开放、包容、创新。因此，中国大运河文化不仅仅代表乡土文化，还代表以交流、开放、融合、进步为特点的商业文化。

一、中国大运河商业文化的特点

农业文化是中国传统文化，古代中国几乎各个地域文化都因此呈现出农业文明的厚重垒积之状。但是，运河区域文化却是一个例外。大运河文化最根本的特征是交流。大运河首先是为了漕运的目的而修建的，大运河的原始功能是运输，而货物运输与人的流动，带来了文化的交流，这才有了大运河文化，这就给大运河文化打上了鲜明的商业文化烙印。南方的大米、茶叶、丝绸、陶瓷被带到北方的家中，北方的松木、煤炭、皮货、大豆出现在南方的集市。运河促进着商业的发展，改变了古代中国人"轻商"的观念，带来了实用主义的商业文化。

盐商老宅记录着运河的商业繁荣，如图8-1所示。

安作璋先生在《中国运河文化史》一书中写道，"中华民族的文化是多元一体的文化，其所以存在着文化上的多元化，是由于各个区域地理环境的不同造成的自然条件的差别，经济发展水平不同引起的社会条件的差异，生活习俗不同所带来的文化背景的各

图8-1　盐商老宅

异,军事上的封建割据所形成的政治上的隔绝,这一切都足以造成区域文化的不同特色。随着运河的南北大贯通和迅速开发,运河区域的社会经济达到了前所未有的兴盛与繁荣,这不仅为运河区域文化的发展提供了雄厚的物质基础,而且也促进了南北文化、东西文化的交流和中外文化的大交流,使各种地域文化和外来文化相互接触、融会、整合,形成独具特色的运河文化。"作为中国传统文化的构成部分,运河文化与中国传统文化的核心价值是一脉相承、高度契合的,而运河文化中商业性的城市文化正是中国传统文化资源中的现代性因素,是中国文化现代性转化的内在根据之一。

聊城山陕会馆如图 8-2 所示。

中国大运河商业文化造就了运河边众多商业城市。尤其在宋朝有"天下转漕,仰此一渠"之说。洪迈《容斋随笔》记载,"商贾如织。故谚称'扬一益二',谓天下之盛,扬为一而蜀次之也"。清朝将漕、盐、河称为"东南三大政",扬州兼三者之利,号称东南一大都会。同时,清代对漕船携带土产的限制逐渐放宽,土产数额伴随商品经济发展屡次增加,为扬州带来各种物资,使扬州成为当时全国商品经济最为发达的城市。扬州作为中国运河时代商业文明的代表,在古人众多的古诗词中可以找到佐证。李白的《送孟浩然之广陵》"故人西辞黄鹤楼,烟花三月下扬州。"以及杜甫的《解闷十二首》"商胡离别下扬州,忆上西陵故驿楼。为问淮南米贵贱,老夫乘兴欲东游。"

图 8-2 聊城山陕会馆

都说明了扬州的繁华。

像扬州一样,中国大运河沿线还有许多商业城市,如苏州、杭州、开封、淮安、临清等。苏州作为粮食、丝棉织品贸易中心,被称为"天下四聚"之一,市场上不仅有全国各地的各种名优特产,而且还有大量的外国商品。临清古镇得益于中国大运河的漕运发达迅速崛起,"地居神京之臂,势扼九省之喉",繁荣昌盛达500余年,成为江北五大商埠之一,有"繁华压两京""富庶甲齐郡"之美誉。明代大运河全面通畅后日趋繁盛,四方物资必集于此,人口急剧增长,集市繁荣,手工业发达,一跃成为区域性商业贸易中心。作为北方最大的粮食市场,临清每年贸易量达千万石之巨。此外还有不少的盐店、典当店、皇店、官店、旅店、塌房等。大大小小的商业街市几乎遍布全城,店铺种类、数量繁多。明、清时期城内店铺在五六百家以上,如加上各种类型的市集商贩、作坊店铺,临清各种商业店铺可达千余家。商业的兴盛还带动了手工业的发展。临清的制砖业、毛皮手工业十分发达,砖窑多达380个,工匠近万名。临清工商业的繁荣给人留下深刻印象,明代著名的传教士利玛窦曾说:"临清是一个大城市,很少有别的城市在商业上超过它。不仅本省的货物,而且还有大量来自全国的货物,都在这里买卖,因而经常有大量旅客经过这里"[1]的壮观景象。据介绍,明朝万历年间,临清钞关税收由四万两,增至八万余两,居运河八大钞关之首。

而今在这些运河商业城市都留下了众多的商业遗存,其中最具代表性的有运河会馆、运河码头和运河钞关。

运河商业城市扬州繁华的东关街如图8-3所示。

图8-3 东关街

二、中国大运河会馆文化

什么是会馆?会馆是外来人口的民间组织,是地缘共生的乡土关系在异地的维系纽带。会馆原本有两个含义,一是指旅居异地的同乡人在一个城市共同设立的机构,

---

[1] 《利玛窦札记》第四卷第四章。

建有馆所，供同乡同业聚会，寄寓之用的馆舍。二是指同业或同地域的商人相聚议事、交易的场所。在这个意义上会馆是同一地域的商贾交际聚会的重要场所，亦称公所、同乡会等。本文讨论的运河会馆是第二种含义的会馆，即商贾交际的场所。

扬州岭南会馆如图8-4所示。

（一）大运河会馆的分布

大运河会馆的形成原因是河运发达带来的商业繁荣，商贸兴盛，商家云集，商事众多，同一地域或同一行业的商人需要一个载体在相聚议事、交易，在这种历史条件下，运河会馆应运而生。

图8-4 扬州岭南会馆

大运河沿线会馆众多，时至今日，中国大运河著名的商业城市都有会馆遗存。北京有湖广会馆，天津有闽粤会馆，聊城有山陕会馆，开封有山陕甘会馆，淮安有润州会馆、江宁会馆，扬州有岭南会馆、四岸公所、湖南会馆、山陕会馆，苏州有全晋会馆、潮州会馆，杭州有绸业会馆，宁波有庆安会馆。

大运河沿线重要会馆遗存图如图8-5所示。

下面就简要介绍几个重要城市的运河会馆。

北京的会馆。北京最早的会馆是建于明永乐年间的北京芜湖会馆。明清两代北京会馆繁荣，"各省争建会馆，省设一所、府设一所，甚至大县亦建一馆，大小凡四百余所。"据统计，到民国时期北京尚存会馆402所。现存北京十大会馆遗存分别是：安徽会馆、湖南会馆、湖广会馆、绍兴会馆、中山会馆、贵州会馆、阳平会馆、江州会馆、浏阳会馆、晋冀会馆。

北京湖广会馆如图8-6所示。

天津的会馆。天津最早的会馆是闽粤会馆，后来出现山西等地商人公建的山西会馆，更多的是运河沿线城市商人按地域而建的，如河南会馆、安徽会馆、江苏会馆等。

扬州的会馆。历史上的扬州，因为大运河与长江在此交汇，盐商聚集，富甲天下，各地富商云集此地，建了不少商会和会馆，如岭南会馆、安徽会馆、旌德会馆、江西会馆、湖北会馆、湖南会馆、陕西会馆、浙绍会馆和四岸公所、钱业会馆、盐务会馆

第八章　中国大运河商业文化　　219

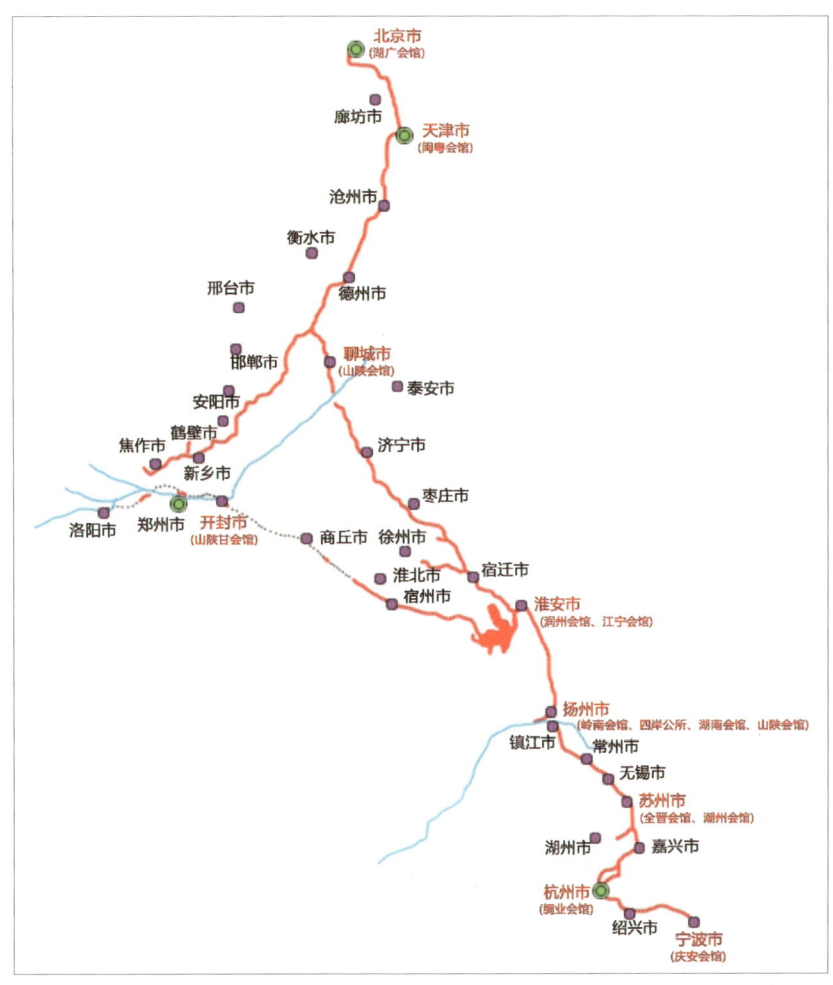

图 8-5　中国大运河重要会馆遗存分布图

图 8-6　北京湖广会馆

等。如今扬州古城内星罗棋布的一座座铅华洗尽的百年老屋，见证着当年的商旅如织、帆樯如林、车马如龙。对于素以商业繁华著称的古城扬州来说，众多的会馆不但记录着它开放的历史，展示着它多元的文化，也是对后人进行人文关怀的教材。

扬州浙绍会馆如图8-7所示。

淮安的会馆。明末清初，山西、陕西、安徽、江西、福建等省大批商人纷纷来淮投足盐业，并逐渐定居淮安。到了乾嘉时期，生意鼎盛，商人日益增多，为了联络乡谊，进行商业竞争，他们建立了很多会馆。润州会馆位于淮安城西东枚里街，清嘉庆年间镇江商贾出资公建，现存青瓦砖房多间。今为淮安市文物保护单位。

运河城市苏州的会馆。苏州现存十大会馆，分别是全晋会馆、嘉应会馆、潮州会馆、盛泽济东会馆、山塘冈州会馆、陕西会馆、汀州会馆、安徽会馆、显子巷安徽会馆分馆、常熟徽州会馆。

苏州全晋会馆所在的平江路如图8-8所示。

杭州的会馆。杭州的会馆比较独特，有很多行业会馆，如杭州钱业会馆、杭州丝绸会馆。

杭州绸业会馆如图8-9所示。

图8-7　扬州浙绍会馆

图8-8　苏州全晋会馆所在的平江路

图8-9　杭州绸业会馆

（二）中国大运河会馆的特点

（1）依水而建。运河边的城市水运发达、商业繁荣，做生意主要靠水运，因此，各地会馆主要是建在水边，与水运密切相关。如著名的聊城山陕会馆，扬州古运河边的岭南会馆、安徽会馆、湖北会馆、湖南会馆、浙绍会馆、四岸公所、钱业会馆、场盐会馆、盐务会馆、徽州会馆。作为大运河历史街区的苏州平江路有个会馆弄，全晋会馆就坐落在这里。宁波的庆安会馆就建在中国大运河的入海口——三江口，同时又与海运文化相结合，供奉海运之神妈祖，成为妈祖庙。

（2）以地域而建。如上文所说，会馆大多数是同一个地域的商人出资公建，会馆的地域性特征十分强烈。运河沿线很多城市都有山西会馆、全晋会馆、岭南会馆等，湖广会馆在北京、天津等运河城市都有。还有一种情况是多个地区商人共建一个会馆，山陕会馆作为山西和陕西商人的会馆，运河沿线多个城市都有，如聊城有山陕会馆，扬州有山陕会馆，开封还有山陕甘会馆。扬州四岸公所则是指清朝、民国初期湘（湖南）、鄂（湖北）、赣（江西）、皖（安徽）四省盐务通商口岸联合办公之所。

（3）以行业而建。还有一些会馆不是某一地域的商人公建的，而是某个行业的商人出资公建。如扬州的盐务会馆、场盐会馆。扬州盐商分场商、运商、食商，分别从事产盐、运盐、销盐的业务，场盐会馆是产盐的盐商聚集的会馆（图8-10）。天津有浙江的纸帮会馆、商船会馆。这里重点介绍杭州的绸业会馆。杭州素有"丝绸之府"之美称，随着杭州丝绸业的发展，一种为满足行业聚议和解决纠纷需要的组织——行会，及其建筑——行业会馆，也应运而生。杭州最早的丝绸行会，出现在清嘉庆二十二年（1817年），并于忠清巷建立了行会议事之所——观成堂。

图8-10　扬州场盐会馆

（三）中国大运河部分会馆介绍

1. 宁波庆安会馆

庆安会馆位于浙东运河沿线。它既是会馆，同时又是祀神的庙宇，供奉航海保护

图 8-11　宁波庆安会馆内的戏台

神妈祖的妈祖庙。庆安会馆既反映了大运河沿线因运河而发展繁荣的贸易和工商业情况，代表了由于漕运维护修建的大运河的衍生影响；又反映了大运河与海上丝绸之路的关系，也是运河沿线文化传播与发展的见证。

宁波庆安会馆始建于清道光三十年至咸丰三年（1850—1853年），由甬埠行驶北洋的舶商组织修建。会馆现保存完好，作为全国首家海事民俗博物馆对公众开放。会馆里的两座古戏台尤为引人注目（图 8-11）。

2. 扬州岭南会馆

岭南会馆坐落于扬州市新仓巷 4 号至 16 号之间，是清代广东盐商们在扬州议事聚集的场所。岭南会馆建筑特色明显，是扬州规模最大、布局最完整的会馆建筑群。

岭南会馆坐北朝南，会馆原占地面积近 5000 平方米，屋宇近百间，现尚存老屋五十余间，原组群布局由东、中、西三路住宅并列，中间夹两道深巷相隔相通，现存中、西两条轴线。

中轴线上，前有照壁，大门为砖雕牌坊门楼，入内有照厅、大厅、住宅楼。岭南会馆保存有"岭南会馆章程"等石刻、"岭南会馆界址"石额，具有很高的建筑艺术、历史价值。岭南会馆匾墙内的四组角花，堪称扬州建筑遗存中的角花之最。2011 年，岭南会馆按照建筑原有的形制、风格进行了全面维修，尽全力恢复岭南会馆昔日的风貌。

岭南会馆与清代一位名人——魏源有关，魏源故居与它相距不远。道光年间，魏源辞去两江总督幕中职务后回到扬州，常入岭南会馆走动，以期胸怀时事，目连天下，与龚自珍、林则徐、包世臣等一帮"经世"之士纵论于会馆，这一切，为《海国图志》这一巨著的完成打下了基础。如今，扬州岭南会馆已被改为民居客栈。

3. 聊城山陕会馆

聊城山陕会馆位于聊城城区的南部，始建于清乾隆八年（1743 年），是山西、陕西的商人为"祀神明而联桑梓"集资兴建的。据说当时建了 66 年，共耗银逾 9.2 万两。在全国现存的会馆中，聊城山陕会馆的建筑面积不算很大，但是其精妙绝伦的建筑雕刻和绘画艺术却是国内罕见。

山西戏剧研究所编写的《晋商会馆》一书介绍了聊城山陕会馆的气势。书中写道："山陕会馆俗称关帝庙，'祀神明而联桑梓'，联的是乡情，敬的是关公。会馆极盛时期，内外共有各种花灯350盏，每更换一次蜡烛就需要350支，其中大殿供桌前的一对大蜡烛有五尺多高，直径超过一尺。据说，两个大蜡烛点上后可以燃烧一年，是山西一个经营蜡烛的商人特意制作的。每年快到关帝生日的时候，那个商人就选好日子，用一头小毛驴驮着两支大蜡烛起程了，在关帝生日这一天赶到聊城，点上新蜡烛以表对关帝的尊敬。这样年复一年，从不间断。

山陕会馆的戏台是最热闹的戏台，大大小小的戏班都来这里演出，每年春节、端午、中秋三节更要演戏娱神，让老百姓免费观看。但会馆的戏台一般不演关公戏，关公老家的商人们尊关公为帝君，认为帝君在殿一切活动都应严肃，不能容忍关帝随便粉墨登场扮演唱作。有些人不信这一点，非要对着来。当年有一个驻聊城的军阀就硬要在这里演一次《走麦城》的大戏，谁知锣鼓刚刚敲响，演员尚没挑帘出场，大殿内的桌围、布幔却轰地着起火来，一下子把会馆照得通亮，火焰直向坐在台前的军官扑去，当即把那人吓昏倒地。自此，在这会馆里再无人敢演关公戏了。

人们敬仰关帝，有了什么善事义举就会往关帝身上联系。会馆二进院内有两株古槐，已经有四五百年。某年盛夏的一日，烈日炎炎，南面的大槐树忽然着起火来。这株槐树从根至顶树心已空，似高大烟囱助火燃烧，人们担水灭火，却无济于事。当人们无可奈何之时，天空电闪雷鸣，倾盆大雨瞬间来到，很快将大火浇灭。至今还可以看到那棵槐树着火的痕迹，人们都说是关帝显灵，救下了这棵槐树。

聊城当地群众却不像山陕商人那样信服关帝。过去山陕会馆对面还有一座当地人修的关帝庙，只有一间房一个门。矮小简陋的小庙和山陕会馆形成鲜明对比，于是庙门上添了一副对联：'河东河西两关爷，一穷一富；沟南沟北双眼井，有苦有甜。'下联说的双眼井是聊城清水沟两侧的两眼井，一河之隔却苦甜大异，让人联想到关帝也不能普照天下，穷人与富人还是那样悬殊。

山陕会馆关帝大殿前有两只石狮子，雕琢之精美堪称绝世。关于雕造这两只狮子的花费，会馆南过墙的石碑上有一段非常明晰的记载：'石料使银一百六十三两六钱一分，石匠路费使银四十一两，石匠工使银四百二十九两八钱八分。'总算下来，这两只狮子共耗白银634两有余，这在当时，耗资之巨一定让人大跌眼镜。山西商人之富绝不虚妄，如此一座会馆体现出的实力自然不可小觑。在当时，人们排列富裕商人的名次，最前面的大串名字基本都是山西人。聊城人还传说，不仅干着生意的山西人富裕，当年就是那些宣告歇业、打道回府的商人中，携带钱财最多的也是山西人。山西商人为什么这么富裕？有人将此归结为'持筹握算、善亿屡中'的个人经商才能，有人则认为出于'朴诚勤俭'的经商理念。山陕会馆1807年曾立一《山陕会馆接拔厘头碑记》，碑中可以读到这样的语句：'从来可大而不可久者，非良法也，能暂而不能常者，非美意也……'字里行间让人读出了山陕商人坦然从商、目光远大、精于管理、讲究信义的商业素质与人格，这大概是他们成功的最大秘诀。

山西商人在钱财上的大方与义气有口皆碑。在聊城，人们喜欢讲这样一个故事：一个山西商人欠了另一个山西商人千元现洋，最后还不起，债主非常照顾借债人的脸面，就让借债人象征性地还一把斧头和一个笤筐，寓意此事到此了结，哈哈一笑，情谊还在。这种不为眼前小利背信弃义的做法，很自然地让人想到关帝遗风。山陕会馆里题写着许多楹联，说得最简洁、也是说得最好的就是'精忠贯日；大义参天'这一副。这是赞誉关公的，也是赞誉山西商人的，当山西商人心里装着'精忠'和'大义'驰骋商场的时候，赢得财富便如'探囊取物'一般。

据说，建设会馆的过程本身就体现了晋商善于理财、严格管理的特点，会馆里有19块碑碣，不仅记载了会馆置地、建设、重修所用的银两开支数目，而且在8块石碑的背面刻上了所有商号的捐款数目，相当于现在的一个'财务公开栏'。这些都反映了山陕商人的特点：精于管理，讲究信义，目光远大，既一掷千金，又朴诚勤俭。这也是晋商从明朝始迅速崛起的一个重要原因。"[1]

聊城山陕会馆中的戏台如图8-12所示。

4. 开封山陕甘会馆

开封山陕甘会馆是大运河上又一处著名的会馆（图8-13）。它是在明代中山王徐达后裔的府第旧址上兴建，以砖、石、木雕艺术的"三绝"享誉全国，是中原地区明

图8-12 聊城山陕会馆中的戏台

图8-13 开封山陕甘会馆

---

[1] 《晋商会馆》山西戏剧研究所。

清时期建筑艺术的代表作。据说，建于清乾隆年间的山陕甘会馆，起初是山陕两省的富商为扩大经营，保护自身利益筹结的同乡会会址，后又加入甘肃籍商人，遂名"山陕甘会馆"。

韩顺发所著的《山陕甘会馆的"三雕艺术"》介绍了山陕甘会馆的三绝：砖雕、木雕、石雕。

"商人之雅，不同于宫廷，有别于闺阁，总有一些市井俗气。所以山陕甘会馆三绝'砖雕、木雕、石雕'除了传统的佛教故事，传奇人物题材之外，还带着浓郁的商人气息。会馆的照壁上分布着精致的砖雕，其中两组吸引了记者的注意：一组是一本打开，一本合拢的账本，寓意账户只进不出；另一组则是传统的双龙戏'珠'，然而奇就奇在这龙戏的并不是传统的明珠，而是一只头朝下的'喜蜘蛛'，会馆工作人员向记者介绍，这是商人表达美好憧憬的意思，在古代中国民俗'喜蜘蛛'本有'喜'的意思，头朝下代表'喜到了'；蜘蛛吐丝结网，则寓意商人们的人际关系脉络四通八达。于是在这精致的砖雕艺术下，隐藏着满满的商人的世俗之雅。

除了砖雕艺术之外，山陕甘会馆'三绝'中的另外两绝'石雕'与'木雕'的艺术造诣让采风团啧啧称奇。会馆之内的大殿和厢房檐下的桁、枋、雀替、挡板、垂柱等，几乎遍布木雕装饰。采取的雕刻手法有圆雕、半圆雕、高浮雕、浅浮雕、悬雕、透雕等多种技法。在人的视点与雕刻面的关系上，创造了焦点透视、散点透视、破时空透视等艺术形式，广泛利用有限的空间，通过起位升降、线条流畅、光影处理等造成的视点错觉，达到了非常巧妙的艺术效果。值得注目的是大殿檐下的龙形木雕，据会馆工作人员介绍，金龙口中所含的珠子与龙的舌头之间的距离仅有 1 毫米左右，却悬挂了两百余年不曾脱落，足见工艺之精湛。"

5. 苏州全晋会馆

全晋会馆位于中国苏州城内东部平江路中的张家巷，是旅居苏州的山西商人所建的会馆建筑，也是苏州原有百余处会馆、公所中保存最为典型、完整的一处。全晋会馆始建于清乾隆三十年（1765 年）。光绪五年（1879 年），山西商人重建新馆。会馆占地面积约 6000 平方米，坐北朝南，分为中、东、西三路。

会馆最初的作用是在苏州的山西人联络乡情和集会、议事的公共场所。公元 18 世纪以后，会馆也逐步成为商人们存货、居住和议事的重要场所，并逐步演变为工商业行会组织，促进了不同地区间的经济、文化频繁交流。全晋会馆是 19 世纪大运河南北经济文化交流的实物见证。

全晋会馆原位于山塘街半塘桥畔，后在咸丰十年毁于兵燹。光绪五年至民国初，在苏州的晋商于平江路中的张家巷另建会馆。从重修会馆这件事上看，当时的晋商确实有着相当的实力。从光绪五年（1879年）至民国初年，这座全晋会馆陆陆续续修了三十多年，才有了今天的规模。[1]

全晋会馆自1958—1984年曾先后被多家工厂使用，部分建筑则散为民居。1982年苏州市文物管理部门启动了对中路、西路建筑全面大修，并移建正殿，重建庭园，复原了当年山西富丽堂皇与苏州精雕细镂建筑风格相融合的会馆旧观。1986年10月，全晋会馆辟为苏州戏曲博物馆并对外开放。2003年11月，中国昆曲博物馆在此挂牌。

苏州全晋会馆如图8-14所示。

图8-14　苏州全晋会馆

（四）中国大运河会馆的保护与利用

1. 中国大运河会馆的保护

中国大运河沿线拥有众多的文化资源，有运河沿岸各种文化节庆及带来的品牌符号，有各地形式多样的非物质文化遗产，如天津的杨柳青、嘉兴的灶头文化等。在千余年的历史演进中，中国大运河孕育出了自己特有的文化形态和景观，且不说其漫长的河道，无数的码头、船闸、桥梁、堤坝这些水工遗产，就是沿岸的衙署、钞关、官仓、会馆、庙宇和驿站这些附属和相关遗产，也都可以为运河文化的发展与传承提供重要的资源、灵感与思路。

习近平总书记要求将大运河文化保护好、传承好、利用好。那么，包括会馆在内的大运河遗产怎么保护？国家文物局2014年9月在扬州召开大运河遗产保护管理工作会议时，提出大运河遗产的保护必须坚持三个原则，这三个原则在会馆保护中同样适用。

（1）坚持整体性保护原则。保护大运河遗产就必须将包括会馆在内的构成大运河

---

[1] 山西晚报《寻访苏州全晋会馆》。

遗产的各类历史文化和生态环境要素进行整体保护。那么保护会馆就是要将会馆产生的历史文化和生态环境要素进行整体保护，既要保护会馆这一物质形态的建筑，也要保护精神形态的会馆文化。

（2）做到保护与利用相统筹。目前，大运河还有很多遗产点段，包括各类会馆，没有被充分利用起来。长此以往，大运河遗产势必如同无渊之鱼，面临无人问津、日渐衰败的威胁，失去保护传承的机会。作为建筑遗产，大运河会馆必须利用起来，如果不用，建筑年久失修，最后都会倒塌。扬州岭南会馆利用为民居客栈，有效地保护了会馆遗产。从扬州的大运河建筑遗产来看，卢氏盐商住宅、汪鲁门盐商住宅、小盘谷等保护情况普遍好于会馆，原因是盐商住宅在中华人民共和国成立后一般都是一个单位或一个家庭在使用，近几年又及时地作为展示场所对外开放，大多数成为国保或省保，建筑一直在利用。而会馆因为是公有资产，中华人民共和国成立后住着众多房客，乱搭乱建严重，居民安置难度大，对外用于展示等情况较少，因而一年比一年更破败。因此，大运河会馆需要及时而适度地利用起来。

淮安润州会馆如图8-15所示。

图8-15　淮安润州会馆

（3）保护要坚持惠及民生。大运河遗产保护工程，是重大文物保护工程，更是民生工程、生态工程。各地开展大运河相关项目中，应尊重公众的知情权、参与权、监督权，充分听取和吸纳遗产地当地社区和公众的意见和建议，满足其正当利益诉求。特别是在涉及古街区保护整治的工作中，不能为了搞开发或打着便于后期管理的旗号进行大规模拆迁、搬迁，要尊重当地民众自由选择生活方式的权力，避免把"活的"遗产变成展品。同时，各地要继续在涉及大运河遗产保护整治的项目中，加大基础设施建设力度，改善生态环境，提高居民生活质量，让大运河成为城乡最适宜人居的美好家园。应在保护会馆等文化遗产的基础上，保证居民的生活，让居民活的更有尊严。如果居民不愿意搬迁，或暂时不具备搬迁条件，扬州的做法是一方面"跳出古城建新城"，在古城保护中实行活化保护，充分保留居民的生活状态和历史印迹。历史风貌得以完整保留，而且历史文脉得以延续、另一方面，通过对历史街区的建筑进行生态化改造，解决通风、通车和污水管道难题，解决停车难题，做好"一水、一电、一消防"工作，通过改造会馆等历史建筑的生活设施，如装自来水、改造电力线路、提高消防水平，从而提高居民的生活质量，让历史街区的老建筑宜居宜游。扬州因此而获得联合国人居奖。

2. 大运河会馆的合理利用

大运河文化是一种"活态的、线性的文化遗产"，它具有生生不息的文化精神，千余年来大运河是因其不断地创新变化而成就了运河沿岸的文明，因而我们在继承前人留下的"文化遗产"的同时，有责任进一步研究大运河文化，挖掘其深厚内涵，发展文化产业，为后人留下经过我们创新的"文化遗产"。只有这样，才能使古老的大运河文化焕发生机，创造出新的文化形象和符号。大运河区别于其他遗产的一个鲜明特征就是它仍在使用当中，活态是大运河遗产最显著的特征。针对活态遗产，应该妥善处理好保护与利用的关系、文化功能与水利功能的关系，做到合理利用，以利用反哺遗产保护，使大运河真正成为城市的新形象、新亮点。

国家文物局要求，大运河遗产展示利用工作要以保护为前提。任何一项利用都不能破坏遗产、损害遗产，要做到最小干预，尽可能创造有利于保护的环境条件。大运河遗产展示利用要建立在对大运河历史、整体价值的深入研究、准确把握的基础之上，要突出大运河遗产整体价值和功能特点，增进公众对大运河内涵的正确认识和深入理解。大运河遗产展示利用工作还要做到以服务公众为目的。应尽最大可能将大运河资源向广大公众开放、展示，通过展示利用传递历史文化知识，丰富大运河沿线群众精神文化生活。

各地可以根据大运河特点和遗产地实际情况，探索大运河遗产展示利用的具体形式、手段和做法，要争取把所有的大运河遗产都充分、合理地利用起来，并且用好、用活，充分发挥遗产传承文明、教育公众、促进发展、改善民生、扩大中华文化影响力的积极作用，以展示利用反哺遗产保护，使大运河真正成为沿线城市的新形象、新亮点。[1]

目前大运河会馆遗存的利用主要有三种尺度，一是延续原有功能；二是贴近原始功能；三是更新改造成其他功能。这三种利用模式各有其千秋。

先说第一种利用模式。会馆原有功能是商人聚会议事之处，现代商业也十分发达，运河沿线各个城市也成立了众多的地域性商会，比如温州商人在全国各个城市都有商会，还有省级商会，甚至全国温商总会。前几年，也曾有扬州温州商会的会长与遗产

---

[1] 励小捷《在大运河遗产保护管理工作会议上的讲话》。

管理部门商量将会馆租给他们作为商会办公、聚会场所使用，其实这是一个比较好的利用方法，但因为所有权问题没有谈成。

第二种模式，贴近原始功能，利用为文化展示场所。这种模式可以让空间形态保护与历史文脉传承相结合。比如，宁波庆安会馆成为民俗博物馆和航海文化的展示场所；聊城山陕会馆作为戏曲文化展示场所；北京湖广会馆改为戏曲博物馆，后来又作为著名的德云社演出的场所。扬州让剪纸、玉雕等非遗项目走进会馆，做到活态保护，在会馆这一物质遗产中展示大运河非物质文化遗产。天津广东会馆建筑被改造成戏剧博物馆，是中国第一家专业戏剧博物馆。苏州全晋会馆建筑也被改造成中国昆曲博物馆。还可以在原有功能的基础上，增添新的功能，如在会馆中开设中医馆、书场，举办书法绘画培训班等。如图8-16所示。

第三种模式是更新改造后新的功能。这是将会馆作为现代商业场所的合理利用。扬州岭南会馆被利用为民宿。会馆周边的民房作为客房、厨房等生活设施。会馆历史建筑本身作为旅客休闲、体验传统文化的场所。还可以将会馆利用为文化创意产业园，发展运河文化产业，如创意文化、公共文化、咖啡馆等多种经营业态，让会馆成为运河文化产业的摇篮。要注意的是，这种利用决不能过分商业化，特别是不能对文物造成破坏。

当然，这种模式的利用还有将会馆作为旅游资源，开发大运河会馆旅游品牌。整体规划设计大运河会馆旅游，将大运河沿线的会馆游打造成一个特色旅游品牌。会馆游可以通过在会馆设立解读牌，图文并茂，形象生动地展示会馆历史演变及其真实性、完整性和突出普遍价值，让市民和游客了解并尊重悠久的大运河文化，使古老的会馆文化继续为城市的经济发展和社会进步做出积极的贡献。也可以像扬州一样在会馆中展示扬州盐商生活，通过互动的形式，让民众了解大运河，了解会馆文化。通过深度开发大运河会馆旅游资源，上北京看长城，下江南游运河、看会馆。

图8-16 扬州岭南会馆被利用为民居客栈

大运河沿线会馆文化遗存众多，会馆文化资源十分丰富。切实保护和传承好大运河会馆文化，不仅具有丰硕的历史文化价值，而且具有巨大的经济社会价值。对大运河会馆文化的研究刚刚起步，我们要加强对大运河会馆价值的挖掘和提炼，作为运河学的一个分支去研究。已故的罗哲文先生提出将中国大运河的研究工作提升到"运河学"的高度来认识，建立一门全新的"运河学"学科。在中国，敦煌学、长城学以及对丝绸之路的系统研究都呈现出新气象。但从文化遗产角度对运河进行挖掘和提炼还比较薄弱。而运河本身是鲜活的，它涉及文物、遗产、历史、景观、艺术、文学、建筑、规划、考古、经济等众多领域，"运河学"的进一步发展也是对大运河文化遗产做出进一步的挖掘和提炼，同时，这也将成为一门理论性、实践性、管理性和经营性多方面兼顾的学科。运河沿线各地和社会各界可以从会馆入手，加强对大运河文化的研究，对大运河会馆价值与精神内涵作深度梳理与挖掘，形成一批论文、丛书等研究成果，从而推动运河学的建立。

三、中国大运河钞关与当铺遗存

明清两朝设的钞关，系中央设在地方的税务机构，民国年间裁撤。明代中后期禁海，中国大运河是全国商品流通的主干，全国八大钞关有七个设在大运河沿线。

（一）中国大运河钞关介绍

设在运河沿线的七大钞关，从北至南依次为：崇文门（北京）、河西务（清代移往天津）、临清、淮安、扬州、浒墅（苏州城北）、北新（杭州）。万历年间运河七关商税共计 31 万两，天启年间为 42 万两，约占八大钞关税收总额的 90% 左右。

清初运河七关全部保留下来，并大体沿袭了明代的税额。其后随着沿海、沿江贸易的发展，清政府又在沿海和长江沿岸新设立了一批税关，清代中叶全国性税关已达二十余个。

清代前期，运河、沿海及长江诸关关税在全国关税总额中占有一定比重。其中，运河诸关包括崇文门、天津、临清、淮安、扬州、浒墅、北新等；沿海诸关包括江海、浙海、闽海、粤海四关；不过天津既是运河税关，也是沿海贸易的重要港口，故这里将该关税收以各 1/2 的比例分别计入运河和沿海。长江诸关包括夔关、武昌厂、九江关、芜湖关、龙江西新关（南京）等。这三条水道合计，税额占全国关税总额的 80% ~ 90%，是全国最主要的流通干线。

从康熙至嘉庆的一百数十年间,运河诸关税收总额虽有增长,但它在全国关税总额中所占比重已从清初的 50% 降至 30% 左右;而沿海诸关所占比重则从 15% 上升到 37%,税收额更是大幅度增长,为清初的 9.2 倍;长江各关税收额增长了 2.6 倍,所占比重则变化不大,基本保持在 30% 上下;沿海与长江合计,税收额达 310 万两,约占全国关税总额的 65%。

(二)临清运河钞关

临清运河钞关位于会通河临清段西岸,是公元 15—19 世纪时期(明清时期)在大运河航线上设立的一个专门针对运河上来往的商用载货船只征收船税的机构,隶属于户部,户部在此设立户部分司管理收税事宜。

明代初期开始,临清是黄河以北运河沿岸南北货物的重要集散地。《漂海录卷二·三月十四日》记载,"在两京要冲,商旅辐辏之地。其城中及城外数十里间,楼台之密、市肆之盛、货财之富、船舶之集,虽不及苏杭亦甲于山东,名于天下。"当时临清也是中国大运河沿岸南北货物的集散地。因此,明代政府于明宣德四年(1429 年)在此设立向民用商船征税的机关。至明代万历年间,临清钞关年征收船料商税银八万余两,居全国八大钞关之首,占全国钞关课税额的四分之一。临清钞关见证了通过中国大运河进行的规模巨大的水路运输量与繁荣的贸易活动。

临清钞关现存有仪门,南、北穿厅、公堂、巡拦房、船料房、官属舍房等八十余间古建筑,占地面积约 0.7 公顷,是大运河沿线现存唯一的钞关旧址(图 8-17)。

图 8-17 临清钞关遗址

(三)扬州钞关

扬州钞关在城南运河边,现在已没有地上建筑,只有遗址。

扬州市档案局的文史学者李全权发现,《清宫扬州御档》较为系统地辑录了清代宫廷档案中有关扬州关的资料,仅乾隆朝涉及任免扬州关官员、稽核扬州关税收盈余状况等事项的档案就达 176 件。李全权认为,中国第一历史档案馆有着扬州关较为完整的税收档案,钩稽了清代扬州钞关及其商品流通格局的变迁。[1]

明清时期,扬州城南面朝大运河的城门中,有一座城门叫作挹江门,也就是"钞关"所在地(图 8-18)。扬州有钞关自宣德始,那时钞关还在旧城的南门。到嘉靖时为防倭寇而筑新城,才立新城的挹江门为钞关。此后到清朝,收纸钞的问题不存在了,但作为收税关口的钞关,却一直保存了下来。

图 8-18 挹江门遗址

当时的钞关是船舶集中的地方,有商船,也有客船。明嘉靖《惟扬志·卷二十七》记载,"留都股肱夹辅要冲之地,西京、诸省官舟之所在,东南觐贡之所入,盐舟之南迈,漕米之北运",都要从这里经过。每每到了漕运的高峰期,"帆樯如林,百货山积"。等待过关的行商往往在钞关附近的塌房、官店、私店内居住,附近商业和服务设施应运而生并迅速发展,形成了时称"埂子口",今称埂子街的商业街。扬州钞关附近也成为热闹喧嚣的交易市场。

清政府在建立全国政权后,即在各地设置税关、征收关税,明代扬州关是明朝运河沿线七大钞关之一,而清代扬州关又是户部著名的二十四关之一,其历史地位非常重要。清代前期扬州关征税口岸有大关口、由闸、中闸三个;此外在便益门、芒稻河、邵伯、白塔河、仪征闸设立稽查口岸,检查过往船只缴纳关税情况。明清时期选择扬州作为征收商品流通税的榷关,是与扬州发达的水运和繁荣的商品贸易分不开的。通过大运河,仪征、瓜洲与扬州城相连,形成了以扬州为中心的以运河运输为特点的商业转运网络,扬州成为著名的商业转运中心。据清关税档案统计,清代前期,扬州关的年均货税在 18 万两白银以上,在二十四关中排名第二。

在《清宫扬州御档》相关奏折中,明确记载经扬州关流通的商品种类繁多,尤

---

[1] 李全权《揭秘扬州钞关 一年近 10 万条货船从扬州出关》,扬州晚报 2014 年 7 月 7 日。

以粮食杂货等项为大宗。扬州市档案馆有两江总督高晋的两份奏折，第一份是乾隆二十三年的，上面写道：扬州关过关米豆、棉花、饼船共18816只，杂项零星货物船26331只，梨枣船8242只，各类船只共40336只，加上代管的闸关，总计过关各类船只93725只。第二份是乾隆二十四年的，上面写到：扬州关过关米豆、棉花、饼船14543只，杂项零星货物船300436只，梨枣船6219只，各类船只共51546只，加上代管的闸关，总计过关各类船只89118只。两份奏折说明，正是数量众多的商船在扬州关中转，使得扬州关成为南北地区商品集散要津，从而使处于不同发展阶段的各个经济区域结成一个整体，形成分工与互补。

从扬州关流通情况看，各地交流的商品种类琳琅满目，由南方销往北方的主要是各种手工业产品，北方销往南方的主要是粮食和各种经济作物。

作为中国大运河沿线最重要的城市之一，来自各地的商品要在扬州关中转，为来自各地的货物提供了一个很大的消费市场。同时扬州关也将运河沿线发达的工商业城市有机地连接在一起，形成了手工业市场、粮食市场和原料市场的一种互动互利的交换机制，促进了运河南、北地区间经济的发展，扬州钞关由此成为运河流域重要的商品流通枢纽之一，也在相当程度上维持了清代前期扬州的中国大运河中心城市的地位。

中国大运河沿线商业遗存还有钱庄、当铺（图8-19、图8-20）等。如大运河沿线高邮的当铺、窑湾的当铺，微山湖中南阳镇的清代钱庄等，在此不一一介绍了。

图8-19 南阳镇的清代钱庄

图8-20 高邮同兴当铺

第九章 中国大运河精神文化（文学艺术）

中国大运河沿线文化资源众多：有各种文化节庆、非物质文化遗产，有特有的文化形态和景观，且不说其漫长的河道、无数的码头、船闸、桥梁、堤坝，以及沿岸的衙署、钞关、官仓、会馆、庙宇和驿站等物质遗产，就是那些厚重的精神产品，如文学、艺术、民俗、史学等不同领域的精神镜像，都可以为中国大运河沿线文化的发展传承提供重要的资源、灵感与思路。顺着这条水道，一条贯穿南北的文化大走廊逐渐成形。凭借它，北方的儒学思想与南方的诗性文化有了交融。文化兴盛，文人、艺人沿运河南来北往，文艺随之传播。京剧是由徽戏、汉剧、昆曲、秦腔四大剧种融汇而来，这些剧种的融汇正是以运河为纽带。有学者说："大运河是中华文脉，沿线积淀了丰厚了文化资源。一颗颗文化明珠，通过大运河这条金丝线串起来了。"[1]

一、中国大运河与书法艺术

中国大运河沿线的文化遗存中，书法艺术是较早的艺术形式。中国书法在中国艺术史上具有极其重要而特殊的地位。中国是世界上使用文字最早的国家之一。隋唐大运河的卫河边的安阳市发现了世界上数量最大、最为集中的甲骨文。甲骨文是人类历史上最早的文字之一，这种刻在甲骨上的文字是现代汉字的初形，因其最早发现在动物骨头上而得名，也被认为是汉字的最早的书体。

任何一种艺术形式的形成与发展都与其社会环境密切相关，书法艺术的繁荣的背景是中国大运河的全线贯通。随着隋唐大运河的贯通，中国进入一个长期统一时期，中华文化形成稳定，因此，作为中华文化重要表征的书法艺术也得到了发展和繁荣。

隋唐时期，书法艺术、绘画艺术快速发展，这离不开大运河的作用。科举考试制度的推行，书法作为一项基本的应试项目，极大地促进了读书人学习和练习书法的热情。随着大运河的贯通，书法艺术得到广泛的交流，造成了隋唐时期中国书法史上的空前繁荣，出现了许多书法大师，如隋代的智永和尚，唐代的贺知章、张旭、欧阳询、褚遂良、颜真卿、李邕、徐浩、怀素、孙过庭、柳公权，以及五代的杨凝式等。盛唐时期，扬州、苏州等地依运河之便，经济发达，文化昌盛，除张旭、怀素外，留名书法界的还有扬州江都的李邕，苏州人孙过庭，扬州泰州的张怀瓘。张怀瓘将中国书法字体分类为十体，是现今将汉字分为真、行、草、隶、篆五体的重要基础。颜真卿曾在运河边的德州平原任太守，故称"颜平原"。

---

[1] 徐欧露《大运河文化是什么》，瞭望新闻周刊。

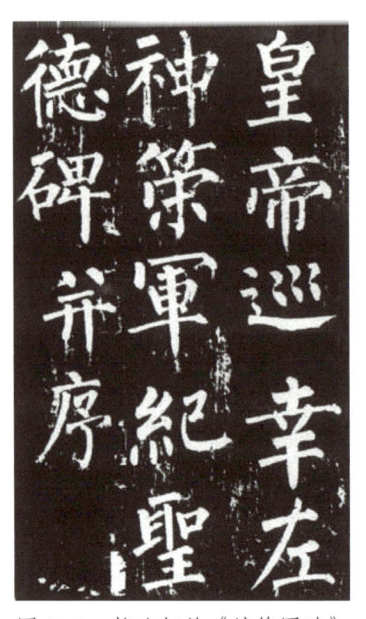

图 9-1 柳公权的《神策军碑》

柳公权的《神策军碑》如图 9-1 所示。

"宋四家"是指苏东坡、黄庭坚、米芾、蔡襄。也有一些人认为宋四家中的"蔡"原本应该是蔡京，后人因不齿其为人，所以把蔡京换为蔡襄，并认为蔡襄的艺术成就在蔡京之上。这四个人大致可以代表宋代的书法风格，而且成就最高，故称"宋四家"。

苏、黄、米、蔡中的苏东坡长期在运河沿岸任职，足迹遍及江南运河边多个城市。在运河城市开封、徐州、扬州、常州、杭州，他都曾任职。米芾居住在镇江时创作了《甘露帖》，把运河边米芾住宅的境况描写得生动传神。米芾所作《蜀素帖》如图 9-2 所示。

元明清三代运河流域的书法名家更是人才辈出。

元代，赵孟頫、鲜于枢都是在元大都任职，后来鲜于枢被贬定居杭州。

明代吴门书派。明代中期运河边的苏州周边出现了徐有贞、沈周等一批书画家，力主上接唐宋，远接魏晋，后有祝允明、文徵明等推动和带领，形成了影响深远的"吴门书派"。

旷古奇才徐渭是绍兴人。他曾自评：书法第一、诗第二、文第三、画第四。

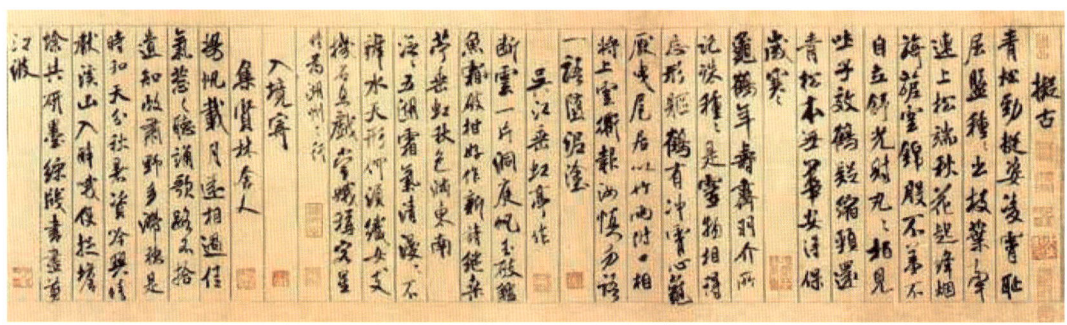

图 9-2 米芾所作《蜀素帖》（局部）

二、中国大运河与绘画艺术

中国绘画的发展史比中国书法更为久远，涉及的地域范围更广，风格更多样，特点更突出，画家数量也更大。绘画艺术的繁荣同样与中国大运河密不可分。隋代开凿了从洛阳至杭州的隋唐大运河，开启了漕运，促进了中原地区与江南的密切交流。隋文帝倡导佛教，使佛教及佛教艺术复兴。隋炀帝开通了大运河。短短不到四十年间，隋代统治者积累了大量财富，河南洛阳周边粮仓中的储粮至贞观年间依然食用未尽。隋代的扬州、苏州、杭州及洛阳快速形成大型城市，长安至江都（扬州）设离宫四十余所，带动了运河两岸建筑业和经济的快速发展。隋炀帝本人才艺出众，他令人撰写《古今艺术》五十卷，将许多著名画工招集至京都，这个时期绘画名工辈出，包括画史留名的展子虔、董伯仁等。展子虔成为后代人物画家的宗师。这其中也有大名鼎鼎的唐代人物画大师阎立本。

在反隋起义基础之上建立的唐朝，沿袭了隋朝的政体、官僚制度、科举制度和漕运管理制度等，同时也承袭了运河带来的繁荣。唐代社会经济空前繁荣，正如唐代杜甫《忆昔》诗中所描述的开元盛世时期欣欣向荣的状况："忆昔开元全盛日，小邑犹藏万家室。稻米流脂粟米白，公私仓廪俱丰实。九州道路无豺虎，远行不劳吉日出。齐纨鲁缟车班班，男耕女桑不相失。"绘画艺术也进入黄金时段，以阎立本兄弟、吴道子及周昉为代表的人物画，以敦煌220窟为代表的宗教壁画，以王维和李思训为代表的山水画，以边鸾为代表的花鸟画全面丰收。宋代定都在运河边的开封，书画艺术也极为繁荣，甚至皇帝本人就是书画巨匠（如宋徽宗赵佶），朝廷开始"官办"画院，京都开封和许多大城市多开画馆、书院，极大地促进了书画业的发展。宋代开始，运河流域许多名家的书法、绘画俱佳，开启了中国书画新时代。其中，宋徽宗、苏轼、黄庭坚、米芾、米友仁等最为著名。至元明清时代，大运河流域的书画双馨的名家更多，元代的黄公望、王冕、王蒙、赵雍（赵孟𫖯之子）；明代文徵明、祝允明、徐渭、唐寅、米万锺、王铎、宋克、沈周等不胜枚举；清代绘画名家则有八大山人、石涛、郑板桥、金农、黄慎、汪士慎、陈鸿寿、笪重光、邓石如、黄易、李鱓、石涛、吴历、恽寿平、王时敏、王鉴、王翚、王原祁等。

（一）清明上河图

《清明上河图》是现存最出名的反映运河主题的名画，为中国十大传世名画，是北宋画家张择端仅见的存世精品图。

张择端是山东诸城人，生活于北宋末期，其生平历史仅见于画卷后张著题跋。张择端幼年攻读诗书，少时游学汴京，后习绘画，尤精于界画，被遴选入皇家画院，入为画院翰林。当时宫廷绘画提倡深入细致的观察、精微的描绘和巧妙的表现，《清明上河图》达其极致。宋徽宗时张择端完成《清明上河图》，《清明上河图》上原有宋徽宗题签。

《清明上河图》画的是北宋首都汴京（即今天的开封市）的东南一角。为了画好这幅画，张择端常漫步于运河两岸，细心地在汴河繁华地带进行观察，置身于茶肆酒楼，了解民风民俗。有研究者认为，《清明上河图》反映的是"清明时节的上河"这一主题，把民俗节日、市民生活、市场盛况与滔滔运河结合起来，绘出这一传世名作。此画场面宏大，人物众多，突出了城郊、运河、城市三个主要部分，人物上千，风光数十里，三教九流，七十二行。

围绕《清明上河图》反映的时间，有"春天派"和"秋天派"的争论，更多的人认为反映的是春天。《清明上河图》画面是从右至左而展开的，共分为宁静的乡村、繁忙的汴河、热闹的虹桥、忙碌的店铺、威武的城楼、繁华的大都市六个部分。犹如一架录像机，把一个城市的人物风景，从城里到城外都一一记录了下来，观者如同亲临其境。

第一段画的是市郊。最先映入观众眼帘的，是汴京城外东南远郊农村。广漠的田野，河渠纵横。岸边老树杈桠，新芽未吐。薄雾轻笼，略显寒意，正是早春天气。有一队驮着木炭的小毛驴，沿着河渠迎面而来，走在前面的童子忙将毛驴向小桥方向驱赶。行过小桥，是一个路边歇脚店，门前搭着凉棚，摆放着椅凳，它是专为那些远道而来的商贩和苦力开设的。看来时候尚早，客人还没有到来，只有主人在屋后忙活着。店后一带短篱，连接着几家茅舍。茅檐低小，大门朝向谷场，大石碾磙闲置在那里，空寂无人。接下来是一片柳林。柳树的主干满身树瘿，有的还空了心，古老而苍劲，主干上发出的新枝，细长而茂密，连成一片葱绿。柳树林边，有两三家瓦舍居于分叉路口，一带土墙和编篱将其围绕。顺着墙看有一支队伍从城里出来，有两位骑驴的人，衣着打扮像是富家翁或者客商，仆人或肩扛或挑着行李，似乎路途不近。瓦舍的另一面也有一支队伍，最先的三个人，前呼后喊，正在追赶着一匹奔马。其后有一乘轿子，轿上扦满枝条。再后有男士骑着马，仆人挑着担子跟随。瓦舍的对角有一家茅屋，柳荫下黄牛或卧或立，卸了架的石磙放在屋檐下。透过柳枝可以看到农田，从它所分割成的小块，知是菜地。有人正在从井里打水浇地，有人则挑着担子似是往地里送粪。以上是描绘汴京市郊春意盎然的清明时节情景。

第二段画的是汴河。汴河就是隋唐大运河的通济渠。按《宋史·河渠志》载，"汴河自隋大业（605—618年）初疏通济渠，引黄河通淮，至唐改名广济。"进入汴河，观众首先看到的是两艘重载的大船已经靠岸，正在往码头上卸货。从船身还吃水很深来看，被卸下的货物只是很小一部分。货物是用麻袋装的，老板正坐在麻袋上指挥船工们码放。扛袋的船工很吃力，需要两个人帮他卸下，看来装的是粮食。北宋时代，漕粮储备仓库大都集中在东南城沿汴河一带。《东京梦华录》"外诸司"记载："诸米麦等,自州东虹桥元丰仓、顺城仓,东水门里广济、里河折中、外河折中、富国、广盈、万盈、永丰、济远等仓。"这些仓库的粮食,都是通过汴河从"江淮湖浙"运来的。这个船码头正对着一条街道口。主要店铺是餐馆,以小吃为多。对街有一家小店,门前笼屉里摆着馒头,店主手持一个正在向挑夫兜揽生意。与之右邻的是一家小酒店。再过去的一家,铺面比较宽广,店前当路堆着纸盒类货物,路口竖着一块招牌,上书"王家纸马"。这是家专营纸人、纸马、纸扎楼阁和冥钱的铺子。这也应了清明节的风俗,再一次点醒题目是"清明节"。按《东京梦华录》的记载,"清明节……诸门纸马铺,皆于当街用纸衮成楼阁之状。"接下来是一个大码头,街道宽阔平整,两边店铺也较为讲究,经营的主要是餐饮业,店铺里已经坐了不少客人。码头边一连停靠了五艘大航船。有一艘还在卸货,从伙计们趴在船篷上聊天来看,货物已卸得差不多了。有的船主卸完货以后,则邀客人到沿河酒店去喝上二两。沿河酒店的雅座,都向着河面敞开窗户,客人一边喝酒,一边可欣赏风景。在这一组航船中有一艘装潢特别华丽,清一色的花格窗子,前后有两个门楼,船舷也比较宽。透过窗子,可以看到舱内有餐桌之类的家具,这是一艘大客船,不但有舒适的客舱,而且还可以在船上用餐。船主可能上岸去了,留下四个伙计在忙活着收拾,等待着客人们到来。在这一组船只外面,是一艘正在行进的大船。有五个人在岸上拉纤,船上可以看到有十一个人物。这是一艘客货混装的大船,因为它的船窗板中间与两头是不同的。前后舱的窗门是向里支开的,中间舱则向外支开。看来其货物除了装在底舱之外,中间的上层舱也堆放货物,所以这艘船载重量也很大。正由于货多船重,又行进在船舶密集的河道上,所以船主和船工们都很紧张。右舷上的三个船工,正轮流用篙将船往外推移,以免与停泊的船只碰撞,站在左舷和船头上的两个船工,手中紧握篙杆,准备随时使用,而船老大则在船头指挥,似在大声叫喊,提醒前面船上人注意。另外有三个是搭船的客人,第一个站在篷顶的前部,在身后有一张小桌,放着杯盘之属,可能是他正喝着酒,看到前面有些紧张,便站起身来帮着叫喊;第二个在船尾敞篷里,背着双手,踱着方步,心情像是很急迫;第三个在尾舱内露出大半个身子向外看。在船的前舱内,一个妇女带着小孩趴在窗口往外看,应当是船主的家眷。十一个人,各不重复,松紧张弛,各尽其态。近岸边有一只小艇,船夫正在往外掏水。一艘大船刚从它身边驶过,大橹拨动的漩涡,一个一个向它袭来,使小船的船身仿佛在晃动。

第三段画的是虹桥。这是全画的中心,也是全画中人物画得最密集、最热烈、最精彩的一段。这是一座木结构的桥梁,桥面宽敞,桥身弧形,直接连接两岸,中间没有桥墩、桥柱。桥髹以红漆,远远望去,宛如彩虹。桥面设有护栏,以保护行人安全,两端立四根风信竿，为航行者指示风向。桥下两岸用石砌成，巨石之间连以铁细腰（俗称银锭），并设有人行道和上下台阶及护栏，这是专为纤夫而设计的。虹桥横跨汴河的南北两岸，两头都连接着街道，尤其是南岸，房屋店铺比较稠密。下桥以后向西沿河岸走，很快就可见到一座高大的城门。水面上许多载重货船一艘紧接一艘沿汴河溯流而上，其中一艘正待穿过桥洞。由于这里河面较狭窄，水流湍急，桥梁又低，给行船安全带来很大的威胁，因此船工们都一齐忙碌紧张起来。有的在放倒桅杆，有的在用力撑篙，有的则用篙顶住桥梁，有的在呼喊前面的行船注意，有的在桥顶上往下抛着绳索，船篷上则有人接应，就连在船舱里的妇女也趴住窗往外看。船工们的紧张呼喊，引来了周围许多看热闹的人群，跟着叫喊者有之，指手画脚出主意者有之，桥上桥下，人声水声，连成一片，使观众也心情紧张起来。前面的一艘大船已过了桥，立在船头的六位船夫，除两人在拨动着橹外，其余的人都显得很轻松，有的在与桥上的人搭话，有的则还在关心着后面的船。再看桥面。从画面上可清晰地看到，这座桥的横断面差不多是由二十根巨木紧密排列而架设起来的，如果以每根巨木40厘米直径计算，这座桥面至少也有8米宽。不少商贩在桥的两侧搭起了竹棚，支起了遮阳伞，摆上了地摊。卖小吃的、卖刀剪工具的、卖日用杂货的，有的在谈生意，还有的在争抢客人。桥的两侧护栏边挤满了看热闹的人群，只有中心地带才是过往行人的通道，有骑马乘轿的，有推车赶驴的，有肩挑背负的，南来北往，络绎不绝。在人声嘈杂、拥挤不堪中，有一乘轿子正往北行要通过桥顶，迎面却来了一个骑马的客人，眼看就要碰撞上了，各自仆夫为保护其主，都在以手示意对方靠边行走，两旁的行人见势也都在让道。又恰好这时一个持竹杖的盲人欲横过桥面，一头被轰赶的毛驴正朝他冲来，急得那个赶驴的小伙摊开双手、大声吆喝。就在一小块地方，画家画了大约有百余人物。

第四段画的是一条大街。两边把口的是一家脚店。在酒楼中，脚店次于正店。其大门口用栅木杆扎起了一个高大的楼阁式的架子，这叫"綵楼欢门"，是酒楼的特有标志。欢门的中部还用红、蓝两色布围了起来，有的木杆还用红漆油饰，上面高悬着一面酒旗，上书"新酒"二字。檐下两侧则挂着"天之""美禄"两块牌子。欢门下部有围栏。栅栏内似乎放着一个落地灯，白地上写着"十千""脚店"，表示本店的酒特别好。脚店大门的门楣上写着"××雅酒"。进门以后是大堂，之后有一栋双层的楼房。透过窗户可以看到客人们正在饮酒，还可以看到楼梯口，伙计们正在上菜。脚店门前十分热闹。栅栏外拴着一匹马，可能是楼上哪位客人的，马夫则在栅栏内坐在地上休息。此外还停放着一辆串车（一种独轮车）。刚下桥正在街心行走的一辆串车。在这辆停靠的串车旁有三个人，其中两人正从店内往车上装载货物，另一人则在点数。从所画货物的形状看，似是一串串铜钱。图中是五贯一扎。脚店的对角也是一座两层楼的店铺，虽然看不到牌子，但透过二楼的窗户看到摆有桌椅，可能是一家旅店。大门口支有遮阳伞，上面悬着书有"饮子"的幌子。"饮子"是凉茶一类饮料，是用中草药煎熬出来的，专供过往行人消暑解渴的。路边有两个苦力正在购买。过了这家脚店，汴河在这里拐了一个急弯。在宽阔河面的转弯处，停靠着多艘船只，有客船，也有货船，有人通过跳板正在上船，从船身吃水很深来看，似是已装满了货物要起航开往南方去了。离开汴河来到一个十字路口，由于这里靠近码头，店铺仍然以饭馆为主，从敞开的店门，可以看到已有不少客人入座。在众多餐馆中，画家特别突出描绘了一家大车修理店，门口堆积了许多木料，一个人双手持着榔头，正在修整车轮。那辆走在大街中的棕盖的车后门内一个妇女低着头撩起门帘正往外看。车前一牛驾辕，一牛拉套，两个车夫在照顾。车后有三个人跟随，其中两个是仆从（一个头顶托盘，另一个肩挑盒子，大概是食品）。在对角一家餐馆前有一乘轿子，一个妇女站在轿边，也许是在和轿内人隔帘说话，也可能是正待上轿。轿的前面有一马一驴，一个人正在上驴，一个人在旁十分关心地看着，另有两个仆夫在帮助递东西。看样子他们是要出城远行。继续往前走，在一株老柳树的遮掩下，有一个人用竹席搭起来的小棚子，在一条绳子上挂着三块布条，上面写着"神课""看命""决疑"。相摊之后有一个大院落，大红门上有乳钉，张贴着布告，土围墙上扦着竹扦，看来像是一个衙署。大门口外或坐或卧有一群人，他们的枪矛、旗帜、伞等物都倚靠在围墙上，看来像是士兵，但一个个都显得十分疲乏，仿佛经过长途跋涉之后才来到这里，在等待着发落。再往后有一所寺庙，山门紧闭，而哼哈二将却看得十分清楚，另外还有一个僧人正从旁门走入寺内。

第五段画的是威武的城楼。画中的城门楼非常高大而有气势，为单檐庑殿顶，檐下三层斗拱。所有的木结构部分，都被油漆成红色，显得华丽而气派。城楼有斜坡马道，可以骑马而上。城楼室内陈设着一面大鼓，内侧有人凭栏俯视街景。城楼有竖匾，露出一个"门"字。连接城门楼两侧的城墙是土筑的，城墙上长满了老树，内城墙虽失修理而变矮小，但是护城河濠仍然完整保留，两岸的杨柳在春日阳光下欣欣向荣，因而是城内难得的一处休闲之所。在这座城楼外的平桥两侧，挤满了看风景的人们。城门口是一个很关键的地方，人来人往十分密集，就在这密集的人群中，画家把他的目光关注到残疾人和乞丐身上。在城门口的当路中间，有一个老人匍匐在地，他正在向过往行人乞讨。而过往行人呢，都在躲着他走，没有一个人肯掏出钱来施舍。画家还特别描绘了一个骑马的官人，他已走过了行乞者，只是回过头来看了看，而毫无停下来给点小钱的意思。另外在平桥的栏杆边，有两个乞儿正伸着手向看风景的人乞讨。

其中两个人任凭小乞儿怎么哀求，只装没听见。另外两个也许怕乞儿破坏他们看风景的雅兴，似伸出手给一个较大的乞儿一文钱，打发他快走。在整个《清明上河图》中，城门楼是一座最大的建筑物。其本身的目的是分割出城里与城外，这样很容易把人物活动分裂开来。画家早就料到了这一点，于是在构思上进行了巧妙的设计。他除了把城楼刻画得很精细，将树木向两边扩展，为了使观赏者的眼睛不游离出画面外，还特别安排了一支骆驼队伍正在走出城门，最前面一只骆驼已探出了多半个身子快要出城，而尾驼仍留在城内。画家实际上只画了两匹半骆驼，而在观赏者脑海里，却是一支很壮大的骆驼队伍。

  第六段画的是繁华的大都市。紧挨着的店铺，高大而装饰豪华，人物与货物的密集与堆积，与城外的疏朗、闲适形成了强烈的对照。在街北紧贴城墙的第一家，面阔三间。中间有一个人坐在案前，旁边一个人站立在向他说些什么。而门前堆积着一包又一包的货物，一个人手持一板状物，另两个人似是货主或运输者，对面者手护货物，背面者手点货物，都在和持板者说话。第二家内有三个人，手持弓箭，有的还在把弓拉开。和虹桥南岸的一家脚店酒楼相比，显然这家叫"孙羊店"的"正店"要气派得多。门面装饰华丽，綵楼欢门不但大，而且缀满了绣球、花枝，还有像是鹅类家禽饰物的图像。底下有栅栏，三个地灯上写着"香醪""正店"，另一个因被柱子和人挡着，可视部分是一个"孙"字。欢门上斜挑的酒旗上写着"孙羊店"。透过窗户可以看到里面坐满了客人，桌上菜肴丰富。大门口还有新来的客人正往里走，可见生意火爆。店后空地上码放着五层覆扣的大瓦缸，大瓦缸应为储酒器或酿酒工具，由此可想见店后是个酿酒作坊。在孙羊店的门前，有辆驴车在装卸货物，有肩挑的小贩在兜揽生意，有卖点心食品的摊贩在接待顾客……煞是热闹。沿着孙羊店往西是一个十字路口，这里的热闹程度与城外的十字路口大不一样，四角店铺所经营的货物要高等些，从街上的行人衣着打扮来看也要高一层次。东北拐角处，紧靠着孙羊店的是一家肉铺，檐下挂一条幌子，上书"××斤六十口"。店内有一个人在操刀，大概是伙计，另一个人则坐在门首板凳上，身体肥胖，应是老板。这个人的样子使观众想起《水浒传》里的"镇南关郑屠夫"。在这家门前围着一大堆人，在听一个大胡子在讲说什么，可能是在说书。从这家肉铺转过去，是一家医院，招牌上写着"杨大夫×××"，"杨家应症××"，说明是一个杨姓医生开的店。门口有人牵着小孩来看病。再远处是一家绸缎铺，横招牌写"王家罗明匹帛铺"，竖牌上书"××罗锦匹帛铺"。街的对角是一家香铺，招牌上写着"刘家上色沉檀栋香"。在它的南面拐角处，是一个大摊点，货柜上堆满了一盒一盒的东西，围满了选购者。十字街东南角的店铺，可以看到两块招牌。其一为"李家输卖上××"，另一块写着"久住王员外家"，是一家旅店。"久住"，含有"老店""老字号"之义，这家旅店也不小，有着两层楼，透过窗户可看见里面已住了人，他独占一间房，墙上还挂着书法艺术品，是不是进京赶考的士人呢？旅店门口兼卖"香饮子"，而一辆双驴拉套的平板大车正从门口经过，大车上装着两只大木桶。十字街的西南角，面西的一家门口挑出一个"解"字招牌，专家们研究是一家当铺。它的北面有一个竹棚，有许多人围坐着在听一个老人说书。十字街头的行人，除了小贩、挑夫、推车赶驴的之外，还有一些身着长袍、头戴幞头的士大夫阶层人物。有的骑着马护送家眷，轿中的妇女也忍不住掀开轿帘看看街市的热闹。而最引人注目的有一个僧人和两个士子模样的人走在十字路口的最中心，身后还跟着书童。在他们身后不远的地方，还有一个行脚僧人，他身上背着一个竹篓，内装经书和手杖。竹篓的手把向后弯曲，扣着一顶竹笠，背上后可以遮阳避雨。从十字街口往西去的街道，首先看到的是一眼水井。有三个挑夫在那里取水，一个左手提绳，右手正把吊桶往井中扣，另一个则在摆动绳索提水。他们两人都把扁担挂在柳树枝杈上，第三个则刚到，正在放下水桶。紧靠水井是又一家医院，门面上招牌写着"赵太丞家"。在室内前来看病的是两位妇女并抱着婴儿，门面里有柜台。柜台上放着一张纸，上面写了字，可能是药单吧。门外竖着的几块大广告牌，可以看得清全文的只有一块，上面写着"治酒所伤真方集香丸"。赵太丞家的隔壁是一所深宅大院。前厅竹帘高高卷起，可以看到室内高大的屏风，屏前正中放一把大围椅，大门檐下有斗拱。门柜门板都用红漆油饰，门板上有辅首。门的一侧有围墙，用石灰粉刷。墙外有护栏。有人正在走入大门，门口外有三名门卫看守。在这所宅院的门口，画家安排了一小细节，一个人在问路。这个人右手提着食盒，肩上背着一个大包袱，一看他的这身打扮，就知道是个外地人。这家门卫们倒是很热心，一边告诉他，一边用手指着方向。问路人便扭转头看着他要去寻找的地方。顺着他转头的方向望去时，只见两侧街树相合，朦胧一片，画卷却在这里突然而止。

也有研究者认为，此画并不是反映的清明时节的场景，因为虽然此画第一部分反映的是扫墓归来的情景，但第三部分的画卷里有打赤膊的、打扇子的、卖西瓜的，不可能是四月，应该是秋季。学者罗青认为：《清明上河图》这一画题，取的是政治清明和平，天下"海晏河清"之意。这也是宋徽宗亲书亲题的原因。《清明上河图》是宣和元年（1119年），徽宗为庆祝改元，令张择端绘制的。而画作的时空顺序参照的是当时流行的赋的写法。赋的写法介乎叙事与抒情之间，在空间次序上讲究以对照的手法描写地理方位，以东对西，以南对北。在时间顺序上，也讲究对比手法，以春对秋，寒对暑，以春秋代表一年。他在《〈清明上河图〉新解》一文中提出："《清明上河图》

的时空顺序，随汴河两岸连续对照展开，空间视点随着河船河岸，对比移动，让一日的时间，从清晨发展到正午。全卷的时空次序，以中央虹桥为界，让一年的时间在桥的右边卷首处，以春天开始，过了虹桥后进入秋天至卷尾。观者在边卷边展、边看边收之际，不知不觉，从春天看到秋天，如此一来，春天派与秋天派的争议，豁然而解。"

也有许多人怀疑《清明上河图》不完整，是被人从中割去了很长一段。于是从明、清时代起，就有许多仿本接着往下画，一直画到出西城，画到西城外的金明池。也有人认为，什么都看完了，还有什么想头？《清明上河图》让人过目难忘，正是留下一点遗憾和不满足，才具有更大的魅力。

自从宋代张择端创作了《清明上河图》之后，围绕着这幅作品的仿本摹本不断，直至清朝。明清两代制作了很多的《清明上河图》，尽管和现藏故宫的《清明上河图》有诸多不同之处，但整体而言，它们具有明显的共性。这也正是《清明上河图》本身的魅力所在。随着《清明上河图》原作的重新发现和其在 20 世纪 50 年代的出版，涌现出大量《清明上河图》的仿制品。在中国各地的古董商店都可以看到各种材质的《清明上河图》工艺品，包括毛毯、木雕以及金属浮雕，当然还有各种仿制《清明上河图》的画卷。最出名的当属明代仇英的《清明上河图》系列。

《清明上河图》不仅是我国古代绘画艺术中最杰出的现实主义作品，同时，对研究大运河两岸的历史学、社会学以及古代建筑具有重要的价值。

《清明上河图》（汴河虹桥局部）如图 9-3 所示。

（二）"元四家"的书画

元代，人物画、花鸟画走向低潮，而山水画却达到高峰，最著名的是"元四家"。"元四家"是元代山水画的四位代表画家的合称，指赵孟𫖯、黄公望、王蒙、吴镇四人，

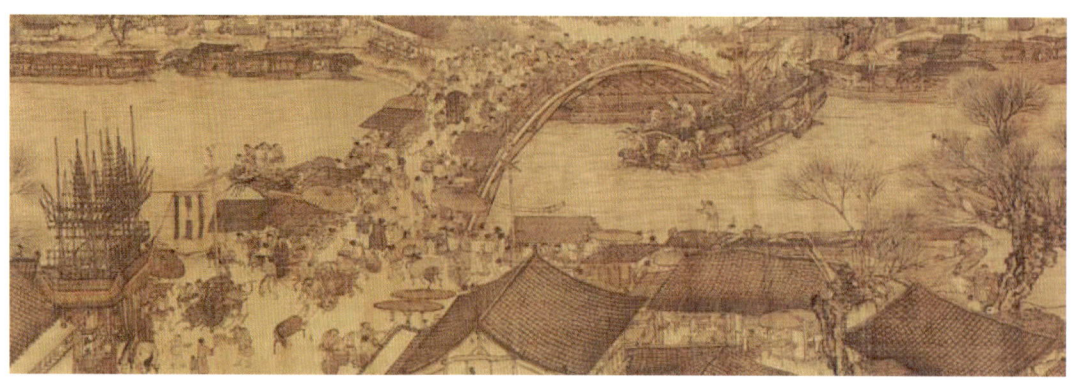

图 9-3　张择端《清明上河图》（汴河虹桥局部）

都居住在运河边。

赵孟頫为浙江吴兴人,是宋画向元画过渡时期的画家,具有开风之功。他精通诗、书、画、经。他的传世画作有《三马图》等。他的书法作品更为后人推崇,世称"赵体"。

黄公望曾为道士,寄情山水,故山水画的造诣极高。其画笔势雄伟,苍茫简远,传世作品有《富春山居图》和《九峰雪霁图》等。他的《富春山居图》因分为两段,分藏在大陆和台湾,因此曾被拍成电影。

王蒙亦为浙江吴兴人,他的山水画,融各家之法独创一格,取景多山重水复,屋宇人物点缀得宜,被明人董其昌誉为"天下第一"。

吴镇为嘉兴人,善画山水竹木,笔力劲爽。他的代表作有《渔父图》,在山水墨色的深沉中,渔父高士的宁静与平淡溢于画作。

黄公望所作《富春山居图》之无用师卷(局部)如图9-4所示,现藏于台北故宫博物院。

图9-4 黄公望《富春山居图》之无用师卷(局部)

(三)吴门画派

沈周、文徵明、唐伯虎、仇英等,在当代的电视剧中,这些曾经在世时超然尘世或为时人鄙薄的人,成了当下电视剧里的演绎人物,风流倜傥,和者如云。被称为"江南四大才子"。

沈周是明初的书画家,是吴门画派的创立者,他在摩习前人作品的基础上自成一格,在技法上有超越前人的突破与创新,技法与题材都十分宽泛,成为后世书画家竞相膜拜的一代宗师。文徵明、唐伯虎都是出自沈周的门下,文徵明发展了沈周笔墨中雅致清淡的一面,唐伯虎则结合工整缜密的宋画风格,发挥了沈周秀丽清新一面。仇英属于当时的匠人,出身漆工,画风接近唐伯虎。吴门画派的成就在于从重"技"转向重"文",各位画家均有较高的文化素养,兼擅诗文书画,长于各类题材,所以形成一代画风,使宋元以来的"文人画"得到全面的发展。

沈周作画图如图9-5所示。

（四）扬州画派

清代康熙中期至乾隆末年，在扬州地区活跃着一批来自全国的风格各异的职业画家，在中国的绘画史上，这批画家领风气之先，讲求创新，以水墨写意技法表达画境，而且，几乎都是诗书画全能，这些画家是汪士慎、郑板桥、高翔、金农、李鱓、黄慎、李方膺、罗聘、高凤翰、李勉、陈撰、边寿民等人，因其画作不同于当时传统的画法，后世将其称为"扬州八怪"画派，在绘画史上归于"扬州画派"。

林岩、王蔓在《中国古代廉政文化集粹》中介绍了扬州八怪的代表人物郑板桥。

图 9-5　沈周作画图

"1736年，郑板桥赴京会试考中进士。四年后，到山东范县任县令。范县地处黄河北岸，仅十万人口，县城不过几十户人家，为鲁西的一个小县。境内民风古朴淳厚，碰到民间纠纷，郑板桥便采取'现身说法'，劝和双方。由于吏治清明，板桥有时闲得在公庭步月吟诗作画，县署内常'六房如水，吏去无人'。板桥为察看民情，访问疾苦，不坐轿子，身着便服，脚穿草鞋到乡下察访。

郑板桥在范县连任五年之后，因政绩卓著调任潍县任县令。潍县滨临渤海，盛产海盐，素有'小苏州'之称。在潍县，郑板桥更加兢兢业业，以'安黎元''济苍生'为己任。郑板桥在潍县七年，竟有五年发生旱蝗水灾。他一面向清廷据实禀报灾情，请求赈济；一面以工代赈，兴修城池道路，招引远近饥民赴工就食。同时，责令囤积居奇者迅速将积粟按通常市价粜给饥民。郑板桥自己也节衣缩食，为饥民捐出官俸。在最危急之时，他毅然决定打开官仓放粮。其僚属劝他勿贸然行事，等呈批后再说。他说：'待到层层报批，恐怕百姓都要饿死了。还要我这个县令干什么？如有追究，由我完全负责！'秋后灾情未减，郑板桥又当着百姓的面把百姓借官粮的欠条付之一炬。

乾隆十一年，山东巡抚向郑板桥求书画。郑板桥画竹并题诗以赠：'衙斋卧听萧萧竹，疑是民间疾苦声。些小吾曹州县吏，一枝一叶总关情'。诗情画意，表达了郑板桥为官时时刻刻都把百姓的冷暖放在心上。"国家主席习近平曾引用此典，他说，封建时代官吏尚有这样认识，今天我们共产党人应该比这个境界高得多。

郑板桥画竹图如图 9-6 所示。

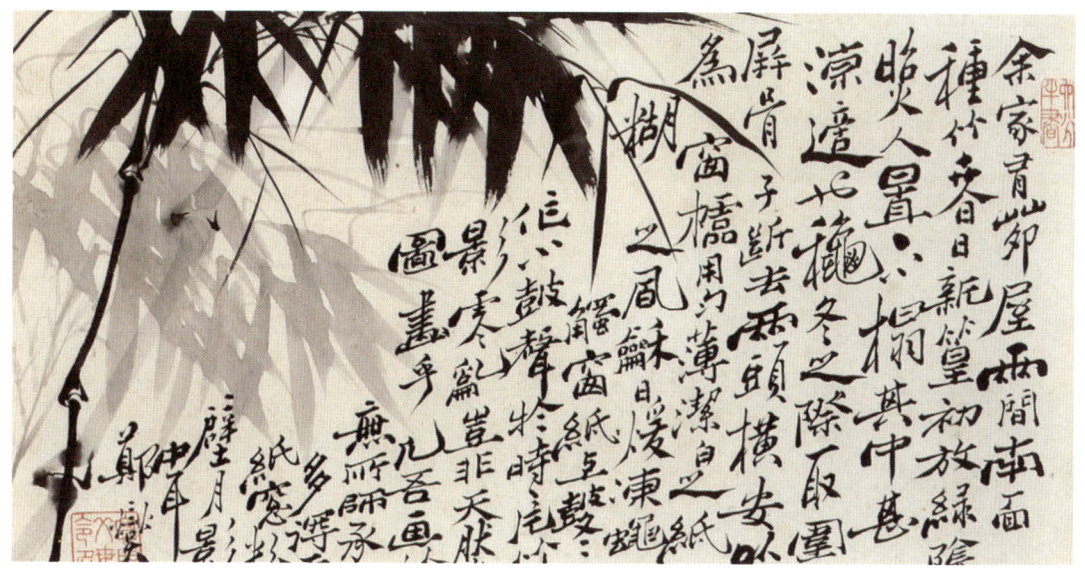

图9-6 郑板桥画竹图

三、中国大运河与诗歌小说

发达的经济，迷人的风光，五光十色的民族风俗使大运河成为文学艺术的摇篮。中国的文学史，似乎也与中国的地形地貌有关，山川与诗歌共生，小说与大河流传。中国的"唐诗之路"就是基于隋唐大运河背景之下的文化之路，李白、杜甫、白居易、杜牧都在中国大运河沿线留下了不朽的诗篇。李白在黄鹤楼写的"烟花三月下扬州"是为运河名城扬州做的千年广告。李白还有一首诗叫《瓜洲新河饯族叔舍人贲》，对主持开凿瓜洲运河的润州刺史齐浣倍加赞颂："齐公凿新河，万古流不绝。丰功利生人，天地同朽灭。"白乐天的"汴水流，泗水流，流到瓜洲古渡头"，则是对隋唐大运河的真实写照。许多历史名著的作者诞生在运河岸旁，如《窦娥冤》的作者关汉卿、《西游记》的作者吴承恩都诞生在这里。有不少文人记述运河沿岸的故事，写出了《红楼梦》《金瓶梅》等不朽的戏曲小说。

黄鹤楼如图9-7所示。

（一）苏州人范仲淹的豪放之作《岳阳楼记》

古之文人，诗文中有一两句流传千古便是幸事，北宋文学家范仲淹以一句"先天下之忧而忧，后天下之乐而乐"而使岳阳楼屹立千载，其先忧后乐、忧国忧民的情怀亦为后世廉吏奉为圭臬。

图 9-7　黄鹤楼

岳阳楼如图 9-8 所示。

范仲淹是江苏吴县人，宋真宗时进士。仁宗时任吏部员外郎。庆历元年为陕西经略副使，庆历三年授参知政事。针对北宋积弊，与欧阳修等人推行"庆历新政"，为权贵不容。

范仲淹中进士不久，即被任命为苏北东台的盐官，他建议重修捍海堰，受朝廷重用，任为兴化县令，他征集通州、海州、楚州、泰州四地 4 万民夫兴工筑堤，甚至捐出自己的官俸作为经费。这期间，因自然灾害，有不少民夫在灾害中死去，范仲淹因此被弹劾调离。但海边民众继续此事业，终于在天圣六年春完工，人们为了纪念范仲淹，将此堤命名为"范公堤"。

图 9-8　岳阳楼

1034年，范仲淹移官故乡苏州，正值苏州暴雨成灾，他主持建闸挡潮，提出"修圩、浚河、置闸"3种治理太湖流域水利的主张，为历代水网圩区的治理者继承。而他在《岳阳楼记》中所写的"先天下之忧而忧，后天下之乐而乐"的名句，则一直为后世志士仁人所推崇。

范仲淹像如图9-9所示。

（二）扬州高邮人秦观和婉约词派

秦观是典型的运河词人。他是运河之畔的江苏高邮人。元丰进士，以苏轼荐，任太学博士，后任国史院编修官。他在官场并不顺利，卒于贬谪途中。他是一位杰出的词人，善写优美的抒情词，是北宋婉约词派的重要作家。他

图9-9 范仲淹像

在作品中创造了许多深于情、专于情的优美女性的艺术形象，传达出词人的真挚情感，发展了词的技巧，如《鹊桥仙》《浣溪沙》等词。《千秋岁·谪处州日作》等词则写出了他屡遭贬谪、飘零潦倒的经历与生活，极度凄婉动人。

冯梦龙的《醒世恒言》中有一段《"苏小妹三难秦少游"的故事》。话说苏小妹渐渐长大，名满京华，连王安石都来为儿子向苏小妹求亲，可苏小妹根本就看不上，为了不得罪这位当朝宰相，苏洵只得说女儿虽然才学好，但长得丑。虽然小说最后也说明这只是托辞，其实小妹长得并不丑，但也没说她长得有多漂亮，这也就是说苏小妹长得怎么样并不是关键，而她这种巾帼不让须眉的才气才是她能获得美满爱情的关键。

说苏小妹读了秦少游的诗很是喜欢，苏洵知道了小妹的心思就打算把苏小妹嫁给秦观。秦观未得功名之前，就化装成一个疯道士趁苏小妹到庙里上香的时候来考察这位未来的老婆，看她是不是真的是个知识女性，因为这种才女才是秦少游这种才子所追求的对象。苏小妹面对疯道士刁难她的对子，随机应变，完美地回击了秦大才子的挑衅，当然这时候她并知道这个疯道士就是她要嫁给的老公！后来她知道了，就在洞房花烛夜的当晚，给秦少游出了三道难题，答不出来，就不准进洞房。

秦观什么人，"苏门四学士"，当世有名的大才子啊！心想怎么能让一个女人给难倒呢？当即就摆开架势接招。不愧是大才子，前两题不花多长时间就迎刃而解了。可是最后一个对子，苏小妹出的上联是"闭门推出窗前月"，看上去简单，可要对得

图 9-10 文游台秦观像

俗容易，要对得雅致精巧就不容易了。

眼看着时间一点点过去，这新郎官抓耳挠腮过不了关，旁边偷看的苏洵、苏东坡也跟着着急。毕竟还是苏东坡比较聪明，他看秦观边想边走到院子的水缸边儿，就扔了块石子到水缸里，秦观受这一激，立马想出了下联"投石冲开水底天"，与上联果然是一幅绝对，因此，苏小妹欣然撤去"围城"，放秦观入洞房了。[1]

文游台秦观像如图 9-10 所示。

（三）中国四大名著均诞生于运河地区

阎守诚先生在《隋唐小说中的运河》一文中说："正像运河有它自己的历史一样，小说，作为一种文学形式，也有它产生、发展、成熟的历史。到唐代，社会生产力的发展，城市经济的繁荣，广大群众对文化娱乐的需要，有力地促进了小说创作水平的提高。唐代小说在结构、语言、情节、人物形象的塑造等方面都有不少新的开辟和特色，具有比较广泛的社会生活内容。唐代的传奇小说已经在文学史上占有不可忽视的地位。然而，隋唐小说仍然不够成熟，当时人们仍然把小说排斥于正统文学之外，隋唐小说还没有出现鸿篇巨制，只给我们留下数量众多的短篇。在和运河有关的隋唐小说中，我们首先想到了《大业拾遗记》中的一个故事：炀帝将幸江都，令将军麻胡浚河，胡虐用其民，百姓慑栗，常呼其名以恐小儿，或夜啼不止，呼麻胡来，应声止。"这个故事流传甚广，至今，在运河沿线地区，人们还用麻胡来吓唬小孩。

运河的开通，融会了中国南北各地的官民礼仪、特色物产、饮食服饰和风情民俗，形成了绚丽多彩的运河文化，推动了文学艺术的大发展。在运河文化的营养和滋润中，中国古代文学史上诞生了难以超越的四大名著。在明代，"四大白话"小说是指《西游记》《三国演义》《水浒传》和《金瓶梅》，到了清代，因为《金瓶梅》描写太过直白，才用《红楼梦》代替了《金瓶梅》，后世称为我国古典文学的"四大名著"。

1. 大运河流进《红楼梦》

中国古代四大名著首推《红楼梦》，这是一部具有高度思想性和艺术性的伟大作品，成书于清乾隆四十九年（1784年）。无论是作品本身还是作者曹雪芹，都是大运河文

---

[1] 冯梦龙《醒世恒言》。

化孕育出来的杰出文化符号。

曹雪芹世家与大运河结有长达80年的不解之缘。曹雪芹的高祖曹振彦于顺治十三年任两浙盐法道,他也是曹家最早走完京杭运河全程的人。两浙盐法道的官署设在杭州,曹振彦随其父曹锡远从东北辽阳从龙入关,在北京安家。因此他上任的路线是从北京沿大运河到杭州。此后,曹家四代人的命运都与大运河无法摆脱瓜葛。

曹雪芹童年和少年随其祖父在江南生活,后来才迁至北京。乾隆年间曹家"家道复初",长大成人后的曹雪芹有机会再从北京沿大运河南下。《红楼梦》中既出现了宿迁方言,也有南京方言、苏州方言等,扬州方言更是俯拾皆是。

除了语言特色,大运河沿线的景致、人文、风俗、典故都在《红楼梦》中有所反映。曹雪芹自幼饱受大运河和吴文化熏陶,在《红楼梦》中他用那如椽之笔饱含激情地将大运河文化抒发得淋漓尽致也就不足为奇了。赵国平在《红楼梦里的扬州话》一文中讲述了《红楼梦》与扬州的缘分:"尽管直到今天人们并没有考证出曹雪芹生卒的确切年代,但他祖父曹寅曾任江南织造兼作两淮巡盐御史,所以曹雪芹曾在扬州生活过,扬州旧城一条曲折小巷'运司公廨'内一座老宅,很可能就是曹雪芹移居京城前在南方最后的住处。林黛玉是一位多愁善感的扬州女孩,自小随父亲'盐政御史'林如海生活在扬州,讲的是一口地道扬州话。林姑娘聪颖机敏,她的饮食习惯、说话口吻乃至爱使小性子的性格特征,都与扬州这方水土息息相关。《红楼梦》中有不少扬州话。'有一搭没一搭''小小巧巧''不敢龇牙''心里突突的'等句子,至今仍是扬州人挂在嘴边的俗语。曹雪芹运用扬州方言信笔拈来,自然流畅,不着痕迹,其原因与他会讲或起码熟悉扬州方言有关,一个没有经过扬州话熏陶的人,断难把'强如''才刚(方才)''不相干''歪(睡)一会儿'等扬州土话当做口头语,反复在自己的作品中使用。扬州话已被他纯熟地与北京官话糅合在一起,成为红楼梦语言的有机组成部分。"

2. 齐鲁运河捧出《水浒传》

《水浒传》是中国古代另一部杰出文学名著。水浒文化和运河文化交汇、叠合于古郓州涉及区域,也就是梁山泊及周围地带,这也正是齐鲁文化中一个独特的部分。

元初以后,大运河一直在郓州地区纵向穿过,水泊梁山正是运河水系的一部分。济水自西南来,汶水自东方来,二水交汇于梁山泊。梁山泊自古就处于沟通东西、连接南北的交通要道。大运河穿行鲁西地区,这对古郓州所涉及地区产生了重要影响,尤其是深刻影响了水浒文化。《水浒传》写的是北宋的故事,但它的广泛传播和最终成书则是在元末明初。大运河的贯通,对《水浒传》的形成,有着重要影响。随着运河城市的兴起,鲁西成为各种信息的传播交汇点,全国各地的故事在这里汇聚,然后在船上品味、消化、加工,又随船到别处传播,这样的故事也就越传越多,越传越完善,越传影响越大了。《水浒传》作者施耐庵书写的虽然是北宋的故事,却以这些故事投射自己生活的那个时代。

3. 没有大运河就没有《三国演义》

中国古代四大名著的创作中有一个重要现象,那就是即使作者不是大运河岸边或与之临近地区中的人,也往往有在运河文化圈城市中生活过的经历。《三国演义》的作者罗贯中就是如此。

罗贯中的父亲是罗锦,时任元代河东道肃政廉访司司吏。元至正十年(1350年),他沿大运河南下杭州,一度著有《赵太祖龙虎风云会》《三平章死哭蜚虎子》《忠正孝子连环谏》等三个剧本。后来,他投张士诚起义军,在这段时间里,罗贯中结识了施耐庵,并拜其为师。至正二十三年(1363年),罗贯中足涉江、浙、赣、皖等地,搜集三国时期东吴的故事传说,发掘整理了大量流行于运河两岸的三国故事。

明洪武元年(1368年),他与施耐庵居淮安,游览汉代遗址。后来,施耐庵病卒,罗贯中携自己未竣的《三国志通俗演义》书稿返故里,完成最后的著书。如今,大运河沿岸分布着无计其数的三国遗迹,《三国演义》中提及的遗址也数量众多。

4. 大运河热土孕育《西游记》

要了解名著《西游记》的成书,让我们先看看吴承恩的故居,也就是吴承恩著《西游记》的环境。

在今天的运河名城江苏淮安,有吴承恩故居,坐落在淮安城西北的河下镇打铜巷最南端。这地方,是古老的淮河和大运河交汇之处。此地人文荟萃,有枚乘的纪念亭、梁红玉的祠堂、韩信的钓鱼台等。正是这块人杰地灵的运河热土,催生了古典浪漫主义的文学巨著《西游记》。

四大名著书影如图9-11所示。

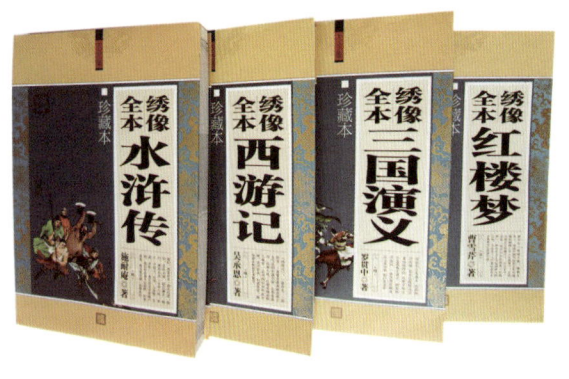

图9-11 四大名著书影

(四) 中国大运河边涌现的一批精品小说

《金瓶梅》《老残游记》《三言二拍》《聊斋志异》等精品小说都涌现于运河地区。大运河边的重要城市临清的市井文化十分繁荣，这给明清时期的小说提供了创作背景，中国古典名著《金瓶梅》就是以明代临清为主要故事背景地写作而成。《金瓶梅》与临清有着密切的关系。《金瓶梅》中的人物活动中心在北方，不管书中联系到什么地方，都离不开临清和清河；从生活习俗上看，是以北方的习俗为主，从语言上看，也大都是临清周围的方言土语。而《金瓶梅》一书中的人物，又都活动在运河城市，就城市的政治经济地位看，当时的临清是军事重镇、商业都会。当时这里的手工业已很发达，以手工业命名的街巷众多，又是各种货物的集散地。临清钞关的商税曾居全国八大钞关之首。临清还是南粮北调的总中转站和粮食储存中心，一度是全国之冠。《金瓶梅》从第五十八回开始到第一百回的四十二回中，有 25 处直接写到临清。第九十八回的标题即是"陈敬济临清逢旧识，韩爱姐翠馆遇情郎"。《金瓶梅》尽管写的是宋代的事，但研究学者一致认为，其时代背景就是明代时期的临清。因此，北方运河城市是明清通俗小说创作的基础。

《金瓶梅》的作者笑笑生，如果不是临清人，也一定是客居在临清的外地人，因为他对临清太熟悉了。《金瓶梅》小说提及的临清的地名非常具体，如钞关、沙河、狮子街等，小说中这些地点的位置、走向、距离和里程均与现实情况完全吻合。有学者认为，没有大运河就没有临清，没有临清就没有《金瓶梅》。也有人认为《金瓶梅》的故事背景地是淮安，但无论怎样，都离不开运河边的城市。

据《历史与未来》的作者刘继安研究："'三言'的作者冯梦龙是江苏吴县人，'二拍'的作者凌濛初是浙江湖州人，这二人所创作的小说，比较集中地反映了明代运河的商贾文化。《老残游记》的作者刘鹗是江苏镇江人。《聊斋志异》中胭脂的故事发生地，就在今天的运河城市——山东聊城。"

盂城驿中的蒲松龄像如图 9-12 所示，传说蒲松龄在此住过一宿后写出了一篇聊斋故事。

《金瓶梅》书影如图 9-13 所示。

四、运河流域民歌及曲艺的互传

(一) 中国大运河带动南北民歌曲艺相互交流

早在明朝时期，南方各省的民歌就已经沿着运河传往北京，据《中国曲艺志》记

图9-12 蒲松龄像

图9-13 《金瓶梅》书影

载,"明朝时北京各种小曲的来源,除北京民间曲调外,最重要的是沿着运河北上的南方各省的民间小调",与此同时,北方民歌也沿着大运河传往南方各省,"在这期间,产生于北方的《寄生草》《哭皇天》《打枣杆》和流行于湖广的《罗江怨》等曲调通过大运河和长江的船歌,相继流入江苏"。[1]

图9-14 扬州民歌原生态演唱者

南北民歌沿运河的传播必然造成南北民歌及曲艺的相互交流。南方评话和北方评书在清初得到丰富发展,南方评话包括扬州评话和苏州评话,扬州因为处运河运输中心和经济中心,历史悠久,艺人众多,且各有绝活。苏州评话活跃于东起上海、西至常州、北起常熟、南到杭州的长江三角洲地区。

扬州民歌演出如图9-14所示。

(二)北京八角鼓出现在扬州街头

乾隆年间北京兴起的说唱艺术较有影响的是八角鼓和子弟书。八角鼓原为一种打击乐器,作为说唱艺术品种出现约在乾隆中叶以后,最早以岔曲命名。

清朝中叶,北京八角鼓沿运河传入了山东、江苏等地。《中国曲艺音乐集成》记载,"北京的八角鼓,是清代满族八旗子弟在乾隆年间创始的一种曲艺形式,这种曲艺形式因伴奏使用八角鼓而得名"。据研究,北京八角鼓传入山东的途径有两种,其中之

---

[1] 《中国曲艺志》。

一便是沿京杭大运河经临清传入聊城、济宁等地。聊城八角鼓约在清中叶由北京沿大运河传入,济宁八角鼓的传入时间与聊城大致相同。同样在清中叶,八角鼓传入南方重要的运河城市扬州,清中叶张微桢有《湖上竹枝词》:"忽听鼓声敲八角,游人争爱本京腔。"可见这时八角鼓已经在扬州出现。

音乐文献将岔曲、腰截、杂牌曲并为一类,题为八角鼓,一般以牌子曲联唱的形式出现。清乾嘉年间由北京流传到鲁西的八角鼓,民国时期在聊城、济宁两地仍有人演出。明清时期各地的民间小曲、小调互相融合,在各地形成特色鲜明的地方曲艺,如临清时调、北京时调、天津时调、济宁平调、扬州清曲等。

清光绪年间在北京由八角鼓演变而来的单弦,民国时期亦较兴盛。这时,单弦演出已由一人自己演唱,自己三弦伴奏,改为演唱者打八角鼓,另有人用三弦等乐器伴奏的形式。演出曲调有《太平年》《怯快书》《云苏调》《南城调》等。

八角鼓实物图如图 9-15 所示。

图 9-15 八角鼓实物图

五、中国大运河与戏剧

(一)明清昆曲北上

带着戏箱布景,一艘低回着优美昆腔的戏船行进于运河沿线的各大码头。这些江湖戏班,主观为生活赚钱,客观上促进了珍贵的传唱遗产遍植生根。

冯丽娜在《京杭运河与我国南北音乐文化的交流传播》中写到:"明清时期,影响全国的戏曲四大声腔——昆山腔、弋阳腔、海盐腔、余姚腔均出自南方,资料表明,它们的北传,大运河起到了重要的传播作用。"1993 年出版的《中国戏曲志》介绍道:"延至明万历,北杂剧已十分衰落,代之而兴起的是由京杭运河而北上的昆山腔和弋阳腔。由此可见,由于京杭运河是贯通我国南北的重要交通动脉,其流域商品经济繁荣,流动人口众多,具有音乐传播的良好的外部条件,因而京杭运河的通行带动了昆山腔和弋阳腔的北传。弋阳腔由此在河北兴起。据沧州史料记载,有清一代,兴济曾出现大量长亭弋阳腔班,由安徽、江西的商人组织在运河沿线进行常年的演出。"

沪教版语文教案《昆剧的故事》介绍了《昆曲的传说》:

昆曲又叫昆剧，传说明太祖朱元璋登基不久，在接见一个昆山的百岁老人周寿谊时就问他："听说昆山腔很不错，你也会唱吗？"昆山腔就是原始的昆剧，如果从元末（14世纪中叶）算起，昆剧的历史有六百多年了。但是在头两百年，昆剧影响不大，还是一个小小的江南地方戏。到了16世纪中叶的嘉靖时期，出了个太仓人魏良辅，把自己关在楼上十年，带着一些伙伴和弟子，对昆腔音乐细细琢磨，革新创造，推陈出新一番，比原先大为优美动听，被称为"水磨腔"，很快在艺术竞争中占先，传播四方，距现在也有四百余年了。世界各国的戏剧品类历时五六百年还有原状可寻的，大约只有昆剧和日本的能乐。

昆剧几百年历程，随着时代变化，自然有盛有衰。盛时宫廷里巷、首都边区，到处都有昆剧艺人足迹。明代后期昆剧即已进宫。康熙乾隆多次南巡，每到苏州都要看昆剧，还选演员带回北京。许多贵族高官分到各地，大都要带家庭戏班去，甚至甘肃、云南、广东等地都有昆班演唱。

宫廷、官府、士大夫迷恋昆剧，市民老百姓同样热爱。清初传奇作家袁于令夜间坐轿回家，过一大户门口，听见里面在唱《霸王夜宴》，一个抬轿子的摇头说，这么好的月夜，为什么不唱"绣户传娇语"，却唱什么霸王！"绣户传娇语"正是袁于令名作《西楼记》的唱词。袁于令高兴得几乎从轿子上掉下来。

昆剧发展到乾、嘉之后，日益走向雕琢辞藻的死胡同，脱离群众，开始衰落。然而无论如何衰落，始终老而不朽，衰而不亡。即使到了国民党统治时期，凄惨得一个专业剧团都没有了，也总有一些民间力量，一些铁杆发烧友为昆剧输液输血，保护着若干艺术力量，等待时机再生。像吴梅、俞平伯、赵景深等教授都是昆剧的护法神。

昆曲艺人表演如图9-16所示。

（二）京剧徽班进京

公元1790年，乾隆皇帝80岁，各地照例要组织戏班进京贺寿。其中就有来自扬州的高朗亭带的三庆戏班。戏班从扬州登上平底船，沿着大运河进京而去。三庆班的人马可能没想到，他们的贺寿演出竟成为在北京的成名立万之作，并在演出中打磨出了国剧——京剧的雏形。

高朗亭之后，又有四喜、启秀、霓翠、和春、春台等戏班相继乘船沿运河北上进京，这些戏班多以安徽籍艺人为主，故名徽班。在演出过程中，六个戏班逐渐合并为四个，史称"四大徽班进京"。

在此后的几十年中，徽班不断在运河流域南下北上，到处巡演，在演出中不断吸

图 9-16　昆曲艺人表演

收各地民间戏曲的精华,风格也逐渐清晰定型。形成了以皮黄为主,兼容昆腔、吹腔、拨子、罗罗等地方声腔于一炉的新剧种,其曲调优美,剧本通俗易懂,故而受到北京观众的热烈欢迎。渐渐地,这种带有北京特点的皮黄戏始称"京戏",也叫"京剧",如今已成为中国的国粹。

《宝应名人》一书介绍了京剧鼻祖高朗亭。"高朗亭(1774—1827年),艺名月官,清徽调演员,演花旦,以演《傻子成亲》一剧著名。祖籍宝应,住县城北门外安徽会馆附近。他生性聪慧,扬州三庆班班主收他为艺徒,曾到杭州、扬州等地演出。17岁于徽班扬州三庆班领衔主演,30岁始任该班班主。善南北曲(昆曲),兼工小调。清高宗弘历曾多次观看高朗亭演出,对他的演技倍加赞赏。乾隆五十五年(1790年),为庆祝弘历80寿辰,征调三庆班进京献艺,轰动京师。嗣后,扬州的四喜、春台、和春与三庆四大徽班经常会演于北京的广德楼、千篇一律秒楼、三庆园和庆乐园等著名戏园,而高朗亭之三庆班始终居于领衔地位,誉为'京都第一'。

高朗亭38岁时被清廷内务府委为'精忠庙'会首,负责解决伶界纠纷,筹建梨园益事业。高朗亭大半生是在北京度过的，历经乾隆、嘉庆、道光三朝，正是京剧孕育形成的时期。他从汉剧、秦腔、楚腔、昆剧等剧种及民歌中汲取营养，丰富和发展了徽剧的表演形式和声调唱腔，培养了陈喜官、邱玉官、苏小三、双凤官、沈霞官和沈翠林等著名旦角，为促进徽剧向京剧演变做出了贡献。"

探寻中国戏曲发展的轨迹，便无法回避大运河的作用与贡献，大运河为戏曲的广泛传播、不断发展并走向繁荣创造了便利条件，为新的艺术形式的诞生提供源源不断的营养。

蔡桂林在《京剧：大运河留给世界的文化绝响》一文中介绍了大运河与京剧形成的关系：

"乾隆好戏文，在皇宫里'雅'腻了，心往'花'之。在皇城里'花'当然不便，得到京外去。沿大运河南巡应该说是个'花'的好机会，可是，前四次乾隆是'奉母揽胜'，皇太后在身边不敢造次。乾隆四十二年（1777年）皇太后病逝。乾隆四十五年（1780年）正月，乾隆帝开始了沿运河南巡。没了皇太后的约束，出发前乾隆就向各巡抚衙门发出御旨，要各地方戏曲班子汇集扬州，为他路经扬州时唱堂会。

产生于江西弋阳一带的地方戏曲弋阳腔戏班来了，有着优美的旋律、源远流长的秦腔来了，安徽安庆一带历史悠久的地方戏曲徽戏班来了，罗罗腔戏班来了，柳子腔戏班来了，勾腔戏班来了……南昆、北勾、东柳、西梆云集，昆、高、梆、簧、柳五腔齐聚，以满足皇上的'花'心。

乾隆帝到达扬州的当晚，好戏开锣。在接下来的数天里，各戏班使尽浑身解数，你刚唱罢我登台，场面之盛大、热闹，沸腾了扬州。

'花部'徽戏中高亢的'高拨子'乾隆一听就喜欢：'这是什么曲调啊？''高拨子'源出于运河支脉边的江苏高淳县境。高淳县境多湖。湖中渔民时常需要拨船过坝。他们在拨船时众人会齐唱，用歌声来鼓劲。因为是在拨船时所唱，因此，他们合唱的这种腔调被称为'拨子'。此腔调传出高淳县后，人们又在'拨子'前面加了一个'高'字。徽戏班主的解释使乾隆很满意。随行的朝廷大臣把这一细节看在眼里，记在心上。"

乾隆离开扬州后，十多个来自全国各地的戏班子并没有马上离开。他们聚集在扬州，向运河之城的市民献上各自的绝活，史书记载："锣鼓之声，无日不闻；冲僻之巷，无日不有。"

在扬州演出的基础上，各戏班班主们商量后，一致决定结伴进京。沿着运河一路北上，每到一个集镇，戏班子就登岸演出，走一路演一路。在临清停留了一个月，培养了一大批京剧爱好者，因此，临清被称为京剧之乡之一。一年后，乾隆四十七年（1782

年）春天，一支荟萃了中国不同地方戏曲品种的演出队伍到达京城，在京城戏楼不断亮相，不同的戏曲文化相互切磋、不断融合，为京剧的诞生奠定了基础。

到了乾隆五十五年（1790 年），来自扬州的"四大徽班"，即三庆、四喜、春台、三和再次沿着京杭大运河进京，为乾隆庆祝 80 大寿。他们演出的剧目既有取材于民间生活的，也有描写社会政治斗争的正剧，唱红了宫廷。随着这些演出团体走出红墙，徽班又唱红了民间。就这样经过几十年的发展，徽班逐渐由诸腔杂呈局面走向和谐统一，以皮黄为主，兼容昆腔、吹腔、拨子、罗罗等地方声腔于一炉的新剧种诞生了，这样就产生了今天红遍了全国，甚至传播到世界各地，被称为"中国国粹"的京剧。

杭州歌舞剧院在国外巡演时展示中国大运河长卷如图 9-17 所示。

图 9-17　展示中国大运河长卷

六、中国大运河与科技著作

运河流域是古代中国先进的政治、经济地带，自然也是古代中国先进的科研文化中心。中国古代科学技术有了大运河的滋养，变得如虎添翼。代表中国古代文明的四大发明，主要就是在运河沿线的城市完成，古代许多科技书籍也是在运河沿线产生的。

（一）中国大运河对天文历法的影响

运河沿线的北宋科学家、政治家沈括撰写的《梦溪笔谈》，是一部涉及古代中国自然科学、工艺技术及社会历史现象的综合性笔记体著作，英国科学史家李约瑟评价为中国科学史上的里程碑。《梦溪笔谈》一共分 30 卷，内容涉及天文、数学、物理、化学、生物等各个门类学科，其价值非凡。沈括晚年归退后，居住在运河畔的润州（今镇江），卜居处以"梦溪园"为园名。

元代科学家郭守敬既是元代大运河开凿的主持者，又是天文学家，先后创制和改进了简仪、高表、仰仪等十多种天文仪器。他在实际观测的基础上，吸取了前人的经验，加上自己的创见，编订了中国当时最优秀的历法《授时历》，废除了上元积年的日法，创立了招差法和孤矢割圆术，精确而圆满地解决了古历中定朔、闰月安排和二十四节

图 9-18　纪念郭守敬的惠通祠

气安排以及预推日、月食日期、时刻和见食情的四个主要问题。《授时历》通行逾 360 年，是当时世界上最先进的一种历法。1981 年，为纪念郭守敬诞辰 750 周年，国际天文学会以他的名字为月球上的一座环形山命名。

纪念郭守敬的惠通祠如图 9-18 所示。

（二）中国大运河与医学著作

我国古代的医学（又称中医）很发达。东汉末年的张仲景和华佗，活动范围主要在运河区域，是中国古代著名的医学家。张仲景的《伤寒杂病论》（分成《伤寒论》与《金匮要略》两部书）是后世中医的重要经典，为中医临床的辨症施治奠定了基础，后人尊张仲景为"医圣"。华佗擅长外科手术，被人誉为"神医"。他发明的麻沸散，是一种从植物中提取的麻醉药，适用于外科手术。这一发明比西方早一千六百多年。唐朝杰出医学家孙思邈著的《千金方》，记录了八百多个药方，全面总结历代和当时的医药学成果，颇具创见，在我国医药学史上占有重要地位。明代科学家宋应星著的《天工开物》，是我国古代一部综合性的科学技术著作，是"中国 17 世纪工艺百科全书"，里面记载了可以用明矾等矿物质治疗眼科等复杂的疾病（图 9-19）。明朝的李时珍用了 27 年时间，对中国古代医学进行了一次完美的总结，写成巨著《本草纲目》，里面记载了药物一千八百多种，方剂一万多个，有图解有注释，考订详细，全面地总结了 16 世纪以前的中国医药学，被誉为"东方医药巨典"（图 9-20）。

图 9-19　《天工开物》

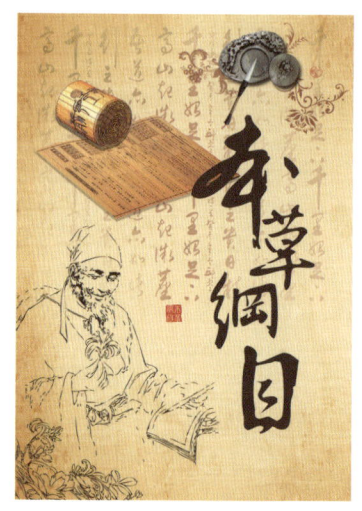

图 9-20　李时珍的《本草纲目》

(三) 中国大运河与农业专著

作为古代农业的发达大国，我国古代农学更是取得了杰出的成就，水源充足、得天独厚的大运河区域更是其中典范。除了先进的农业生产工具、农耕和灌溉方法、水利工程外，还留下了杰出的农学著作。《齐民要术》是北魏时贾思勰所著的一部综合性农书，也是世界农学史上最早的专著之一，是我国现存最早、最完整的农书。书中内容相当丰富，涉及面极广，包括各种农作物的栽培，各种经济林木的生产，以及各种野生植物的利用等；同时还详细介绍了各种家禽、家畜、鱼、蚕等的饲养和疾病防治，并把农副产品的加工（如酿造）以及食品加工、文具和日用品生产等形形色色的内容都囊括在内。它系统总结了中国北方的农业科学技术，对古代农学的发展产生了重大影响。元代王祯的《农书》兼论南北农业技术，对土地利用方式和农田水利叙述颇详，并广泛介绍各种农具，是一本很有价值的书籍。明代徐光启的《农政全书》基本上囊括了古代农业生产和人民生活的各个方面，其中又贯穿着徐光启治国治民的"农政"思想。《农政全书》按内容大致上可分为农政措施和农业技术两部分。在书中可以看到了开垦、水利、荒政这样一些不同寻常的内容，并且占了全书将近一半的篇幅，这是前代农书所鲜见的。书中对历代备荒的议论、政策作了综述，水旱虫灾作了统计，救灾措施及其利弊作了分析，最后附草木野菜可资充饥的植物414种。

七、中国大运河与藏书文化

大运河沿线的文化繁荣，写书、刻书、藏书都蔚为壮观。在大运河沿线有许多藏书楼遗存。

(一) 《四库全书》的藏书阁

《四库全书》全称《钦定四库全书》，是在乾隆皇帝的主持下，由纪昀等三百六十多位高官、学者编撰，三千八百多人抄写，耗时十三年编成的丛书，分经、史、子、集四部，故名四库，共有三千五百多册书，7.9万卷，3.6万册，约8亿字。当年，乾隆皇帝命人手抄了7部《四库全书》，下令分别藏于全国各地。先抄好的四部分分别贮于紫禁城文渊阁、辽宁沈阳文溯阁、圆明园文源阁、河北承德文津阁珍藏，这就是所谓的"北四阁"。后抄好的三部分分别贮于扬州文汇阁、镇江文宗阁和杭州文澜阁珍藏，这就是所谓的"南三阁"。目前扬州天宁寺的万佛楼还陈列着商务印书馆复制的全套文津阁版《四库全书》。

图 9-21 天宁寺所藏《四库全书》

天宁寺所藏《四库全书》如图 9-21 所示。

(二) 江南私人藏书楼

除了皇家和官府的藏书楼，中国大运河沿线还有众多的私人藏书楼，其中以宁波的天一阁最为著名。

1. 宁波天一阁

天一阁位于浙江省宁波市海曙区，建于明朝中期，由当时退隐的明朝兵部右侍郎范钦主持建造，占地面积 2.6 万平方米，已有四百多年的历史，是中国藏书文化的代表之作。

范钦根据郑玄所著《易经注》中的"天一生水……地六承之"之语，将新藏书楼命名为"天一阁"，并在建筑格局中采纳"天一地六"的格局，楼外筑水池以防火，"以水制火"。1665 年，范钦的曾孙范光文在天一阁前修造园林，用假山石形成"九狮一象"等动物形态，改善了天一阁周围的环境。

这一时期同时也是天一阁藏书最为丰富的时期。据考证，当时天一阁藏书达到五千余部，七万余卷，此后直到 1949 年，藏书几乎没有增加。1773 年，乾隆帝诏修《四库全书》时，范钦八世孙范懋柱进呈天一阁珍本 641 种，数量上名列全国第二，但质量一流，包含大量珍本、善本。所呈藏书中，七分之五收入《四库全书总目》，六分之一全本抄入，但所有藏书未归还，使得天一阁藏书下降到 4819 部。乾隆三十九年六月，特颁谕旨，恩赏天一阁《古今图书集成》一部，以示嘉奖。

天一阁是中国现存最早的私家藏书楼，也是亚洲现有最古老的图书馆和世界最早的三大家族图书馆之一。现藏各类古籍近 30 万卷，其中珍椠善本 8 万卷，尤以明代地方志和科举录最为珍贵。1982 年天一阁被国务院公

图 9-22 宁波天一阁

布为全国重点文物保护单位。

宁波天一阁如图 9-22 所示。

2. 南浔嘉业堂藏书楼

嘉业堂位于湖州市南浔镇西南郊，是我国近代著名的私家藏书楼之一。嘉业堂藏书楼系刘承干于 1920 年所建，因清帝溥仪所赠"钦若嘉业"九龙金匾而得名。该楼规模宏大，藏书丰富，原书楼与园林合为一体，以收藏古籍闻名，是中国近代著名的私家藏书楼之一。中华人民共和国成立后，原书楼主人捐赠给浙江图书馆，现为公共图书馆和旅游景点。嘉业堂藏书楼是一座中式建筑，坐北朝南，大门楣上"嘉业堂藏书楼"五个大字出于刘廷琛和笔。楼呈"口"字形回廊式两进两层走马楼，整幢楼共计 52 间。

楼上为"希古楼"，存放经部古籍。外面一间为"黎光阁"，存珍本《四库全书》1954 册。里面正房名"求恕斋"，原存放史部古籍。

建造考究的 52 间房屋均为藏书之库房。每间书库，地板坚固，书架整齐，两面均装有铁皮、玻璃双层窗户。楼四周墙基约五六尺高，皆用花岗石砌筑。平面呈"口"字形，为了便于晒书，两进房屋中间有一占地三百多平方米的大天井，平铺方砖，不生杂草。

站在大天井中东南西北四望，只见凡朝天井的库房均安装的是落地长窗，窗多，便于通风采光，可见建楼主人思虑缜密。所有楼堂斋室都陈列着大理石屏风、书桌、茶几和香杞榻等红木家具，一派清代厅堂的风格。底层正厅为"嘉业堂"，悬挂清宣统皇帝御赐"钦若嘉业"九龙金匾一块，楼下窗格都用"嘉业堂藏书楼"篆字样作为装饰，廊外铁栏用"希古"两字作花饰，巧思匠心，殊饶别致。

1949 年解放军南下时，周恩来总理十分关心浙江两大藏书楼（南浔的嘉业堂和宁波的天一阁），曾要陈毅司令员派兵保护，不使损失。故解放军专门派一连战士驻守藏书楼，保护了这批珍贵书籍。1951 年 11 月，刘承干写信给浙江图书馆，"愿将书楼与四周空地并藏书，书版连同各项设备等，悉以捐献于贵馆永久保存"。当时由浙江图书馆和嘉兴地区图

图 9-23　南浔嘉业堂藏书楼

书馆派干部接收。接收时藏书有十一万册左右，杂志三千余册，红梨木书版三万余块。

南浔嘉业堂藏书楼如图9-23所示。

3. 过云楼

过云楼是江南著名的私家藏书楼，位于苏州市干将路，世有"江南收藏甲天下，过云楼收藏甲江南"之称，现为苏州市文物保护单位。经过六代人150年的传承，其藏书集宋元古椠、精写旧抄、明清佳刻、碑帖印谱八百余种。

过云楼是清代怡园主人顾文彬收藏文物书画、古董的地方。过云楼以收藏名贵书画著称，享有"江南第一家"之美誉。但是顾氏却对家藏善本书籍秘而不宣。顾氏保存的善本都极为完好，整洁如新，宋本纸张洁白，字大悦目。在2005年春季嘉德全国古籍善本拍卖会上，过云楼所藏近500册流传有序、保存完好的珍贵古籍，包括40册流传800年罕见的海内孤本宋刻《锦绣万花谷》，以2310万元的价格被一神秘买家整体买下。苏州图书馆也曾设想使该批古籍重返苏州，可是最后由于经费难以筹集，只能放弃。

2012年6月4日晚，江苏凤凰集团在北京匡时国际拍卖有限公司以2.16亿元竞得过云楼藏书。2012年6月11日，北京大学决定行使优先购买权，并从社会捐赠募集收购过云楼。2012年6月20最终由国家文物局批准，过云楼回归江苏，和南京图书馆的其余四分之三的过云楼藏书团聚。

图9-24 过云楼藏书楼

过云楼藏书楼如图9-24所示。

4. 测海楼

吴引孙在扬州修建的测海楼，是晚清东南地区颇负盛名的藏书楼。

光绪十四年，吴引孙、吴筠孙聘请浙江工匠到扬州营建私宅，前后用了五年时间。这幢大宅扬州人习惯叫其为吴道台宅。宅第的东北角，仿宁波天一阁的格局建造了一座藏书楼，取"瓠瓢可以测，管中可以窥豹"之意，期望吴氏子孙以测海的勇气，皓首穷经，奋发有为。

吴引孙的祖父吴次山,喜爱读书,书斋名为"有福读书堂",自署"有福读书堂主人",这对吴引孙产生了很大影响。咸丰癸丑(1853年),吴家遭兵灾,书籍"荡然无存",以致等吴引孙"稍解涉猎"、渴望读书时,家中竟已无书可读,又"无力购书,即辗转借观,亦不易易。因思寒酸之士,有志读书,恒苦于无书可读"。鉴于此,为官之后,吴引孙决定节省俸禄,广购书籍,得八千零二十种,计二十四万七千七百五十九卷,蔚为壮观。测海楼扬州最大的藏书楼,时人甚至将其与宁波范氏天一阁、虞山瞿氏铁琴铜剑楼、聊城杨氏海源阁并称。

光绪三十年(1904年)编印了《测海楼书目》4册12卷,仿粤东广雅书院书目之例,分为七类四部。1910年刊行。有自序,言其购书藏书之缘起。"测海楼"的藏书中,其特色是不少明清通俗小说,不仅有中国传统典籍,还有来自西方的几何、化学、铁路等方面书籍。精本图书如《苏长公密语》《大乐律吕元声》等书均为诸家所珍,现藏于美国国会图书馆。

就在这座测海楼里面出了吴家四兄弟,这四个兄弟都很杰出,人称"吴门四杰"。这四杰指的就是曾为江苏省文化局副局长、南京大学教授的吴白匋,曾任中国医学科学院副院长的吴征鉴,现任中科院院

图 9-25　测海楼

士、核工业总公司科技委高级顾问的吴征铠,中科院院士、著名的植物分类学家吴征镒。其中有三人是院士。吴家四兄弟年轻的时候,就是在测海楼里面读书学习的,最终吴家四兄弟成为了举世闻名的学者。

测海楼如图9-25所示。

5. 扬州街南书屋

街南书屋是扬州盐商马曰琯、马曰璐兄弟的别墅,位于东关街南薛家巷西侧,建于清雍正七年(1729年)左右。马氏兄弟俩"鸠工匠,兴土木,竹头木屑,几费经营,掘井引泉,不嫌琐碎,从事其间,三年有成。"因在东关街南,故称"街南书屋"。街南书屋内有十二景,即小玲珑山馆、看山楼、红药阶、透风透月两明轩、石屋、清响阁、

藤花庵、丛书楼、觅句廊、浇药井、七峰草亭、梅寮。玲珑，玉声。取之于班固《东都赋》："和銮玲珑，天官景从。"

马曰琯（1688—1755年），字秋玉，号嶰谷，祖籍安徽祁门，迁居江都（今江苏扬州）。以盐业起家，成巨富。与弟马曰璐（字佩兮，号半槎）互相师友，俱以诗名，时人称之为"扬州二马"。宾礼海内贤士，慷慨好义，名闻四方，一时名流如厉鹗、全祖望、陈章、陈撰、金农等均馆于其家。大概于雍正十年（1732年）春，街南书屋建成，街南书屋的建成是马氏家业兴旺的一个标志。清人袁枚《随园诗话》中，将扬州小玲珑山馆、天津水西庄、杭州小山堂并称为"清代三大私家园林"。浙江秀水张庚绘《小玲珑山馆图》，马曰璐撰书《小玲珑山馆图记》。

图9-26　扬州街南书屋中的小玲珑山馆

马氏兄弟与扬州八怪的交往尤为密切，常在小玲珑山馆谈诗论文，吟咏酬唱，联袂挥毫，切磋画艺，留下了许多佳话。街南书屋建成后，园主马曰琯、马曰璐著有《街南书屋十二咏》，分咏十二景，当时出名的诗人厉鹗、陈章都为街南书屋十二景题咏。

现在街南书屋除作为民居客栈外，还建有一座24小时城市书房，书房中总是坐满着爱读书的市民和游客，在古代的藏书楼中阅读已成为扬州东关街居民的一个新时尚。

扬州街南书屋中的小玲珑山馆如图9-26所示。

第十章 中国大运河与非物质文化遗产

一、中国大运河非物质文化遗产概述

中国大运河作为中国重要的线性、活态遗产和文化遗产廊道，不仅留下了丰富的物质遗产，而且留下了内涵丰富的非物质文化遗产。

（一）人类口述和非物质遗产介绍

人类口述和非物质遗产（简称非物质文化遗产）又称无形遗产，是相对于有形遗产，即可传承的物质遗产而言的概念。它是指各民族人民世代相承的、与群众生活密切相关的各种传统文化表现形式（如民俗活动、表演艺术、传统知识和技能，以及与之相关的器具、实物、手工制品等）和文化空间。根据联合国教科文组织的《保护非物质文化遗产公约》定义：非物质文化遗产（intangible cultural heritage）指被各群体、团体、有时为个人所视为其文化遗产的各种实践、表演、表现形式、知识体系和技能及其有关的工具、实物、工艺品和文化场所。人类非物质文化遗产项目，是指经联合国教科文组织评选确定而列入《人类非物质文化遗产代表作名录》的遗产项目。2003年10月通过的《保护非物质文化遗产国际公约》指出，非物质文化遗产应涵盖五个方面的项目：

（1）口头传说和表述，包括作为非物质文化遗产媒介的语言。

（2）表演艺术。

（3）社会实践、仪式、节庆活动。

（4）有关自然界和宇宙的知识和实践。

（5）传统手工艺。

非物质文化遗产的管理机构是联合国教科文组织下属的保护非物质文化遗产政府间委员会。世界级非物质文化遗产项目分为人类口述与非物质文化遗产代表作和急需保护的非物质文化遗产两个名录。中国有国家级非物质文化遗产名录，申报联合国非物质文化遗产代表作需先入国家级非物质文化遗产名录。

（1）中国目前已列入人类口述与非物质文化遗产代表作名录的有32项，具体见表10-1。

表10-1 中国非物质文化遗产名录

序号	遗产项目名称	批准时间
1	昆曲	2001年5月
2	古琴艺术	2003年11月
3	新疆维吾尔族木卡姆艺术	2005年11月

续表

序号	遗产项目名称	批准时间
4	蒙古族长调民歌	2005 年 11 月
5	中国传统桑蚕织技艺	2009 年 10 月
6	南音	2009 年 10 月
7	南京云锦织造技艺	2009 年 10 月
8	宣纸传统制作技艺	2009 年 10 月
9	侗族大歌	2009 年 10 月
10	粤剧	2009 年 10 月
11	格萨（斯）尔	2009 年 10 月
12	龙泉青瓷传统炼制技艺	2009 年 10 月
13	热贡艺术	2009 年 10 月
14	藏戏	2009 年 10 月
15	玛纳斯	2009 年 10 月
16	花儿	2009 年 10 月
17	西安鼓乐	2009 年 10 月
18	中国朝鲜族农乐舞	2009 年 10 月
19	中国书法	2009 年 10 月
20	中国篆刻	2009 年 10 月
21	中国剪纸	2009 年 10 月
22	中国传统木结构营造技艺	2009 年 10 月
23	端午节	2009 年 10 月
24	妈祖信俗	2009 年 10 月
25	中国雕版印刷技艺	2009 年 10 月
26	呼麦	2009 年 10 月
27	中医针灸	2010 年 11 月
28	京剧	2010 年 11 月
29	中国皮影	2011 年 11 月
30	中国珠算	2013 年 12 月
31	二十四节气	2016 年 11 月[①]
32	藏医药浴法	2018 年 11 月

注释：①该项目与蒙古国共同申报。

中国书法如图 10-1 所示。

（2）列入急需保护的非物质文化遗产名录 7 项，分别是羌年、中国木拱桥传统经营技艺、黎族传统纺染织绣技艺、新疆西热甫、中国水密隔舱福船制造技艺、中国活字印刷术、赫哲族伊玛堪民间说唱叙事长诗。

（二）中国大运河非物质文化遗产的界定

那么，哪些遗产可以列入中国大运河非物质文化遗产呢？这里首先要对中国大运河非物质文化遗产进行科学的界定。

笔者以为，并不是中国大运河区域内所有的非物质文化遗产都可以归纳到"中国大运河非物质文化遗产"名下，界定是

图10-1　中国书法

否是中国大运河非物质文化遗产的标准应该是看它的形成、传承与发展变化，与中国大运河有没有直接或间接的连带关系，是否有着内生、发展、演变和传承的必须联系。荀德麟先生在《京杭大运河非物质文化遗产序》中选择了六个方面的内容，笔者认为是比较有道理的。

一是与大运河直接关联的非物质遗产，即大运河本体建设过程中所形成的非物质遗产项目，如运河开凿与疏浚中的传统勘测度量技艺，运河构筑闸坝、加固堤防、堵决筑堤等方面的传统技艺，分水、引水、蓄水、泄水等传统设施营造技艺等。

二是与大运河的原生性功用直接关联的非物质遗产，如漕运船舶的传统制造技艺，漕粮仓库的传统营造与防潮、防蛀工艺，巨型原木的传统水陆转运技艺，船舶过闸、盘坝的传统技艺等。

三是由大运河沿岸所派生的人类口述遗产，如关于大运河的各类故事、传说，关于大运河的河工号子、船工号子，由大运河助推传播的民歌、童谣等，由大运河产生的社会风俗、礼仪、节庆，以及一些重要的因大运河而形成的方言等。

四是在大运河沿线地区形成或传承、发展的表演艺术，如戏曲艺术的京剧、昆曲、梆子戏等，曲艺中的扬州评话、苏州评弹、相声、单弦、评书等，音乐艺术的古琴艺术、宗教音乐，舞蹈艺术中的京西太平鼓、天津法鼓、余杭滚灯等。

五是由于大运河的交通助推、促进需求而产生或传承发展的传统手工技能，如临清的贡砖烧制、苏州的金砖制作技艺，宋锦等高档丝织品、刺绣品的制作技艺，玉雕、漆器等手工艺品制作技艺及雕版印刷技艺、木版水印技艺、青瓷和紫砂烧造技艺，碧螺春、龙井茶和花茶的加工制作技艺，以及北京烤鸭、天津狗不理包子等食品加工技艺等。

六是率先在大运河沿线地区形成或传播、发展的中华传统武术、中华传统杂技，以及其他具有代表性的游艺项目等。

以上这六个方面的非物质文化遗产可以归类为中国大运河非物质文化遗产。

二、中国大运河非物质文化遗产项目介绍

中国大运河非物质文化遗产种类繁多，目前，人类非物质文化遗产项目大运河沿线就有15项，中国大运河沿线还拥有国家级非物质文化遗产450余项，省级、市级的非遗项目更是数不胜数。我们对中国大运河非物质文化遗产仍旧按照《保护非物质文化遗产国际公约》的五个部分的分类来介绍。

中国雕版印刷技艺国家级传承人陈义时工作照如图10-2所示。

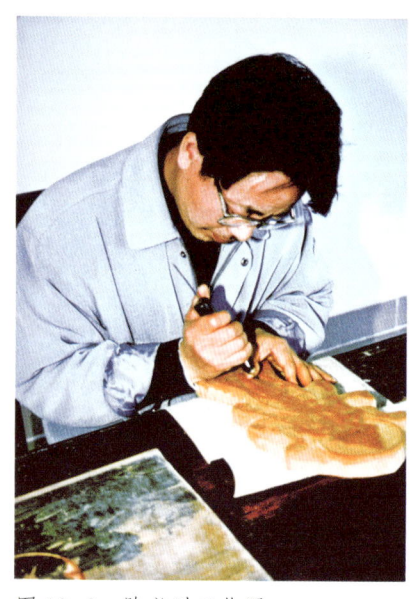

图10-2 陈义时工作照

（一）口头传说和表述

1. 运河传说

（1）四女寺的传说

武城县四女寺村是一个历史名镇，位于德州市德城区与河北省故城县交界处的大运河南岸，其贯以"四女"地名的由来，源于一个美丽、动人而又千古流传不衰的民间传说。由于四女寺在历史上居水陆交通要冲，依仗大运河码头和"九州通衢"官道，所以关于四女寺的传说除广泛流传于周边县区外，还沿大运河远扬千里之外。不仅如此，历代官吏、文人墨客也留下了精美的游记、诗词，对四女"和睦事亲"的传统美德大嘉赞誉，历经千百年流传不衰。

相传，西汉景帝时，此地（安乐镇）有一乐善好施的傅氏夫妇，年届五十，膝下只生四女，皆姿色出众，聪慧过人。因父母无男儿，四姊妹为侍奉双亲，改着男装，矢志不嫁，共祝二老长寿，同时为表心愿，各植一槐，对天盟誓："槐枯则嫁，槐茂则留"。为争养双亲，四姊妹各暗中用热水浇她人之槐，以期烫死，免得贻误其他姊妹青春。殊不知，热水浇槐槐越繁茂，结果四女同室事亲，朝夕焚修，日夜诵经，卷不释手，以祝父母长寿，遂修道成仙，举家超升。人去迹存，四棵槐树依然亭亭玉立，

于是世人遂改安乐镇为四女树镇，后人为纪念四女，使其德世代相传，便为其建祠塑像、树碑立传，后又将四女树更名为四女寺镇，一直沿传至今，并修建了四女祠。

德州四女祠如图10-3所示。

(2) 临清运河铁窗户的传说

说起运河铁窗户，临清人基本上都能讲上几句与此相关的传闻轶事。大运河临清段，三元阁至避雨亭这一段河道，即临清人所说的南湾子，此段是一C形水道，水流湍急，滚沙无常，水患频发。

传说大禹治水时，在此河段留下一泉眼，泉水成潭，久旱不枯。后来有一条修炼多年的蛟鱼，相中了此处，以泉眼为府，常兴风作浪危害过往船只，吞噬行人牲畜，刷岸溃堤。这条蛟鱼成为沿岸百姓和船家的重要祸患，为除蛟鱼，人们想尽了办法，但始终没有根除此患。

听老人们讲，大清嘉庆年间，大宁寺来了一位挂单高僧，算出六月初一蛟鱼幻化成人形来大寺街游玩。当蛟鱼刚走进大宁寺山门，等待多时的高僧，抛起铁钵，兜头罩下，只听轰的一声，一条水柱冲天而起，仅地上留下一片腥臭的黑水（这就是造成大宁寺山门口，常年积有水洼的缘故），众人一片哗然。高僧手拿铁钵神情凝重地自语道：

图10-3 德州四女祠

"唉，百年不遇的机缘错过了，临清的不幸，运河的不幸呀。"这时游人和众商铺的伙计掌柜们都凑过来了。高僧简单地对大家讲了蛟鱼、水患、遇擒、受伤、逃走的经过。继续说道："此孽障这次伤得不轻，它需七七四十九天卧河底泉眼中吐纳疗伤，如果这期间能把它降伏，是最佳时机。"

听说高僧有方法除蛟鱼治水患，众商家纷纷进言："为造福临清百姓，我们大家愿出钱，出力。"

"阿弥陀佛，我佛慈悲，有好生之德。我们用大铁窗户把它封在河底泉眼里，这样既不伤它性命，又能束缚住它"。"好，好，这样好。"大家附和着。

一时间，这件事轰动了整个临清城。大寺街布店的刘四爷联合众商铺，捐款捐物。大寺街铁匠铺的张家、王家、毕家也都自愿出工。铁匠铺在众商户的资助下用了三天时间，打造了一个丈余见方的铁栅栏窗户，三条挠钩铁链。

六月初六这天，大宁寺山门口前聚集了无数看热闹的人。众人抬着铁窗户、铁挠钩链，顺大宁寺往西，经银锭巷、大宁巷、钉子街、炭厂街各路口，穿过了避雨亭，直奔南湾子。

正午时分，高僧一手举铁窗户，一手拖着挠钩链，下水了。高僧潜到河底，定睛一看，泉眼向外突突地翻涌着水流，只见丈余长的一条蛟鱼，卧在里面。高僧毫不迟疑地把挠钩抛向蛟鱼，蛟鱼在泉眼里上下翻腾，越翻腾挠钩链缠得越紧，使蛟鱼动弹不得。这时高僧快速把铁窗户钉向泉眼口，丈八长的挠钩链的这一头，固定在铁窗户上了，在蛟鱼的翻腾拉扯下铁窗户已牢牢地固定在了河底泉眼上。

图 10-4　临清段运河

自从高僧用铁窗户关住了蛟鱼后，临清南湾子运河段，再没有发生过重大水患。

始至今日，运河临清段已多年干枯，唯独铁窗户处形成了一个偌大水面的潭坑，旱季农民用数台抽水机，在潭坑抽水浇地，从没抽干过，从而更增添了它的神秘感。[1]

临清段运河如图10-4所示。

1　荀德麟等《京杭大运河非物质文化遗产》，电子工业出版社，2014.10。

(3) 水浸泗州的传说

泗州城位于今江苏省盱眙县境内，曾经是历史上淮河下游的一座重要都市，它扼守淮河两岸及南北大运河由淮河入汴河的南端口岸，具有突出的战略、交通和经济地位。泗州城始设于南北朝时期的北周大象二年（580年），清康熙十九年（1680年）黄河夺汴入淮，泗州城遭没顶之灾，至康熙三十五年（1696年）全城彻底被泥沙埋没。1986年以来，盱眙地方的有关部门和学者开始提出古泗州城遗址考古的课题。关于泗州城消失的故事同时被改编成神话戏曲。

淮河流入洪泽湖的咽喉之处，有两座远近闻名的山。南边的一座是龟山，北边的一座叫老子山。距两山不远处的洪泽湖底，原本是一座繁华了千余年的泗州城，至今已被洪水淹没了三百余年。要问龟山、老子山因何得名？泗州城怎会沉睡湖底？这里有一段奇妙的传说。

很早以前，东海住着一条恶龙，叫水母娘娘。它面如青猿，形似乌龟，一贯不务正业，专门兴风作浪。它心里最恨两个人：一个是上界的老子，曾用聚宝盆破了它的法术；再一个是下界的朱元璋，设计捣了它的巢穴。水母娘娘发誓，非报此仇不可！俗话说得好："愚者千虑，必有一得。"它搜肠刮肚，到底想出一个报复的法子。于是溜到东海龙宫，偷来一副神桶，挑了三江之水赶奔泗州城，一心要漫掉城北老子住过的老子山，冲毁朱皇帝的三代老祖坟。

水母娘娘的歹毒之心，老子早已看得明明白白。他自言自语道："人没伤虎心，虎有伤人意。非得教训一下这孽畜不可！"这天，他变成农夫模样，骑着青牛赶往泗州城，这时，水母娘娘也担着水来到泗州城门前，她放下神桶，稍事休息，正考虑这水如何摆布，说时迟，那时快，老子把牛角一扳，青牛扑到桶边喝起水来。起初，水母娘娘并不介意，心想，一头牛，能喝多少水？连正眼也不瞧一下，可再等它转过身来，大吃一惊，原来青牛几口就将两桶水喝得只剩下桶底一点点泥浆了。只见端坐在牛背上的老子放声大笑道："水母娘娘少弄鬼，青牛喝去三江水，劝你以后多积德，千万不可再胡为！"说完老子腾空而去。水母娘娘哭笑不得，捶胸顿足，气一阵骂一阵，最后把桶底剩下的一点浑浆猛地往城头上浇去。它这一泼，顿时白浪滔天，泥沙翻滚，偌大的泗州城顿时无影无踪，只见茫茫一片，无边无际，后人就称这片大水为洪泽湖。

水母娘娘望望老子山，洪水才漫到山脚，再看看明祖陵，也只淹到墓前的石人石马。它发狠道："老子、青牛别猖狂，喝了三江有海洋，再担海水漫老山，叫你认得水母娘。"它当即驾起妖风，又向南海奔去。若要人不知，除非己莫为。水母娘娘在泗州城作恶，观音老母早已一清二楚，她决心亲自走一遭，惩治水母娘娘。于是带上善财龙女，步下莲台，足蹬彩云，一同来到老子山南边的降魔岭。只见观音拔出杨柳枝，在手中的净瓶里蘸取少许甘露，往山边一洒，立时绿柳成荫，树丛中现出一座美丽的房屋。菩萨再把一串佛珠往锅里一放，当即变成银丝一般的面条，扑鼻的香气直冲云霄。观音老母扮成一个五六十岁的卖饭婆，善财龙女扮成她的女儿，一老一少开起饭店来。这时，水母娘娘正驾着一朵黑云，往南而行。真是瘦狗鼻子尖，它突然闻到一阵饭香，才想起只顾报仇，已有几天没有吃饭了，于是降下云头，窜到饭店，抢过卖饭婆的莲花碗，夺过紫竹筷，挑起锅里的面条，狼吞虎咽地吃了起来。观音老母不慌不忙走上前去，抓住紫竹筷抖三下，只抖得水母娘娘心碎胆裂，哇哇直叫："天啦！刚才还是软和和的白面条，一眨眼怎么变成硬邦邦的黑铁链了？"她睁开眼一瞧，顿时大惊失色，瘫倒在地。原来，面前站着的不是什么卖饭婆，而是法力无边的观音老母。刚才吃下的也不是什么白面条，而是观音老母特制的锁心索。吓得水母娘娘磕头如捣蒜，连声求饶。观音老母斥责道："孽龙孽龙心太狠，竟敢水漫泗州城，不听老子苦相劝，葬送多少无辜人，善恶到头需有报，从今不许再逞能，把你押下琉璃井，永世不得再超生！"

从此，水母娘娘就被押在淮河岸边的八角琉璃井里，求生不得，求死不能。因为水母娘娘形似乌龟，所以，后人就把八角琉璃井所在的那座降魔岭改名为龟山。直到现在，你若乘船来到龟山，还可以找到八角琉璃井的遗址，井边不远处，趴着一只两米多长的大石龟，背上驮着一块三米多高的石碑，上面还记载着水母娘娘被镇锁的传说呢。

图10-5 古泗州城所在地

大运河泗洪段就是古泗州城所在地，如图10-5所示。

2. 船工号子

大运河沿线船工号子多是口耳相传，经过千百年的传承，成为鲜活的历史记忆。

隋代运河边哭诉隋炀帝开大运河，征夫、征伐高丽给民众造成疾苦的五言诗《挽舟者歌》：

"我兄征辽东，饿死青山下。今我挽龙舟，又阻隋堤道。

方今天下饥，路粮无些小。前去三千程，此身安可保！

寒骨枕荒沙，幽魂泣烟草。悲损门内妻，望断吾家老。

安得义男儿，焚此无主尸。引其孤魂回，负其白骨归！"

还有一首在江南地区流传甚广的《丹阳舟人及纤夫之歌》：

"张哥哥，李哥哥，大家着力一齐拖；一休休，二休休，月子弯弯照九州。月子弯弯照九州，几家欢乐几家愁，几家夫妇同罗帐，几家飘散在他州？"

这两首歌，作为古代"舟师""纤夫"的劳作之歌，其音乐个性既具"吴歌"柔婉之风，又饱含劳动歌曲的内在力度，自有它难以替代的历史价值和感人至深的艺术价值。

如今的隋唐大运河通济渠段如图10-6所示。

图10-6　隋唐大运河通济渠段

（二）表演艺术

1. 京剧

京剧，曾称平剧，中国五大戏曲剧种之一，腔调以西皮、二黄为主，用胡琴和锣鼓等伴奏，场景布置注重写意。被视为中国国粹，中国戏曲三鼎甲"榜首"。

徽剧是京剧的前身。清代乾隆五十五年（1790年）起，原在南方演出的三庆、四喜、春台、和春四大徽班陆续进入北京，他们与来自湖北的汉调艺人合作，同时又接受了昆曲、秦腔的部分剧目、曲调和表演方法，吸收了一些地方民间曲调，通过不断地交流、融合，最终形成京剧。京剧形成后在清朝宫廷内开始快速发展，直至民国得到空前的繁荣。

京剧走遍世界各地，成为介绍、传播中国传统艺术文化的重要媒介。分布地以北京为中心，遍及中国。在2010年11月16日，京剧被列入"人类非物质文化遗产代表作名录"。

京剧剧照如图10-7所示。

图10-7　京剧剧照

2. 昆曲

昆曲，又称昆剧、昆腔、昆山腔，是中国现存最古老的剧种，也是中国传统文化艺术中的珍品。昆曲发源于14世纪中国的苏州太仓南码头，后经魏良辅等人的改良而走向全国，自明代中叶独领中国剧坛近300年。在沿运河传播过程中，昆曲糅合了唱念做打、舞蹈及武术等，以曲词典雅、行腔婉转、表演细腻著称，被誉为"百戏之祖"。昆曲以鼓、板控制演唱节奏，以曲笛、三弦等为主要伴奏乐器，其唱念语音为"中州韵"。昆曲在2001年被联合国教科文组织列为"人类口述和非物质遗产代表作"。

昆曲剧照如图10-8所示。

3. 扬州评话

扬州评话，又叫扬州评词，是一种古老的以江苏省扬州方言说表的传统曲艺说书形式，流行于苏中、苏北和南京、镇江、上海等地。扬州评话始于明朝末年，发展于清朝初年，到清代中叶的时候就达到了极盛阶段。扬州评话以描写细致入微、结构严谨、首尾呼应、头绪纷繁但井然不乱而见长，讲求剧情细节丰富，人物形象、个性鲜明，语言上生动有趣。

2006年5月20日，扬州评话经国务院批准列入第一批国家级非物质文化遗产项目。

扬州评话剧照如图10-9所示。

4. 苏州评弹

苏州评弹是苏州评话和苏州弹词的总称，是采用吴语徒口讲说表演的传统曲艺说

图10-8　昆曲剧照

图10-9　扬州评话剧照

书戏剧形式。它产生并流行于苏州，以及江、浙、沪一带。评弹的历史悠久，清乾隆时期已颇流行。最著名的艺人有王周士，他曾为乾隆皇帝演唱过。嘉庆、道光年间有陈遇乾、毛菖佩、俞秀山、陆瑞廷四大名家。咸丰、同治年间又有马如飞、赵湘舟、王石泉等，之后名家流派纷呈，使苏州评弹艺术历经两百余年至今而不衰。

2008年，苏州评弹入选第一批国家级非物质文化遗产扩展项目名录。

苏州评弹剧照如图10-10所示。

5. 北京评书

北京评书是一种传统说唱艺术。相传是明末清初江南说书艺人柳敬亭（1587—1668年）来北京时传下来的。也有人说是清代北京鼓曲艺人王鸿兴去江南献艺时，拜柳敬亭为师，回京后改说评书，并于雍正十三年（1735年）在掌仪司立案授徒，流传到现在的。

2008年6月7日，北京评书经国务院批准列入第二批国家级非物质文化遗产项目。

北京评书剧照如图10-11所示。

6. 山东快书

山东快书起源于山东省地方传统曲艺形式，已具有一百多年的历史。它流行于山东、华北、东北各地。演唱者手执竹板或鸳鸯板，以快节奏击板叙唱，故又名竹板快书。

自赵震以后，又出现高元钧、杨立德和刘司昌等名家，他们推动了山东快书艺术的发展。2006年5月20日，经国务院批准列入第一批国家级非物质文化遗产项目。

山东快书剧照如图10-12所示。

图10-10 苏州评弹剧照

图10-11 北京评书剧照

图10-12 山东快书剧照

7. 相声

相声（Cross talk），一种民间说唱曲艺。它以说、学、逗、唱为形式，突出其特点。

中国相声有三大发源地：北京天桥、天津劝业场和南京夫子庙。相声艺术源于华北，流行于京津冀，普及于全国及海内外，始于明清，盛于当代。主要采用口头方式表演。表演形式有单口相声、对口相声、群口相声等，是扎根于民间、源于生活，又深受群众欢迎的曲艺表演艺术形式。

相声用笑话、滑稽地问答、说唱等引起观众发笑的一种曲艺形式。相声多用于讽刺，现也用来歌颂新人新事。相声在运河流域传播十分广泛。

相声艺术表演如图10-13所示。

8. 中国古琴艺术

古琴，亦称瑶琴、玉琴、七弦琴，古代称为琴，近代为区分琴与西方乐器中的琴，因此添加"古"字，称之为古琴。古琴是中国最古老的传统弹拨乐器，是中华文化中的瑰宝，是人类口头和非物质遗产代表作。传说原始时代黄帝就创造了最初的古琴，西周时期已广为流传，并与瑟、鼓等乐器在祭祀时演奏。湖北曾侯乙墓出土的实物距今有两千四百余年，唐宋以来历代都有古琴精品传世。存见南北朝至清代的琴谱百余种，琴曲达三千首，还有大量关于琴家、琴论、琴制、琴艺的文献，遗存之丰硕堪为中国乐器之最。隋唐时期古琴还传入东亚诸国，并为这些国家的传统文化所汲取和传承。近代又伴随着华人的足迹遍布世界各地，成为西方人心目中东方文化的象征。

2003年11月7日，中国古琴艺术被联合国教科文组织授予"人类口述和非物质文化遗产代表作"的称号，这是继昆曲被授予这一称号后，中国第二个入选的项目，古琴艺术的突出价值再次得到了世界公认。中国古琴九大流派，其中有几个活跃在中国大运河沿线，分别是浙派、虞山派、广陵派、梅庵派等。

中国古琴艺术如图10-14所示。

图10-13　相声艺术表演

图10-14　中国古琴艺术

(三) 社会实践、仪式、节庆活动

1. 妈祖信俗

妈祖信俗又称娘妈信俗、娘娘信俗、天妃信俗、天后信俗、天上圣母信俗、湄洲妈祖信俗，是以崇奉和颂扬妈祖的立德、行善、大爱精神为核心，以妈祖宫庙为主要活动场所，以庙会、习俗和传说等为表现形式的中国传统民俗文化。妈祖信俗由祭祀仪式、民间习俗和故事传说三大系列组成。湄洲是妈祖祖庙所在地。[1]

2009年9月30日联合国教科文组织政府间保护非物质文化遗产委员会第四次会议审议，决定将"妈祖信俗"列入人类非物质文化遗产代表作名录，成为中国首个信俗类世界级非遗。

妈祖诞生和成长在公元10世纪的湄洲，她致力于帮助她的同胞乡亲，并且因为试图营救海难中的幸存者而献身。这些祭祀活动中包括到湄洲祖庙谒祖、分神、贡献鲜花、燃蜡烛、香火和放鞭炮。晚上的时候居民会提着"妈祖灯笼"游行。信奉者们向妈祖求子、求平安、求解决困难的办法、求幸福。对妈祖的信仰和纪念已经深深融入沿海沿河地区中国人以及他们后裔的生活，成为了促进家庭和谐、社会融洽以及该信俗的社会团体身份认同感的一个重要的文化纽带。

中国大运河沿线有众多的妈祖祠庙，如杭州的顺济妃庙、西湖天后宫。淮安城内建有数座天后宫，清河县妈祖庙叫惠济祠，清江浦的妈祖庙叫灵慈宫。苏州、镇江也有天妃庙。据同治《徐州府志》记载，徐州下辖的沛县竟有天妃宫十处之多。山东运河沿线最早的天妃庙出现在德州，明清时期，德州有四座天妃庙。随着福建商人在临清经商的人数增多，临清也出现了福建人建的天妃庙，济宁则有两处天妃庙。天津因大运河和海运交汇，妈祖信仰最盛，天津城内共有16座天妃庙。位于大运河最北端的北京，有关天妃信仰最早记载是明景泰年间，通州也有两座天后宫。

宁波庆安会馆同时又是妈祖庙，如图10-15所示。

图10-15 宁波庆安会馆同时又是妈祖庙

---

[1] 白硕著《大运河沿线非物质文化遗产亟待保护传承》，光明日报。

2. 通州开漕节

通州运河开漕节始于明代，是古代通州独有的大型文化活动。

据《明史·河渠志》载："大通桥至通州石坝……自此漕艘直达京师……人思仲德，建祠以祀之。"《日下旧闻考·京畿·通州二》："通惠祠嘉靖四十五年建，以祀监察御史吴仲。"《通粮厅志》载："每年祭坝毕，在北督储馆（又称石坝御门）公宴。"陈乃文家祖传《漕运底账》记有："祭坝费银"。祭祀活动在通惠河东端葫芦头东岸石坝举行。气氛热烈，场面大。祭坝后开始验收转运漕粮，故又得开漕节之名。

祭坝有春祭、秋祭之分，春祭又有公祭、民祭之别。公祭由官方主持，各方头面人参加，是正式的祭祀活动，仪式隆重而简约。

这天清晨，仓场总督率领粮厅官员及其所属军、白粮经纪和掌管石坝的州判、掌管土坝的州同，各按身份着官服或礼服齐集石坝东，按等级列队，每人高举三炷香，向事前请置于石坝几案上的吴仲等四人木神主鞠躬礼拜。这四位都是疏浚通惠河的功臣。吴仲力主疏浚通惠河，为朝廷分忧，为人民解难。人民当然忘不了他，生前就为他立了生祠，死后又祭奠他。另外那三位是何栋、尹嗣忠、陈璠，都是疏浚通惠河的功臣。

公祭后开始民祭，民祭由商民组织。每年农历三月初一（清明节前后），开河后第一帮粮船到达通州后，即择日举行春祭。这就是开漕节。开漕节又是庆祝首批漕粮至通州的日子，此节日形成始于明代，且定在每年农历三月朔日举行。每临开漕节，中央掌漕官员和通州地方官吏、各省在通工商会馆、民众等数万人齐集通州城东运河西岸，共庆首批粮帮运船到达。开漕节过后，漕船、商舟就可穿梭于大运河沿线。

通州漕运码头如图10-16所示。

图10-16　通州漕运码头

（四）有关自然界和宇宙的知识和实践

1. 二十四节气

"二十四节气"是中国人通过观察太阳周年运动，认知一年中时令、气候、物候等方面变化规律所形成的知识体系和社会实践。"二十四节气"于先秦时期订立,到汉代完全确立,它指导着传统农业生产和日常生活,是中国传统历法体系及其相关实践活动的重要组成部分。在国际气象界,这一时间认知体系被誉为"中国的第五大发明"。

"二十四节气"把太阳周年运动轨迹划分为24等份,每一等份为一个节气,始于立春,终于大寒,周而复始,既是历代官府颁布的时间准绳,也是指导农业生产的指南针,日常生活中人们预知冷暖雪雨的指南针,是中华民族劳动人民长期经验的积累成果和智慧的结晶。

2016年11月30日,二十四节气被正式列入联合国教科文组织人类非物质文化遗产代表作名录。中国大运河沿线是二十四节气产生发展的重要地区。2017年5月5日,"二十四节气"保护联盟在中国大运河河畔的浙江杭州拱墅区成立。中国大运河沿线的河南省郑州等地都建立了二十四节气传习基地。

二十四节气图如图10-17所示。

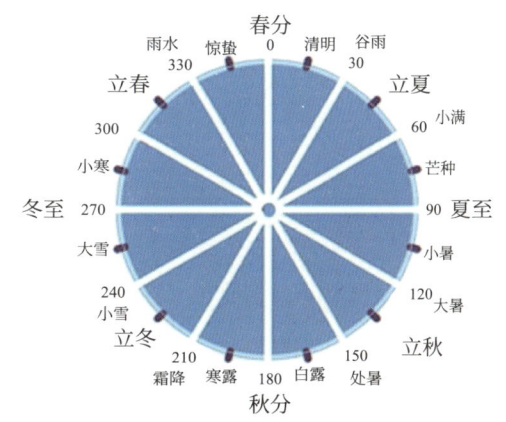

图 10-17　二十四节气图

2. 牛角山张氏祖传中医

中国大运河沿线的扬州仪征市新集镇牛角山张氏祖传中医术来源于清道光年间,主治疮、疽、痰、甲亢、淋巴结炎以及一些疑难杂症。第一代创始人张鹤松,一代代传到现在。清末和民国时期,张樵、张绍两兄弟技艺高超,德艺双馨,名扬大江南北。张氏用十排脓之针,人称"神针",再深再厚的脓都能排出,再用自配自制的药,更见神效。

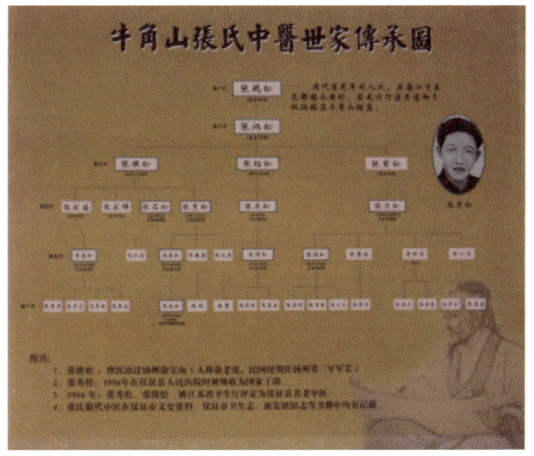

图 10-18　牛角山张氏祖传中医传承

牛角山张氏祖传中医传承如图10-18所示。

(五) 传统手工艺

1. 杨柳青木版年画

杨柳青年画,全称"杨柳青木板年画",属于木版印绘制品,是著名的中国民间木版年画之一，与苏州桃花坞年画并称"南桃北柳"。

杨柳青年画产生于中国明代崇祯年间，继承了宋、元绘画的传统，吸收了明代木刻版画、工艺美术、戏剧舞台的形式，采用木版套印和手工彩绘相结合的方法，创立了鲜明活泼、喜气吉祥、富有感人题材的独特风格。2006年5月20日，该遗产经国务院批准列入第一批国家级非物质文化遗产名录。杨柳青年画产品行销北方及东北、内蒙古、新疆各地。对河北武强年画、东丰台年画及山东潍县、高密及陕西凤翔等地年画都有一定影响。

杨柳青年画的制作方法为"半印半画"，即先用木版雕出画面线纹，然后用墨印在纸上，套过两三次单色版后，再以彩笔填绘。其制作既有版味、木味，又有手绘的色彩斑斓与工艺性，因此，民间艺术的韵味浓郁，富于中国气派。杨柳青年画历史长、渊源久远、产量多、制作精细，在中国民间年画中具有重要的代表性。

杨柳青年画如图10-19所示。

2. 苏州桃花坞年画

桃花坞年画是江南地区的民间木版年画，因曾集中在苏州城内桃花坞一带生产而得名。它和河南朱仙镇、天津杨柳青、山东潍坊杨家埠、四川锦竹的木版年画，并称为中国五大民间木版年画。桃花坞年画源于宋代的雕版印刷工艺，由绣像图演变而来，到明代发展成为民间艺术流派，清代雍正、乾隆年间为鼎盛时期，每年出产的桃花坞木版年画达百万张以上。桃花坞年画的印刷兼用着色和彩套版，构图对称、丰满，色彩绚丽，常以紫红色为主调表现欢乐气氛，基本全用套色制作，刻工、色彩和造型具有精细秀雅的江南地区民间艺术风格，主要表现吉祥喜庆、民俗生活、戏文故事、花鸟蔬果和驱鬼避邪等中国民间传统审美内容。民间画坛称之为"姑苏版"。2006年5月20日，该遗产经国务院批准列入第一批国家级非物质文化遗产名录。

桃花坞年画如图10-20所示。

图10-19 杨柳青年画

图10-20 桃花坞年画

3. 扬州剪纸

剪纸在中国已有一千五百多年的历史，是一种镂空艺术，其在视觉上给人以透空的感觉和艺术享受。扬州是中国剪纸流行最早的地区之一，唐宋时期就有"剪纸报春"的习俗。扬州人在立春之日剪纸为花，做成春蝶、春线、春胜等样式，"或悬于佳人之首，或缀于花下"，观以为乐。另外还剪纸钱、纸马等，专门用于祭奠。至清代，扬州商业兴盛，剪纸艺人亦数量大增，嘉、道年间的著名剪纸艺人有包钧等，技艺超群，有"神剪"之誉。扬州的剪纸艺人还根据需要创作绣品底样，大至门帘帐沿、被服枕套，小至镜服香囊、绢帕笔袋，有绣花必有纸样，扬州人称剪纸样的艺人为"剪花样的"。

扬州剪纸是南方剪纸的代表，技术精细，富有神韵，大多以花卉为主，多采用镂空的技法，技艺要领为"圆如秋月、线如胡须、尖如麦芒、缺如锯齿、方如青砖"五要诀；风格特征概括为"秀、灵、雅"，即线条清新流畅，构图精巧雅致，形象夸张简洁，技法求变求新。

扬州剪纸以一代剪纸艺术大师张永寿为杰出代表，他为后辈剪纸艺人留下了创作经典，把民间艺术的审美品格推向一个更加高远和深广的审美境界，以独步一时的风格魅力在中国剪纸艺术史上留下了久远的影响。

2006年5月20日，扬州剪纸经国务院批准列入第一批国家级非物质文化遗产名录

扬州剪纸如图10-21所示。

图10-21 扬州剪纸

4. 中国雕版印刷技艺

雕版印刷是中国古代人们经过长期实践和研究才发明的。它是将文字、图像反向雕刻于木板，再于印版上刷墨、铺纸、施压，使印版上的图文转印于纸张的工艺技术，称雕版印刷。在古代，雕版印刷又称版刻、梓行、雕印等。

雕版印刷术凝聚着中国造纸术、制墨术、雕刻术、摹拓术等几种传统工艺，为后来的活字印刷术奠定了基础，是世界现代印刷术的技术源头。扬州是中国雕版印刷术的发源地，是中国国内唯一保存全套古老雕版印刷工艺的城市。2006年，该印刷技艺

经国务院批准列入第一批国家级非物质文化遗产名录。2007年6月5日，经国家文化部确定，江苏省扬州市的陈义时为该文化遗产项目代表性传承人。2009年9月由扬州广陵古籍刻印社、南京金陵刻经处、四川德格印经院代表中国申报的雕版印刷技艺被联合国教科文组织列入"人类非物质文化遗产代表作名录"。扬州广陵古籍刻印社保留着国内唯一的全套古籍雕版印刷工艺流程。2014年，扬州广陵古籍刻印社入选"国家级非物质文化遗产生产性保护示范基地"。

2005年10月，扬州中国雕版印刷博物馆对外试开放。被誉为清代扬州雕版印刷极盛时期标志的《全唐诗》初刻初印本，回到扬州与世人见面。

扬州中国雕版印刷博物馆如图10-22所示。

图10-22　扬州中国雕版印刷博物馆

5. 苏绣

苏绣是中国优秀的民族传统工艺之一，是苏州地区刺绣产品的总称，其发源地在苏州吴县一带，现已遍布无锡、常州等地。刺绣与养蚕，缫丝分不开，所以刺绣，又称丝绣。清代确立了"苏绣、湘绣、粤绣、蜀绣"为中国四大名绣。清代是苏绣的全盛时期，真可谓流派繁衍，名手竞秀。苏绣具有图案秀丽、构思巧妙、绣工细致、针法活泼、色彩清雅的独特风格，地方特色浓郁。

2006年5月20日，苏绣经国务院批准列入第一批国家级非物质文化遗产名录。

苏绣如图10-23所示。

6. 扬州玉雕

扬州玉雕是江苏扬州传统民间雕刻艺术之一，是中国玉雕工艺的一大流派。江苏扬州市是一座具有两千多年历史的古城，文化积淀厚重，尤其自明清以来，即为中国三大玉雕重地之一。扬州琢玉工艺源远流长，几千年来，玉器先辈艺师呕心沥血，勤奋实践，继承发展中国玉器优良传统，创制了数量众多、形式各异、工精艺巧的玉器珍宝。

2006年5月20日，扬州玉雕经国务院批准列入第一批国家级非物质文化遗产名录。

扬州玉雕如图10-24所示。

图 10-23 苏绣

图 10-24 扬州玉雕

7. 扬州漆器髹饰技艺

扬州漆器是中国特色传统工艺品种之一。它起源于战国，兴旺于汉唐，鼎盛于明清。其工艺齐全、技艺精湛、风格独特、驰名中外。

早在秦汉时期，扬州彩绘和镶嵌漆器制作工艺就有很高的水平，扬州北郊天山汉墓、北京老山汉墓、长沙马王堆汉墓出土的文物中都有扬州漆器的早期作品；唐代扬州漆艺还被鉴真大师传播至日本；到明清时代，扬州成为全国的漆器制作中心，盛极一时。

扬州漆器曾于1910年和1915年、2001年三次参加国际博览会，均获得金奖。

扬州漆器在工艺上采用涂、绘、勾、刻、填、雕、镂、磨、镶、嵌等多种手法，具有平、亮、细、匀、艳、雅的艺术表现效果。扬州漆器制作技艺主要有十大工艺门类：点螺工艺、雕漆工艺、雕漆嵌玉工艺、刻漆工艺、平磨螺钿工艺、彩绘（雕填）工艺、骨石镶嵌工艺、百宝嵌、楠木雕漆砂砚工艺、磨漆画制作工艺。其中，最有名的主要有多宝嵌漆器和螺钿漆器。

扬州漆器髹饰技艺现为国家级非物质遗产。2004年09月09日，原国家质检总局批准对"扬州漆器"实施原产地域产品保护。

漆器制作技艺如图10-25所示。

图 10-25 漆器制作技艺

8. 临清贡砖炼制技艺

烧制贡砖是一种古老的手工技艺。始于明永乐初期，其烧制技艺是山东临清劳动人民在生产实践中积累的独特经验。临清砖又名贡砖，它质地好，色泽适宜，形状各异，不碱不蚀，敲击有声。临清砖窑的烧制时间由明永乐初到清代末，跨越了五百余年的发展历史。

明永乐年间,明成祖朱棣为了迁都,用了十多年时间在北京大兴土木,营建皇家宫苑城池,临清砖官窑业即创设于此时。在北京城,不仅仅故宫和十三陵、天坛、地坛、日坛、月坛、各城门楼、钟鼓楼、文庙、国子监、清东陵、清西陵,无不闪现着临清贡砖的身影。据了解,北京修建皇城所用贡砖,绝大多数都来自临清。毫不夸张地说,临清贡砖撑起了北京皇城。

此外,南京中华门城墙、玄武桥、曲阜孔庙、德州减水坝、张秋镇荆门、阿城、七级闸坝等处也相继发现临清砖,这些砖至今不碱不蚀,敲击有声。所烧造的贡砖、副砖、券砖、斧刃砖、线砖、平身砖、望板砖、方砖、脊吻砖、刻花砖等,一般在五十斤上下,重的有七八十斤。烧制工艺十分复杂精细。成砖后,要经过严格的检验,用黄表纸封裹,搭船解运至天津张家湾码头,经过再次检验合格后,陆路转运京师。

图 10-26 临清贡砖烧制工艺

临清贡砖烧制工艺如图 10-26 所示。

9. 苏州金砖制作技艺

御窑金砖是中国传统窑砖烧制业中的珍品,明清以来受到历代帝王的青睐,成为皇宫建筑的专用产品。明代永乐年间,明成祖朱棣迁都北京,大兴土木建造紫禁城。经苏州香山帮工匠的推荐,陆墓砖窑被工部看中,决定"始砖于苏州,责其役于长洲窑户六十三家",由于质量优良,博得了永乐皇帝的称赞,赐名窑场为"御窑"。

"金砖"实际上是规格为二尺二、二尺、一尺七见方的大方砖的雅称。古籍《金砖墁地》有这样的解释:"专为皇宫烧制的细料方砖,颗粒细腻,质地密实,敲之作金石之声,称'金砖';又因砖运北京'京仓',供皇宫专用,称之'京砖',后逐步演化称'金砖'。"

2006 年 5 月 20 日,苏州御窑金砖制作技艺经国务院批准列入第一批国家级非物质文化遗产名录。

苏州的砖瓦制造历史悠久。战国时期营造的苏州土城,少数城门与水关已用砖石、木料结合砌筑。公元 922 年(五代梁龙德二年)吴越王钱镠时,苏州城墙全部用砖砌成。

唐代苏州砖瓦业已十分发达，砖瓦普遍用于城乡民居建筑。明代苏州工商业极其繁荣，其中砖瓦制造业也十分发达。其时，烧制砖瓦业大部分集中在城北陆慕一带。据光绪二年吴县横山出土实物资料，公元535年（梁大同元年）陆慕就有了砖窑，并烧制出了仿铜雀瓦五万片。

北京故宫的太和殿、中和殿、保和殿、天安门城楼以及十三陵之一的定陵内所铺设的就是御窑金砖，这些大方砖上尚有明永乐、正德，清乾隆等年号和"苏州府督造"等印章字样。

御窑金砖是中国窑砖烧制业中的一朵奇葩，明清以来受到历代帝王的青睐，成为皇宫建筑的专用产品。到明代嘉靖时，金砖烧制进入全盛期。御窑烧制金砖自1413年始，已近600年。

古老的金砖烧制工艺极为复杂，在明代徐光启的《天工开物》中有约略的描述。20世纪80年代，在失传七十多年后，苏州陆慕御窑开始抢救金砖烧制工艺时，已主要靠窑户世家祖辈口述流传下来的经验。经过多年努力，这一传统工艺终于被"复活"，1990年，北京故宫维修时首次用上新烧制的金砖。

苏州金砖制作技艺如图10-27所示。

图10-27　苏州金砖制作技艺

三、中国大运河非物质文化遗产的保护与传承

中国大运河的非物质文化遗产蕴含着中华民族的精神价值、思维方式、价值取向和艺术品质，体现着中华民族的生命力和创造力，是中华民族智慧、劳动与创造的结晶。中国大运河非物质文化遗产在两千多年的演变过程中，不仅滋养了中华民族的肌体和力量，也培植了中华民族的智慧精神和民族特质，成为中华优秀文化的重要组成部分，保护发展和传承中国大运河非物质文化遗产，是保护中华优秀传统文化，增强文化软实力，实现中华民族伟大复兴的必然要求，也是华夏子孙义不容辞的责任。

（一）中国大运河非物质文化遗产在保护传承方面存在的不足与对策

中国大运河沿线六省二市非物质文化遗产资源厚重，当前，这些省市均建立了非物质文化遗产保护中心，遵循"保护为主、抢救第一、合理利用、传承发展"的工作方针，坚持注重其真实性、整体性和传承性的工作原则，致力于对大运河非物质文化遗产保护、挖掘、传承和利用，取得了一定的社会效益，但仍存在诸多不容忽视的问题。北京物资学院大运河研究院副研究员白硕在《光明日报》撰文分析了大运河沿线非物质文化遗产面临的三方面问题：

一是项目传承发展存在瓶颈制约。长期以来，非物质文化遗产项目传承人年龄普遍偏大，传承活动在很大程度上仍然处在口传心授、随机随意的状态，加之非物质文化遗产往往工艺工序复杂、学成周期较长，且大多数项目远未产业化，不能带来稳定可靠的经济收益，因此，年轻一代不愿入行，老艺人子女也不愿继承祖业。

二是现代生活发展催生全新需求。作为历史烙印很深的文化遗存，非物质文化遗产项目与现代生活相融合往往较为困难，难以满足人们当下的需求。就理论研究而言，非物质文化遗产研究失衡现象严重，以口头文学类非物质文化遗产项目的研究为例，大多过于注重文本研究，而在一定程度上忽略了对非物质文化遗产活态传承特性、规律的探索和研究。这一现象在整个非遗研究领域普遍存在。

三是开发利用意识不强力度不够。目前，大部分非物质文化遗产保护项目在产业化开发利用上明显滞后；部分非物质文化遗产传承人的开发利用意识不强，理念相对保守，也严重影响了非遗财富的开发力度和挖掘深度。如杨柳青年画、苏州刺绣等，均面临这一困境。

业内人士纷纷就大运河非物质文化遗产的保护传承提出建议：

提高站位，加强大运河沿线非物质文化遗产保护力度。建议将非物质文化遗产保护列入当地公共财政投入预算，对适合开发利用的非遗项目，政府可以配套文化产业引导基金。

建章立制，加强能力建设，提高传承保护水平。建立非遗传承人命名和资助制度，多渠道选拔传承人，为其创造良好的工作、生活条件，支持其开展传承、传播活动，扩大非遗项目和传承人的社会影响力。对工作生活困难的传承人予以生活帮助和生产扶持。保护传统技艺、弘扬工匠精神，用多种形式搭建平台，促进民间优秀传统文化与群众需求及市场需求紧密对接，激发非遗项目创新发展的内生动力。

结合资源挖掘，建设非物质文化遗产展馆。进一步完善大运河沿线现有的"非物质文化遗产展示馆"。在加强统筹协调、避免重复建设的前提下，鼓励有条件的地区建立具有地域特色的非物质文化遗产专题博物馆或非物质文化遗产展示体验馆等传承活动场所，传播非物质文化遗产项目，活跃群众文化生活，共享文化发展成果。

创新传习活动形式，助力非遗项目"走出去"。通过政府文化部门和相关文化艺术组织的组织、推介，推动非遗传承人赴外地乃至境外展演。文化产业行政主管部门应为非遗保护、发展和"走出去"提供条件和机会，让大运河沿线的非物质文化遗产与世界各国文化交流碰撞、融合发展。

（二）中国大运河非物质文化遗产的保护要求

关于非物质文化遗产保护的指导思想，文化和旅游部副部长项兆伦在《我国非遗保护的认识与实践》一文中提出："习近平总书记指出，传承中华文化，绝不是简单复古，也不是盲目排外，而是古为今用、洋为中用、辩证取舍、推陈出新、摒弃消极因素，继承积极思想，以古人之规矩，开自己之生面，实现中华文化的创造性转化和创新性发展。"这就是非遗保护的指导思想。对非遗保护的基本原则，项兆伦总结为三点：一是坚持见人见物见生活的基本理念；二是注重实践。三是注重传统。具体要做到以下几个方面：

1. 健全法规体系

中国大运河非物质文化遗产的保护，离不开法律规章的约束。无论保护、抢救，还是利用、传承，都需要纳入法制化轨道。目前，运河沿线各城市都依据国家、省下发的通知、意见等文件精神开展非遗保护工作，但机构、人员、经费、保护的具体细则等都不明确，保护工作缺乏制度要求、保护标准和目标管理。因此，有必要根据非物质文化遗产保护工作的需要，加快地方立法步伐，建立健全法律法规体系，覆盖立档、保护、研究、传承、复兴等非遗工作的多个环节。目前，杭州、扬州等城市都启动了《非物质文化遗产保护条例》立法工作，进一步明确"非遗"的保护范围、市区级"非遗"项目的评定标准和适用原则，以及具体的保护措施和方法，制定可操作性的执法措施等。

2. 充实经费保障

目前，运河沿线各市非遗保护投入资金有限，国家、省每年下拨的专项资金主要用于国家级、省级名录项目和国家级、省级传承人的保护，市级项目、传承人的保护经费几乎为空白，管理工作经费上也存在缺口。建议运河沿线城市在市、区人民政府设立非物质文化遗产保护专项资金。主要用途包括：珍贵资料和实物的征集、收购、保存；非物质文化遗产的调查、发掘、整理、建档、数据库建设和维护；保护、传承和学习设施的建设、修缮；非遗保护单位及传承人从事保护、传承、学习活动的资助、补助和奖励；代表性项目保护、濒危非物质文化遗产的抢救等。

3. 建立人才梯队

人才队伍是做好非物质文化遗产保护工作的关键。以扬州市为例，截至2016年底，全市共设非物质文化遗产传习所30所，大师工作室15个，培训学校4所。但另一方面，非遗生存环境随着现代化、城市化而逐渐衰微，传统非遗技艺后继乏人，有的传统技艺面临人亡艺绝的危险。因此，建议下一步扩大"非遗人才"的内涵，建立包括传承人队伍、政府工作人员队伍、研究队伍、社会参与队伍在内的广义、系统的非遗人才队伍。通过组织培训、考察学习、举办技能比赛、交流经验等方式，提高保护人员服务水平和工作能力。建立由专家、学者、管理人员、老艺人、社会人才等构成的非物质文化遗产保护人才库，为非遗保护提供人才支撑（图10-28）。

图10-28　扬州漆器工艺大师师带徒

4. 强化创新理念

主动顺应时代发展趋势，将非遗融入现代社会，努力让非遗活起来、走下去，实现新发展。一是在不改变非遗本真性前提下，借助互联网、智能制造等现代技术手段，提高非遗项目特别是传统工艺产品的设计、制作水平和整体品质，拓宽非遗产品的推介、展示、销售渠道，更加适应当代人的审美观念与消费需求。二是在有效保护传承基础上，尝试推动文创衍生品开发等非遗产业化，形成集展示展销、互动体验、培训传承、活化利用等功能为一体的"创意＋非遗"产业生态链，让更多"藏在深山人未识"的非遗项目更好释放价值。三是推动非遗文化与旅游深度融合发展，依托非遗资源，开发特色旅游产品。四是推动大运河非遗保护与特色小镇、特色田园乡村综合体建设、文化博览城、生态中心、公园体系建设、古城改造、民俗文化传承发展等密切结合起来，将非遗元素嵌入城市的方方面面，融入百姓的日常生活之中。五是积极拓展社会力量参与非遗保护的渠道，鼓励和引导民间艺人、民间组织、产业投资者、社会资本、热心人士等资源广泛参与非遗保护。六是对苏州评弹、扬剧、木偶等在运河流域具有广泛基础的非遗项目，对漆器类、剪纸类、刺绣类、曲艺类（扬州评话弹词、苏州评弹）等类似非遗项目，强化跨区域协同保护意识，丰富保护形式，加强交流借鉴，合力促进非遗可持续发展。[1]

---

[1] 扬州市文化广电新闻出版局《关于扬州市非物质文化遗产保护条例立法调研情况的报告》。

（三）中国大运河非物质文化遗产的传承利用

关于中国大运河非物质文化遗产的保护与传承，张磊先生在《非遗"热"下的"冷"思考》一文中提到的做法值得借鉴：

一是换脑子，"老玩意"呼唤新思维。当今社会，大浪淘沙，不适应就淘汰，已经成为新世纪的生存方式。对非物质文化遗产而言，不适应形势的变化发展，不适合广大民众和市场的需求，即便通过政府的保护能够延缓消失的时间，最终也难以逃脱被湮灭的命运。保护和传承非物质文化遗产既要守住血脉、保护优秀传统文化基因，防止由于基因的蜕变而丧失其本真，更要面对市场的需求、民众的需求，在继承中创新、在创新中发展，做到继承不泥古，创新不离宗。

二是借梯子，凝聚各方力量共同参与。由于起步较晚，当前各级非遗保护机构的编制和功能尚不完备，很多基层的非遗科、办、保护中心都是一人身兼数职，与当前日益加重的保护任务不相适应。这就需要广开门路，更多地借助和发动社会、团体、企业、民间热心人士等方方面面的力量共同来做非遗保护工作，形成政府主导、社会力量广泛参与的保护格局，搭建社会力量参与非遗保护的平台，积极培育和发展非遗民间团体，做到不拘主体、不拘形式、不拘内容，有钱出钱，有力出力，鼓励非遗项目与其他各产业的跨界合作，聚各方力量，汇多路资源，既可以弥补公共财政投入的不足，推动政府部门职能转变，也将有效地促进非遗保护主体的回归。

三是创牌子，打造民族特色国家品牌。作为本土文化重要组成部分的非物质文化遗产，由于本身植根于农耕文化，来源于市井乡村，大多是自然人或传承人群体开办企业闯市场，受眼界、思路和企业规模等方面的因素制约，部分非遗衍生品存在模仿多、创意少、设计单调、制作简陋、包装简单等问题。非遗项目要有生命力、要焕发活力，必须打造具有民族特色的国家品牌。苏州的宋锦和南通蓝印花布两个非遗项目的衍生品都穿到了APEC领导人和知名演员的身上，让大众了解了非遗项目不只土、粗、旧，也有高、大、上，改变了人们以往固有的印象。只有通过对传统文化的汲取、融合、创新，将商业元素与文化元素进行有机融合，才能实现真正意义保护传承条件下的文化复兴。

从扬州地区的实践来看，中国大运河非物质文化遗产的传承利用具体可以从以下几个方面求突破：

1. 坚持活态传承，留住城市记忆

一是建立非遗博物馆。充分利用好各级文化馆以及非遗基地，提升非遗展示空间。推进非遗集聚区建立活态体验区、大师工作室、旅游购物区、非遗文化传承基地等多个功能性区域,在静态展示之外融入现场互动体验。策划举办中国大运河曲艺交流展演、木偶交流展演、中国大运河文化艺术节等活动,打造精品创作、文化交流、人才培养、文化产业四大基地,努力推动"运河戏曲重镇"复兴繁荣。

二是培育非遗传承人。发挥各级非遗项目传承人和工艺美术大师的带头效应,设立大师工作室等人才孵育基地,进一步实施"师带徒"等人才孵育政策。举办全国木偶制作高级人才培训班;开办非遗项目班、琴筝制作班,与高校、科研院所等单位合作,采用代培、委培等方式,培养地方戏剧、雕版印刷技艺等非遗项目人才。

三是开展非遗宣传。一方面,推动中国大运河非遗走进中小学校园。积极落实"高雅艺术进校园"工程,推进"江南曲美"国家级非遗交流演出走进各类中小学校,科普推广非遗知识,丰富学校德育内容,提升学生人文素质。以一校、一品、一特色为重点,推进部分重点非遗项目作为校园长期教育的课程。另一方面,借力现代传播渠道与高新技术,推进"直播+融媒体"等战略合作,通过新媒体促进传统文化活化与振兴。

2. 加大产业开发,激发城市活力

一是打造非遗产业亮点。目前,中国大运河沿线城市已初步形成了工艺美术、琴筝制作、古籍线装、戏曲演艺等非遗产业,未来要进一步巩固产业格局,打造非遗经济新亮点:推动工艺美术产业形成集群;推动琴筝制作产业提质提量;推动古籍线装产业打造集古籍挖掘、整理、保存、研发、销售和线装书印制、出版、创意以及传统雕版印刷展示、互动、体验为一体的古籍线装文化创意产业园;推进戏曲演艺产业大力开发运河表演艺术类非遗资源,培育年轻观众,探索盈利模式,讲好运河故事。

二是融入景区旅游资源。通过集中展示、导游讲解、游人传述等手段,在旅游景区中融入民间文学、书画艺术、工艺美术、民俗礼仪等具有运河特色的非遗元素,丰富景区文化内涵。通过设立舞台、剧场等形式,在景区内展示表演传统音乐、舞蹈、戏剧、曲艺、杂技等表演艺术类非遗项目。通过设立作坊、场馆等形式,在旅游景区开展剪纸、雕版印刷、刺绣、毛笔等传统技艺的互动体验。通过开展民俗、仪式活动,在传统节庆期间提升景区人气,拉动文化消费。通过研发趣味、便携、精致的运河特色非遗纪念品,提高文化旅游的综合收益。

三是拓展交流贸易空间。推进中国大运河沿线城市地方文艺交流展演展览展示活动,精心培育做响"运河风情""江南曲美"展演展览品牌。注重发掘运河非遗文化的独特魅力,创作一批能满足各种规模、各类场合以及不同地域消费者审美偏好的文化产品和服务，拓展文化贸易空间和营销网络。

3. 打造非遗小镇，擦亮城市名片

中国大运河沿线城市要围绕特色非遗项目打造非遗特色小镇，如通州的漕运小镇，扬州的琴筝小镇、玉器小镇，天津的年画小镇，形成一批京剧之乡、武术之乡、茶叶之乡、剪纸之乡、年画之乡等大运河非遗特色小镇，形成运河文化产业的集聚效应。要抢抓大运河文化带建设机遇，尽快启动大运河文化生态保护区规划建设，使之成为中国大运河非遗保护传承的新"名片"。

一是高标准建设产业集聚区。集聚区集创意、研发、生产、销售、物流、演艺、培训、质量检测等功能于一体，在园区特色、规划布局、管理制度、产业集聚、服务体系、经济效益等方面达到要求，争创国家级、省级文化产业示范园区。

二是优化企业入园政策。各级政府进一步加大精准扶持，各园区建设主体尽早制定入园优惠政策，推动吸引龙头企业、骨干企业、规模企业以及文化产业链上下游相关配套企业入园发展、集聚发展。

三是突出统一特色整体包装。做实"中国大运河非遗特色小镇"招牌，在产业园区的基础上，结合特色小镇要求，配套建立观光公园、主题酒店、特色文化餐饮等载体。鼓励特色小镇结合旅游、生态资源，将非遗元素融入路牌、标识、引导系统、解读系统等公共设施，打造以大运河非遗文化为主题的民宿，吸引非遗爱好者观光、研习。

第十一章 中国大运河旅游文化

作为我国古代南北水上运输大动脉，中国大运河是非常著名的古代交通线，沿线布满着水上交通繁荣时代的历史遗迹，有着深厚的历史文化积淀和独特的旅游潜力。世界上古代文明奇迹成为最有魅力的旅游胜地者不乏其例，而集各种特点于一身的中国大运河，在成为世界遗产以后，特别是大运河文化带建设的提出，运河旅游的开发也愈发显得重要，通过旅游开发彰显其自身所蕴涵的旅游价值，将使中国大运河再度走向辉煌。

历史上，中国大运河的功能，漕运最为突出。现今，其漕运功能逐渐衰落，运河旅游已成为新的亮点。水运发展促进了古代旅游业的繁荣，增强了各地之间的经济文化交流。今天，在交通型客运需求大幅减少，旅游型客运需求逐渐增长的市场趋向下，将中国大运河的功能从交通型向旅游型转变，确保运河旅游资源的合理开发和永久利用成为中国大运河沿线城市研究的热门话题。

国家发改委编制的《大运河文化保护传承利用规划纲要》提出：要确立大运河文化旅游的主导地位，优化完善基础设施和配套服务，合理规划文化旅游精品线路，整体推进大运河文化旅游推广营销，培育统一的大运河文化旅游品牌，推动文化旅游与相关产业深度融合，构建享誉中外的缤纷旅游带。

一、中国大运河旅游文化资源

中国大运河是活着的文化遗产，两岸的船坞、码头、庙宇、民居，展现了中国悠久历史的丰富画面，犹如长幅画卷《清明上河图》展示在人们面前。它是世界上最长的人工运河，也是中国唯一南北走向的长河，它和长城一样被人们视为中国古代的两大工程奇迹。全长 3200 千米的中国大运河沿线地区旅游资源丰富，无论是物质遗产还是非物质遗产都别具特色，耐人寻味。海外游客称之为"活古迹""历史的画廊"。根据中国大运河旅游资源的属性，赵西君、刘科伟、王利华三位专家将其划分为自然旅游资源和人文旅游资源两大类。

（一）自然旅游资源

水是大自然的美容师，也是运河的血脉。中国大运河两岸的水景是极有价值的旅游资源，大运河的水道本身就是不可多得的旅游资源，还有沿河的各种湖泊、支流等。有的甚至因为景色优异而形成独立的风景名胜区，如：以优美的湖山风光和人文景观而闻名遐迩的太湖；以"欲把西湖比西子，淡妆浓抹总相宜"而誉满中外的西湖。中国十大淡水湖有一半以上在中国大运河沿线。为大运河提供水源的优美静谧、绚丽多姿的湖泊，像一颗颗光彩夺目的蓝色宝石镶嵌在运河两岸，使大运河生机盎然。而中国大运河沿线众多的泉景也是旅游的亮点，这里有曾先后被评为"天下第一泉"的北京玉泉、镇江中泠泉，有位于扬州大明寺的天下第五泉，还有中国大运河最北端的水源北京白浮泉（图11-1）。

图 11-1　北京白浮泉

（二）人文旅游资源

中国大运河是人类文化的物质结晶和凝聚，同时也体现了人类的伟大创造力，是民族的象征和社会的缩影。大运河文化带内不仅有规模庞大、气势磅礴的宫廷建筑，也有古朴典雅、带有浓郁的风土民情的小城镇建筑。北方富丽堂皇的皇家园林和清雅淡泊、富有田园气息的私家园林都点缀在运河的两岸，给古老的大运河增添了无限的风光。风格别致、千姿百态的拱桥宝塔等建筑沿运河两岸随处可见。回族同胞建造的大大小小的清真寺绵延在运河各个城市之间。

发达的经济、迷人的风光、五光十色的民情风俗使中国大运河成为文学艺术的摇篮，许多历史名著的作者诞生在运河岸旁，如：《窦娥冤》的作者关汉卿，《西游记》的作者吴承恩都诞生在这里；各种戏曲、绘画、杂技等文艺精品也沿运河应运而生；江南刺绣、竹雕、木刻、泥塑、陶器等特种手工艺也成了运河文化的重要组成部分。在近代，运河圈内孕育出了众多的文艺家、科学家、政治家和军事家，各种先进的思想从这里向全国传播。至今，在这里仍可看到他们的足迹。遍布运河两岸的名人故居、陵墓、革命纪念地都体现了古老运河在华夏文明演进中所起的重要作用。

长江、黄河是中国南北交通的天然屏障，由于它的阻碍，我国南北方的文化景观表现出很大的差异性。运河一带就出现了吴越文化、齐鲁文化、燕赵文化、中原文化、淮扬文化等。由于文化的差异，历史所留下的文化遗产也表现出强烈的地域性。虽然中国大运河的贯通在一定程度上使这些文化相互渗透、交融，但总体来看，无论是物质文化还是精神文化仍呈现出地域性。中国北方总体上给人以雄浑博大之感，而南方则给人以纤巧秀丽之觉。大运河恰好把这种江北的雄浑和江南的秀丽有机地结合在一起，形成了一幅美丽的画卷。这种资源结构在运河经济带内完美地体现了出来。例如：江南特有的玲珑、雅致、小桥流水园林建筑与江北粗犷、豪放、庄重的宫廷建筑遥相辉映。

赵西君等学者认为，就古城、文化遗址类景区系统来分析，中国大运河沿线以礼制、宗教建筑、文化遗址、古城类景区和名人故居、名人陵墓、文化遗址类景区为最多，其分布遍及全线；其次是湖泊、水库类景区、革命纪念地、古塔主要集中在运河沿线偏南地区；而园林类景区主要位于苏州、扬州、北京境内，泉景、河口潮汐主要分布于扬州、杭州境内。这些丰厚的旅游资源，自古至今都催生着中国大运河的旅游。[1]

图 11-2 江南水乡南浔镇

江南水乡南浔镇如图 11-2 所示。

二、中国大运河旅游发展历程

运河旅游，古已有之。从文化和旅游上来说，上至帝王，下至文人雅士，在中国大运河沿线都留下了数不清的游记佳作来描述运河。正是这些文献资料，让今人确定了历史上运河的线位和走向。但古代的运河旅游最多的还是帝王的南巡，无论是隋炀帝下扬州看琼花，还是康熙、乾隆多次下江南，都是沿着大运河而行的。清代康乾盛世时，帝王均沿大运河六下江南巡游。清初著名学者和诗人朱彝尊的《鸳鸯湖棹歌》有"樯燕樯乌绕楫师，树头树底挽船丝""西水驿前津鼓声，原田角角野鸡鸣"的佳句，展现了优美的运河风光。

1　赵西君、刘科伟、王利华著《浅析运河旅游资源的结构及开发对策》，西安电子科技大学学报（社会科学版）第 13 卷第 4 期。

（一）中国大运河旅游发展的几个阶段

1. 封建时期的探查、参与、发展

隋唐之后，大运河成为中国最主要的交通动脉之一，运河岸边的一些码头和城镇因运河的航运而迅速发展与繁荣起来，无数帝王将相和士人沿着大运河巡游、游学、宦游。隋唐时期大运河旅游具有政治性、采风性色彩，旅游者队伍仅限于帝王官员、缙绅文人等，如隋炀帝下扬州观琼花、白居易游江南等。据《全唐诗》的不完全统计，唐代诗人张若虚、杜甫、李白、白居易、高适、孟浩然、杜牧等，都曾沿着隋唐大运河巡游祖国的壮丽河山，并留下千古流传的佳作。李白的诗作"故人西辞黄鹤楼，烟花三月下扬州。孤帆远影碧空尽，唯见长江天际流"流传千古，成为运河名城扬州的活广告。杜甫、高适、白居易都曾到扬州游览过大明寺栖灵塔，杜甫在诗作《解闷十二首》中写道："商胡离别下扬州，忆上西陵故驿楼。为问淮南米贵贱，老夫乘兴欲东游。"宋元时期，大运河南北贯通，旅游活动进一步发展。北宋的京师汴梁和南宋的京师杭州都在运河边，故宋代参加科举考试和做官的士子几乎都曾乘船在运河上航行过。苏轼在大运河沿线的汴梁、徐州、扬州、常州、杭州都做过官，多次在运河上游览。王安石在大运河入江口的瓜洲古渡作诗《泊船瓜洲》："京口瓜洲一水间，钟山只隔数重山。春风又绿江南岸，明月何时照我还。"南宋陆游也有描写瓜洲的名句："楼船夜雪瓜洲渡，铁马秋风大散关。"元代出现了马可·波罗等境外旅游者。《马可·波罗游记》中除了描写过大都外，还在第二卷第一章对瓜洲的地理位置的历史作用做了详细的描述。马可·波罗第二次来到中国后，被元世祖委任为扬州总督，两次去江南旅游，在临安（今杭州）等地留下足迹。鄂多立克是意大利人，圣方济各会修士，至治元年他来到中国，先后游历了广州、泉州、临安，还游览了扬州，沿着大运河来到大都。明清时期，城镇商品经济繁荣，大运河沿线旅游之风盛行，江南运河成为人间天堂，涌现了杭州、扬州、苏州、无锡等众多旅游重镇，随着城市商业经济的发展，除清代康熙、乾隆两位皇帝多次沿着运河巡游外，旅游者队伍中出现早期"大众旅游"的代表，虎丘、惠山、金山、平山堂等名胜地，游客四时不断，《姑苏繁华图》展现了中国早期的"RBD""黄金周"色彩。

2. 近代时期的大众旅游阶段

（1）快速崛起阶段。20世纪80年代，江苏大运河旅游以其悠久的历史文化、独特的人文景观和浓郁的民俗风情而成为旅游业的一枝奇葩。在无锡、苏州、扬州，均开发了古运河旅游项目，并于1981年4月开辟了全长220公里的苏州—扬州大运河旅

游专线。其中无锡作为中国最早开辟大运河旅游市场的城市,自1980年以来,境外游客水上旅游人数已经超过40万人次。

苏州古运河水上游如图11-3所示。

图11-3 苏州古运河水上游

(2)波动低谷阶段。进入20世纪90年代以来,快速城市化破坏了遗产原真性,水质污染严重威胁了大运河水域景观,古运河游览人数逐渐减少。以无锡为例,1981—1990年古运河游览共接待海外旅游者三十余万人次,年均3万游客,其中1987年曾接待七万余名海外游客。而1992—1995年每年接待海外游客下降到只有2万人次。统计结果表明,每年到无锡的海外游客呈上升趋势,而大运河游览人数却呈下降趋势。

(3)初步复苏阶段。随着大运河申遗和廊道遗产旅游的兴起,中国大运河旅游开始全线升温。大运河聚集了众多物质和非物质文化遗产,面临重大旅游机遇。苏州推出环城夜游运河项目;无锡2004年成功举办"无锡古运河文化节",推出了无锡古运河风情游项目;常州推出"游运河——必到常州"运河专题旅游项目。扬州推出了"古运河之旅"。古运河旅游产品的开发初步获得了市场认同。[1]

(4)全面发展阶段。随着中国大运河申遗成功,大运河遗产的价值得到了国内外更广泛的认同。习近平总书记提出大运河文化带建设后,大运河沿线城市纷纷将大运河旅游作为发展旅游产业,推进大运河文化带建设的抓手,纷纷制订大运河旅游规划,开发大运河旅游产品,推出大运河旅游品牌,一场大运河旅游的热潮正在扑面而来。

扬州运河旅游如图11-4所示。

图11-4 扬州运河旅游

---

[1] 南京大学张捷、甄峰等著《江苏省古运河旅游发展规划(2010—2025)》。

（二）帝王南巡的政治旅游

1. 隋炀帝的南巡

隋代完成了大运河的第一次贯通，隋炀帝是大运河贯通的功臣。大运河的贯通沟通了隋朝的政治中心和经济中心，促进了隋帝国经济的发展和政治的统一。隋炀帝三下江都，四出巡狩，不只是为了看琼花，去享乐，更重要的是着眼于扬州所具有的重要经济政治地位，是为了加强和巩固隋朝的政治统治。隋炀帝三下江都，都是通过大运河，这就开了帝王南巡的大运河政治旅游的先河。

据安作璋先生的《中国运河文化史》介绍，大业元年八月，是隋炀帝当政后的首下江都。《资治通鉴》卷180有段记载：炀帝巡幸江都，发显仁宫，王弘遣龙舟奉迎。炀帝从漕渠出洛口，乘龙舟，"龙舟四重，高四十五尺，长二百丈。上重有正殿、内殿、东、西朝堂，中二重有百二十房，皆饰以金玉，下重内侍处之。皇后乘翔螭舟，制度差小，而装饰无异。别有浮景九艘，三重，皆水殿也。又有漾彩、朱鸟、苍螭、白虎、玄武、飞羽、青凫、陵波、五楼、道场、玄坛、黄篾等数千艘，后宫、供奉之物，共用挽船士八万余人，其挽漾彩以上者九千余人，谓之殿脚，皆以锦为袍。又有平乘、青龙、艨艟等数千艘，并十二卫兵乘之，并载兵器帐幕，兵士自引，不给夫。舳舻相接二百余里，照耀川陆，骑兵翊两岸而行，旌旗蔽野。所过州县，五百里内皆令献食，极水陆珍奇；后宫厌饫，将发之际，多弃埋之。"这段记载，活生生地刻画了炀帝的淫乐奢侈。他这次出游的规模之大，单是大小船只就达四千七百多艘，挽船民夫近九万人。船从洛口出发，浩浩荡荡，沿通济渠而下，历时五十日方全部出发完毕，"锦帆过处，香闻万里"，直到这年十月才抵过扬州。"帝每出游幸，羽仪填街溢路，亘二十余里"。[1]

位于扬州北郊的隋炀帝陵如图11-5所示。

图11-5 省级重点文物保护单位——隋炀帝陵

大业六年三月，炀帝第二次下江都。史书对炀帝的这次江都之行记载不详。《隋书炀帝纪》和《资治通鉴》卷181都只记载了"幸江都宫"。炀帝这次江都之行作出

---

[1] 《资治通鉴》卷180。

了一个英明决策,那就是重开江南河。同年,炀帝还从江都宫出发,坐龙舟,沿运河到涿郡前线。《资治通鉴》记载:"乙亥,帝自江都行幸涿郡,御龙舟,渡河入永济渠。"他还下令隋的重要机构随船办公,即"敕选部、门下、内史、御史四司之官于船前选补,其受选者三千余人,或徒步随船三千余里,不得处分,冻馁、疲顿,因而致死者什一二。"

炀帝最后一次下江都是在大业十二年七月,《资治通鉴》卷183载:"秋,七月,江都新作龙舟成,送东都;宇文述劝幸江都,右候卫大将军酒泉赵才谏:'今百姓疲劳,府藏空竭,盗贼蜂起,禁令不行,愿陛下还京师,安兆庶。'帝大怒,以才属吏,旬日,意解,乃出之。朝臣皆不欲行,帝意甚坚,无敢谏者。建节尉任宗上书极谏,即日于朝堂杖杀之。甲子,帝幸江都,命越王侗与光禄大夫段达、太府卿元文都、检校民部尚书韦津、右武卫将军皇甫无逸、右司郎卢楚等总后事。""帝以诗留别宫人曰:'我梦江都好,征辽亦偶然'。奉信郎崔民象以盗贼充斥,于建国门上表谏,帝大怒,先解其颐,然后斩之。"当炀帝沿通济渠至汜水时,奉信郎王爱仁又上表请还西京,炀帝又斩之而行。至梁郡,郡人邀车驾上书说:"陛下若遂幸江都,天下非陛下之有!"又斩之。这次出游江都的形势与前两次已大不相同,还未动身,已斩谏者数人。第三次巡幸江都,炀帝就死在了江都。在农民起义的打击下,虎贲郎将司马德戡与右屯卫将军宇文化及合谋,发动军事政变,率兵攻入江都宫玄武门。炀帝被缢杀。[1]

隋炀帝三下扬州,真的是为琼花而来吗?据考证,隋朝时扬州还没有琼花;他是为美女而来吗?也不是。对隋炀帝责骂的典型语句出自李密的檄文:"罄南山之竹,书罪无穷;决东海之波,流恶难尽。"而李密恰恰是一个先反隋,后瓦解瓦岗寨,又投降唐朝,最后谋反被杀的反复无常的人,其评价人物的公正性可想而知。隋炀帝南巡的目的,首先在于安抚江南,加强对江南控制,其次是为了让外国使臣看看锦绣江南,抚慰南方人士,以维护王朝大一统的局面。唐代诗人皮日休有诗云:"尽道隋亡为此河,至今千里赖通波。若无水殿龙舟事,共禹论功不较多。"这首诗客观评价了成也运河,败也运河的隋炀帝的功过。

2. 乾隆帝的南巡

乾隆是中国古代执政最久、年寿最高、影响较大的一位皇帝,其六下江南对清朝社会产生了重大影响。

从乾隆十六年至四十九年(1751—1784年)三十余年间,乾隆帝一共六次南巡。

---

[1] 安作璋《中国运河文化史》。

前四次是奉母前往，乾隆四十二年（1777年）后，皇太后病逝，乾隆又两次率臣南巡。

历次南巡一般正月从北京出发，陆路经直隶、山东到江苏的清口渡黄河，乘船沿运河南下，经扬州、镇江、丹阳、常州、苏州入浙江，再由嘉兴、石门抵杭州。回程时，绕道江宁，祭明太祖陵，检阅部队，于四月下旬或五月初返京，往返水路行程约5800千米。

乾隆南巡主要有五个目的：一是蠲免积欠钱粮，扩大减免范围，向百姓表示了自己的仁爱之心；二是优待文人，加恩江浙士绅，还通过祀典形式，从思想上、文化上来笼络读书人；三是阅视河务、海塘，六次南巡，五次视察河工，多次巡视海塘；四是巡视各地武装部队，加强对东南地区的军事统治；五是游览江南名胜，了解风土人情，并留下了大量的诗篇，其中多是描写江南山川园林风光的。

扬州大运河边的御马头如图11-6所示。

乾隆南巡在扬州留下了"瘦西湖白塔的传说"。

图11-6 扬州大运河边的御马头

白塔始建于乾隆年间前期，重修于1784年。白塔作为藏传佛教的象征，也被称为喇嘛塔。关于它的出现，在扬州民间就自古流传了一个"一夜造塔"的传说。相传当年乾隆皇帝南巡到扬州时，看到盐商所建的五亭桥，感慨这里的景色很像北京北海的"琼岛春阴"，只可惜少了一座白塔。说者无意，听者有心，盐商为博龙心，便连夜用盐包堆了一座白塔。第二天，皇帝游湖时恰巧天公作美，下了茫茫大雾，皇帝坐在龙舟上远远看去，隐隐约约确有白塔一座，不由得连声感慨："盐商之财力伟哉"！但皇帝走后，盐商害怕起来：万一皇帝哪一次再来，看到白塔没有了，岂不犯了欺君之罪！于是，他们花万金购买北京白塔的图纸，建了这座白塔。现在白塔也成了瘦西湖上一道独特的风景。与白塔遥遥相对的还有一处园林，叫作"白塔晴云"，始建于1757年，作为清二十四景之一。有诗为证："名园依绿水，仙塔俪云庄"。[1]

安作璋先生在《中国运河文化史》一书中分析，乾隆六次南巡，对一向多事的东南地区的稳定起到了一定的积极作用。但是六次南巡对清朝社会产生了不良影响，他

---

[1] 《瘦西湖风景区导游词》。

在南巡中豪奢放纵，无度挥霍。巡幸所到之处的地方官员要提前修路、建行宫。沿途纵情山水，挥霍享受，回到北京后，还在北京、承德不惜人力、物力、财力，大兴土木，仿建东南名胜，以图再现江南风光。甚至为物欲所困，向臣下搜刮贡品。地方官为了讨好皇帝，探听爱好，访贫缉盗，拼凑政绩，盼着圣上巡幸能为自己打开升迁之门。六下江南浪费了大量人力、物力和财力，给民间带来了严重的灾难，也使吏治腐败不堪。据《扬州行宫名胜图》记载，两淮盐商为迎接乾隆南巡扬州，曾先后集资修建和再建宫殿楼廊 5154 间和亭台 196 座，并购置其中的陈设景物。乾隆南巡还严重妨碍了地方政务，不同程度上存在着骚扰民间的情况。

扬州瘦西湖白塔如图 11-7 所示。

安作璋先生认为，如果将乾隆南巡与康熙南巡的结果相比较，可以发现他们祖孙两人从封建统治利益出发，在南巡过程中都注重宣扬封建的忠孝观念，通过祭祀孔庙、明陵以及有功的汉族大臣以笼络人心，都曾蠲免赋税、赈济百姓、治河、举行专门考试以招抚江南才子等。但由于康熙与乾隆所处的政治经济条件不同，两人性格的差异。康熙南巡，促进了运河区域社会的稳定，为运河区域以及整个清代社会的继续发展奠定了基础。乾隆南巡，客观上加重了封建政风的败坏，激化了阶级矛盾。乾隆中期以后是清朝由盛转衰的过渡时期，六次南巡则推动了这一转变的进程。

帝王的南巡，在中国大运河沿线留下了一批遗迹，有的被列入了大运河申遗点，如扬州的天宁寺、宿迁的龙王庙行宫等。还有众多的御码头、御马路，特别是乾隆一路题词写诗，给运河各地留下了很多传说，这都成为现代开发中国大运河旅游业的重要资源。

乾隆南巡图如图 11-8 所示。

图 11-7　扬州瘦西湖白塔　　图 11-8　乾隆南巡图

3. 皇帝南巡的行宫

在众多历史遗迹中，人们往往对皇帝的行踪特别关注。在与皇帝的关系上，天宁寺在扬州城内的寺庙中首屈一指。康熙帝六次南巡，五次驻跸扬州，其中有两次驻跸天宁寺内。他的孙子乾隆帝六次南巡，至少有五次驻跸于盐商们为他兴建的天宁寺行宫内。据载，乾隆皇帝"由崇家湾抵扬，先驻天宁行宫，次驻高旻行宫；由瓜洲回銮，先驻高旻行宫，次驻天宁行宫"。天宁寺行宫后来与寺庙一起被太平天国战火烧毁了，它的规模与华丽，如今人们已不能想象。现在我们看到的天宁寺建筑，是同治以后逐渐修复的。

康熙皇帝在天宁寺的心情似乎很愉快，否则不会写下像《幸天宁寺》这样的诗："空蒙为洗竹，风过惜残梅。鸟语当阶树，云行早动雷。晨钟接豹尾，僧舍踏芳埃。更觉清心赏，尘襟笑口开。""十里清溪曲，丛篁入望深。暖催梅信早，水落草痕侵。俗有鱼为业，园饶笋作林。民风爱淳朴，不厌一登临。"如今我们站在天宁寺的御码头，面对"十里清溪"的城河，多少能体会出一点皇帝当时的心境。

康熙的文治为史家称道，他组织纂辑的《康熙字典》《全唐诗》《佩文韵府》等，成为中国文化史上里程碑式的典籍。而其中《全唐诗》和《佩文韵府》的刊刻，就是在扬州天宁寺进行的。仅此一端，足见天宁寺的地位非同小可。当然，天宁寺所承载的历史文化信息还远不止于此。

康熙皇帝既重武而又重文，使天宁寺成为扬州最有文缘的寺庙。康熙四十四年，曹雪芹的祖父、时任江宁织造兼两淮巡盐御史的曹寅，奉皇帝之命在扬州刊刻《全唐诗》。他为此专门在天宁寺创办以编校刊刻内府书籍为主的出版机构，其缮写之精、雕刻之美，一直被后代版本学家奉为圭臬，在中国版本学史上享有极高地位。

乾隆帝继承了康熙帝重文的遗风，他亲自组织编写了中国最大的一部丛书《四库全书》，耗时15年，动用四千余人，共计79337卷、36315册，总字数近10亿字。《四库全书》共缮写了七部，分藏于北京紫禁城之"文渊阁"、圆明园之"文源阁"、热河行宫之"文津阁"、奉天行宫之"文溯阁"、扬州天宁寺之"文汇阁"、镇江金山寺之"文宗阁"、杭州孤山圣因寺之"文澜阁"。扬州天宁寺的文汇阁是皇帝行宫的一部分，珍藏着《四库全书》七部中的一部，还有全本《古今图书集成》。不幸的是，文汇阁在太平天国战火中被毁，藏书荡然无存。文汇阁的位置，就在今天的扬州西园饭店内。[1]

宿迁的龙王庙行宫也是清朝皇帝南巡留下的遗迹。龙王庙行宫，原名为"敕建安

---

1 《天宁寺的文化价值》。

澜龙王庙",坐落于宿迁市西北20千米处的古镇皂河,该建筑群始建于清代顺治年间,改建于康熙二十三年(1684年)。后经雍正、乾隆、嘉庆皇帝的复修和扩建,形成了现在占地36亩,四院三进封闭式合院的北方官式建筑群,系清代帝王为祈求龙王"安澜息波、消除水患"而建的祭祀建筑,后乾隆皇帝6次下江南,5次宿顿于此,并建亭立碑,帑金修缮,故又俗称"乾隆行宫"。1983年,江苏省人民政府公布其为省级文物保护单位。2001年,国务院将其公布为第五批全国重点文物保护单位。

雪中天宁寺如图11-9所示。

图11-9 雪中天宁寺

三、中国大运河旅游规划及实践

(一)中国大运河旅游存在的问题与不足

中国大运河沿线的许多文物古迹,均为全国独有,旅游资源的价值很高,使中国大运河线具有很大的旅游开发价值,而目前大运河沿线与运河有关的旅游开发程度都还不大,主要存在三个方面的误区:

一是认识不足,整体保护意识缺乏。因为中国大运河是活态运河,管理部门众多,中国大运河在一座城市涉及的利益相关者众多,遗产识别和保护的基础工作相对薄弱,很难对运河活态遗产的重要价值和保护需求达成社会各界的普遍共识。各级地方政府存在重利用轻保护、重开发轻管理的现象,社会大众对大运河遗产的保护意识虽有所强化,但对具体的保护措施却知之甚少,自觉自愿的遗产保护意识尚未形成,对一些过度开发行为无动于衷,参与运河遗产保护管理的主体意识淡薄。正因为全社会保护意识的淡薄,导致在旅游开发活动中,无论是规划者还是建设者都缺少整体保护意识,大运河遗产及环境受到忽视,因旅游规划造成运河遗产遭受新的破坏或受到威胁的情况仍然存在。

二是追求功利,过度开发利用。个别地方政府和相关部门唯经济利益和眼前利益为重,为了地方经济和政绩工程,对中国大运河遗产随意开发,造成破坏。有的打着大运河旅游的旗号,在旅游规划行为上不够慎重,不是做到以保护为前提,而是纯粹以利益为导向，导致过度开发。对遗产资源的过度利用与掠夺性索取，使遗产地生态环境受到破坏，一批重要历史古迹受到毁坏，运河遗产的历史真实性与风貌完整性受到严重破坏，使游客的获得感大为下降。

三是各自为政，协调推进不够。作为长达 3200 千米，流域面积占国土面积 3.22% 的巨型遗产，大运河的活态特点，也给中国大运河遗产旅游规划带来了一些难点和问题。由于大运河遗产分属不同省份、不同地区、不同行业的机构管辖，从国家层面，到省市，到县、行业，再到具体的遗产点，存在一个自上而下，多级管理的特殊性，从而对大运河遗产的旅游规划带来审批难的问题。沿线各个省、各个城市之间缺少沟通，各自为政，不同规划之间缺少衔接，有的是重复建设，有的是相互冲突，给旅游规划带来协调难的问题。就在同一个地区，因为管理部门众多，运河旅游规划也难以得到利益相关者各方的普遍认同。以大运河（扬州段）为例，自北向南经历了从宝应到邗江区的 6 个县市区，遗产点除了分属于不同的县市区，还分属水利、航运、农业、渔政、国土、环保等多个部门管理，这样，就缺少一个统一管理的机构来整体规划、协调指导运河旅游开发工作。

（二）中国大运河旅游资源的开发思路

中国大运河的旅游资源主要是运河本身及沿线的自然风光和文化古迹，它们多半是因运河而建的设施和建筑，是中国大运河文化的典型代表。大运河沿线的古迹中，有许多是我国已经十分稀少的建筑和艺术。在河北沧州市南运河中段的铁狮子，铸于后周广顺三年 (953 年)，身长 6.10 米，体重四十余吨，是我国现存铁狮子中最大的一个。铁塔在我国古建筑中已不多见，有名的开封铁塔并非真正用铁铸，而是采用琉璃瓦贴面，看似铁塔。在大运河畔有两座真正的铁塔，一座是聊城铁塔，另一座在济宁。位于德州的古苏禄国的国王墓，是古苏禄国东王巴都葛·巴哈刺的墓，他在明代率使团来中国朝拜后，由大运河乘船南下返国，船至德州，不幸患病逝世，葬在德州。聊城光岳楼位于聊城旧城中心，鲁运河流贯，筑于明代，至今古风犹存。楼上结构，大部分是明初原物，虽经多次维修，基本上保持原貌，与古代黄鹤楼和岳阳楼齐名，为我国稀有的木结构之一。

聊城光岳楼如图 11-10 所示。

1985 年扬州市高邮县在文物普查中发现的古代驿站盂城驿是目前保存最好、规模最大的一座古代驿站。高邮在前期修复盂城驿，设立了全国唯一的邮驿博物馆的基础上，最近借大运河申遗的东风，又对盂城驿进行了修缮，打造了盂城驿景区。扬州瓜洲运河上的高旻寺是清代扬州八大名刹之一，清初修缮，康熙赐寺名为高旻寺。如今，高旻寺已得到全面修缮，成为瓜洲运河上一座著名的寺庙景观。苏州大运河畔的盘门，是全国唯一幸存的水陆两用双门，始建于春秋吴王阖闾元年，因水路萦绕之地称盘门。盘门于元至正十一年(1351年)重建，有路门两重，水

图 11-10　聊城光岳楼

门两闸。在苏州大运河侧的澹台湖口处的唐代宝带桥，全长 316.8 米，共有 53 孔拱形洞，桥孔之多为国内众桥之冠。它还是我国十大古桥之一，与赵州安济桥、北京卢沟桥等并称于世。

苏州盘门如图 11-11 所示。

从沿线旅游业发达城市来看，大运河旅游占城市整个旅游业中的比例还很小。杭州的著名景点基本集中在西湖、钱塘江、富春江等地；中国大运河北端的北京历史文化资源虽极丰富，但旅游仍集中长城、故宫、颐和园、明十三陵等。无锡的大运河沿

图 11-11　苏州盘门

岸景点的建设，也远远落在其他景区开发的后面。

中国大运河沿线旅游不发达地区，历史文化古迹开发程度小，还没有形成一定的旅游景区，周围可利用的地方比较大。运河沿线河北、山东境内的文物古迹旅游开发强度更小，文物古迹基本上处于孤立的空间，周围没有被现代建设所挤占，可利用的开发空间比较大。像沧州铁狮子、聊城铁塔这样的国家重点保护文物，周围几乎没有开发，这对于合理地进行旅游规划开发十分有利。

奚赋彬则在其《京杭大运河保护性旅游开发可行性研究》一文中提出了大运河旅游的开发思路。他说，运河旅游是一种具有小批量、集中性、连续性的旅游形式。由于运河河道的局限性，不能接受大量船只同时出发，单船载客量有限，这样就能控制每一批游客的数量，使景点的接待量低于最大承受值，把对景点环境的负面影响降到最低。游客的数量少了，游览的质量自然就会提高。在运河旅游中，船已不仅仅是一个交通工具，同时也是观景台和了解当地文化的一个窗口。在前往下一个景点的过程中，可以在船顶和船舷无遮挡地欣赏两岸的美丽风景。船内有足够大的空间可以摆放沿途游览景点的一些纸质和电子资料，让游客对下一个景点有个初步的了解。船内也可以提供住宿，这些都是水运的优势。运河本身也是一处文化遗产，运河旅游让游客有更多的时间感受运河，充分体现其作为线形文化遗产的特征，保证了旅游的连续性，让游客更好地感受运河与沿岸城市的密切联系。

奚赋彬分析，传统的旅游以看为主，感官刺激有限，不能给游客留下深刻印象。中国大运河旅游具有线路长、景点多、景点文化背景丰富多样的优势，可以扩大感官刺激的范围，从视觉、听觉、嗅觉、味觉四个维度来体验运河本身及沿途城市的文化。主要思路是充分挖掘运河作为"廊道"的功能，打造"生态廊道""人文廊道""美食廊道"。生态廊道的营造方式以植物为主，突出滨水绿化特色；人文廊道是在物质文化遗产的参观得到保证的前提下，运河旅游充分挖掘非物质文化遗产，如方言文化；美食廊道即或留船或登岸，品尝沿线美食，了解当地饮食文化。

针对目前中国大运河旅游开发的现状，专家们提出从三个方面来做好旅游资源的开发工作：

一是提高认识，做好旅游开发规划。中国大运河是华夏祖先留给我们的一笔巨大财富，具有极高的旅游价值和广阔的开发前景，应将发展运河旅游提升到应有的战略高度。要确保运河旅游资源的合理开发和永续利用，就必须做好旅游规划工作。应尽快组织有关专家和有关部门制定科学合理的大运河发展规划，做到先规划、后开发。旅游规划要和城市规划、村镇规划有机地衔接起来。在城市建设中，要从保护旅游资源角度着眼,处理好城市改造与运河遗产"保护""保留"的关系。

二是治理污染,美化资源环境。中国大运河游览依托的是水。河水污染,部分河道不畅,危及运河旅游的生存。沿岸的城镇建设,使得大运河两岸的古朴风貌受到很大的破坏,降低了运河旅游的魅力。应采取强有力的措施,进行全面的清理和整顿。严格控制污染源,对造成环境严重污染或破坏整体景观的项目必须采取整改措施,必要时关、停、并、转。要大力整治河道,确保运河航道的畅通。未来的旅游竞争将是整体实力的竞争,而环境质量将是竞争的重要筹码。因此,应该认真做好运河两岸的绿化工作,走可持续发展的道路。这是重振运河旅游雄风,并使得古运河旅游永葆生机的关键所在。

大运河浙江段旅游如图11-12所示。

图11-12 大运河浙江段旅游

三是重塑形象,加大市场促销力度。旅游开发必须以市场为导向,应根据市场格局和旅游需求的变化,重新进行市场定位,更新设计运河旅游产品,并加强市场促销的力度。在进行促销过程中,要树立自己的品牌,比如可以用"天上银河,地上运河"的口号,来加强运河旅游产品的宣传。[1]

一旦沿线城市与运河有关的旅游资源得到开发,中国大运河线有望成为我国又一条具有特定内涵的文化旅游专线。

(三)中国大运河旅游模式探析

全长3200千米的中国大运河沿线地区旅游资源丰富,无论是物质遗产还是非物质文化遗产都别具特色,具有较强的开发价值。仅江苏省大运河沿线就有9座历史文化名城、13个中国历史文化名镇。据统计,2014年江苏段大运河遗产河道、遗产点和主航道所在区县游客量达2.75亿人次,旅游总收入4290亿元。那么在成为世界遗产后,中国大运河遗产旅游有哪些模式可以开发呢?

笔者在《大运河旅游规划及设计》一文中对大运河旅游产品进行分类,制订了一个大运河旅游产品谱,供读者参考。

---

[1] 赵西君、刘科伟、王利华等著《浅析运河旅游资源的结构及开发对策》,西安电子科技大学学报(社会科学版)第13卷第4期。

展示式旅游：展示馆、古河道、古遗址、行宫。
体验式旅游：过船闸、美食。
运河水上旅游：城市游、水上巴士、长线游。
运河古镇游：水乡古镇。
运河城市遗产旅游：工业遗产。
运河生态游：水乡特色、运河湖泊。
网络运河虚拟游：VR、GIS、APP。
具体的旅游产品类别如下。

1. 展示式旅游

无论是交通运输功能仍然存在的运输通道，还是转换为休闲功能的城市河道、古遗址，表现为旅游参观功能的运河文化展馆，都是展示式旅游的重要载体。游客们可以登上运河大桥看蜿蜒壮观的船队，欣赏船队过船闸的景象；可以走近古闸坝、古码头，体味先民们的创造力；可以走进皇宫、行宫，了解古代帝王利用运河铸造的辉煌；可以游览园林、古宅、会馆，学习古人的建筑技艺；可以来到运河文化展馆，了解运河遗产的前世今生，增加文化修养。中国大运河沿线现有的运河博物馆就有聊城运河博物馆、杭州京杭大运河博物馆、淮安漕运博物馆、淮北隋唐大运河博物馆。打算新建的博物馆有通州运河博物馆、济宁运河博物馆和扬州的中国大运河博物馆。

2. 体验式旅游

古人是怎么行船的，古代运河船舶是怎么过闸的？这些就是体验式旅游。扬州开通了游船过邵伯船闸的体验之旅，苏州开通了游客过盘门水陆城门的旅游项目。地处嘉兴长安古镇的长安三闸也可组织过运河澳闸的体验之旅，让游客了解古人如何在生产力不发达的条件下，利用澳闸这一技术，实现船舶过闸和保水双重功效的。当然体验式旅游除了运河水工之旅之外还可以开通运河美食之旅，如到邵伯古镇品尝远近闻名的邵伯小龙虾、邵伯香肠、邵伯湖湖鲜，到河南道口古镇品尝道口烧鸡。

3. 运河水上旅游

近年来，苏州、杭州、常州、无锡等地均开通了城区的运河水上游览线。杭州还开通了"运河水上巴士"，作为城市交通的一个补充。扬州除了市区的古运河游览线，还开通了长途的"扬州—邵伯—高邮"大运河水上旅游专线，全程60千米。人坐在船上，可以在船顶和船舷无遮挡地欣赏两岸的美丽风景，大运河沿岸古迹林立，风土人情纷至沓来，自然生态怡人耳目。苏南、苏北包括浙江的城市还可联手打造"中国大运河水上旅游专线",如开通淮安—扬州—镇江—苏州—杭州的运河水上游览线,真正使"上北京登古长城,下江南游大运河"成为现实。

4. 运河古镇游

中国大运河沿线有众多的古镇,如河南滑县的道口古镇、天津的杨柳青古镇、杭州的塘栖古镇等。江南运河段中的许多水乡古镇,或因其独特的地理位置,或因其特殊的历史地位,率先打出了旅游开发的牌。如苏南的周庄、同里,浙北的西塘、乌镇、南浔等地都取得了令人瞩目的业绩。随着大运河成为世界遗产,运河沿线更多的古镇对大运河遗产旅游开发的积极性日益高涨,遗产点集中的邵伯古镇围绕运河聚落遗产整体打造,对整个邵伯古镇进行整体的保护展示,不但建设船闸展示馆和明清运河故道展示馆,还要恢复老街上的老字号店铺,再现当年运河名镇船舶往来、桨声绵绵的情景。

5. 全域运河遗产旅游

中国大运河沿线的城市纷纷将大运河遗产旅游作为新的旅游增长点,无锡将古运河市区段列入江苏省历史文化区,并划分了保护区范围,确定了"古今对话,中西结合,演绎历史长河,再现人与水共生的繁荣景象"的古运河旅游主题,提出要充分发掘"四大米市""水弄堂"和"民族工商业发源地"等历史遗迹。苏州市着力打造"吴文化重镇",已建成城水相依的环古城运河旅游风貌区。第三期工程又把沿河的枫桥古镇、运河公园、横塘古驿站、彩云桥、石湖风景及宝带桥景点进行水上沟通,把姑苏胜迹连成一片,形成"舟楫绕城过,胜景依水来"的运河风光带。杭州市紧紧围绕"江河湖溪四水共绕的山水城市"目标,要将古运河打造成能与巴黎塞纳河媲美的世界级旅游品牌。绍兴市按照"天人合一""古今同源"理念,以"传承古越文脉,展示水乡风情"为主题,把大运河构筑成一条融历史、文化、生态于一体的历史文化风景线。而扬州的目标则是运河遗产全域游。扬州古城段运河遗产相对集中,有扬州古运河、古邗沟、北护城河、唐子城、宋夹城水系等多条运河水系,有天宁寺、个园、瘦西湖、卢氏盐商住宅、盐宗庙、汪鲁门盐商住宅等众多的运河遗存,密集的古巷和运河城区水系串联着扬州的几大运河历史街区,如双东历史街区、南河下历史街区、仁丰里历史街区,具有十分重要的遗产价值。为此,遗产保护部门编制了环扬州古城运河遗产展示利用方案,计划利用城区遗产河道串联诸多遗产点的优势,整合环水慢道系统、水上交通系统,再通过古城街巷的串联,将众多散布在古城区的遗产点串联成片,打造一个开放式的大运河博物馆和运河文化体验馆。

杭州运河文化广场如图 11-13 所示。

图 11-13　杭州运河文化广场

6. 运河生态游

大运河沿线形成了不同类型的自然、半自然、人工生态系统，是中国东部一个巨大的生态调节系统，是名副其实的大自然调节器、生态走廊，这是运河生态旅游的重要资源。沿线城市纷纷开发运河生态游项目，如山东微山县开通了微山湖赏荷花生态游，让游客通过湖中运道看运河、赏荷花、尝湖鲜。江苏高邮开通了高邮湖生态游，让游客在大运河畔参观运河故道，欣赏高邮湖万亩芦苇荡，夏夜在纯自然生态条件下看湖面上纷飞的萤火虫。扬州正在建设的古运河三湾城市公园努力成为融湿地保护、古运河文化展示、休憩娱乐为一体的充满自然特色、乡土气息和文化内涵的综合公园。沿线城市还可以在古运河风光带里建设慢道系统、健身道路和健身器材，开通自行车道，通过慢道系统和自行车道，让游客散步、骑行，沿河欣赏悠悠运河水，看沿途文化遗产标识牌介绍，在得天独厚的休闲之地中增进对母亲河的感情。

7. 网上游运河

作为陈列在大地上的遗产，在"互联网+"时代，除了可以让游客通过坐船、骑行、徒步等方式，到现场身临其境地参观游览大运河遗产外，更需要通过现代科技实现让人们足不出户就能畅游遗产，让更多的社会大众了解大运河及其世界遗产，并参与到大运河遗产保护中来。国家发改委提出要"推动智慧旅游建设，实现主要文化遗产点、文化旅游景区等重点公共区域免费无线网络（WIFI）全覆盖和第五代移动通信网络（5G）建设发展，积极推动基于 IPv6 的下一代互联网商用部署，鼓励和引导文化旅游与虚拟现实（VR/AR）等现代信息技术相结合，创新大运河文化旅游产品与服务。"[1] 扬州市围绕大运河遗产实施了"互联网+中华文明工程"，开发了畅游运河遗产 GIS 专题移动终端系统，通过网络化、地图化和移动化技术手段来展示中国大运河的历史面貌，让外地游客通过手机 APP 就能查阅到运河遗产相关情况，并在电子信息系统引导下，顺利抵达遗产点参观游览。沿线城市在建设运河文化展示馆（中心）时可以通过引入

---

[1]　国家发改委《大运河文化保护传承利用规划纲要》。

VR、AR 等现代科技，同时采用先进技术提升展示水平，把三维场景展示、声光电技术、音视频自动调度技术、单点全景展示、连续全景展示、船载全景展示等技术手段应用到展示馆建设中，形象生动地再现大运河的前世今生、重要场景和重大历史事件，让游客如临其境，感同身受。

宝应大运河文化展示馆中的虚拟现实展区如图 11-14 所示。

图 11-14　宝应大运河文化展示馆中的虚拟现实展区

（四）科学编制中国大运河遗产旅游规划

在中国大运河成为世界遗产后，大运河的旅游发展就被列上了运河沿线城市决策者的重要工作，通过发展旅游业彰显其大运河蕴涵的文化价值，将使大运河再度走向辉煌。习近平总书记提出"将大运河文化保护好、传承好、利用好"的要求后，利用大运河文化资源，规划开发大运河旅游已成为沿线城市的共识。从 2007 年开始举办的中国扬州世界运河名城博览会上，每年与会代表都要围绕大运河旅游开发提出各自见解。一些城市已经拿出了运河旅游开发的长远规划。2014 年 2 月，国家旅游局委托山东省旅游规划设计院设计的《京杭大运河旅游总体规划》也已出台。在江苏省编制的"十三五"旅游发展规划中，专门提出以沿河风貌为轴的大运河旅游线。在江苏省编制的《大运河江苏段文化保护传承利用规划》中，大运河旅游成为重要的一个章节。与此同时，大运河沿岸城市也都闻"机"起舞，纷纷做规划、创特色，开展了以运河为主题的旅游活动，力争把大运河打造成 21 世纪旅游休闲品牌线路。但在大运河遗产旅游开发热的背景下，我们应该做到头脑清醒，从保护第一、合理利用的高度出发科学编制大运河旅游规划。

1. 正确处理好遗产保护与旅游规划的关系

首先，保护是前提。只有保护好遗产，才能更好地利用。要始终把保护大运河遗产放在首要位置。任何旅游规划都必须以保护为基础，科学适度地进行旅游规划，考虑长远利益、维护运河生态环境、保护运河遗产旅游资源、保护运河两岸风貌、传承运河古今文明。绝不能在大运河旅游规划中简单化、商品化，也不能为了旅游随意打造大运河文化。其次，合理利用也是为了更好地保护。活态遗产的合理利用是世界遗产保护管理工作的重要内容，也是国际公认的遗产保护方式。作为活态遗产，与民众的现实生活紧密相连，旅游开发可以使遗产保护成果真正惠及民众，民众才会衷心地拥护活态遗产保护，才会积极参与运河遗产保护，遗产才能有尊严。具有观赏价值的运河遗产，可以开发旅游，适度的旅游使公众能够享受大运河遗产，感受大运河传统文化。第三，要正确处理好保护与旅游开发的关系。一方面要科学合理地利用活态遗产资源开发旅游，另一方面要在旅游规划中探求活态遗产的有效保护，使旅游开发步上"保护—利用—保护"的良性循环，构筑科学的大运河遗产活化利用体系。

2. 注重让运河物质文化遗产和非物质文化遗产交相辉映

作为中国文化的集大成者，中国大运河既有水工设施、园林古宅等琳琅满目的物质文化遗产，也拥有诗词歌赋、工艺美术、民俗庙会等丰富多彩的非物质文化遗产，这两类遗产又是相互依存的。因此，在编制大运河遗产旅游规划时就要注重两者兼顾，让运河物质文化遗产和非物质文化遗产交相辉映。在编制运河沿线物质文化遗产如古建筑、园林、名人故居等旅游规划时，要将非物质文化遗产融入其中，让动态的非物质文化遗产进入固态的物质文化遗产，在互动的基础上激发出新的活力。要通过旅游规划，让物质和非物质遗产交相辉映、相辅相成，一方面使物质文化遗产的旅游更有观赏价值，另一方面又使附着在运河物质遗产上的非物质文化遗产得以更好地保护和传承。如在个园、瘦西湖等运河园林中引入剪纸等非物质文化遗产表演，在北京的南新仓上演厅堂版的昆曲《牡丹亭》，在杭州富义仓开设琴棋书画讲座和学堂，让扬州的盐商大宅卢氏盐商住宅成为淮扬菜体验馆等。在运河水上游览船上，因为路线较长，游客会感到单调，可以将清曲、昆曲、古琴、古筝、评话、弹词等非遗表演引进游船，还可让游客参与非遗的游戏，比如斗茶、双陆、投壶等，既是游戏，又是体验，配套将游戏过程拍摄制作成音像产品，形成富有特色的船上活动，从而更加吸引年轻的游客。总之，通过旅游规划的编制，将运河沿线的民俗民风、戏曲歌舞、书法绘画、文学艺术等有特色的各种非遗，加以整理研究，溶汇到运河旅游项目中，把正在破碎的非物质文化遗产通过大运河遗产旅游连缀起来，成为新的运河遗产旅游资源。

3. 统筹兼顾整合协调编制运河旅游规划

今天，中国大运河遗产的旅游潜力充分爆发的时机正在到来，但针对大运河线性、活态、在用的特点，应当按照统筹兼顾原则，妥善处理好保护与利用的关系、保护与治理的关系、遗产管理与航运管理的关系、文化功能与水利功能的关系，整合协调好各方力量编制好大运河遗产旅游规划：一方面，应通过大运河遗产旅游开发将大运河遗产资源向广大公众开放、展示，通过活化利用传递历史文化知识，丰富大运河沿线群众精神文化生活；另一方面，在大运河遗产旅游规划上一定要遵循适度的原则，通过适度的旅游，弘扬大运河遗产价值，激起游客的民族自豪感，而不能因为过度利用造成对运河遗产的破坏；同时要针对大运河遗产流经地区多、管理部门多的特点，加强跨地区之间、部门之间的协调；国家文化旅游部门还可以借助运河旅游线路长、景点多、景点文化背景丰富多样的优势，从文化遗产廊道的角度，统筹不同省份、不同城市之间的旅游规划，充分挖掘运河作为"廊道"的功能，打造"生态廊道""人文廊道""美食廊道"，从而扩大游客的感官刺激范围，让游客从视觉、听觉、嗅觉、味觉四个维度来体验运河本身及沿途城市的文化；

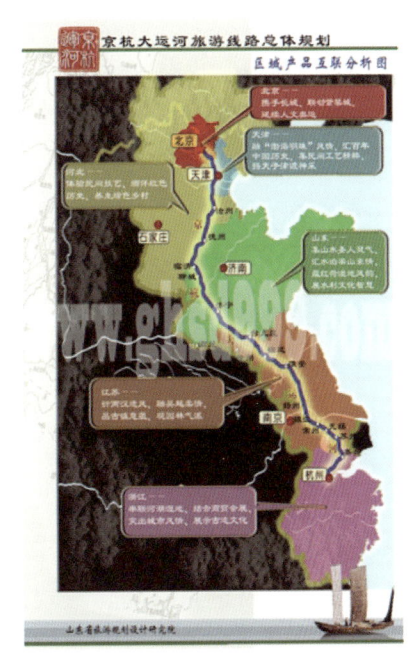

还可规划一些跨省份、跨城市的旅游线路，如北京到杭州的骑行之旅、沿运河古镇之旅、大运河名塔之旅、运河宗教文化廊道游、运河商业遗存游、运河漕运文化游等。各个城市编制旅游规划时也要整合不同运河管理机构的力量，多方征求意见，照顾到各方的利益诉求，避免因信息的不对称造成失误，对运河遗产形成新的破坏。总之，我们在编制大运河遗产旅游规划时要充分尊重大运河沿线的历史和自然，尊重大运河的过去，结合今天赋予大运河的新使命及运河蕴涵的新价值，以合理的旅游规划方式让大运河遗产延续利用，实现可持续发展，将祖先留下来的这份珍贵遗产传承下去。

京杭大运河旅游总体规划如图11-15所示。

图11-15 京杭大运河旅游总体规划

4. 打造大运河文化旅游精品线路

要强化大运河区域间旅游资源整合和旅游服务协作，以大运河为纽带"串珠成线，以点带面"，统筹水上游览、沿线自驾等旅游方式，开发培育世界文化遗产研学游、华夏历史文明体验游、大运河沿线古都游、运河古镇记忆传承游、运河故事特色专题游等，汇聚形成若干最具特色的精品旅游线路。国家发改委提出打造以下五个类型的精品线路：一是世界文化遗产研学游：依托大运河世界文化遗产，围绕运河遗址考古发掘、重要遗产点保护展示、活态运河展示，探寻运河线路历史变迁，揭秘运河水工科技，体验运河漕运和商业文化，感受运河历史名人风采等，打造运河文化传承教育实践线路；二是华夏历史文明体验游：依托大运河沿线的仰韶文化、良渚文化、河姆渡文化、古越文化、二里头文化、商周文化、楚汉文化、魏晋文化、唐宋文化、明清文化、民国文化等，着力发展文明探源、历史体验、研学研修等旅游产品，培育华夏历史文明旅游精品线路；三是大运河沿线古都游：以大运河沿线的北京、杭州、南京、苏州、邯郸、洛阳、开封、郑州、安阳、绍兴等古都为载体，整合各类与大运河相关的遗址遗迹、历史事件、人文遗产、滨水景观等，大力发展休闲街区、文化演艺、主题酒店等城市旅游业态，打造集都城观光、文化体验、休闲度假等于一体的古都文化旅游精品线路；四是运河古镇记忆传承游：依托张家湾（北京）、杨柳青、独流（天津）、大名府、金滩（河北）、台儿庄、南阳、夏镇、张秋（山东）、朱仙、万胜、道口、古荥、河洛、陈桥驿（河南）、临涣、符离、曹苗（安徽）、周庄、甪直、同里、惠山、荡口、邵伯、瓜洲、湾头、码头、河下、孟河、窑湾、皂河（江苏）、乌镇、南浔、慈城、安昌、新市、盐官、东浦、塘栖（浙江）等运河沿线古镇，综合展示运河风貌、传统民居、生活美学、生产场景等，打造承载记忆、回味乡愁的文化旅游精品线路；五是运河故事特色专题游：依托大运河丰厚的历史文化遗产，打造个性化、特色化的旅游产品和服务，设计运河美食、运河诗画、运河曲艺、武术杂技、水利水工、体育健康、民俗体验、美丽乡村等特色专题文化旅游精品线路。[1]

5. 塑造统一的"千年运河"文化旅游品牌

中国大运河旅游一直缺少一个统一的品牌来彰显大运河文化神韵，塑造大运河文化形象，展示大运河文化名片。国家发改委在《大运河文化保护传承利用规划纲要》提出要整体打造具有国际影响力的"千年运河"文化旅游品牌体系，重点培育运河城市旅游、运河旅游产品、运河旅游节庆、运河旅游企业（服务）等子品牌，不断推出富有创意、参与度高、深受市场欢迎的系列旅游产品。成立大运河旅游营销联盟，开展大运河旅游产品品牌塑造和推广营销活动，推动大运河成为与万里长城、丝绸之路齐名的中华文化旅游经典品牌。

在统一的品牌下，还要构建各具特色的城市品牌。围绕"千年运河"文化旅游品牌，大运河沿线城市可根据各自实际，充分发挥资源优势，进一步打造各具特色的地方旅游品牌，以运河文化为主题形成亮丽的城市名片，如北京"运河之源"、天津"天子渡口　河海津韵"、沧州"运河古郡　渤海明珠"、聊城"江北水城　运河古都"、

---

[1] 国家发改委《大运河文化保护传承利用规划纲要》。

济宁"孔孟之乡　运河之都"、台儿庄"一个寻梦的地方"、安阳"文字之源　殷商王都"、洛阳"运河古都　牡丹花城"、开封"一城宋韵　东京梦华"、郑州"天地之中　华夏之源"、宿州"花海云都　汉韵宿州"、淮北"运河遗珍　绿金淮北"、徐州"大汉雄风　豪情运河"、淮安"运河之都　水城淮安"、扬州"运河原点　风雅扬州"、无锡"江南水弄堂　运河绝版地"、苏州"悠扬运河　天堂苏州"、杭州"最忆是杭州"、嘉兴"运河水城　秀美嘉兴"、湖州"东方莱茵　笔墨湖州"、宁波"书藏古今　港通天下"、绍兴"老绍兴　醉江南"等城市品牌。[1]

中国大运河旅游的深度开发，是传承弘扬大运河文化的重要载体，将会强化大运河精神内涵和时代价值的挖掘和弘扬，推进中国大运河文化的国际传播交流，再现大运河包容开放的天然属性，将为新时代讲好中国故事，更好展现真实、立体、全面的中国提供重要平台。我们有理由相信，随着大运河旅游的成功开发，中国大运河沿线城市将成为国际旅游的重要目的地，古老的中国大运河将因为旅游发展而焕发出新时代的青春光彩。

---

[1] 国家发改委《大运河文化保护传承利用规划纲要》。

第十二章
运河学的概念、内涵、研究方法及发展路径

在中国大运河列入世界遗产名录4周年之际,推进大运河文化带建设成为运河沿线城市的关注热点,各地纷纷成立领导小组,编制规划方案,排出建设项目,国家发改委编制了《大运河文化保护传承利用规划纲要》征求各地意见,江苏、山东、浙江等省也纷纷出台大运河文化带建设的规划,甚至市、县一级都拿出了大运河文化带建设的规划。但是我们也清楚地看到,各级政府和研究机构对中国大运河的研究重视不够,投入不足。对大运河的研究不深入,就搞不好大运河文化带建设。对于大运河文化,并不是没有人去研究,但大多地方的研究机构只是研究自己辖区内的运河的某一段或某一个方面,缺少将中国大运河作为一个整体去研究,这样,就像盲人摸大象,大运河文化带建设只能抓住皮毛。中国大运河无论是作为一项人类伟大工程遗迹,还是作为一种文化现象,都是一个整体的概念,都需要我们整体地深入研究中国大运河。而建立运河学无疑是整体研究中国大运河,推进大运河文化带建设的重要抓手之一。本章拟从运河学提出的背景意义、运河学的研究对象及其特点、运河学的内涵及分类、运河学的研究方法、运河学的发展现状以及下一步发展的建议等方面对运河学作一个初步的探究。

全国政协考察组督查大运河遗产保护工作如图12-1所示。

一、运河学提出的背景意义

(一) 运河学提出的背景

1. 中国进入文化建设高潮期,全社会对文化遗产保护的意识显著增强

人类社会发展的规律告诉我们,在一个经济建设高潮到来之后,随之而来的将是

图12-1 全国政协考察组督查大运河遗产保护工作

一个文化建设的高潮。中国经过四十年的改革开放,经济发展到了一个新的高度,全社会对文化建设的重视也到了一个新的高度。党的十九大提出我国社会的主要矛盾已经转化为人民日益增长的对美好生活需要和不平衡不充分的发展之间的矛盾。这一社会主要矛盾的转化内在地决定了我们必须最大限度地解放和发展生产力包括文化生产力,以满足人民日益增长的物质文化需要。这里美好生活需要更多地是指精神文化生活的需要,满足人民过上美好生活的新期待,必须提供丰富的精神文化食粮。没有文化的繁荣兴盛,就没有中华民族的伟大复兴。激发全民族文化创新创造力,建设社会主义文化强国,推进社会主义文化繁荣兴盛,不断铸就中华文化新辉煌成为现代化建设的重要任务之一,中国进入了文化建设的高潮期。中国大运河作为中华民族的象征,在新的文化建设高潮中得到了社会各界的高度重视。2006年京杭大运河被列入全国重点文物保护单位,2012年隋唐大运河和浙东运河又被列入全国重点文物保护单位,大运河申遗成功后,中央又提出了建设大运河文化带的目标,大运河文化遗产保护传承利用成为国家最大的文化工程之一。这是运河学提出的时代背景。

中国运河出版中心代表与大运河联合申遗办代表签订《中国运河志》出版工程合作协议如图12-2所示。

图12-2 签订《中国运河志》出版工程合作协议

2. 中国大运河申报世界遗产成功,运河沿线民众的文化自觉和文化自信显著增强

2007年,大运河沿线35座城市启动了由扬州牵头的中国大运河联合申报世界遗产项目。2014年,中国大运河成功列入世界遗产名录,成为中国第46项世界遗产,同时也使中国的世界遗产总数跃居世界第二位,中国这一历史悠久的文明古国成为世界文化遗产大国。文化是民族的灵魂,是维系国家统一和民族团结的精神纽带,是民族生存和发展的重要力量。传统文化是文化自信的源泉。中华民族五千多年文明史,源远流长,靠的是独具特色且不断创新的优秀传统文化。大力弘扬中华优秀传统文化,是我们走向兴盛的底气与骨气、实现奋起的激情与活力所在。不管从历史价值还是从

现有知名度，中国大运河申遗的成功反映了中国在政治、经济、文化和平崛起的过程中文化自觉意识的复苏，也反映了文化认同的回归和文化自信心的提升，代表了一个民族精神上的复兴、成熟和升华。大运河申遗成功后，运河沿线人民对母亲河更加热爱，对中华文化更加自信，对文化遗产的保护意识更加自觉，这给运河学的建立提供了良好的社会基础。

3. 中央提出推进大运河文化带建设，给运河文化的复兴带来了新的机遇

2017年，习近平总书记两次对大运河文化带建设作出指示，提出要将保护好、传承好、利用好大运河这一祖先留我们的珍贵遗产。深入挖掘大运河承载的丰富历史文化资源，建设大运河文化带，将中国大运河打造成为展示中华文明的亮丽名片，是新时代党中央、国务院主动适应我国社会主要矛盾变化，作出的一项重大决策部署。一段时间来，全社会掀起了贯彻落实习近平总书记重要指示精神，推进大运河文化带建设的高潮。国家有关部门和大运河沿线省市以高度的历史使命感推进大运河文化带建设，国家发改委编制了《中国大运河文化保护传承利用规划纲要》，各省市纷纷成立领导小组，编制项目规划，来保护运河文化遗存，保护运河生态环境，传承运河文化价值，利用运河文化资源发展运河文化旅游和运河文化产业，以进一步擦亮大运河这一世界认可的国家文化符号。这给运河学的建立带来了新的机遇。

4. 国内地方学研究的热潮，为运河学的建立奠定了学术基础和环境

目前，国内地方学研究特别是敦煌学和长城学的研究方兴未艾。对敦煌的研究是20世纪初先国外而后国内展开的。"敦煌学"一词是国学大师陈寅恪1930年首次提出来的。陈寅恪在《敦煌劫余录》一书序言中说："敦煌学者，今日世界学术之新潮流也。"一百多年来敦煌学的不断发展，概念也不断扩展。进入新世纪，敦煌文献的一系列大型图录先后出版，为21世纪敦煌学研究提供更为广阔的天地：不断取用新材料，使用新方法，思考新问题，放宽眼界，沟通学科，加强国际协作，敦煌学的研究在新世纪保持着青春活力，并开拓出学术的新天地。长城学起源于20世纪80年代，当时的学术中坚力量，已经逐渐形成长城学的概念。1990年《文物春秋》第一期上，刊登了罗哲文与董耀会两位先生共同完成的《关于长城学的几个基本理念问题》，在文章中从长城学的界定、长城学的研究范围、长城学的研究方法三个方面对长城学提出设想。后来《长城百科全书》又对长城学的基本知识进行了一次梳理，21世纪，中国长城学会与凤凰出版集团出版了《长城志》，随后一大批新老学者不断加入长城学研究的行列。经过几十年的发展，长城学在我国已具备一定的基础，这给运河学的建

立带来了良好的学术基础和环境。

敦煌学研究成果之一如图12-3所示。

图12-3 敦煌学研究成果之一

（二）建立运河学的意义

1. 可以系统总结、全面展示博大精深的运河文化

距今已有2500年历史的中国大运河是一条文化之河，可以说是中华文脉，长达3200千米的中国大运河充分吸纳了沿线的京津、燕赵、中原、齐鲁、淮扬、吴越六大文化带的文化资源，沿线积淀了丰厚的文化资源，如漫长的河道，无数的码头、船闸、桥梁、堤坝，以及沿岸的衙署、钞关、官仓、会馆、庙宇和驿站；厚重的精神产品，如文学、艺术、民俗、史学等；还有运河沿岸各种文化节庆及带来的品牌符号，形式多样的非物质文化遗产，众多中华文化珍珠都通过大运河就这一条金丝线被串联起来。[1] 大运河拥有水利文化、漕运文化、船舶文化、商事文化、饮食文化等文化形态，形成了诗意的人居环境、独特的建筑风格、精湛的手工技艺、众多的名人故事以及丰富的民间艺术和民风民俗，至今仍散发勃勃生机，沿线水工遗存、运河故道、名城古镇等物质文化遗产近3000项，国家级非物质文化遗产逾450项，是我国优秀传统文化高度富集的区域。但是迄今为止，中国大运河文化并没有被系统地总结归纳，建立运河学，可以更好地挖掘、保护、传承大运河文化，并创造出新的运河文化，使中国大运河成为展示和传播中华优秀文化的大长廊。

2. 可以唤醒社会的文化自觉，增强文化自信，为实现中国梦提供精神动力

我们已经进入文化为引领的时代，深厚的文化底蕴才能传播，实现中华民族伟大复兴的中国梦需要注入强大精神力量，中国大运河是因沟通交流功能而产生的，运河文化的特点是多元、包容和开放，而这正是衡量文化先进性的核心标准。这条伟大的东方之河承载乡愁、延续着历史文脉。建立运河学，是抢救、存续大运河文脉的现实需要和历史使命；是具有创造性、开拓性的关系国家形象与尊严的重大文化工程。运河学的建立，可以唤醒全民族对大运河遗产的保护意识，增强全民族的文化自信，进一步继承中华优秀文化，弘扬运河文化，推进科学发展和永续发展的集体梦想，为实

---

[1] 徐欧露《打造大运河文化带金名片》，瞭望周刊，2017（36）。

现中华民族伟大复兴的"中国梦"增添文化动力。

3. 可以联手挖掘运河文化资源，更好地传承传播运河文化

大运河为我们提供丰富多彩的历史文化资源，但目前运河沿线地区对大运河文化价值的挖掘还停留在不同的城市研究各自的运河文化，出一批本地河段的论文等研究成果。各地高校对大运河文化的研究也只是东鳞西爪，缺乏系统性。而运河学的建立可以为这些优质文化资源的整合优化提升带来前所未有的机遇，推动沿线城市联手对大运河文化及沿线各城市文化的价值与精神内涵作深度梳理与挖掘，形成一批论文、丛书等研究成果，创造一批反映运河文化的文学影视作品，打造一批运河文化展示馆，通过加强对现存运河遗产资源的摸底调查，让大运河文化遗产的文化价值呈现在世人面前，更加彰显大运河作为世界遗产的价值。

4. 可以更好地利用运河文化，发展运河文化产业，振兴运河经济

运河物质和非物质文化资源，是我们取之不尽，用之不竭的文化宝库和社会矿藏。作为一种线性、活态的文化遗产，大运河具有生生不息的文化精神，千余年来大运河是因其不断地创新变化而成就了运河沿岸的文明，因而我们在继承前人留下的文化遗产同时，有责任进一步研究运河文化，挖掘其深厚内涵，发展文化产业，为后人留下经过我们创新的文化遗产。运河学的建立，可以在推进运河文化保护的同时，充分挖掘、利用好这些文化资源，将运河文化资源优势转变为优势文化产业，推出一批文化项目、出版项目、产业项目来振兴运河文化，建设一批运河文化旅游小镇，打造一批运河文化产业园区来发展运河经济。可以凭借大运河这一世界公认的文化资源，对外输出文化产品，宣传中华优秀文化，在世界文化的舞台上讲好中国大运河文化故事，助推文化强国、经济强国。

常州运河五号文化产业园如图12-4所示。

图12-4 常州运河五号文化产业园

二、运河学的研究对象及特点

运河学作为一门新兴的学科,它的研究对象如何确定,是本课题的一个重点。运河学,顾名思义即指以运河为研究对象的科学。运河学的研究对象,具体说是指作为我国两千多年封建以及当今社会的一个重要组成部分的中国大运河及其存在所揭示的历史发展规律。

(一) 运河学的研究对象

聊城大学的李泉教授认为:"运河学是以运河及其区域社会为研究对象的学科。它一方面研究运河河道工程及其引起的自然环境、生态环境的改变,即区域水文条件改变、自然水系变化、湖泊形成消长、农业生态环境变化。另一方面研究运河对国家政治及区域商业、手工业、农业、服务业、居住环境、城镇格局、文化交流、风俗习尚、社会流动等方面的影响。它以历史学为基础,利用社会史、历史社会学、文化人类学、地理学、环境水利学、文献学、考古学等多学科的理论和方法,进行综合性研究。"[1] 笔者基本认可这个概念,但李教授观点不足之处是没有界定运河的外延。

运河学的研究对象无疑是运河,那么什么是运河呢?一般来说,运河的定义是指人工开凿的用于运输的河流。国际上运河众多,中国就有大运河、灵渠等,据《世界运河名录》统计全球有六百多条运河,其中列入世界遗产的就有6条运河。[2] 而从地方学的角度看,运河学研究的运河又是一个特定的概念,笔者以为它是专指中国大运河。那我们对中国大运河又怎么定义呢?中国大运河是因为申报世界遗产而出现的一个概念,因此,我们应该从世界遗产的角度对中国大运河进行定义。具体来说,应该按照《中国大运河申报世界遗产文本》的规范叙述对中国大运河进行定义:中国大运河是世界唯一一个为确保粮食运输安全,以达到稳定政权、维持帝国统一的目的,由国家投资开凿、国家管理的巨大运河工程体系。这里需要强调三点:一是从时间概念上,它是指我国自春秋时期开凿邗沟以来,先后在隋唐宋时期贯通的以洛阳为中心的南北大运河、元明清时期以北京为中心的京杭大运河及浙东运河的总称。中国大运河的开凿始于公元前5世纪,7世纪完成第一次全线贯通,13世纪完成第二次大沟通,历经两千余年的持续发展与演变,直到今天仍发挥着重要的交通与水利功能。二是从空间概念上,中国大运河位于中国中东部,地跨北京、天津、河北、山东、江苏、浙江、河南和安徽8个省级行政区,沟通了海河、黄河、淮河、长江、钱塘江五大水系,北至北京,

---
1 李泉《运河学研究的内容和方法》,聊城大学学报(社会科学版)2015 (1):1-8。
2 魏和清等著《世界运河名录》,南京大学出版社,2017。

南抵杭州，东达宁波，西到洛阳，流经 35 个城市的 151 个县级行政区，全长 3200 千米，流经市域面积 31 万平方千米，占陆地国土面积的 3.2%。三是从功能作用上看，它是一个工程体系，它是解决中国南北社会和自然资源不平衡的重要措施，以世所罕见的时间与空间尺度，展现了农业文明时期人工运河发展的悠久历史阶段，代表了工业革命前水利水运工程的杰出成就。它实现了在广大国土范围内南北资源和物产的大跨度调配，沟通了国家的政治中心与经济中心，促进了不同地域间的经济、文化交流，在国家统一、政权稳定、经济繁荣、文化交流和科技发展等方面发挥了不可替代的作用。中国大运河由于其广阔的时空跨度、巨大的成就、深远的影响而成为文明的摇篮，对中国乃至世界历史都产生了巨大和深远的影响。应该说，在中国大运河的范围内涉及的运河文化、经济、社会、生态都是运河学的研究对象。而从大文化的角度看，运河学的研究对象就是中国大运河文化。

图 12-5　中国大运河研究成果

中国大运河研究成果如图 12-5 所示。

那么中国大运河文化又是什么呢？笔者在 2017 年 6 月接受《瞭望》杂志采访时谈到：大运河文化是大运河经济的繁荣所带来的运河城市的兴起、文学艺术的融合、不同文化背景的参与所形成的多元一体的物质和非物质文化遗产及思想领域的合成。[1] 李泉教授认为，运河文化包含两个层次：第一个层面，是运河的本体文化，又包括物质、非物质、制度文化三种。物质文化即运河文化遗产，非物质文化包括观念、思想、信仰、礼俗等，制度文化则是介于物质和非物质之间的文化现象，如漕运制度。第二个层面，是因运河影响，在运河区域产生的文化现象，包括哲学、史学、文学等上层文化，以及民间文学、风俗等市井文化。[2] 这两个层面的总和就是运河学研究的对象。

那么怎么定义运河学呢？"运河三老"之一，已故的罗哲文先生首先提出要建立运河学。但他并没有给运河学下定义。借鉴罗先生给长城学下过的定义，笔者认为运河学的定义应该表述为：运河学是总体上研究中国大运河的一门学问，是对中国大运

---

[1] 徐欧露《打造大运河文化带金名片》，瞭望周刊，2017（36）53-54。
[2] 徐欧露《什么是大运河文化》，瞭望周刊，2017（36）：55。

河进行综合研究的学科。把各相关部门科学所获得的对运河不同侧面和各个层面的认识，有机地组合起来，达到对于中国大运河的总体认识，就是运河学的任务。

（二）运河学的特征

作为一种研究特定的地域范围内的文化现象的学科，运河学应该具有如下特征：

第一，整体性。运河学不是只研究某一历史时期或某一段区域运河，而是对不同时间、不同空间的整个中国大运河进行整体系统的研究，包括通常所指的运河十大河段：通济渠、永济渠、邗沟、江南运河、浙东运河、通惠河、北运河、南运河、会通河、中河。时间尺度包括历史上的运河和当今的运河及其发展演变的过程。

第二，综合性。运河学不仅对大运河的某一侧面进行专门研究，而且要运用历史、文学、建筑、规划、环境、水利、航运、经济、管理等各相关学科的知识，对大运河的各个不同侧面进行综合研究，借以获得对大运河的完整认识。

第三，科学性。运河学不但要揭示大运河的起源和发展，而且要揭示运河与人类创造精神、运河与科学技术发展、运河与中国中央集权的封建制度、运河与人类历史的发展规律等。运河学的科学性特征反映了运河学研究的总体任务，即通过对大运河这一特殊的历史现象的描述和归纳，达到认识中国水利、漕运、经济、文化等历史发展规律的目的。

三、运河学的内涵与分类

如何界定运河学的内涵，是运河研究专家一直难以下定论的一个问题，也是本课题研究的难点。同时运河学又如何分类的？是从运河学涉及的传统的学科门类进行分类，还是从运河的功能效用进行分类？这也是在研究运河学时必须回答的问题。大运河本身是鲜活的，它涉及文物、遗产、历史、考古、景观、生态、艺术、文学、建筑、规划、管理、经济、社会等众多领域，因此，运河学作为一门全新的学科，包含众多领域。

（一）运河学的内涵

运河学的内涵目前还没有一个科学的界定，运河学可以涵盖运河文献学、运河考古学、运河历史学、运河文学、运河地理学、运河语言学、运河艺术学、运河社会学、运河民族学、运河宗教学、运河民俗学、运河科技、运河漕运、运河水工、运河城市、运河文化、运河建筑、运河生态、运河非遗、运河旅游，甚至运河贡砖制造等众多主题。在这里，笔者想对运河学的研究领域作个初步的界定，它应该包括但不限于以下几个方面：

（1）运河文化遗产：包括物质的遗存，如河道、闸坝等；还包括非物质遗产，如运河传统技艺、运河民俗、运河河神信仰等。

（2）运河环境景观：运河沿线生态环境的演变，包括水环境、土地利用、植被、气候等。

（3）运河建筑规划：包括运河工程的形制、技术，运河线路的规划、运河建筑规格、形制、材料等。

（4）运河管理制度：包括运河漕运制度、运河河工制度、邮驿制度等，以及这些制度对中国封建政权的影响。

（5）运河水利航运：包括运河各个河段水利功能的变迁、运河航运的发展历史。

（6）运河文学艺术：运河书画、运河小说、运河诗词歌赋、运河戏曲、运河工艺美术等。

（7）运河城市学：运河对沿线城市的影响，运河城镇格局的形成及演变等。

（8）运河历史学：包括运河考古、运河文献收集整理等。

（9）运河科技：包括运河农学、运河医学、运河造船技术等。

（10）运河经济学：包括运河的经济功能及对中国经济的影响、运河区域的经济活动及与运河的关系。

（11）运河社会学：包括运河社会组织、运河沿线人口问题、运河社会管理、运河民俗等。

（12）运河旅游：包括历史上的运河旅游、当今的运河旅游资源、运河旅游规划及项目。

（13）运河文化交流：运河的交流功能带来的南北文化交流、东西文化交流以及中外文化经济交流。

（14）运河文化产业：利用运河文化资源创造文化产品的产业，包括运河出版项目、文化创意项目、文化体育项目等。

以上只是用列举法介绍了运河学的研究领域。随着运河学研究的进一步深入，运河学的内涵将逐步完善，运河学将成为一门理论性、实践性、管理性和经营性多方面兼顾的学科。

（二）运河学的分类

"运河学"分类所依据的标准是由大运河的特征决定的。从大运河的特点和范围出发，参照其他地方学学科分类，笔者认为，在运河初创阶段，可以将运河学分为理论运河学、应用运河学、运河史学。具体见表12-1。

表 12-1　运河学的分类

分类	定位	任务	目的
理论运河学	概括和提炼运河研究中所获得的认识和经验，形成反映运河学的本质及其规律	一是探讨运河学本身内在的规律性，如运河学的学科性质、价值标准、研究对象、认识特点、功能、科学论等。二是研究运河学如何客观反映历史发展规律	运用运河学理论研究所获得的成果，来促进运河学自身的发展
应用运河学	将运河学研究的成果，直接应用于社会实践中	一是研究大运河为当代社会服务的可能性及其作用和地位。二是研究用科学的规划、方案对大运河实施保护、利用	对大运河文化的保护、传承和利用；如运河申遗，大运河文化带建设
运河史学	研究大运河的历史性	以研究运河史为重要任务，包括运河文献、运河史志、运河考古、运河遗产保护等	弘扬祖先的杰出成就和创造性精神；启迪现代人，认识并吸取历史的经验和教训

四、运河学的研究方法及手段

（一）运河学的研究方法

研究方法是指在"运河学"学科研究中发现新现象、新事物，或提出新理论、新观点，揭示事物内在规律的工具和手段。运河学研究对象多元，可以形成诸多研究领域，因此运河学是由多种分支学科综合而成的综合性学科。这就导致了研究方法的多样性，如运河建筑、运河文学、运河历史等都各有适合自身发展的独特的研究方法。运河学作为一门新的科学，研究方法也有一个不断发展完善的过程，就现阶段看，运河学的研究方法主要有以下几个方面：

（1）整体性研究。首先要将中国大运河的各个组成部分，作为一个有机系统的组成部分进行研究，要特别注意单条区域运河与中国大运河整体的关系、各条区域运河之间的关系。其次，要把不同历史时期同一段运河的不同形态以及相关联的不同运河形态联系起来研究。大运河是一条流动的河，更是一条发展的河，千百年来，它一直在变化着，应该将不同历史时期的运河系统化研究。

（2）综合性研究。综合和分析是运河学研究的基本手段，这也是由运河学的综合性功能所决定的。综合就是把大运河及其关联的各部分联合成一个整体，把大运河看成一个统一体。从运河水工、运河航运、运河生态、运河文化、运河制度、运河民俗、运河建筑、运河城市等多学科角度进行研究。分析是把大运河分解成简单的组成部分。同时也要研究大运河某一学科如运河水工与其他学科如运河漕运的关系，大运河与其他河流如长江、淮河的关系。

（3）比较法研究。一般说来，认识事物总是从区分开始的。区别就是首先找出此事物与其他事物的差异点。[1]体现运河学个体性的研究方法是比较的方法。运河学研究中比较有效的方法有横比和纵比两种。横比即空间上的比较，就是对同一时期空间上并存的其他国家的运河，如法国的米迪运河、美国的伊利运河、加拿大的里多运河、丹麦的基尔运河、英国的曼彻斯特运河、非洲的苏伊士运河以及中美洲的巴拿马运河等与中国大运河在其相关的政治、经济、文化、生态、社会等事物形态上进行比较，认识其异同。纵比即时间上的比较，就是对不同朝代或同一朝代不同时期修建的运河在相关的政治、经济、文化、生态、社会等事物形态上进行比较。如不同朝代漕运制度的发展，不同朝代河工的管理制度等。还有就是对大运河某一方面，如工程技术与国外运河在时间上、先进性上进行比较研究，通过对运河比较的研究，为较高层次的研究提供基础。

（二）运河学的研究手段

运河学具体的研究手段又可分为以下几种：

1. 文献调查法。文献调查整理是运河学的重要内容，也是运河学研究的基础所在。
2. 历史研究法。对大运河历史、运河各分段的形成过程进行研究。
3. 概念分析法。对大运河的概念进行分析研究。
4. 多学科视角研究。运用多学科的知识和方法，对大运河进行研究。
5. 国际性的合作研究。与国外的运河研究机构合作，共同研究运河。
6. 拓展性研究。对研究内容进一步拓展，把大运河的研究与整个世界文化遗产研究联系起来、与经济社会的发展联系起来。

五、运河学的发展现状与推进路径

（一）运河学的发展现状

国内对大运河遗产的保护、传承与利用等方面的研究，相对来说还处于起步阶段。

1　董耀会《长城学的概念、特征及分类》，文史知识，1995（3）：55-53。

罗哲文先生提出将对大运河的研究工作提升到运河学高度来认识，像敦煌学、长城学一样，建立一门全新的运河学学科。当前，无论是从文化遗产角度对运河进行挖掘和提炼，还是从运河学学科建设角度，都与敦煌学、长城学研究有很大差距。随着大运河申遗的成功，运河沿线对大运河的研究上升到新的高度。

（1）大运河研究机构相继成立。聊城大学成立了大运河研究院，目前已拥有19名专职研究人员，成立了运河史、运河与区域社会经济发展、运河文化三个研究中心，目前共立项国家、省部级项目四十余项。还举办了运河学论坛，编印了《运河学研究集刊》，出版了《大运河蓝皮书》；扬州大学大运河研究中心，承担了国家文物局和中国文化遗产研究院关于大运河遗产保护体系研究课题，扬州大学还与扬州市政府联合成立了中国大运河研究院；无锡、常州、洛阳等城市也成立了相应的大运河研究机构。江苏省成立了大运河文化带建设研究院，并在苏州、扬州、淮安、徐州设立了四个分院。

（2）一批研究成果相继面世。大运河申遗成功后，电子工业出版社出版了《京杭大运河遗产保护出版工程》系列丛书，共分3卷12分册，全面系统地介绍了京杭大运河历史、文化和保护，是全面生动介绍中国运河历史、运河成果、运河文化的经典作品。大运河文化带建设提出后，电子工业出版社出版了科普类图书《中国大运河百问》，中国建材工业出版社出版了《中国大运河遗产》。江苏人民出版社出版了《中国运河史料选辑》《大运河的变迁》。中国文物学会编印了大运河遗产保护论文集《中国大运河》。江苏科技出版社组织编写的《运河志》即将面世。各沿线城市也分别出了关于运河文化研究的书籍，如扬州出版的《在江河湖海之间》，济宁出版的长篇小说《大运河》。

中国大运河研究成果如图12-6所示。

（3）学科体系尚未构建。从运河学学科体系建立的角度看，目前对大运河的研究缺乏系统性，学科建设还未起步。运河沿线城市对运河文化的挖掘研究仍然是研究各自的运河文化，出一批单一河段的研究成果，对运河的价值认定也是自说自话，缺少整体的视野、联手的机制。高校对大运河文化的研究也只是东鳞西爪，功利化现象普遍，满足于迎合地方政府的工作需要，搞一起决策咨询，虽然文章较多，但对大运河的研究缺少学术性和系统性。没有一家高校推出运河学的学科，运河学研究的工作机制还没有完善，运河学学科的建立还未有权威机构正式提出。因此建立运河学要走的路还很长。

大运河文化图书专柜如图12-7所示。

图 12-6 中国大运河研究成果

图 12-7 大运河文化图书专柜

正因为对运河研究得不够，给大运河的保护、传承、利用带来了制约，目前存在三个方面的问题：一是文化遗产保护压力巨大。大运河时空跨度大，文化遗产类型多样，不同时期和形态的遗产资源叠加交错，保护要求较一般文物更加复杂，碎片化保护的现象突出。由于整体性研究不足，一些物质文化遗产缺乏及时保护修缮，一些非物质文化遗产传承土壤濒临消失。特别是申遗成功后，大运河作为本身仍在使用的活态文化遗产，系统性研究不够，各类文化生态资源保护和利用之间的矛盾更加凸显，适应新形势、新挑战的保护理念尚未树立，多元投入的长效机制较为缺乏，制约了大运河各类遗产资源的系统性、整体性保护。二是传承利用质量不高。大运河承载着深厚的历史文化底蕴，滋养着绚丽多彩的自然人文景观，但由于对文化传承的深入研究不够，各类文化遗产活态展示水平不高，传承载体和传播渠道有限，缺乏统一宣传和推广平台，大运河作为世界文化遗产的影响力和吸引力明显不足，此外，各类文化生态资源活化利用形式和途径较为单一，部分优质资源长期闲置，与相关产业的融合程度较低，对遗产保护的支撑作用不足，不利于中华优秀传统文化的创造性转化和创新性发展。三是合作机制亟待加强。大运河纵跨 8 省市，涉及众多行业部门，大运河保护的法律法规体系还不健全，顶层设计明显不足。地区间、部门间在大运河的研究传承利用方面协调配合还不够，整体性差，区域间资源整合、生态利益调节的常态化协作机制不健全，缺乏跨区域协作的有效平台，难以形成大运河各类资源保护传承利用的合力。[1]

（二）运河学的推进路径

在大力推进大运河文化带建设的背景下，运河学应当如何发展呢？笔者以为，首

---

1 国家发改委《大运河文化保护传承利用规划纲要（征求意见稿）》。

先要重视运河学学科体系的建设。所谓学科，是作为知识体系的科目和分支。借鉴尚长春等在《高校学科建设内涵三要素分析》一文中的提法，"运河学"作为一个学科建设应该包含三个要素：一是构成"运河学"学术体系的各个分支；二是在一定研究领域生成"运河学"专门知识；三是具有从事"运河学"研究工作的专门的人员队伍和设施。从当前运河学的发展实际出发，至少需要从以下几个方面推进运河学的发展：

1. 着眼长远，统筹规划，明确运河学学科建设与专业发展的思路

科学合理的规划是运河学建立的基础。运河学学科建设规划主要涉及学科方向、学科队伍、学科平台三类建设。运河学学科方向建设主要是学科组织对其价值目标的选择；学科队伍建设主要是运河学内部的分工合作及结构优化；学科平台建设主要是运河学研究手段的物质保障。因此，运河学的建立，学科组织规划和实施是第一位的，必须从国家层面建立完善的领导体系，制定好长远规划，明确各阶段任务和目标，明确运河学学科建设和专业发展思路，实现对大运河研究现有知识的超越和进取。

2. 整合力量，多方联手，建立运河学学术体系和专业课程

运河学的建立不是哪家高校能够独立完成的，需要各相关高校共同努力，联手打造。目前，北京大学、复旦大学都有一批研究力量在研究大运河，扬州大学、聊城大学都有专门的大运河研究机构，要在此基础上，成立运河学的学术委员会，整合各高校中现有的各类研究资源，多方联手，推动运河学学科体系的建立。在有条件的高校开设一批相关运河学专业课程，如建筑学院、文史学院、水利学院等都有条件开设运河学专业课程。在运河学学科体系建立前，各高校可以探索性地开设一些与运河学相关的专业，在实践检验的过程中，逐步完善运河学学科体系，培养一批运河学专业人才。同时，加强对运河学的学术体系建设，提高基础研究水平，推动加强战略性、全局性、前瞻性问题研究，着力提升解决重大问题能力和原始创新能力。

图 12-8 聊城大学的运河学研究院

聊城大学的运河学研究院如图 12-8 所示。

3. 引培结合，专兼互补，推进运河学学科队伍建设

学科队伍建设实质就是人才队伍建设，它是学科内涵建设的根本，在运河学学科建设工作中处于核心地位。运河学作为一个准备设立还未设立的学科，人才的缺乏是最主要的制约因素。要采取各种措施加强学术队伍的建设，一是要培养人才，以现有的有经验的老教授带领年轻教师实行"传、帮、带"制度，共同申请课题，形成某研究方向的科研团队；二是要通过广泛的招引，有效利用校外人才资源，吸引国内知名学者到学校委以重任，及时为其配备经费、设备、科研助手，组建有特色的科学研究团队，同时也可通过兼职的形式，解决高校目前在"运河学"研究上人才缺乏的问题；三是规范建立一批运河学的研究机构，要在全国层面成立一个运河学的研究机构，将各地各高校作为分支机构，进而构建高效统一的运河学的学科组织；全国层面的研究机构，需要由教育部门出面来建立，也可由文化部门或文物学会等全国性的社会组织出面来建立。各地的分支研究机构可以由高校建立，也可由科研院所、社会团体来建立。针对在大运河遗产保护过程中形成的兼职从事大运河研究的专家较多的现实，可以采取专职研究人员和兼职研究专家互补的方式，组建运河学学术研究梯队，使运河学研究形成合力，取得最佳效果。

4. 面向现实，服务社会，为运河学的构建创造良好环境

中国大运河为我们提供丰富多彩的历史文化资源，而运河学的建立可以为这些优质文化资源的整合优化提升带来前所未有的机遇，可以推动沿线城市联手对大运河文化及沿线各城市文化的价值与精神内涵作深度梳理与挖掘，形成一批论文、丛书等研究成果，创作一批反映运河文化的文学影视作品，打造一批运河文化展示馆，通过加强对现存运河遗产资源的摸底调查，让大运河文化遗产的文化价值呈现在世人面前，更加彰显大运河作为世界遗产的价值。

当前，全社会都在关注大运河文化带建设，这给运河学构建了良好的环境。运河学的研究就要围绕这种现实的需求，对学界、对社会保持充分的开放性，保持其持续发展的动力。要借助大运河文化带建设的热潮，适应社会客观需求，确定一批研究课题，面向社会征集研究者，从而合力推出一批研究成果，通过运河学的研究揭示中国社会的发展规律。同时要大力推进研究成果的转化，推动运河学得到社会认同。运河学研究的目的是要使这种世代相传的运河文化不断得到创新，使人们产生历史感和认同感，从而进一步促进文化的多样性和人类的创造力。所以，创新文化才是运河学研究的重要手段和发展方向。运河学的建立，正是为了留给中华民族后世子孙一条真实的运河，

一条可以看见、能追根溯源的运河。要通过对运河文化的深入挖掘研究,推出一批运河学研究成果,让大运河的价值呈现在世人面前。还要以服务社会为目的,通过研究成果的转化,活化运河历史,将其融入到当代文化建设的大潮中去,发展运河旅游文化产业,打造新时期大运河文化。真正使运河学成为被社会广泛认同的热门学科。

当前,运河学受到了学界有识之士的关注,但并未受到当政者的重视。运河学学科的建立还在探索阶段,既没有一个完整的概念,也没有系统的学科体系。希望更多的学界同行参与到运河学的研究中,对运河学的理论不断完善充实,推动运河学学科的建立早日梦想成真。

后 记

　　我老家住在淮河入江水道七河八岛地区的西岸邗江区槐泗镇运河村,这里是大运河与淮河入江水道合二为一的一段,也是大运河水面最宽阔的一段。记忆中的运河是宽阔的水面和一节又一节长长的船队。记得在我上小学之前,缠过小脚的祖母常带着我步行乘船连续渡过大运河和太平河两条河去位于东岸的泰安镇亲戚家;还记得父亲曾骑着自行车带着我绕道10公里经过大运河上的扬州大桥去运河对岸的湾头镇;也记得我与小伙伴们在大运河里游泳时,追逐河中长长的运输船队的情景。那时我感受到的只是大运河的宽广巨大以及给我们出行带来的不便。后来上学后学了历史才知道,身边的这条大运河是我们的祖先开挖的南北运输的大通道,但对大运河的价值还是知之甚少。直到2010年,本人有幸参与了大运河申遗工作,才对大运河有了进一步的了解。参与大运河申遗的6年,我更多的是忙于大运河申遗的宣传推介、保护工程方案及实施、遗产监测管理等事务性工作。到了文化广电新闻出版局后,终于有时间坐下来对这几年的工作进行系统总结。这一总结,才发现大运河文化价值的博大精深,也有感于至今没有一本研究中国大运河文化的书,因此萌生了研究中国大运河文化的念头。经过两年时间的摸索,终于有了这本《中国大运河文化》的初稿。这是继《中国大运河百问》《中国大运河遗产》后,本人主编的中国大运河丛书的第三部。

　　"中国大运河三部曲"是在大运河文化带建设的浓烈氛围中诞生的,2018年7月,定位于大运河科普读物的《中国大运河百问》出版后,一个月的时间,出版社就实现了零库存。2019年2月,定位为运河学教科书的《中国大运河遗产》出版后,也得到了众多传统媒体和新媒体的推介。而第三部《中国大运河文化》的出版,就是为了给当前的大运河文化带建设提供借鉴与参考。当前,大运河沿线各地热衷于运动式地推进大运河文化带建设,但对什么是大运河文化,大运河文化带建设的内涵究竟是什么等,还是缺少深层次的研究。因此，本书从中国大运河文化的角度对中国大运河进行介绍，有别于前人所著大运河文化方面的书籍以史料考据为主，本书既依据历史记载和当今的价值来解析中国大运河的文化内涵，又着重介绍中国大运河文化的构成与现今的大运河物质及精神遗存，探讨中国大运河的文化价值以及中国大运河文化的传承、弘扬、利用，从而让读者既能够了解到中国大运河灿烂的历史文化，又能触摸到中国大运河壮观的现实，更能为大运河文化的进一步发展传承弘扬提供一种思路。

有专家说，中国大运河这个名词并不简单地说大运河是中国的，或大运河在中国，而是可以理解为中国造就了大运河，甚至大运河造就了中国：中国经济的发展，南北文化的交流，运河沿线城镇的形成与发展，特别是中国这个中央集权的统一的多民族国家两千多年的存在，都离不开大运河。中国大运河是一部囊括了中国社会最主要内容的发展史，中国大运河文化是民族融合的产物，是运河流域社会历史的积淀物。中国大运河囊括了中国若干个朝代的政治、经济、军事、文化等国家因素，又创造出大运河流域多民族的历史、地理、风土人情、传统习俗、生活方式、文学艺术、行为规范、思维方式、价值观念等。中国大运河属于独一无二的"活"的文化遗产，是记载大运河沿线先民生活印迹的活化石。因此，中国大运河文化可以理解为中国文化的精彩浓缩。

在中国文物学会、中国文化遗产研究院等机构的关心支持下，在扬州大学、扬州市委宣传部、扬州市社科联等单位的帮助下，本书历经两年编写而成，参考书目近百种，张廷皓、侯卫东、吴家安、安作璋、王永波、刘士林、荀德麟、蔡蕃、奚赋彬、赵西君、刘科伟、王利华、张谨、赵云、李泉、吴欣等诸位先生在此之前对运河所作的研究给予我正确的方向指引。本书在写作过程中得到了张谨博士、吴育华博士、黄晓帆先生、李广春先生在资料收集与分析方面的大力帮助，得到了宋佑隆、宋桂杰、梁宝富、文蓉、潘娟、薛志坚、陈跃、文啸、高南健、吴益群、张芸、张益、孙明光、朱育林、李国跃、季寿山、朱翔龙、刘奇斌、崔金、王学伟、周泽华、姜跃岭、李赛南、张晓楠、黄浙苏、季文静及大运河沿线城市的同行在图片、制表等方面的大力帮助，在此一并致谢，同时感谢中国建材工业出版社对本书出版所做的工作。特别要感谢文物界领军人物单霁翔院长亲自为本书作序。

中国大运河文化浩如烟海，希望以这样一本书来帮您浏览中国大运河两千五百年的灿烂文化，同时希望与您共同打开中国大运河文化下一个两千五百年的美丽画卷。

姜师立

2019年元月1日　于扬州